D1690146

Lehr- und Handbücher der Betriebswirtschaftslehre

Herausgegeben von Universitätsprofessor Dr. habil. Hans Corsten

Bisher erschienene Werke:

Betsch · Groh · Schmidt, Gründungs- und Wachstumsfinanzierung innovativer Unternehmen
Bieg · Kußmaul, Externes Rechnungswesen, 2. Auflage
Bronner, Planung und Entscheidung, 3. Auflage
Bronner · Appel · Wiemann, Empirische Personal- und Organisationsforschung
Corsten (Hrg.), Lexikon der Betriebswirtschaftslehre, 4. Auflage
Corsten, Projektmanagement
Corsten, Unternehmungsnetzwerke
Corsten, Dienstleistungsmanagement, 4. Auflage
Corsten, Produktionswirtschaft, 9. Auflage
Corsten, Übungsbuch zur Produktionswirtschaft
Corsten · Gössinger, Einführung in das Supply Chain Management
Corsten · Reiß (Hrg.) mit *Becker · Grob · Kußmaul · Kutschker · Mattmüller · Meyer · Ossadnik · Reese · Schröder · Troßmann · Zelewski,* Betriebswirtschaftslehre, 3. Auflage
Corsten · Reiß (Hrg.), Übungsbuch zur Betriebswirtschaftslehre

Hildebrand, Informationsmanagement, 2. Auflage
Klandt, Gründungsmanagement
Kußmaul, Betriebswirtschaftliche Steuerlehre, 2. Auflage
Kußmaul, Betriebswirtschaftslehre für Existenzgründer, 3. Auflage
Loitlsberger, Grundkonzepte der Betriebswirtschaftslehre
Matschke · Hering, Kommunale Finanzierung
Matschke · Olbrich, Internationale und Außenhandelsfinanzierung
Nebl, Produktionswirtschaft, 4. Auflage
Nolte, Organisation – Ressourcenorientierte Unternehmensgestaltung
Ossadnik, Controlling, 2. Auflage
Palupski, Marketing kommunaler Verwaltungen
Ringlstetter, Organisation von Unternehmen und Unternehmensverbindungen
Schiemenz · Schönert, Entscheidung und Produktion
Schulte, Kostenmanagement
Stölzle, Industrial Relationships
Wehling, Fallstudien zu Personal und Unternehmensführung

Einführung in das Supply Chain Management

Von

o. Univ.-Prof. Dr. habil. Hans Corsten
Inhaber des
Lehrstuhls für Allgemeine Betriebswirtschaftslehre,
insbes. Produktionswirtschaft
an der Universität Kaiserslautern

und

Dr. Ralf Gössinger
Wissenschaftlicher Assistent am
Lehrstuhl für Allgemeine Betriebswirtschaftslehre,
insbes. Produktionswirtschaft
an der Universität Kaiserslautern

R. Oldenbourg Verlag München Wien

Die Deutsche Bibliothek - CIP-Einheitsaufnahme

Corsten, Hans:
Einführung in das Supply-Chain-Management / von Hans Corsten
und Ralf Gössinger. – München ; Wien : Oldenbourg, 2001
  (Lehr- und Handbücher der Betriebswirtschaftslehre)
  ISBN 3-486-25819-2

© 2001 Oldenbourg Wissenschaftsverlag GmbH
Rosenheimer Straße 145, D-81671 München
Telefon: (089) 45051-0
www.oldenbourg-verlag.de

Das Werk einschließlich aller Abbildungen ist urheberrechtlich geschützt. Jede Verwertung außerhalb der Grenzen des Urheberrechtsgesetzes ist ohne Zustimmung des Verlages unzulässig und strafbar. Das gilt insbesondere für Vervielfältigungen, Übersetzungen, Mikroverfilmungen und die Einspeicherung und Bearbeitung in elektronischen Systemen.

Gedruckt auf säure- und chlorfreiem Papier
Gesamtherstellung: Druckhaus „Thomas Müntzer" GmbH, Bad Langensalza

ISBN 3-486-25819-2

Inhaltsverzeichnis

Vorwort VII
Abbildungsverzeichnis IX
Symbolverzeichnis XIII

1 **Netzwerke als Grundlage des Supply Chain Management** 1
   1.1 Richtungen der Netzwerkforschung 1
       1.1.1 Entstehung von Unternehmungsnetzwerken 2
       1.1.2 Managementaufgaben in Unternehmungsnetzwerken 10
   1.2 Netzwerkbegriff 13
   1.3 Erscheinungsformen von Netzwerken 20
       1.3.1 Netzwerktypologien 20
       1.3.2 Virtuelle Unternehmungen als spezifische Netzwerke 29
   1.4 Koordination in Unternehmungsnetzwerken 51
       1.4.1 Direkte Koordination 55
       1.4.2 Indirekte Koordination 66
   1.5 Netzwerkstrategien 69

2 **Supply Chain als spezifisches Netzwerk** 81
   2.1 Supply Chain als Ausgangspunkt 81
   2.2 Das Konzept des Supply Chain Management 94
   2.3 Erfolgsfaktoren des Supply Chain Management 103
   2.4 Efficient Consumer Response als spezielles
       Supply Chain Management 112
   2.5 Ausgewählte Instrumente 124
       2.5.1 Referenzmodelle für das Supply Chain Management 124
           2.5.1.1 Das Modell von Bowersox 125
           2.5.1.2 Das Modell von Metz 130

2.5.1.3 Das Modell von Cooper/Lambert/Pagh 134
2.5.1.4 Supply Chain Operations Reference-model 140
2.5.2 Advanced Planning Systems als integrative
Supply-Chain-Management-Software 151
2.5.2.1 Begriffliche Grundlegungen 151
2.5.2.2 Aufgabenspektrum 156
2.5.2.3 Planungsmethodische Betrachtung 164
2.5.2.4 Beurteilung 172

3 Quantitative Modelle zum Supply Chain Management 175
3.1 Strategisch/taktische Ebene 175
3.1.1 Festlegung von Standorten 176
3.1.2 Auswahl der Supply-Chain-Partner 182
3.1.3 Festlegung des Kundenauftragsentkoppelungspunktes ... 185
3.2 Operative Ebene 194
3.2.1 Übergeordnete Betrachtung 195
3.2.2 Einzelprobleme 199
3.2.2.1 Prognose 199
3.2.2.2 Abstimmung von Teilprozessen 203
3.2.2.2.1 Losgrößenbestimmung 203
3.2.2.2.2 Festlegung der Lagerhaltungspolitik 215

Anhang 225
Literaturverzeichnis 235
Sachregister 309

Vorwort

Supply Chain Management stößt seit einigen Jahren zunehmend auf das Interesse von Wissenschaft und Praxis. Dies geht mit der Konsequenz einher, daß es für die Studierenden eine kaum noch zu überblickende Anzahl an Publikationen gibt. Diese vorliegende Literatur zeichnet sich jedoch dadurch aus, daß sie sich insbesondere mit speziellen Problemen im Rahmen des Supply Chain Management beschäftigt.

Ziel des vorliegenden Lehrbuches soll es deshalb sein, Fragen des Supply Chain Management in systematischer Form aufzubereiten. Auch wenn sich das vorliegende Lehrbuch in erster Linie an Studierende des Hauptstudiums wendet, kann es auch im Grundstudium sowie von interessierten Praktikern mit Gewinn gelesen werden.

Im ersten Teil stehen Netzwerke als die zentrale Grundlage des Supply Chain Management im Zentrum des Interesses. Dabei werden neben unterschiedlichen Richtungen der Netzwerkforschung, der Netzwerkbegriff und mögliche Erscheinungsformen von Netzwerken konkretisiert. Auf dieser Grundlage können dann Fragen der Koordination in Unternehmungsnetzwerken und Netzwerkstrategien als kollektive Strategien behandelt werden.

Im zweiten Kapitel werden Fragen der Supply Chain intensiv diskutiert. Neben einer ausführlichen Darstellung des Konzeptes des Supply Chain Management wird als spezifische Erscheinungsform das Efficient Consumer Response thematisiert. Darüber hinaus werden Erfolgsfaktoren des Supply Chain Management einer kritischen Betrachtung unterzogen. Einen weiteren Schwerpunkt dieses Kapitels bilden ausgewählte Instrumente, die im Rahmen des Supply Chain Management zur Anwendung gelangen können. Dabei werden einerseits Referenzmodelle skizziert und anderseits die softwaremäßige Umsetzung der Gedanken des Supply Chain Management mit Hilfe von Advanced Planning Systems dargestellt und kritisch beleuchtet.

Im dritten Kapitel werden ausgewählte quantitative Modelle zum Supply Chain Management dargestellt. Dabei wird eine Einteilung zwischen strategisch/taktischer und operativer Ebene vorgenommen. Ziel dieses Kapitels ist es nicht, alle in der Literatur in diesem Zusammenhang diskutierten Facetten zu beleuchten, sondern es soll vielmehr der Versuch unternommen werden, ausgewählte Problemkomplexe in ihren Grundstrukturen darzustellen und so für die Studierenden zugänglich zu machen.

Danken möchten wir Herrn Dr. Stephan Stuhlmann für die kritische Durchsicht des Manuskriptes und für die Fülle konstruktiver Hinweise. Herrn Dipl.-Kfm. Martin Klose danken wir für die redaktionelle Unterstützung sowie Frau Susanne Bischler und den Herren Klaus-Henning Ahlert, Jörg Reiter und Marcus Corsten für die Erstellung der Abbildungen und ihre Unterstützung im Rahmen der drucktechnischen Aufbereitung dieses Buches. Herrn Dipl.-Volksw. M. Weigert vom Oldenbourg-Verlag danken wir für die gute und harmonische Zusammenarbeit im Rahmen der Erstellung dieses Lehrbuches.

Kaiserslautern   Hans Corsten und Ralf Gössinger

Abbildungsverzeichnis

Abbildung 1:	Hybride Koordination im Spektrum von Markt und Hierarchie	5
Abbildung 2:	Unternehmungsnetzwerk als Kombination marktlicher und hierarchischer Elemente	6
Abbildung 3:	Unternehmungsnetzwerk zwischen Markt und Hierarchie	7
Abbildung 4:	Hierarchisch-pyramidenförmiges Netzwerk	22
Abbildung 5:	Beispiel für ein dynamisches Netzwerk	24
Abbildung 6:	Netzwerktypologie auf der Grundlage der Merkmale Leistungsunsicherheit und -volumen	26
Abbildung 7:	Netzwerktypologie auf der Grundlage der Merkmale Mitgliedsdauer und Struktur	27
Abbildung 8:	Netzwerktypologie auf der Grundlage der Merkmale Stabilität und Steuerungsform	27
Abbildung 9:	Merkmale zur Netzwerktypologisierung	28
Abbildung 10:	Virtuelle Unternehmung	33
Abbildung 11:	Konzept der Vertrauenskontrolle	40
Abbildung 12:	Spektrum virtueller Unternehmungsnetzwerke	47
Abbildung 13:	Interdependenzarten	53
Abbildung 14:	Spektrum der Koordination	55
Abbildung 15:	Zweistufige hierarchische Planung eines Unternehmungsnetzwerkes	62
Abbildung 16:	Rollierende Planung	64
Abbildung 17:	Hierarchische Planung in Unternehmungsnetzwerken	65
Abbildung 18:	Betrachtungsebenen von Netzwerken	71
Abbildung 19:	Prozeß der Strategieformulierung im Netzwerk	74
Abbildung 20:	Generische Netzwerkstrategien nach Riggers	75
Abbildung 21:	Integratives Logistikverständnis	82
Abbildung 22:	Beispiel einer Supply Chain	84
Abbildung 23:	Einfaches Beispiel eines rückgekoppelten Systems mit zwei Partnern	87
Abbildung 24:	Beispielhafte Darstellung des Informations- und Güterflusses in einer dreistufigen Supply Chain	88

Abbildung 25: Auswirkung von Absatzschwankungen auf Auftragsvolumina, Produktionsrate und Lagerbestände in einer Supply Chain mit begrenzter Produktionskapazität ... 89

Abbildung 26: Aufbau einer Supply Chain ... 92

Abbildung 27: Wertkette nach Porter ... 93

Abbildung 28: Beispielhafte Wertkettenverschränkung ... 94

Abbildung 29: Alternative Lieferkettenstrukturen ... 101

Abbildung 30: Konzept von A.T. Kearney/ELA ... 106

Abbildung 31: Rahmen für die Gestaltung der Supply Chain ... 107

Abbildung 32: Informationsaustausch zwischen Lieferant und Händler ... 114

Abbildung 33: Quick-Response-System ... 116

Abbildung 34: Verbindungen zwischen Liefer- und Empfangspunkten ... 118

Abbildung 35: Grundstruktur des Cross Docking ... 119

Abbildung 36: CPFR-Prozeßmodell ... 122

Abbildung 37: Supply Chain als übergeordneter Bezugspunkt ... 124

Abbildung 38: Bezugsrahmen für das Supply Chain Management nach Bowersox ... 127

Abbildung 39: Einstufige Supply Chain nach Metz ... 130

Abbildung 40: Mehrstufige Supply Chain nach Metz ... 131

Abbildung 41: Elemente der Supply-Chain-Management-Konzeption nach Cooper/Lambert/Pagh ... 134

Abbildung 42: Analyserahmen des Supply Chain Management aus der Perspektive einer Unternehmung nach Cooper/Lambert/Pagh ... 138

Abbildung 43: SCOR-Managementprozesse ... 142

Abbildung 44: Geschäftsprozeßkategorien im SCOR-Modell ... 143

Abbildung 45: Beispiel für Prozeßelemente und deren Flußlogik auf der dritten Ebene des SCOR-Modells ... 145

Abbildung 46: Beispiel für die Definition eines Prozeßelementes mit entsprechenden Leistungsmerkmalen, Kennzahlen, Best Practices und Angaben zu Softwarefunktionalität und -anbietern ... 147

Abbildung 47: Beschreibungsebenen des SCOR-Modells im Zusammenhang ... 148

Abbildung 48: Prozeßorientierte Betrachtung des Supply Chain Management ... 149

Abbildung 49: Zusammenspiel zwischen ERP- und SCM-Systemen ... 154

Abbildungsverzeichnis

Abbildung 50: Funktionalitäten von Softwaresystemen für das
Supply Chain Management 155
Abbildung 51: Supply-Chain-Planungsmatrix 157
Abbildung 52: Erscheinungsformen von Planungsmodellen 168
Abbildung 53: Prognoseverfahren (Auswahl) 200
Abbildung 54: Gütekriterien (Auswahl) 201
Abbildung 55: Zweistufiges Modell einer Supply Chain (Ausschnitt) 204
Abbildung 56: Verläufe des Lagerzuganges, -abganges und -bestandes
auf der ersten Stufe 206
Abbildung 57: Verläufe des Lagerzuganges, -abganges und -bestandes
auf der zweiten Stufe 209
Abbildung 58: Gegenüberstellung der Kostenverläufe bei isolierter
und übergreifender Losgrößenplanung 213
Abbildung 59: Verlauf des Lagerbestandes bei einer
(s, q)-Lagerhaltungspolitik 217
Abbildung 60: N-stufiges serielles Lagerhaltungssystem mit allgemein
verfügbarer Nachfrageinformation 220
Abbildung 61: Verläufe der Nachfrage und der gestaffelten Lagerbestände
in einem zweistufigen Modell 222

Symbolverzeichnis

Parameter:

a	Absatz
an	Anteil
C	Kapazität
d	Dauer
D	Nachfrage
EW	Erwartungswert
g	Gewicht
G	Gewinn
h	Produktionskoeffizient
k	Kostensatz
K	Kosten
p	Preis
P	Kundenauftragsentkoppelungspunkt
q	Qualitätsniveau
re	Relation
rk	Regressionskonstante
u	Ausprägung
U	Störvariable
v	Geschwindigkeit
w	Wert
W	Nutzwert
x	Gütermenge
y	Ganzzahlige Variable
ZF	Zeitfenster
α	Konstante
β	Regressionskoeffizient
χ	Zufallsvariable der Nachfrage
γ	Glättungsparameter
Δ	Abweichung
κ	Kapazitätsbedarf
μ	Mittelwert, Erwartungswert
ν	Sicherheitsfaktor
σ	Standardabweichung

Indizes:

f	Standortfaktor (mit: $f = 1,...,F$)
i, i'	Gut (mit: $i, i' = 1,...,I$ und $i \neq i'$)
ℓ	Absatzregion, potentieller Lieferant (mit: $\ell = 1,...,L$)
m	Maßnahme (mit: $m = 1,...,M$)
n, n'	Netzwerkknoten (mit: $n, n' = 1, ..., N$)
s, s'	Stufe (mit: $s, s' = 1,...,S$)
t	Periode (mit: $t = 1,...,T$)
ι	Teillosgrößenrelation
π, π'	Teilprozeß (mit: $\pi, \pi' = 1,...,\Pi$)
τ	Teilperiode (mit: $\tau = 1,...,T$)

Superskripte:

AB	Abgang
AF	Abruf
BE	Beschaffung
DI	Distribution
e	Echelon
F	Fix
FE	Fehlbestand
KUM	Kumuliert
LA	Lagerung
Los	Los
NIV	Niveau
PR	Produktion
PU	Puffer
R	Rüstvorgang
SI	Sicherheitsbestand
TR	Transfer, Transport
V	Vorauswahl
WB	Wiederbeschaffung
ZU	Zugang

Markierungen:

$\hat{\ }$	Maximum
$\check{\ }$	Minimum
$\bar{\ }$	Mittelwert
*	Optimum
$\hat{\ }$	Prognosewert

1 Netzwerke als Grundlage des Supply Chain Management

1.1 Richtungen der Netzwerkforschung

Pointiert formuliert Büschken: „Die betriebswirtschaftliche Gegenwart ist durch ein ständiges Kommen und Gehen neuer, revolutionärer und anscheinend unvermeidbarer unternehmerischer Gestaltungskonzepte gekennzeichnet"[1]. Kieser spricht von „Moden und Mythen"[2] des Organisierens und zeigt in einer kritischen Analyse die teilweise platitüdenhaft anmutenden Gestaltungsempfehlungen „moderner" Managementautoren auf und stellt den Schlagwortcharakter vieler sogenannter „neuer" Konzepte heraus, deren Innovationsgrad häufig lediglich aus der kombinativen Verknüpfung bekannter Konzepte resultiere. Deren Spektrum reicht dabei von Lean Management über Business Reengineering bis hin zu virtuellen Unternehmungen.

Auch der Begriff der Netzwerke scheint zunehmend zu einem Schlagwort zu werden. Teilweise wird sogar von einer „Aufgeregtheit" der Diskussion in den letzten Jahren gesprochen[3]. Ein Blick in die wissenschaftliche Literatur zeigt jedoch, daß der Begriff keineswegs neu ist[4]. Darüber hinaus stellt er ein alltägliches Phänomen dar: „Personen bzw. Organisationen unterhalten oder suchen Beziehungen zu anderen Personen bzw. Organisationen, diese Verbindungen ergeben ein Geflecht sozialer, ökonomischer oder politischer Beziehungen, das interessierende Netzwerk."[5] So zeigt sich, daß die **Netzwerkforschung** in ihren Ursprüngen und ihrer Entwicklung wichtige Impulse von der Sozialanthropologie erhielt, aus der das Konzept des „sozialen Netzwerkes" stammt[6]. In einer allgemeinen Form stellt ein **Netzwerk** damit ein Geflecht von Beziehungen zwischen Individuen/Organisationen (oder einer Menge sozialer Akteure[7]) dar. Werden dabei Unternehmungen und deren Verflechtungen als Bezugsobjekte herangezogen, dann wird von Unternehmungsnetzwerken

---

1) Büschken (1999, S. 778).
2) Kieser (1996, S. 23 ff.). „Mythisches Denken ist aber ... irrational insofern, als es kein begründetes Denken ist und somit auch keine auf Gründen ruhende Verbesserung (sondern bloß emotionale Veränderung) kennt." Schreyögg (1984, S. 219).
3) Vgl. Pfohl/Buse (1999, S. 271); Pohlmann u.a. (1995, S. 1).
4) Vgl. Kieser (1983, S. 74 ff.). Kappelhoff (2000, S. 28 f.) weist darüber hinaus darauf hin, daß bereits Marshall in seinem Werk „Principles of Economics" mit dem Begriff des „industriellen Distrikts" (Industrieregionen) auf den Netzwerkgedanken abstelle.
5) Schubert (1994, S. 9).
6) Vgl. Kappelhoff (2000, S. 33 ff.) und Schubert (1994, S. 14 ff.), die in diesem Kontext auf die Soziologen Simmel (1908) und von Wiese (1924) verweisen.
7) Vgl. Harary/Norman/Cartwright (1965, S. 2); Mitchell (1969, S. 1 ff.).

gesprochen. Damit gelangt das Netzwerk in die Nähe eines Systems bzw. der Netzwerkansatz in die Nähe der **Systemtheorie**, die ebenfalls auf die Existenz von Verbindungen zwischen Elementen abstellt[1]. Neben dieser formalen Ähnlichkeit zeigt sich, daß der Netzwerkansatz über den Systemansatz hinausgeht, weil er die Verbindungen hinsichtlich ihres Charakters hinterfragt. Trotzdem ist der Netzwerkansatz primär als deskriptiv zu charakterisieren, weil er nicht auf kausale Zusammenhänge ausgerichtet ist. Stölzle stellt fest, daß bisher keine Netzwerktheorie vorhanden sei[2].

Im Rahmen der Netzwerkforschung lassen sich jedoch Arbeiten unterscheiden[3],

- die versuchen, die **Entstehung von Netzwerken** auf der Grundlage theoretischer Ansätze zu erklären, und

- die sich mit dem **Management von Netzwerken**, d.h. mit der Planung, Steuerung und Kontrolle beschäftigen, wobei zwischen der Netzwerkebene und der Ebene der einzelnen Netzwerkunternehmungen zu unterscheiden ist.

1.1.1 Entstehung von Unternehmungsnetzwerken

Zunächst ist festzustellen, daß alle theoretischen Erklärungsansätze, die das Ziel verfolgen, die Entstehung von Netzwerken zu erklären, lediglich als **Partialansätze** zu charakterisieren sind, da keiner dieser Ansätze eine umfassende Erklärung der Netzwerkentstehung zu bieten vermag[4]. In der wissenschaftlichen Literatur stehen dabei

- einerseits die Ansätze der **Neuen Institutionenökonomik**[5] und

- anderseits die Ansätze der **Interorganisationstheorien**

im Zentrum des Interesses[6].

---

1) Vgl. Stölzle (1999, S. 91).
2) Vgl. Stölzle (1999, S. 99).
3) Eine andere Vorgehensweise unterscheidet zwischen kontingenz- und effizienztheoretischer Kooperationsforschung. Vgl. Schrader (1993, S. 225); Witte (1986). Während erstere die Bedingungen für das Auftreten von Kooperationen analysiert und damit mit den Ansätzen zur Erklärung der Netzwerkentstehung korrespondiert, fragt letztere nach dem Zusammenhang zwischen Kooperation und unterschiedlichen Erfolgsmaßen und kann somit dem Management von Netzwerken und insbesondere der Erfolgsfaktorenforschung zugeordnet werden.
4) Vgl. z.B. Zundel (1999, S. 2).
5) Als wesentliche Gemeinsamkeiten institutionenökonomischer Ansätze sind die Einbeziehung institutioneller Rahmenbedingungen (Verträge bilden die Grundlage der ökonomischen Aktivitäten von Institutionen), der methodologische Individualismus sowie die Berücksichtigung dynamischer Aspekte zu nennen. Vgl. Stölzle (1999, S. 32).
6) Ferner sei die Spieltheorie als ein spezielles Feld der Entscheidungstheorie genannt. Vgl. Stölzle (1999, S. 101 ff.). Da sich die Anwendungen insbesondere auf Zulieferer-Abnehmer-Beziehungen konzentrieren, sollen sie im Rahmen der allgemeinen Betrachtung von Netzwerken nicht weiter verfolgt werden.

1.1 Richtungen der Netzwerkforschung

Im Rahmen der Neuen Institutionenökonomik ist insbesondere die **Transaktionskostentheorie** zu nennen[1]. Zentrale Frage der Transaktionskostentheorie, die von

- begrenzter Rationalität, d.h., die Akteure sind zwar bestrebt, rational zu handeln, jedoch gelingt ihnen dies aufgrund begrenzter Verfügbarkeit von Informationen und beschränkter Informationsverarbeitungskapazität nur bedingt, und
- opportunistischem Verhalten, d.h., die Akteure verfolgen ihre Eigeninteressen, wobei auch Manipulationen im Sinne von Informationszurückhaltung und -fälschung einbezogen sind,

ausgeht[2], bildet dabei die institutionelle Gestaltung ökonomischer Aktivitäten. **Märkte** und **Hierarchien** (Unternehmungen) sind dabei die grundsätzlichen institutionellen Koordinationsformen von Transaktionen[3]. Von einer **Transaktion** wird dann gesprochen, wenn ein Transaktionsobjekt (materielles und/oder immaterielles Gut) vom Wirkungskreis des einen Akteurs in den eines anderen wechselt. Williamson spricht dabei von einer Übertragung über eine technisch trennbare Schnittstelle hinweg[4].

In der Transaktionskostentheorie werden Spezifität und Unsicherheit als die entscheidenden Einflußgrößen der Transaktionskosten[5] angesehen. Dabei ist die Spezifität[6] einer betrachteten Transaktion um so höher, je höher der Wertverlust ist, der

---

1) Als weitere Ansätze sind die Property-Rights-Theorie und die Principal-Agent-Theorie zu nennen. Das primäre Anliegen der Property-Rights-Theorie ist auf die Begründung von Privateigentum gerichtet (vgl. z.B. Hart/Moore (1990, S. 1120 ff.); Leipold (1983, S. 53 ff.); Richter (1994, S. 10 ff.)), so daß sie für die weiteren Überlegungen nicht von Interesse ist. Die Principal-Agent-Theorie beschäftigt sich mit den vertraglichen Beziehungen zwischen dem Principal (Auftraggeber) und dem Agenten (Auftragnehmer). Für die Erklärung von Netzwerken stößt die Principal-Agent-Theorie jedoch an ihre Grenzen (vgl. Stölzle (1999, S. 63)), und es wird eine Kombination mit der Transaktionskostentheorie thematisiert (vgl. z.B. Spremann (1990, S. 580 f.)). Einen Anwendungsfall stellt hingegen die Analyse von Zulieferer-Abnehmer-Beziehungen dar, insbesondere wenn es sich beim Lieferanten (Agent) um einen Systemlieferanten handelt. Damit ist der Erklärungsbeitrag dieser Theorie für die Entstehung von Netzwerken als eher gering einzustufen, so daß sie im weiteren nicht vertieft werden soll.
2) Vgl. Williamson (1990, S. 34).
3) Vgl. hierzu auch den Überblick bei Hanke (1993, S. 25 f.); Hart (1989, S. 1760 ff.).
4) Vgl. Williamson (1990, S. 1). Die Transaktion geht dabei mit Anbahnungs-, Vereinbarungs-, Kontroll- und Anpassungskosten einher. Vgl. z.B. Friese (1998, S. 70 f.).
5) Die Transaktionskostentheorie nimmt eine Trennung zwischen Produktions- und Transaktionskosten vor, wobei sie unterstellt, daß die Produktionskosten unabhängig von der Organisationsform sind. Hierin ist ein entscheidender Schwachpunkt dieses Ansatzes zu sehen. Bei den Transaktionskosten ist zwischen ex ante, d.h. Kosten für den Entwurf, die Verhandlung und die Absicherung eines Vertrages, und ex post, d.h. Kosten für Anpassungen, Überwachungen und Kontrollen während der Austauschbeziehungen, anfallenden Transaktionskosten zu unterscheiden.
6) Die Faktorspezifität ist abhängig von der Struktur der Transaktionsbeziehungen und von der Position im Netzwerk. Sie gilt als Indikator für die Transaktionskosten. Vgl. Gaitanides (1998, S. 98).

dadurch entsteht, daß eine zur Aufgabenerfüllung notwendige Ressource einer anderen Verwendung als ursprünglich intendiert zugeführt wird. Demgegenüber werden mit der Unsicherheit unvorhersehbare Aufgabenänderungen, und zwar hinsichtlich Anzahl und Ausmaß erfaßt[1]. Als **Kernaussagen** dieses Ansatzes lassen sich formulieren[2]:

- Bei hoher Spezifität, hoher Unsicherheit und hoher Transaktionshäufigkeit sollen die Transaktionen unternehmungsintern erfolgen, d.h., die Hierarchie bildet die geeignete Koordinationsform.

- Bei geringer Spezifität, geringer Unsicherheit und geringer Transaktionshäufigkeit ist die marktliche Lösung die ökonomisch vorteilhafte Koordinationsform.

Neben diesen „reinen" Formen sind **hybride Koordinationsformen** zu nennen, die sich dadurch auszeichnen, daß sie bei mittlerer Spezifität, hoher Unsicherheit und mittlerer Transaktionshäufigkeit gegenüber der rein marktlichen und rein hierarchischen Koordination Effizienzvorteile aufweisen und die Wesenszüge marktlicher und hierarchischer Koordination vereinen. In Anlehnung an Hanke läßt sich dieser Sachverhalt wie in Abbildung 1 dargestellt erfassen[3].

Diese Abbildung verdeutlicht, daß in Abhängigkeit vom jeweiligen Ausgangskoordinationsmuster, das einer Transaktion zugrunde liegt, zwischen

- **hybriden Marktformen** (Grundmuster der Koordination bildet der Markttausch, und es kommen hierarchische Überwachungsstrukturen etc. hinzu) und

- **hybrider Unternehmungsführung** (Grundmuster der Koordination ist die Hierarchie, die durch marktliche Elemente ergänzt wird)

differenziert wird, wobei zwischen diesen Formen fließende Übergänge existieren (vgl. Schraffur in Abbildung 1).

Die in einem Netzwerk organisierten Akteure sind dabei

- loser gekoppelt als in einer Hierarchie und
- fester gekoppelt als in einem Markt[4].

---

1) Vgl. Picot/Reichwald/Wigand (2001, S. 50 ff.).
2) Vgl. z.B. Bössmann (1983, S. 105 ff.); Stölzle (1999, S. 34 ff.).
3) Vgl. Hanke (1993, S. 27).
4) Vgl. z.B. Horstmann (1997, S. 35 ff.); Sydow (1992, S. 86).

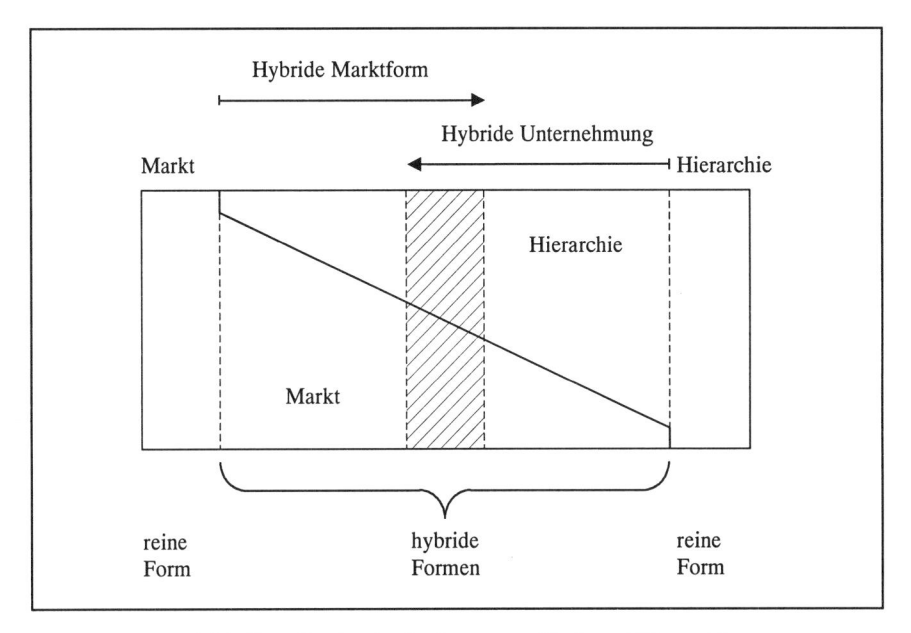

Abbildung 1: Hybride Koordination im Spektrum von Markt und Hierarchie

Vielmehr verbinden Netzwerke marktliche und hierarchische Elemente, wobei die Netzwerkorganisation dadurch einen eigenständigen Charakter gewinnt, „... daß sie wettbewerbliche und kooperative Verhaltensweisen in bestimmter Weise in sich vereinigt und dabei die ganze Fülle und Reichhaltigkeit an Koordinationsmöglichkeiten ausschöpfen kann."[1] Abbildung 2 gibt diese Verknüpfung auf der Grundlage ausgewählter Merkmale wieder[2].

Netzwerke „überlagern" damit Märkte und Hierarchien und stellen ein hybrides Phänomen dar, in dem **Kooperation** und **Wettbewerb** nebeneinander existieren (sogenannte Koopkurrenz)[3], d.h., sie sind durch ein komplexes Zusammenspiel von wettbewerblichen und kooperativen Regelungsmechanismen gekennzeichnet[4]. Neben der Konkurrenz im Netz (netzwerkinterne Konkurrenz) ist auch die Konkurrenz zwischen unterschiedlichen Netzwerken zu nennen[5].

---

1) Meyer (1995, S. 148).
2) Vgl. Siebert (1991, S. 295).
3) Vgl. Reiß (1998c, S. 226); Reiß (2000a, S. 9).
4) Vgl. Wührer (1995, S. 119); ferner Müller-Stewens (1997a, S. 10).
5) Vgl. Beck (1998, S. 274 f.).

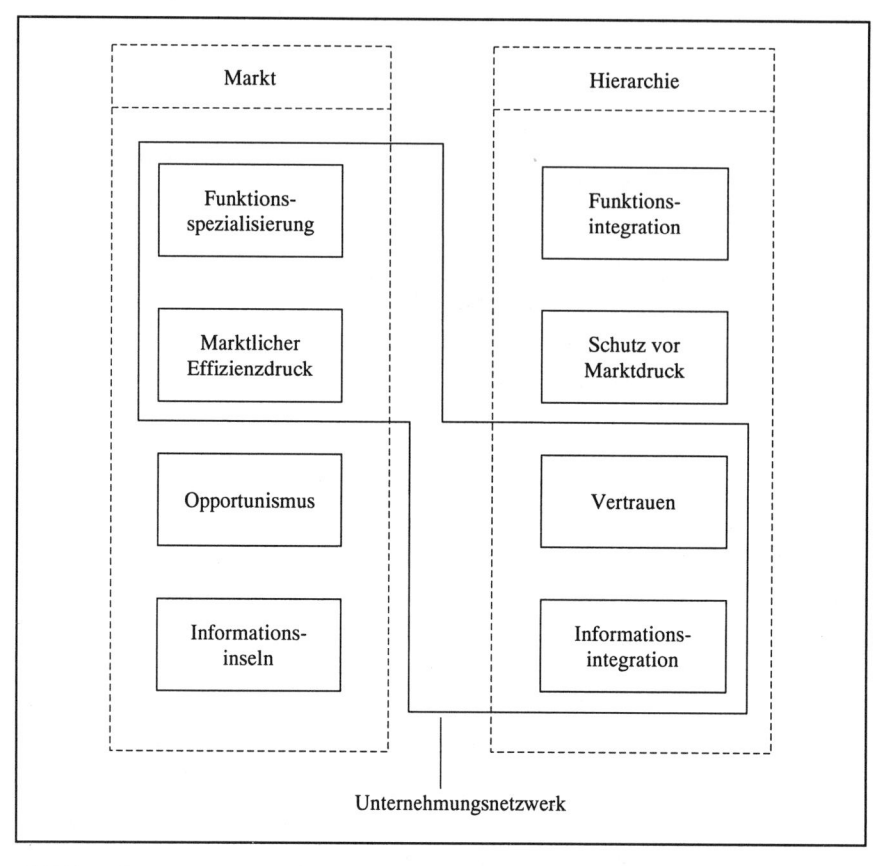

Abbildung 2: Unternehmungsnetzwerk als Kombination marktlicher und hierarchischer Elemente

Netzwerke lassen sich dann, wie in Abbildung 3 dargestellt, als eigenständige Organisationsform zwischen **Markt** und **Hierarchie**[1] einordnen[2].

---

1) Vgl. Sydow (1992, S. 104).
2) Eine grundsätzlich andere Betrachtungsweise liegt dem sogenannten Schwedischen Netzwerkansatz zugrunde (vgl. z.B. Axelsson (1992, S. 237 ff.); Johanson/Mattsson (1988, S. 290 ff.)), die Märkte als Netzwerke (Markets-as-Networks) betrachten, und zwar als Unternehmungsnetzwerke fokaler Unternehmungen. Dabei wird explizit hervorgehoben, daß Märkte nicht im Sinne der Neoklassik verstanden werden, sondern aus Aktoren bestehen (Unternehmungen, Teileinheiten von Unternehmungen, Individuen), die wechselseitige direkte und/oder indirekte Beziehungen unterhalten. Der Erfolg eines Netzwerkes hängt dann von der Netzwerkstruktur und der Entwicklung und Pflege der Beziehungen ab. Innerhalb des Netzwerkes kommt es zu Interaktionen zwischen den Aktoren, d.h. zu Koordinations- und Austauschprozessen, wobei Informationen, Produkte und soziale Handlungen ausgetauscht werden. Der Ansatz ist insofern enger als er sich primär auf das Business-to-Business-Geschäft bezieht (zu einem zusammenfassenden Überblick zum Schwedischen Netzwerkansatz vgl. Renz (1998, S. 239 ff.)).

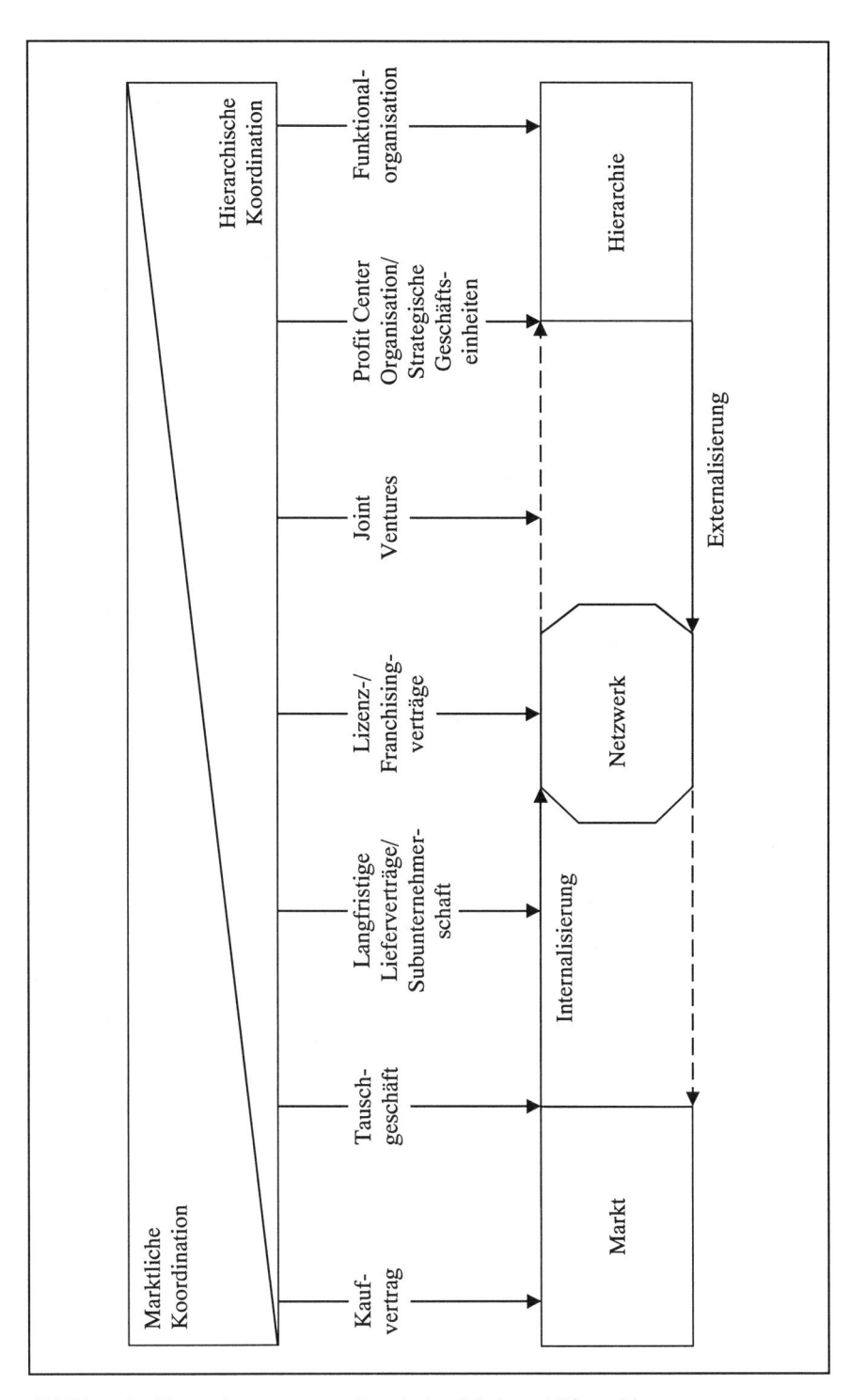

Abbildung 3: Unternehmungsnetzwerk zwischen Markt und Hierarchie

Diese Sichtweise der Netzwerke wird auch als **intermediäre Position** bezeichnet. Hiervon abzugrenzen ist die autarke Position, die die Netzwerke als eine eigenständige Kooperationsform neben Markt und Hierarchie betrachtet[1].

Nach Sydow stellen Unternehmungsnetzwerke dann „... eine auf die Realisierung von Wettbewerbsvorteilen zielende, polyzentrische, gleichwohl von einer oder mehreren Unternehmungen *strategisch* geführte Organisationsform ökonomischer Aktivitäten zwischen Markt und Hierarchie dar, die sich durch komplex-reziproke, eher kooperative denn kompetitive und relativ stabile Beziehungen zwischen rechtlich selbständigen, wirtschaftlich jedoch zumeist abhängigen Unternehmungen auszeichnet."[2] Wie aus Abbildung 3 weiterhin hervorgeht, entstehen Netzwerkorganisationen durch Funktionsexternalisierung und -internalisierung, wobei von Quasi-Externalisierung und -Internalisierung gesprochen wird, wodurch zum Ausdruck kommt, daß die ausgelagerten Funktionen unter der Kontrolle der auslagernden Organisation wahrgenommen werden[3].

Bei den **Interorganisationstheorien** ist zwischen der Austauschtheorie und dem Resource-Dependence-Ansatz zu unterscheiden. Die **Austauschtheorie** hat ihren Ursprung in der Soziologie[4]. Ziel ist die Erklärung unterschiedlicher Formen sozialer Strukturen einschließlich intra- und interorganisationaler Netzwerke. Ausgangspunkt dieses Ansatzes bildet

- einerseits die grundsätzliche Knappheit von Ressourcen, eine elementare ökonomische Annahme, und
- anderseits die funktionale Spezialisierung der Teilnehmer.

Unter diesen Voraussetzungen findet dann zwischen mehreren Akteuren ein freiwilliger Austausch statt, wenn der Nutzen die Kosten des Austausches übersteigt, d.h., der Entscheidung für oder gegen eine Zusammenarbeit liegt ein rationales Nutzenkalkül zugrunde[5]. Dabei ist hervorzuheben, daß die Austauschtheorie im Gegensatz zur Transaktionskostentheorie auch den Wert des physischen Austauschobjektes in die Betrachtung aufnimmt[6]. Der einzelne Tausch bildet aber nur einen Akt im Rahmen einer länger anhaltenden sozialen Interaktion. Als Koordinationsinstrumente

---

1) Zu diesen und weiteren Perspektiven vgl. die Übersicht bei Renz (1998, S. 10 ff.).
2) Sydow (1992, S. 82).
3) Vgl. z.B. Well (1996, S. 178).
4) Vgl. Cook (1977, S. 62 ff.); Cook/Emerson (1984, S. 1 ff.).
5) Vgl. Vanberg (1982, S. 48 ff.).
6) Vgl. Zundel (1999, S. 236).

werden dabei relationale Verträge und Vertrauen diskutiert. Der Einsatz des Koordinationsinstrumentes hängt davon ab, ob zwischen den Akteuren bereits Beziehungen existieren, wie lange diese dauerten und wie das bisherige Verhalten war. Das Vertrauen wird dabei als „fragil" bezeichnet, da es das Ergebnis eines rationalen Kalküls ist. Relationale (unvollständige) Verträge[1] sind deshalb notwendig, weil Vertrauen enttäuscht werden kann. Bei längerer Zusammenarbeit der Akteure kann Vertrauen in Grenzen Formalinstrumente substituieren[2].

Kerngedanke des **Resource-Dependence-Ansatzes** (Ressourcenabhängigkeitstheorie) ist es, daß Unternehmungen zum Überleben Ressourcen benötigen. Da eine Unternehmung nicht über sämtliche, für ihre Leistungserstellung notwendigen Ressourcen verfügt, benötigt sie andere Unternehmungen, um mit ihnen einen Ressourcenaustausch zu vollziehen. Es bleibt einer Unternehmung somit nichts anderes übrig, als in der Situation knapper Ressourcen einen Austausch mit anderen Unternehmungen zu vollziehen, wodurch sich die Handlungsautonomie der betrachteten Unternehmungen reduziert, da sie von externen Ressourcen abhängig sind. Unter diesen Bedingungen bilden sich Netzwerke dann, um (einseitige) Abhängigkeiten zu reduzieren, indem selbst Abhängigkeiten entwickelt werden[3]. Die Steuerung von Netzwerken wird dabei im Rahmen des Resource-Dependence-Ansatzes als Versuch der Machtausübung und Reduzierung von Abhängigkeiten gesehen. Netzwerke weisen dabei immer ein „gewisses" Konfliktpotential auf, durch das die Stabilität der Beziehungen in Frage gestellt ist. Ursächlich für die Bereitschaft einer Unternehmung, einem Netzwerk beizutreten, ist der Wunsch, Zugang zu den Ressourcen anderer Netzwerkmitglieder zu erhalten. Hierfür ist die Unternehmung bereit, einen Teil ihrer **Autonomie** als selbständige Organisation **aufzugeben**. Dies kann als „Preis" interpretiert werden, den eine Unternehmung bezahlen muß, um im Gegenzug Zugang zu den Ressourcen anderer Netzwerkunternehmungen zu erhalten[4]. Hierdurch bedingt entstehen im Netzwerk Ressourcenabhängigkeiten, die, je nach Art und Umfang, den Entscheidungsspielraum der einzelnen Unternehmungen restringieren: „So entsteht ein Spannungsverhältnis zwischen dem Bedürfnis nach Autonomie und der Abhängigkeit von Organisationen, die den Zugang zu überlebensnotwendigen Ressourcen kontrollie-

---

1) Relationale Verträge legen lediglich die Rahmenbedingungen der Interaktionen fest. Demgegenüber bleiben die Leistungsbeziehungen im Detail weitgehend ungeregelt und werden situativ festgelegt. Grund für diese Vorgehensweise sind die unvollkommenen Informationen über die Umweltentwicklung zum Zeitpunkt des Vertragsabschlusses. Vgl. Macaulay (1963, S. 57 ff.); Macneil (1974, S. 712 ff.); Richter (1994, S. 16 ff.).
2) Vgl. Sjurts (2000, S. 205 ff.).
3) Vgl. Pfeffer/Salancic (1978); ferner Renz (1998, S. 133 ff.); Sjurts (2000, S. 208 ff.).
4) Vgl. Staber (2000, S. 61 ff.).

ren."[1] Eine Auflösung der Zusammenarbeit erfolgt dann, wenn die externen Ressourcen nicht mehr benötigt werden oder der strategische Handlungsspielraum zu stark eingeengt wird.

Der Austauschtheorie und dem Resource-Dependence-Ansatz ist damit gemeinsam, daß sie als **ressourcenorientierte Ansätze** Hinweise für die Gestaltung von Netzwerken geben, und zwar hinsichtlich

- der eigenen Leistung und
- der kooperativen Leistungserstellung mit anderen Unternehmungen[2].

Die Zusammenarbeit von Akteuren resultiert damit aus der Ressourcenknappheit und der damit verbundenen Notwendigkeit des Bezugs von Ressourcen Dritter. Die ressourcenorientierten Ansätze zielen damit auf ressourcenbasierte Wettbewerbsvorteile ab.

1.1.2 Managementaufgaben in Unternehmungsnetzwerken

Unabhängig von der konkreten Erscheinungsform der Netzwerke obliegt dem **Netzwerkmanagement** die Aufgabe, für eine effiziente und effektive Planung, Steuerung und Kontrolle der Abläufe im Netzwerk Sorge zu tragen[3], d.h., es hat sich dem Aufbau, der Pflege, der Nutzung und der Auflösung von Netzwerken zu widmen, und zwar mit der Zielsetzung der Integration der Leistungsbeiträge der einzelnen Unternehmungen[4]. Beim Management von Netzwerken kommt es immer darauf an, „... bestimmte Spannungsverhältnisse - z.B. jene zwischen Vertrauen und Kontrolle, Autonomie und Abhängigkeit sowie Kooperation und Wettbewerb - zu balancieren."[5] Einen wesentlichen Teilbereich des Netzwerkmanagement bildet das Beziehungsmanagement[6], das an den Schnittstellen zwischen den Netzwerkunternehmungen ansetzt, d.h., es geht letztlich um die Gestaltung der Interaktionen zwischen den

---

1) Staber (2000, S. 61).
2) Vgl. Stengel (1999, S. 75).
3) Vgl. z.B. Männel (1996, S. 186); Müller-Wünsch (1995, S. 171 f.).
4) Vgl. Ritter (1998, S. 33 ff.). „Innerhalb des Unternehmensnetzwerkes üben die Netzwerkpartner Kontrollfunktionen aufeinander aus. Diese wirken durch Marktvergleich und externe Benchmarks sowohl auf die Leistungsfähigkeit der einzelnen Partner hin, als auch auf das kooperative Verhalten. Unkooperatives Verhalten wird bestraft. Darüber hinaus schwächt der Vorgang von unkooperativem Verhalten und Bestrafung den ganzen Verbund, was weiteren Druck auf die Kooperationspartner hin zu kooperativem Verhalten ausübt." Stengel (1999, S. 130).
5) Sydow/Windeler (2000, S. 17).
6) Vgl. Diller (1995, S. 442 ff.).

Unternehmungen. Als Orientierungshilfe wird dabei der Aufbau eines **Beziehungsportfolios** empfohlen[1], in dem die potentiellen Partner positioniert und Empfehlungen formuliert werden, zu welchen Partnern Beziehungen anzustreben sind und welche Beziehungen zu vermeiden sind. Differenzierend kann in diesem Zusammenhang zwischen

- beziehungsspezifischen und
- beziehungsübergreifenden Aufgaben

des Netzwerkmanagement unterschieden werden[2]. Während sich die beziehungsspezifischen Aufgaben auf die Anbahnung und Realisation konkreter Geschäftsbeziehungen und auf die Koordination zwischen den Netzwerkpartnern beziehen, handelt es sich bei den beziehungsübergreifenden Aufgaben um generelle Gestaltungsfragen, die das Netzwerk unabhängig von einem konkreten Auftrag zu lösen hat.

Zu einer differenzierenden Beschreibung von Netzwerken können neben den Akteuren (Unternehmungen) und den generellen Beziehungen[3] die folgenden Dimensionen zusätzlich herangezogen werden:

- **Funktionen**, d.h. die Einbindung im Sinne einer Funktionserfüllung, also der Zugriff auf Aktivitäten und Ressourcen anderer Netzwerkunternehmungen zur Erreichung eigener Ziele.
- **Strukturen**, d.h., es geht um die Spezifizierung der Austauschbeziehungen, wobei als Merkmale etwa die Häufigkeit, Dichte, Dauer, Reziprozität etc. herangezogen werden können. Es sei angemerkt, daß die funktionale Reziprozität letztlich das Wesen von Interdependenzen im wechselseitigen Austausch ist. Mit ihr ist nicht die Erwartung verbunden, daß sich die Beiträge der Netzwerkpartner bei jedem einzelnen Austauschvorgang ausgleichen müssen, sondern nur über einen als angemessen empfundenen Zeitraum.
- **Verfahrensregeln**, d.h., es sind Prozeduren zu fixieren, wie die entsprechenden Interaktionen durchzuführen sind. Es handelt sich dabei um Rahmenvereinbarungen, d.h. um Verhaltensregeln, die allgemeingültige und dauerhafte Restriktionen individuellen und kollektiven Handelns darstellen und durch die Netzwerkpartner zu beachten sind. Ziel ist es, Handeln vorzustrukturieren und hierdurch effektives und effizientes Handeln in wiederkehrenden Entscheidungssituationen zu ermöglichen. Damit kommt ihnen eine Koordinationsfunktion zu[4]. Die Regel „So einfach wie möglich, aber nicht einfacher"[5] erscheint dabei wenig hilfreich.

---

1) Vgl. Walter (1998, S. 116 ff. und S. 127 ff.).
2) Vgl. Ritter (1998, S. 35 ff.).
3) Vgl. Schubert (1994, S. 44 ff.).
4) Vgl. Burr (1999, S. 1162 ff.).
5) Hilb (1997, S. 88).

- **Macht bzw. Machtpositionen,** die sich letztlich in Abhängigkeitsbeziehungen zwischen den Akteuren niederschlagen (z.B. fokale Unternehmungen). Die einzelnen Unternehmungen entfalten damit letztlich Bemühungen, eine begünstigende Netzwerkposition zu erlangen[1]. Dabei zeigt sich, daß diese Dimension nicht überschneidungsfrei ist mit der Dimension Strukturen.

- **Strategien,** und zwar nicht auf die einzelne Netzwerkunternehmung bezogen, sondern auf das Netzwerk als Ganzes. Das Netzwerk wird dabei als eigenständige Institution begriffen, die gegenüber Außenstehenden eine eigene Strategie entwickelt, wobei in diesem Zusammenhang von einer kollektiven Strategie oder Netzwerkstrategie gesprochen wird[2].

Diese Dimensionen dienen zwar der Präzisierung des Betrachtungsobjektes, jedoch ist zu betonen, daß sie nicht „... zu einer weiteren Konkretisierung des Netzwerkansatzes als theoretisches Erklärungsmuster ..."[3] beitragen.

Darüber hinaus müssen in einem Unternehmungsnetzwerk das oder die Sachziel(e) und das oder die Formalziel(e) geplant und festgelegt werden. Mit dem **Sachziel** legt das Netzwerk den Ausgangspunkt für die zukünftige gemeinsame unternehmerische Tätigkeit. Es sind somit die Geschäftsfelder[4] festzulegen, in denen das Netzwerk tätig werden möchte. Damit wird das **Produktions- und Absatzprogramm** des Unternehmungsnetzwerkes in qualitativer und quantitativer Hinsicht fixiert. Demgegenüber liefert das **Formalziel** einen normativen Maßstab zur Beurteilung der Sachzielrealisation. Es ergibt sich somit die Notwendigkeit einer Formalzielplanung des Netzwerkes, und zwar insbesondere im Hinblick auf ein gesamthaftes Ergebnisziel[5].

Neben der Programm- ist die **Potentialgestaltung** im Netzwerk zu nennen, d.h., es handelt sich um die folgenden Problemkomplexe[6]:

- Gestaltung der Kapazitäten wie Produktions-, Transport- und Lagerkapazitäten der Netzwerkpartner (Betriebsmittelplanung).
- Netzwerkkapazität:
    -- Gemeinsame Infrastruktur wie etwa IuK-Technologie.
    -- Abstimmung der Kernkompetenzen und bei unzureichender Ausstattung Aufnahme neuer Mitglieder in das Netzwerk (Partnerplanung).

---

1) Vgl. Johanson/Mattson (1985, S. 188).
2) Vgl. Sydow (1992, S. 268 ff.).
3) Stölzle (1999, S. 94).
4) Vgl. Lorange (1988, S. 377).
5) Vgl. Wall (2000a, S. 127).
6) Vgl. zu dieser Einteilung Kern (1992, S. 96 ff.); Lorange (1988, S. 379 f.); ferner Wall (2000a, S. 129 f.).

Gegenstand der Potentialgestaltung sind damit Fragen der aktuellen und zukünftigen Netzwerkzusammenstellung und der zu tätigenden Investitionen auf Unternehmungs- und auf Netzwerkebene. Als Ergebnis der Potentialplanung ergibt sich dann, welche Aktivitäten und Ressourcen die einzelnen Netzwerkpartner unabhängig von einem konkreten Auftrag in das Unternehmungsnetzwerk einbringen[1].

Als dritter Problemkomplex ist die **Prozeßgestaltung** zu nennen, wobei es nicht um die Probleme in den einzelnen Unternehmungen geht, sondern um die Abstimmung der Leistungsprozesse zwischen den Netzwerkunternehmungen im Rahmen einer konkreten Konfiguration.

1.2 Netzwerkbegriff

Netzwerke bestehen aus autonomen Akteuren, die sich zusammenfinden, um ein gemeinsames Resultat zu erreichen[2], d.h., die Leistungserstellungsprozesse laufen unternehmungsübergreifend ab (kooperative Produktion). Diese allgemein gehaltene Definition ist jedoch weiter zu spezifizieren. So ist zunächst die **Autonomie**, d.h. die Selbständigkeit der Netzwerkpartner zu hinterfragen. Spezifizierend betont Ritter, daß die Organisationen rechtlich selbständig sein müssen und durch wechselseitig beeinflussende Geschäftsbeziehungen miteinander verbunden sind[3]. Dabei sind unter **Geschäftsbeziehungen** „... langfristig angelegte, von ökonomischen Zielen geleitete Interaktionsprozesse und Bindungen zwischen Mitgliedern verschiedener Organisationen ..."[4] zu verstehen, d.h., sie sind auf eine Folge von Austauschvorgängen gerichtet[5]. Damit gehen die Organisationen zwar dauerhafte Interdependenzen ein, bleiben aber in ihren Entscheidungen autonom. So wird neben der rechtlichen Selbständigkeit, die immer dann gegeben ist, wenn keine Identität in der Trägerschaft der beteiligten Unternehmungen besteht, auch die wirtschaftliche Selbständigkeit thematisiert. Die wirtschaftliche Selbständigkeit schlägt sich etwa in der Fähigkeit einer Unternehmung nieder, strategische Wahlentscheidungen selbst zu treffen und umzusetzen[6]. Eine so verstandene Selbständigkeit wird in einem Netzwerk partiell eingeschränkt, da Netzwerkarrangements sich zwar durch die intensiven Beziehungen zwischen den Netzwerkteilnehmern auszeichnen, diese aber dennoch über eine rela-

---

1) Vgl. Wohlgemuth/Hess (1999, S. 15).
2) Vgl. Messner (1995, S. 170); Powell (1990, S. 300 ff.).
3) Vgl. Ritter (1998, S. 25).
4) Gemünden (1990, S. 34).
5) Vgl. Bauer (1995, S. 45); Werani (1999, S. 328).
6) Vgl. Sydow (1992, S. 90 f.).

tiv hohe Autonomie verfügen[1]. Daß die wirtschaftliche Selbständigkeit zumindest teilweise eingeschränkt wird, zeigt sich auch darin, daß Netzwerke kooperative Systeme sind, die eine Koordination auf die gemeinsam angestrebten Ziele erfordern[2]. Dabei ist Autonomie immer relativ zu sehen[3], da sie letztlich durch eine Vernetzung systematisch gefährdet wird[4]. Das Problem der wirtschaftlichen Selbständigkeit ist jedoch keineswegs neu und wurde in der Literatur[5] zur unternehmungsübergreifenden Kooperation intensiv diskutiert. In diesem Kontext interpretierte Kosiol[6] die wirtschaftliche Selbständigkeit im Sinne der Entscheidungsfreiheit hinsichtlich

- einer Kooperationsabschlußfreiheit und
- einer Möglichkeit des Kooperationsaustrittes,

ohne daß hierdurch eine Existenzgefährdung der Teilnehmer auftrete. Teilweise wird auch von einer Dilemmasituation gesprochen, die sich aus dem **Spannungsfeld** von **Autonomie** und **Abhängigkeit** ergebe[7]. Somit kann es eine völlige Autonomie bei Kooperationen nicht geben, da sie gerade dadurch gekennzeichnet sind, „... daß die vollkommen individualistische Position um einer zusätzlichen Chance willen aufgegeben und durch ein ... Sich-Aufeinander-Einlassen, zumindest in Teilaspekten, ersetzt wird."[8] Dabei kommt erschwerend hinzu, daß sich die wirtschaftliche Selbständigkeit kaum operationalisieren läßt und folglich keine eindeutige Grenze existiert, die als Beurteilungsbasis herangezogen werden kann.

Die unternehmungsübergreifende Zusammenarbeit läßt sich damit durch die folgende Ambivalenz charakterisieren:

- Einerseits bedeutet Kooperation die partielle Unterordnung unter kollektive Ziele und damit die Aufgabe individueller Autonomie,
- andererseits ist auf kollektiver Ebene ein Autonomiezuwachs gegeben[9].

---

1) Vgl. Kaluza/Blecker (1998, S. 28).
2) Vgl. Meyer (1995, S. 143).
3) Vgl. Morgan (1986, S. 69 f.).
4) Vgl. Sydow/Windeler (1997, S. 16).
5) Vgl. z.B. Rupprecht-Däullary (1994, S. 16 f.); Schneider (1973, S. 39 ff.); Tröndle (1987, S. 16 ff.).
6) Vgl. Kosiol (1972, S. 29); ferner Freichel (1992, S. 57); Schneider (1973, S. 39 ff.).
7) Vgl. Pfeffer/Salancik (1978, S. 261 f.); Sydow (1992, S. 90), der von einem Paradoxon der Kooperation spricht.
8) Wurche (1994, S. 37).
9) Vgl. Bellmann/Mildenberger (1996, S. 149).

Dies impliziert, daß die einzelnen Kooperationspartner bei der Wahl ihrer Mittel und Handlungen nicht nur ihre eigenen, sondern auch die Ziele und Interessen der Partner berücksichtigen, d.h., es ist eine freiwillige wechselseitige Ziel-Mittel-Verflechtung der Partner gegeben. Dies setzt die Bereitschaft der Kooperationspartner voraus, zumindest „... in Teilbereichen die unternehmerische Handlungsfreiheit einzuschränken."[1] Die Akteure sind damit zwar relativ autonom, aber interdependente Akteure, d.h., in Netzwerken liegt die typische Kombination von Autonomie und Interdependenz vor[2]. Dies setzt jedoch die explizit herausgestellte Zielgerichtetheit der Kooperation voraus[3], die besagt, daß die kollektive im Vergleich zur individuellen Aufgabenerfüllung für alle Beteiligten Vorteile bietet, d.h., die Wirtschaftlichkeit der Aufgabenerfüllung verbessert sich. Kooperationen finden damit ihre Begründung in sogenannten **Win-win-Situationen**[4]. Die positiven Wechselbeziehungen zwischen den Zielen der Kooperationspartner resultieren letztlich aus den gleichgerichteten Zielen der Partner[5].

Mit der Umschreibung „kooperativ" wird dabei auf eine partnerschaftliche Beziehung abgestellt, die jedoch, wie die Empirie zeigt, nicht immer gegeben ist. So gelangen etwa Pohlmann u.a. zu dem Ergebnis, daß bedingt durch die Machtasymmetrie an der Schnittstelle Beschaffung - Zulieferer in der Automobilindustrie „im großen und ganzen" keine fairen Kooperationen gegeben seien[6]. Derartige Machtasymmetrien wurden bereits intensiv im Rahmen des Just-in-Time-Konzeptes diskutiert, wobei die folgenden Aspekte, die auch im Rahmen von Netzwerken relevant sein können, zu nennen sind[7]:

- Die fokale Unternehmung kontrolliert den Produktionsprozeß des Zulieferers bis hin zur Qualitätssicherung, wobei der Zulieferer die Kosten für die geforderte Zertifizierung zu übernehmen hat.
- Die mit der Lagerhaltung verbundenen Risiken werden einseitig auf den Zulieferer übertragen.
- Es wird seitens der fokalen Unternehmung vermieden, Mindestabnahmemengen zu vereinbaren, wodurch ein Teil des Absatzrisikos auf den Zulieferer übertragen wird.

---

1) Staudt u.a. (1995, S. 1213).
2) Vgl. Mayntz (1992, S. 25 f.).
3) Vgl. Schneider (1973, S. 44 ff.).
4) Vgl. Aulinger (1999, S. 91).
5) Vgl. Deutsch (1949, S. 131 ff.); ferner Tröndle (1987, S. 16 ff.).
6) Vgl. Pohlmann u.a. (1995, S. 146).
7) Vgl. Gerum/Achenbach/Opelt (1998, S. 266 f.).

Darüber hinaus wird nur dann von einem Netzwerk oder einer Netzwerkorganisation gesprochen, wenn mehr als zwei Akteure über entsprechende Beziehungen miteinander verknüpft sind[1], d.h., Netzwerke sind multilaterale Gebilde: „Netzwerke sind von Hause aus weder durch sternförmige Kommunikationsstrukturen noch durch eine hierarchische Entscheidungsfindung gekennzeichnet. In Netzwerken gilt vielmehr das Strukturprinzip der Heterarchie."[2]

Diese Skizze der Netzwerkorganisation zeigt darüber hinaus, daß diese Organisationsform eine deutliche Nähe zu den in der betriebswirtschaftlichen Literatur intensiv diskutierten **zwischenbetrieblichen Kooperationen** aufweist, ein Sachverhalt, der auch im Begriff **Kooperationsnetzwerk**[3] zum Ausdruck kommt. Um den Kooperationsbegriff inhaltlich weiter zu präzisieren, sei auf die Definition von Schwarz zurückgegriffen, der dann von einer Kooperation spricht, „... wenn selbständige Personen und/oder Organisationen aufgrund gemeinsamer Zwecke durch Verhandlungen und Abmachungen über die Erfüllung von Teilaufgaben der Beteiligten bestimmen."[4] Auf der Grundlage einer Literaturanalyse lassen sich darüber hinaus die folgenden Merkmale herausstellen, die für eine Kooperation entscheidend sind[5]:

- die Gemeinschaftlichkeit der Aufgabenerfüllung, an der mehrere Unternehmungen beteiligt sind,
- die rechtliche und wirtschaftliche Selbständigkeit der Kooperationspartner,
- die Freiwilligkeit der Zusammenarbeit,
- die Koordination von Teilaufgaben der Beteiligten,
- Vereinbarungen als Grundlage der Zusammenarbeit,
- die Zielbezogenheit der Zusammenarbeit und
- die wettbewerbsrechtliche Zulässigkeit der Zusammenarbeit.

Damit werden Parallelen zur Netzwerkorganisation evident.

Ebenfalls wie bei Netzwerkorganisationen schließt die Kooperation den Wettbewerb nicht aus: „Die Kooperation ermöglicht die Ausnutzung von Spezialisierungsvorteilen, und der Wettbewerb zwingt zu einer hohen Effizienz durch einen ständigen Ver-

---

1) Vgl. z.B. Lange/Schaefer/Daldrup (2000, S. 4).
2) Reiß (2000a, S. 9).
3) Vgl. Picot/Reichwald/Wigand (1996, S. 283).
4) Schwarz (1979, S. 83). Vgl. auch Boettcher (1974, S. 22); Schneider (1973, S. 37 ff.); Straube (1972, S. 59 ff.).
5) Vgl. Fischer (1983, S. 25).

1.2 Netzwerkbegriff

gleich der eigenen spezifischen Fähigkeiten mit denen der Konkurrenz."[1] Aus der Sicht der Theorien interorganisationaler Beziehungen stellt die Kooperation letztlich einen Spezialfall der Koordination arbeitsteiliger Prozesse dar, mit der Konsequenz, daß die Kooperation in Konkurrenz zu anderen Koordinationsmechanismen tritt, eine Vorstellung, die letztlich auch im Rahmen der Positionierung der Netzwerkorganisation in Abbildung 2 zum Tragen kommt. Kooperationen sind dabei relativ stabile Formen der Interaktion mit einer gegenseitigen Verhaltens- und Erwartungsabstimmung.

Als allgemeines Ziel der Kooperation wird die Steigerung des Zielerfüllungsgrades der Kooperationspartner genannt. Konkretisierend werden in der Literatur die folgenden **Zielsetzungen** genannt[2]:

- Kostensenkung (Produktions- und Koordinationskosten),
- Zeitreduktion (z.B. Durchlaufzeit, Entwicklungszeit),
- Qualitätsverbesserung und
- Flexibilitätssteigerung.

So können etwa **Kostenersparnisse** dadurch hervorgerufen werden, daß durch einen festen Zuliefererkreis die Suche nach geeigneten Partnern entfällt, eine gemeinsame Nutzung von Produktionsmitteln (Ressourcenpooling) vorgenommen wird, um z.B. eine kritische Masse zu erreichen[3]. Trotzdem ist es nicht möglich, zu den einzelnen Zielerreichungen generelle Aussagen zu formulieren (so können etwa die Koordinationskosten gesenkt oder auch zusätzliche Koordinationskosten induziert werden). Allgemein schlagen sich diese unterschiedlichen Ziele letztlich in einer Verbesserung der Wirtschaftlichkeit nieder, die etwa aus der Realisierung von Synergien resultiert. Neben diesen „internen" Aspekten spielen in einer unternehmungsübergreifenden Sichtweise auch Aspekte wie Verbesserung der Wettbewerbsposition und Einflußnahme auf den Wettbewerb und die Branchenstruktur eine Rolle, d.h. letztlich die Steigerung der Wettbewerbsfähigkeit. Auf der Basis einer empirischen Untersuchung gelangt Buse zu dem Ergebnis, daß der Zugang zu Ressourcen und Märkten die be-

---

1) Meyer (1995, S. 142).
2) Vgl. z.B. Bleicher (1989a, S. 78); Küting (1983, S. 5 ff.); Rupprecht-Däullary (1994, S. 27 ff.).
3) Vgl. Gemünden/Heydebreck (1994, S. 263 f.).

deutendste Motivgruppe sei[1] und stützt damit Argumentationslinien, die den Ressourcenansatz zur Begründung von Kooperationen heranziehen.

Neben diesen positiven Effekten darf nicht verkannt werden, daß Netzwerke auch ein spezifisches Unsicherheitspotential aufweisen, wobei die folgenden **Unsicherheiten** genannt seien[2]:

- Es ist nur eine partielle Systembeherrschung möglich,
- es besteht die Gefahr eines Kompetenzverlustes, und
- es werden Abhängigkeiten geschaffen.

Die Gefahr eines Kompetenzverlustes resultiert daraus, daß sich die Netzwerkpartner „öffnen" müssen, weil nur so die Möglichkeit besteht,

- aneinander anknüpfen zu können,
- die potentiellen Vorteile der Arbeitsteilung zu realisieren,
- zu einer Reproduktion der Netzwerkform beizutragen und
- die eigenen Ressourcen überhaupt einsetzen zu können[3].

Sollte es jedoch den Netzwerkpartnern gelingen, nicht die Ressourcen, sondern lediglich die erstellten Leistungen den anderen Teilnehmern zur Verfügung zu stellen, dann kann tendenziell die Kontrolle über die Ressourcenverwendung aufrecht erhalten bleiben, d.h., „... das Spannungsverhältnis von Kooperation und Kompetition (bleibt) im - wenn auch labilen - Gleichgewicht."[4]

Bei den entstehenden Abhängigkeiten sollte darauf geachtet werden, daß etwa über Verhandlungen wechselseitige Abhängigkeiten aufgebaut werden, um so die Attraktivität opportunistischen Verhaltens zu reduzieren: „Wechselseitige Abhängigkeiten heißt dabei, daß jede einzelne Unternehmung im Netzwerk so erfolgreich Schwächen anderer kontrollieren muß, daß die Bereitschaft bzw. Notwendigkeit aufgebaut wird, dafür selbst Gegenleistungen zu erbringen."[5]

---

1) Vgl. Buse (1997a, S. 446 f.); ferner Hakansson/Snehota (1989, S. 194), die die Zugriffsmöglichkeiten auf Ressourcen anderer Partner als wesentlichen Grund für die Netzwerkbildung nennen. Zu weiteren Motiven vgl. Oliver (1990, S. 242 ff.); Renz (1998, S. 131).
2) Vgl. Sydow (1995a, S. 633).
3) Vgl. Well (1996, S. 173 f.).
4) Well (1996, S. 178).
5) Well (1996, S. 174).

1.2 Netzwerkbegriff

Auch wenn sich Kooperationen und Netzwerke im Detail durchaus unterscheiden, so läßt sich letztlich doch feststellen, daß **Kooperation als Oberbegriff** herangezogen werden kann, so daß die Netzwerkorganisation eine spezifische Ausgestaltungsform darstellt[1], wobei hiermit ausschließlich **inter**organisationale Netzwerke gemeint sind und keine **intra**organisationalen[2]. Demgegenüber hebt Renz in diesem Zusammenhang hervor, daß es drei mögliche Beziehungen zwischen Netzwerken und Kooperationen gebe und letztlich situativ, d.h. je nach Perspektive zu entscheiden sei, welche Beziehung vorliege[3]. Dabei betrachtet er die drei folgenden Möglichkeiten:

- Netzwerke sind Teil von Kooperationen,
- Netzwerke und Kooperationen sind gleich, und
- Kooperationen sind Teil von Netzwerken.

Diese Betrachtungsweisen resultieren daraus, daß er auch bilaterale Beziehungen zwischen Unternehmungen als Netzwerke, und zwar als einfache Netzwerke bezeichnet, eine Vorgehensweise, die in dem vorliegenden Gedankengebäude nicht berücksichtigt wird, da sie der Vorstellung eines Netzwerkes widerspricht. Ein Netzwerk umfaßt mehr als zwei Mitglieder, ein Sachverhalt, der in der wissenschaftlichen Literatur in der Regel auch nicht in Frage gestellt wird. **Dyaden** sind folglich keine Netzwerke[4]. Netzwerke werden damit als eine Teilmenge der Kooperationen aufgefaßt. Ein entscheidender Unterschied, der in der Literatur häufig genannt wird[5], ist in der für Netzwerke typischen unternehmungsübergreifenden Prozeßoptimierung zu sehen, die im Rahmen der „traditionellen" Kooperation keine Beachtung findet. Optimierung wird in diesem Kontext jedoch nicht im Sinne der mathematischen Optimierung verwendet, so daß es günstiger und auch präziser wäre, von einer unternehmungsübergreifenden Prozeßgestaltung zur Steigerung der Wirtschaftlichkeit zu sprechen. Trotz dieser Unterschiede erachten wir die angeführte Über-/Unterordnung von Kooperationen und Netzwerken für angemessen.

---

1) Vgl. z.B. Hanke (1993, S. 31 ff.).
2) Zundel (1999, S. 4) stellt die These auf, daß die Effizienz eines interorganisationalen Netzwerkes dadurch gesteigert werden könne, daß die beteiligten Unternehmungen auch intraorganisational den Netzwerkgedanken implementierten, so daß letztlich eine simultane Betrachtung dieser beiden Aspekte notwendig werde.
3) Vgl. Renz (1998, S. 199 ff.).
4) Vgl. z.B. Hess (2000, S. 160 f.); Lange/Schaefer/Daldrup (2000, S. 4); Pfohl/Häusler (2000, S. 2); Wertz (2000, S. 9). Ergänzend ist anzumerken, daß dabei auf eine Vorgehensweise von Kutschker (1994, S. 126) zurückgegriffen wird, der im Rahmen einer Kooperationsmatrix Netzwerke als Teilmenge der Kooperationen positioniert und bilaterale und trilaterale Beziehungen explizit aus den Netzwerken ausschließt.
5) Vgl. z.B. Gaitanides (1997, S. 740).

1.3 Erscheinungsformen von Netzwerken
1.3.1 Netzwerktypologien

In den bisherigen Ausführungen wurde allgemein von Netzwerkorganisation gesprochen und damit unterstellt, daß es sich hierbei um eine relativ homogene Erscheinung handele. Ein Blick in die betriebswirtschaftliche Literatur zeigt jedoch, daß dies nicht der Fall ist, und einige Autoren[1] sprechen im Kontext der Erscheinungsformen von Netzwerken von einem „Begriffswirrwarr". In der Tat offenbart die Literatur eine kaum noch zu überblickende Vielzahl an unterschiedlichen Merkmalen, die zur Typenbildung von Netzwerken herangezogen werden[2]. Aufgabe dieses Abschnittes soll es sein, einen kritischen Überblick über die in der Literatur entworfenen Typologien zu geben.

Eine Typologie der Netzwerke, die jedoch nicht auf der Grundlage einheitlicher Kriterien entstand, unterscheidet zwischen

- strategischen,
- regionalen und
- Projektnetzwerken[3].

Ein **strategisches**[4] **Netzwerk**[5] stellt ein langfristiges zielgerichtetes Arrangement dar, bei dem sich die Unternehmungen auf Aktivitäten der Wertkette spezialisieren[6], um **Wettbewerbsvorteile** zu erlangen. Strategisch bedeutet dabei, „... daß die fokale Unternehmung die wettbewerbsrelevanten Potentiale aufgrund marktökonomischer Erfordernisse sowie technologischer Möglichkeiten erschließen und verteidigen kann."[7] Da dieses Arrangement am Wertkettenansatz anknüpft, wird teilweise auch von **Wertschöpfungspartnerschaften** gesprochen, ein Begriff, der jedoch zunehmend durch den Begriff strategisches Netzwerk ersetzt wird. „Die Perspektive einer

---

1) Vgl. z.B. Axelsson (1992, S. 242 ff.); Meyer (1995, S. 4).
2) Vgl. z.B. Sydow (1992, S. 85).
3) Vgl. z.B. Sydow/Winand (1998, S. 16 f.).
4) Teilweise werden den strategischen die operativen Netzwerke gegenübergestellt, deren Schwerpunkt die Kostenreduktion der operativen Aufgaben durch Rationalisierung bildet. Vgl. z.B. Buse (1997b, S. 95 f.); Kubicek/Klein (1997, S. 96); Sheth/Parvatiyar (1992, S. 76 ff.).
5) Ursprung strategischer Netzwerke war das Bestreben, starre Großunternehmungen durch Funktionsexternalisierung zu flexibilisieren. Die rechtlich selbständigen Unternehmungen, die diese externalisierten Aufgaben dann ausführen, werden unter dem Dach einer Netzwerkstrategie integriert; vgl. Zundel (1999, S. 35).
6) Vgl. Jarillo (1988, S. 32 ff.); Poirier (1999, S. 197 f.).
7) Zundel (1999, S. 36).

langfristigen Zusammenarbeit erlaubt es auch, ein gewisses Maß an Redundanz im Produktionsnetz vorzusehen und zwei oder mehr Partner mit ähnlichen Fähigkeiten einzubinden."[1] Dabei weisen Produktionsnetzwerke einen hohen Verbindlichkeitsgrad auf, weil teilweise nicht unerhebliche Investitionen erforderlich sind und folglich hohe Austrittskosten beim Verlassen des Netzwerkes entstehen. Strategische Netzwerke sind damit durch ein langfristiges, stabiles Beziehungsmuster mit einem festen Kreis von Unternehmungen gekennzeichnet. Die strategische Ausrichtung wird darüber hinaus durch die Führung des Netzwerkes unterstrichen, mit dem Ziel der Erschließung und dauerhaften Absicherung wettbewerbsrelevanter Potentiale. Diese Aufgabe übernimmt eine sogenannte **fokale Unternehmung** (hub firm)[2], die das Netzwerk gründet, die Wertschöpfung koordiniert und ein einheitliches Auftreten am Markt ermöglicht: „Diese Unternehmung ... bestimmt mehr als andere Art und Inhalt der Strategie, mit der dieser Markt bearbeitet wird, sowie Form und Inhalt der Interorganisationsbeziehungen."[3] Sie übt damit einen höheren Einfluß auf die Gestaltung der Managementfunktionen aus als die anderen Netzwerkpartner. Die Bezeichnung „fokal" resultiert dabei aus der relativen Marktnähe dieser Unternehmung, etwa eines Endproduktherstellers, der aufgrund seiner Marktposition über eine „gewisse" Informationsmacht verfügt. Beispiele für strategische Netzwerke finden sich in der Automobilindustrie (japanisches Vorbild: Keiretsu[4]), aber auch in der Mikroelektronik und Biotechnologie. Abbildung 4 gibt beispielhaft ein hierarchisch-pyramidenförmiges Netzwerk wieder[5].

Diese hierarchisch-pyramidenförmige Struktur stellt eher eine idealtypische Erscheinungsform[6] dar und hat letztlich nur aus der Perspektive einer einzelnen fokalen Unternehmung und eines Lieferanten in bezug auf einzelne Systeme, Baugruppen etc. Gültigkeit, da

- ein Abnehmer in der Regel mehrere Zulieferer hat, und
- ein Lieferant in der Regel an mehrere Abnehmer liefert.

---

1) Buse (1997b, S. 92).
2) Vgl. Fombrun/Astley (1983, S. 49); Jarillo (1988, S. 34).
3) Sydow (1995a, S. 630).
4) Vgl. Pfaffmann (1998, S. 451).
5) Vgl. Wertz (2000, S. 23). Als Anlässe für die Bildung hierarchischer Netzwerke seien beispielhaft genannt: gemeinsame Investitionen (Infrastruktur, Qualitätssteigerungsmaßnahmen), Abstimmung in der Konstruktion, Prozeßbeschleunigung.
6) Vgl. Gaitanides (1998, S. 92 f.).

```
        ┌─────────────────────────────┐
        │            /FU\             │
        │           /────\            │
        │          / System- \        │
        │         / lieferanten\      │
        │        /──────────────\     │
        │       / Baugruppenlieferanten\
        │      /────────────────────\  │
        │     /    Teilelieferanten   \│
        │    /────────────────────────\│
        │                              │
        │     FU = Fokale Unternehmung │
        └─────────────────────────────┘
```

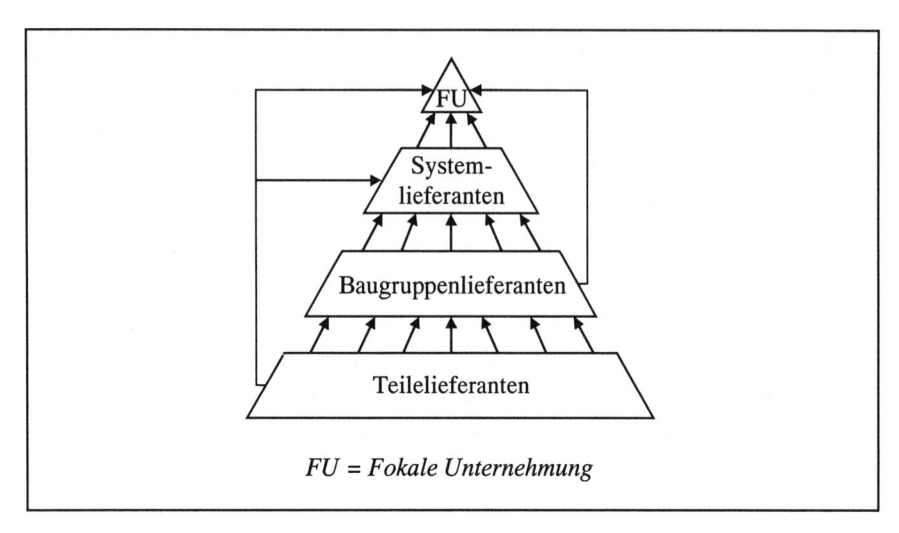

Abbildung 4: Hierarchisch-pyramidenförmiges Netzwerk

Hierdurch bedingt ergibt sich etwa für eine Zulieferbranche ein Netzwerk mit vielfältigen, verwobenen Lieferbeziehungen[1].

In einer prozeßorientierten Interpretation wird die fokale Unternehmung zum **Prozeßinhaber**. Die Beschreibung macht zudem deutlich, daß strategische Netzwerke hierarchisch strukturierte Netzwerke sind und die Charakterisierung der Netzwerke als polyzentrische Systeme[2] nicht die gesamten Netzwerkorganisationsformen zu erfassen vermag. Strategische Netzwerke stellen somit eine spezifische Erscheinungsform der **vertikalen Kooperationen** dar (strategisch motivierte Kooperationen) und lassen sich zugleich von den **strategischen Allianzen** als horizontaler Erscheinungsform der Kooperationen abgrenzen[3]. Ein spezifisches strategisches Unternehmungsnetzwerk, daß dem Aufbau strategischer Erfolgspotentiale und der Erschließung attraktiver Nutzenpotentiale dient, stellt Riggers vor, der auf der Basis der Merkmale[4]

- organisatorische Flexibilität (gering, mittel, hoch),
- Komplexitätsreduktion (gering, mittel, hoch) und
- Fristigkeit der Wertgenerierung (kurz-, mittel-, langfristig)

---

1) Vgl. Schraysshuen (1992, S. 130).
2) Vgl. Riggers (1998, S. 86).
3) Vgl. Freichel (1992, S. 59 f.); Meyer (1995, S. 4); Powell (1990, S. 314 ff.); Stölzle (1999, S. 150); Wührer (1995, S. 41 ff.). Anderer Auffassung ist Schräder (1996, S. 14), der die Begriffe strategisches Netzwerk und strategische Allianz synonym verwendet, eine Vorgehensweise, die als wenig differenziert zu bezeichnen ist und sich nicht durchgesetzt hat.
4) Vgl. Riggers (1998, S. 147 ff.).

ein sogenanntes Sollprofil mit den Ausprägungen „hoch", „hoch", „langfristig" aufstellt und dieses als „Value System" bezeichnet. Der Begriff „Value System" geht auf Porter[1] zurück, der diesen im Zusammenhang mit industriellen „value chains" verwendet. Unabhängig von dem Sachverhalt, daß es sich hierbei um eine normative Vorgehensweise handelt, zeigt auch die Definition von Riggers, daß es sich hierbei nicht um eine Novität handelt: „Das Value System ist ein strategisches, interorganisatorisches Unternehmensnetzwerk aus rechtlich unabhängigen Unternehmen, die zum Aufbau strategischer Erfolgspotentiale und der Erschließung attraktiver Nutzenpotentiale unter einer einheitlichen Marke komplementäre Kernkompetenzen in das Netzwerk einbringen, um den Wert als Ganzes (Value Systems) zu steigern."[2] Während der erste Teil dieser Definition an den in der Literatur üblichen Netzwerkdefinitionen anknüpft, greift der zweite Teil mit den komplementären Kernkompetenzen auf einen Aspekt zurück, der intensiv im Rahmen virtueller Unternehmungen diskutiert wird.

Regionale Netzwerke entstehen durch eine räumliche Agglomeration der einem Netzwerk angehörenden Unternehmungen, wobei es sich hierbei in der Regel um kleine und mittlere Unternehmungen (KMU) handelt. Derartige Netze weisen keine strategische Führung auf und sind ausgeprägt polyzentrisch. Es zeigt sich jedoch, daß sich regionale Netzwerke in der Realität durchaus in Richtung eines strategischen Netzwerkes entwickeln können, d.h., es bildet sich eine fokale Unternehmung heraus, die dann Koordinationsaufgaben übernimmt[3].

Projektnetzwerke zeichnen sich dadurch aus, daß sie ex ante zeitlich befristet sind, und zwar auf die Dauer des durchzuführenden Projektes. Damit weisen sie eine deutliche Nähe zu Arbeitsgemeinschaften und Konsortien auf[4] und sind folglich kaum als Novität zu betrachten.

Eine weitere Typologie[5] unterscheidet zwischen

- dynamisch-virtuellen,
- stabilen horizontalen und
- stabilen vertikalen Netzen.

---

1) Vgl. Porter (1990, S. 42 f.).
2) Riggers (1998, S. 149).
3) Vgl. Sydow (1992, S. 47 ff.); ferner Buse (1997b, S. 94); Pfohl/Häusler (1999, S. 232 ff.).
4) Vgl. z.B. Corsten/Corsten (2000, S. 82 ff.).
5) Vgl. Beck (1998, S. 272).

Dynamische Netzwerke sind zeitlich befristete Arrangements, in denen die Teilnehmer situativ ausgetauscht werden können[1]. In derartigen Netzen kann die Auslagerung (Outsourcing) soweit gehen, daß eine sogenannte **Schaltbrett-Unternehmung** (Hollow Corporation)[2] existiert, der ausschließlich die Koordination in der Form eines Brokers[3] obliegt. Seine Aufgabe ist die Zusammenführung von Netzwerkmitgliedern, die dann entsprechende Teilaufgaben übernehmen. Derartige Netzwerke werden als „manufacturers without factories" geführt (z.B. Nike, Puma, Dell). Abbildung 5 gibt diesen Netzwerktyp in vereinfachter Form wieder[4].

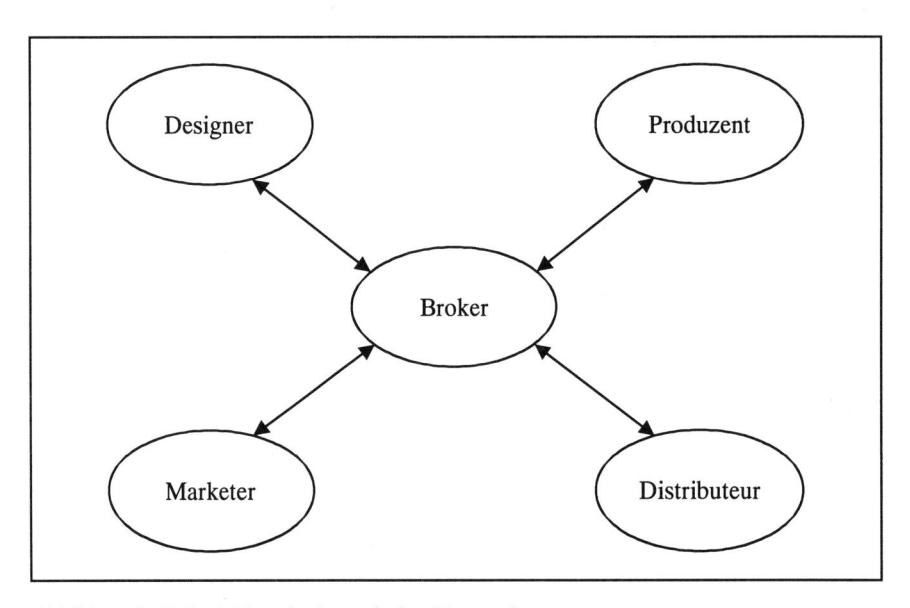

Abbildung 5: Beispiel für ein dynamisches Netzwerk

Bei **stabilen horizontalen Netzen** (z.B. Airline-Netze wie Star Alliance) handelt es sich um **Allianznetzwerke**, d.h., sie sind mit den bereits erwähnten strategischen Allianzen vergleichbar[5].

---

1) Vgl. Miles/Snow (1986, S. 64 f.).
2) Vgl. Jonas (1986, S. 53 ff.); ferner Ochsenbauer (1989, S. 279 ff.). Malone/Laubacher (1999b, S. 15 ff.) formulieren in diesem Zusammenhang die Vision der „E-Lane Economy", der Welt der Ein-Mann-Unternehmung. Als entscheidenden Grund für diese Entwicklung nennen die Autoren sinkende Transaktionskosten.
3) Zur Rolle des Brokers vgl. z.B. Lindemann (2000, S. 80 ff.).
4) Vgl. Miles/Snow (1986, S. 64 ff.).
5) Ziele horizontaler Netzwerke können beispielsweise sein: Ressourcenpooling, Erreichen kritischer Masse, Umfeldstabilisierung, Risikoreduzierung.

1.3 Erscheinungsformen von Netzwerken

Zulieferer-Hersteller- oder Abnehmer-Lieferanten-Netze[1], wie etwa in der Automobilindustrie, sind als stabile vertikale Netze zu charakterisieren, wobei teilweise differenzierend zwischen Auftragsfertiger, Entwicklungspartner und Systemlieferant unterschieden wird[2].

Einer weiteren Typologie liegen die beiden Kriterien

- **Kooperations**richtung (horizontal, vertikal, diagonal) und
- **Koordinations**richtung (hierarchisch, polyzentrisch)

zugrunde[3]. Eine differenziertere Betrachtungsweise zeigt jedoch, daß diese Vorgehensweise nicht überschneidungsfrei ist:

- Polyzentrische Netzwerke können sowohl horizontal als auch diagonal sein.
- Hierarchische Netzwerke können sowohl vertikal als auch diagonal sein.
- Konkrete Erscheinungsformen, wie etwa strategische Netzwerke oder laterale Netzwerke, lassen sich nicht eindeutig zuordnen.

Stengel legt seinen typologisierenden Überlegungen die Kriterien

- **Leistungsunsicherheit** und
- **Leistungsvolumen**

zugrunde und gelangt dann zu der in Abbildung 6 dargestellten Einteilung[4].

Während mit dem Kriterium Leistungsunsicherheit (Variabilität, Flexibilität, Komplexität der Leistung) auf Transaktionskostenüberlegungen zurückgegriffen wird, werden mit dem Kriterium Leistungsvolumen (Transaktionshäufigkeit, Stückzahl, Menge) mikroökonomische Überlegungen aufgegriffen. Daß strategische Netzwerke durch die Merkmalskombination „hohes Leistungsvolumen" und „hohe Leistungsunsicherheit" charakterisiert werden, erscheint in dieser Eindeutigkeit nicht nachvollziehbar, da auch strategische Erscheinungsformen existieren, die durch eine niedrige Leistungsunsicherheit und hohes Leistungsvolumen gekennzeichnet sind. Ebenfalls erscheint die Einordnung der regionalen Netzwerke eher willkürlich.

---

1) Vgl. Nishiguchi (1994, S. 123 f.). Albach (1992, S. 665) spricht in diesem Kontext auch von einer strategischen Familie.
2) Vgl. z.B. Meyer (1995, S. 171 ff.). Eine andere Einteilung unterscheidet zwischen System-/Modullieferanten, Komponenten- und Teilelieferanten; vgl. z.B. Wertz (2000, S. 23).
3) Vgl. Wertz (2000, S. 12 f.).
4) Vgl. Stengel (1999, S. 136 ff.).

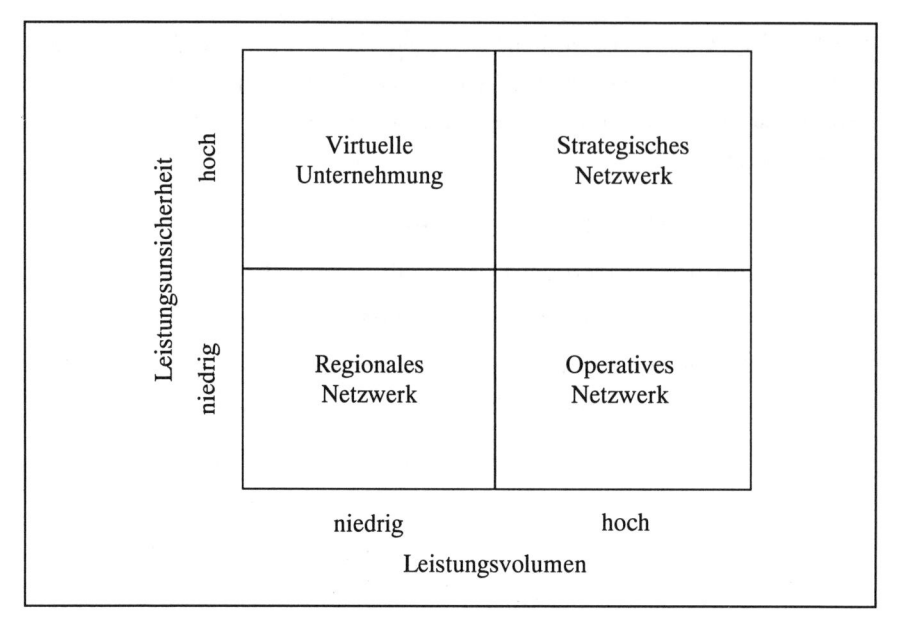

```
                    |  Virtuelle        |  Strategisches
              hoch  |  Unternehmung     |  Netzwerk
Leistungsunsicherheit ----------------- + ------------------
              niedrig| Regionales       |  Operatives
                    |  Netzwerk         |  Netzwerk

                      niedrig              hoch
                           Leistungsvolumen
```

Abbildung 6: Netzwerktypologie auf der Grundlage der Merkmale Leistungsunsicherheit und -volumen

Werden die Kriterien

- Mitgliedsdauer und
- Struktur

herangezogen, dann ergibt sich die in Abbildung 7 dargestellte Typologie[1].

Auch dieser Vorschlag ist letztlich nicht eindeutig in der Zuordnung einzelner Netzwerke. Diese Typologie hat jedoch den Vorteil, daß sich die Überschneidungen auf die Felder (2) und (4) beschränken, da die Erscheinungsform (2) durch die Kombination von Mitgliedern und Nichtmitgliedern sowohl temporäre als auch dauerhafte Elemente aufweist.

---

1) Vgl. z.B. Buse (1997b, S. 82); Sheth/Parvatiyar (1992, S. 76); Sydow/Winand (1998, S. 16).

1.3 Erscheinungsformen von Netzwerken

	hierarchisch	heterarchisch (polyzentrisch)
temporär	Strategische Netzwerke mit stabilem Gesamtnetzwerk von Mitgliedern und Nichtmitgliedern (1)	„Spontanes" Netzwerk oder Netzwerk mit stabilem Gesamtnetzwerk als Mischung von Mitgliedern und Nichtmitgliedern (2)
dauerhaft	Strategische Netzwerke mit stabilem Netz von Partnern (3)	Netzwerke mit stabilem Gesamtnetzwerk als aktiviertes Netz von Partnern/ strategische Allianzen (4)

(Mitgliedsdauer / Struktur)

Abbildung 7: Netzwerktypologie auf der Grundlage der Merkmale Mitgliedsdauer und Struktur

Eine weitere Typologie geht auf Hess zurück, der auf der Grundlage der Kriterien

- Stabilität hinsichtlich der Aufgabenzuordnung zu den Partnern und
- Steuerungsform im Netzwerk

zu der in Abbildung 8 dargestellten Einteilung gelangt[1].

	Polyzentrisch	Fokal
Stabil	Verbundnetzwerk	Strategisches Netzwerk
Instabil	Virtuelle Unternehmung	Projektnetze

Abbildung 8: Netzwerktypologie auf der Grundlage der Merkmale Stabilität und Steuerungsform

---

1) Vgl. Hess (1999, S. 226).

Unabhängig von dem Sachverhalt, daß mit dem Kriterium Steuerungsform eher auf die Koordinationsrichtung abgestellt wird, zeigt auch diese Vorgehensweise die Schwierigkeit einer eindeutigen Zuordnung auf. So können virtuelle Unternehmungen nicht nur polyzentrisch, sondern auch hierarchisch strukturiert sein, so daß virtuelle Unternehmungen auch strategische Netzwerke bilden können. Ebenfalls müssen Projektnetze nicht immer von einer fokalen Unternehmung geleitet werden, sondern können durchaus polyzentrisch sein.

Diese ausgewählten Typologien zeigen, daß es zwischen den einzelnen Erscheinungsformen deutliche Überschneidungen gibt. Die weiteren Überlegungen sollen deshalb nicht an der Vielfalt der äußerst heterogenen Erscheinungsformen ansetzen und versuchen, diese in eine allgemeine Systematik einzuordnen. Vielmehr sollen lediglich ausgewählte Merkmale herangezogen werden, durch deren mögliche Merkmalsausprägungen dann einzelne Netzwerktypen situativ gebildet werden können. Abbildung 9 gibt einen Überblick über einzelne Merkmale und Merkmalsausprägungen.

Merkmal	Ausprägung		
Netzwerkzusammenstellung	stabil		instabil
	vollständig	partiell	
Koordinationsrichtung	heterarchisch		hierarchisch
Kooperationsrichtung	horizontal	vertikal	diagonal
Stärke und Dauer der Wirkung	strategisch		operativ

Abbildung 9: Merkmale zur Netzwerktypologisierung

Damit wird verdeutlicht, daß durch die kombinative Verknüpfung der Merkmalsausprägungen unterschiedliche Netzwerktypen entstehen, wobei zu betonen ist, daß dieselbe Netzwerkerscheinung bei einzelnen Merkmalen unterschiedliche Ausprägungen aufweisen kann.

1.3.2 Virtuelle Unternehmungen als spezifische Netzwerke

Einen Netzwerktyp, der aktuell intensiv diskutiert wird, stellt die virtuelle Unternehmung dar. Dabei ist festzustellen, daß insbesondere der Begriff **Virtualität** zu einem Schlagwort geworden ist[1]. Mit der Bezeichnung „virtuell" wird im Kontext virtueller Unternehmungen eine Eigenschaft umschrieben, die zwar nicht real ist, aber doch der Möglichkeit nach existiert[2]. Dabei zeigt sich, daß der Begriff virtuelle Unternehmung[3] keineswegs einheitlich abgegrenzt wird und sich ein äußerst weites Spektrum an Gestaltungsmöglichkeiten offenbart[4]. Teilweise wird sogar „... bewußt auf eine Definition der virtuellen Organisation verzichtet ..."[5], um über eine Beschreibung verschiedener Facetten der Virtualisierung zu Eigenschaften zu gelangen, die dann additiv beschreiben, was Virtualisierung ausmache. Eine derartige Vorgehensweise verstößt jedoch gegen elementare wissenschaftliche Grundsätze[6]. Ebenfalls finden sich in der Literatur[7] Beispiele dafür, daß eine Definition des Begriffes fehlt, das Phänomen virtuelle Unternehmung nur in allgemeiner Form beschrieben und in dieser Organisationsform die einzige Überlebensmöglichkeit für Unternehmungen gesehen wird. Konsequent ordnet dann auch Sieber[8] die Arbeit von Davidow/Malone[9] als eine vorwissenschaftliche Arbeit ein. Ferner fällt auf, daß mit dem Begriff virtuelle Unternehmung implizit bestimmte Effizienzvorteile gegenüber anderen Unternehmungsformen definitorisch festgelegt werden und die Definition damit quasi tautologisch ist[10]. Darüber hinaus ist zu betonen, daß virtuelle Unternehmungen nicht grundsätzlich neu sind, sondern auf bekannte Ansätze wie etwa

- Kernkompetenzansatz,
- Sourcingkonzepte (Outsourcing),

---

1) Vgl. Brosziewski (1998, S. 87). Zu unterschiedlichen Verwendungen dieses Begriffes vgl. z.B. Klein (1997, S. 44); Müller-Wünsch (1995, S. 170 f.). De Vries (1998, S. 57) sieht die Unschärfe des Begriffs als ein Erfolgskriterium, da hierdurch eine fast universelle Anwendbarkeit gegeben sei.
2) Vgl. Scholz (1996, S. 204).
3) Vgl. Mowshowitz (1986, S. 389 f.).
4) Vgl. z.B. Wüthrich/Philipp (1999, S. 52 f.).
5) Müller-Stewens (1997b, S. 32).
6) Vgl. Corsten/Corsten (2000, S. 4).
7) Vgl. z.B. Dangelmaier (1996, S. 93 ff.); Davidow/Malone (1993); Goldman u.a. (1996, S. 169 ff.).
8) Vgl. Sieber (1998, S. 7).
9) Vgl. Davidow/Malone (1993).
10) Vgl. hierzu Kortzfleisch (1999, S. 677 f.).

- Lean Production und
- Total Quality Management

zurückgegriffen wird[1], so daß der Novitätsgrad eher einen kombinativen Ursprung aufweist.

Ein Aspekt, der in der wissenschaftlichen Literatur immer wieder genannt wird und auch als ein gemeinsamer Eckpunkt unterschiedlicher Betrachtungen hervorgehoben wird, ist darin zu sehen, daß virtuelle Unternehmungen mit Veränderungen der Unternehmungsgrenzen[2] einhergehen und über andere Modi der Grenzziehung als „klassische" Unternehmungen (z.B. Wachstum, Schrumpfung) verfügen: „Genau hier liegt der Unterschied zu virtuellen Unternehmen; diese wechseln ständig die Richtung der Grenzänderung; sie changieren permanent zwischen Zusammenschluß und Wiederauseinanderfallen."[3] Vor diesem Hintergrund wird verständlich, weshalb virtuelle Unternehmungen auch als **„Als-ob-Organisationen"** bezeichnet werden. Aus dieser Definition wird ersichtlich, daß virtuelle Unternehmungen spezifische Erscheinungsformen von Unternehmungsnetzwerken[4] sind, und zwar dynamischer Netzwerke, da sie temporär angelegt sind und sich problembezogen rekonfigurieren. Sie lassen sich damit auch als **Ad-hoc-Strukturen** auf Zeit charakterisieren[5].

Auf der Grundlage des Merkmals „Koordinationsrichtung" ist zwischen

- hierarchisch-pyramidalen und
- polyzentrischen (heterarchischen) Formen

zu unterscheiden. Aufbauend auf transaktionskostentheoretischem Gedankengut heben Meyer/Steven hervor, daß eine polyzentrische Struktur bei Dominanz der marktlichen Komponenten und eine hierarchisch-pyramidale Ausgestaltung bei einer vertikalen Organisationsstruktur (Hierarchie) gegeben sei[6]. Während bei einer **hierarchisch-pyramidalen Form** eine strategisch führende (fokale) Unternehmung das Kernelement bildet, von dem die anderen Mitglieder in hohem Maße abhängig sind

---

1) Vgl. Behrens (2000, S. 161); Büschken (1999, S. 779).
2) Teilweise wird in diesem Zusammenhang auch von einer Auflösung der Unternehmungsgrenzen gesprochen, wobei Sydow/Duschek (2000, S. 442) betonen, „... die Netzwerkform kann eher als Instrument zur Bestandssicherung denn als Mittel zur Auflösung der Unternehmung angesehen werden."
3) De Vries (1998, S. 65).
4) Sieber (1998, S. 44) betont, daß der Versuch, virtuelle Unternehmungen auf der Basis einer Netzwerktypologie zu charakterisieren, scheitere, weil die virtuelle Unternehmung sich in institutioneller Sicht nicht von der Netzwerkunternehmung unterscheide.
5) Vgl. Büschken (1999, S. 779).
6) Vgl. Meyer/Steven (2000, S. 17).

und damit eine geringe Autonomie aufweisen, d.h., es liegt eine dauerhaft dominante Position eines Netzwerkpartners vor, existieren bei **polyzentrischen Netzwerken** zwischen den beteiligten Unternehmungen gleichberechtigte Beziehungen, wobei auch von einem dynamischen Netzwerk mit offener Systemführerschaft gesprochen wird[1]. Wesentlich ist dabei jedoch, daß diese Position[2] projektabhängig von unterschiedlichen Partnern übernommen werden kann. Damit kann in Abhängigkeit von der konkreten Problemsituation ein jeweils geeigneter Netzwerkpartner die führende Rolle im Netzwerk übernehmen, ein Sachverhalt, der auch als „fluktuierende Hierarchie" bezeichnet wird: „Unter Hierarchie versteht man das Prinzip fluktuierender hierarchischer Beziehungen zwischen Individuen oder Systemen. Das bedeutet, daß sich die hierarchischen Strukturen je nach Bedarf umkehren lassen, ebenso wie die für die hierarchische Ordnung ausschlaggebenden Kriterien - Kompetenz, Status, Ansehen usw. - von Fall zu Fall verschieden sein können."[3] Um zu einer begrifflichen Abgrenzung der virtuellen Unternehmung zu gelangen, sollen im folgenden die Kriterien herausgestellt werden, die als konstitutiv zu bezeichnen sind. Eine Analyse der Literatur[4] zeigt, daß bei aller Unterschiedlichkeit zumindest Einigkeit darüber besteht, daß eine **virtuelle Unternehmung** bestimmte **Merkmale** erfüllen muß, wobei die folgenden in der Regel genannt werden:

- temporäre (ex ante befristete) Zusammenarbeit,
- auftrags-, problem- oder projektinduzierte Konfiguration und
- Integration von Kernkompetenzen, wobei häufig auf die Komplementarität dieser Kompetenzen hingewiesen wird[5].

---

1) „In institutioneller Perspektive bezeichnet virtuelle Organisation ein - häufig kooperatives, flexibles - Netzwerk rechtlich selbständiger Unternehmungen, die Ressourcen gemeinsam nutzen und in die gemeinsame Organisation ihre jeweiligen Stärken einbringen. Die Verbundorganisation verzichtet dabei weitgehend auf die Institutionalisierung zentraler Funktionen und hierarchischer Gestaltungsprinzipien." Klein (1997, S. 45). Zu einem Überblick über unterschiedliche Abgrenzungen vgl. z.B. Griese/Sieber (1998, S. 158 ff.); Kaluza/Blecker (2000a, S. 138 f.).
2) Als Faktoren, die die Netzwerkposition der einzelnen Unternehmung beeinflussen, seien genannt: ausgeübte Funktion im Netzwerk, relative Bedeutung der Unternehmung im Netzwerk, Stärke der Beziehungen zu anderen Netzwerkmitgliedern und Identität des Netzwerkmitgliedes. Vgl. Sydow (1992, S. 217 f.).
3) Probst (1992, S. 495).
4) Vgl. z.B. Blecker (1999, S. 30); Meffert (1997, S. 119 ff.); Müller-Wünsch (1995, S. 170 et passim); Scherm/Süß (2000a, S. 3 f.); Stölzle (1999, S. 204); Wehling (2000, S. 132 ff.).
5) Aus dieser Heterogenitätsannahme wird auch die Bedeutung der einzelnen Netzwerkpartner abgeleitet, da jeder über spezifische Ressourcen und eine spezifische Position verfügt und folglich nicht beliebig ersetzbar ist. Vgl. Gemünden/Heydebreck (1994, S. 256). Der Sachverhalt sich ergänzender Kernkompetenzen wird auch als „fundamentaler Fit" bezeichnet. Vgl. Männel (1996, S. 149 f.).

Durch die Verknüpfung komplementärer Kernkompetenzen[1] wird es möglich, Aufträge zu realisieren, die eine Unternehmung eigenständig nicht ausführen könnte. Dabei kann jedoch nicht von einer einfachen und beliebigen Kombinierbarkeit ausgegangen werden, da dies dem Wesen der Kernkompetenzen als intangibles, äußerst komplexes Phänomen widerspräche[2]. Dies impliziert, daß auch Kompetenzen vorhanden sein oder entwickelt werden müssen, die ergänzenden Fähigkeiten und Ressourcen aufeinander abzustimmen, um diese effizient zu verknüpfen. So kommt dann auch Duschek[3] zu dem Ergebnis, daß die Kernkompetenzgewinnung hinsichtlich geschäftsbereichsübergreifender Lern- und Synergieprozesse der jeweiligen Einzelunternehmung, die unternehmungsübergreifenden Lern- und Synergieprozesse zwischen den einzelnen Unternehmungen und das interdependente Zusammenwirken der Prozesse für den Entstehungsprozeß von Kernkompetenzen verantwortlich sind. Diese Form der Kernkompetenz wird dann als kooperative Kernkompetenz bezeichnet, die sich letztlich als ein Ergebnis der Kooperationen charakterisieren läßt, aber gleichzeitig in Kooperationen eingebundene Kernkompetenzen darstellt.

Auf der Grundlage der drei genannten Merkmale lassen sich **virtuelle Unternehmungen** dann als eine temporäre aufgabenspezifische Verknüpfung von **Kernkompetenzen** rechtlich unabhängiger Unternehmungen mit dem Ziel, Wettbewerbsvorteile zu erlangen, definieren. Dabei bezieht sich der einzelne Netzwerkpartner auf die Kernkompetenz anderer, vermag damit aber gleichzeitig die Wirkung seiner eigenen zu steigern[4]. Gegenüber dem Nachfrager tritt die virtuelle Unternehmung als Einheit auf, so daß für ihn nicht ersichtlich ist, welcher Partner welchen Anteil an der gesamten Wertschöpfung erbracht hat. Der Definition liegt damit eine institutionelle Sichtweise zugrunde, wobei das einzelne Netzwerkmitglied eine Leistungsinsel im Netzwerk bildet, etwa analog zur Fertigungsinsel im Produktionsbereich einer Unternehmung. Die Spezialisierung der autonomen Netzwerkteilnehmer geht mit einer Einbringung der Kernkompetenzen in das Netzwerk einher, das dann eine entsprechende „Arena" für Kommunikation, Interaktion und kollektive Lernprozesse bie-

---

1) Rollberg (1996, S. 52) weist darauf hin, daß es sich bei der Forderung der Konzentration auf Kernkompetenzen um ein modisches Synonym handele, mit dem auf die hinreichend bekannte unternehmungsübergreifende Arbeitsteilung und Spezialisierung in Wertschöpfungspartnerschaften zurückgegriffen werde.
2) Vgl. Pfohl/Buse (1999, S. 275); zum Ansatz der Kernkompetenzen vgl. auch Corsten (1998, S. 136 ff.).
3) Vgl. Duschek (1998, S. 233).
4) Bellmann/Hippe (1996, S. 62) weisen darauf hin, daß auch in diesem Fall ein Partner als fokaler Akteur und primus inter pares die Führung eines Netzwerkes übernehmen kann.

1.3 Erscheinungsformen von Netzwerken

tet[1]. Graphisch läßt sich diese Charakterisierung dann, wie in Abbildung 10 dargestellt, erfassen[2].

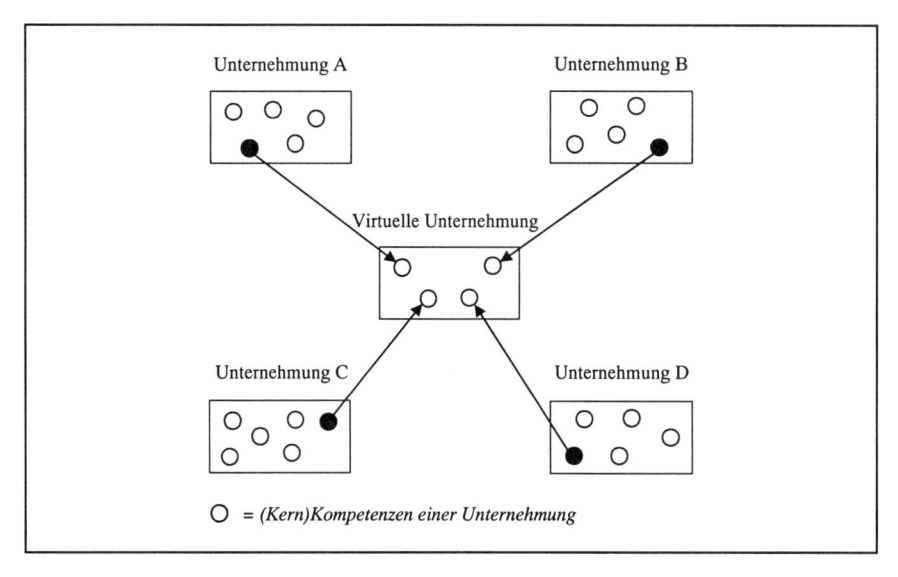

Abbildung 10: Virtuelle Unternehmung

Neben den angeführten Merkmalen finden sich weitere Merkmalsauflistungen, die jedoch aus unserer Sicht **Voraussetzungen** für die erfolgreiche Realisation einer virtuellen Unternehmung darstellen. Zu nennen sind dabei:

- Win-win-Situation,
- Vertrauensbasis,
- Informations- und Kommunikationstechnologie (IuK-Technologie),
- Modularität
  -- der Unternehmung und
  -- der zu erbringenden Leistung.

Mit der **Win-win-Situation** wird zum Ausdruck gebracht, daß für jede beteiligte Unternehmung die Zusammenarbeit ökonomisch vorteilhaft ist und die Verteilung der Erlöse und Risiken zumindest als fair empfunden wird[3]. Empirische Befunde[4]

---

1) Vgl. Keppel (1996, S. 124).
2) Vgl. z.B. Sydow (1996, S. 11).
3) Vgl. z.B. Backhaus/Meyer (1993, S. 333 f.).
4) Vgl. z.B. Pilling/Zhang (1992, S. 5).

belegen dabei, daß eine solche Situation eher häufig in der Praxis anzutreffen sei. Dabei liegt die Annahme zugrunde, daß die Verteilungsgerechtigkeit ein stabiles Fundament von Netzwerkbeziehungen bildet, d.h., sie schafft eine zeitliche Stabilität. Dies läßt sich etwa mit Hilfe der **Anreiz-/Beitragstheorie** begründen, die besagt, daß ein Individuum einer Organisation seine Leistungen so lange zur Verfügung stelle, wie dafür in ausreichendem Maße Anreize gegeben seien. Dieser Gedanke läßt sich auch auf die Partner eines Netzwerkes übertragen[1].

Eine zweite wesentliche Grundlage der virtuellen Unternehmung stellt das **Vertrauen** als das am häufigsten genannte Strukturmerkmal von Netzwerken dar. Hierunter ist ein sozialer Mechanismus zu verstehen, durch den erst kooperative Verhältnisse zwischen Geschäftspartnern ermöglicht werden[2]. Teilweise sehen Autoren[3] in der Vertrauensbasis das Integrationspotential oder auch den entscheidenden Erfolgsfaktor der Netzwerkbeziehungen[4]. Vertrauen kann sich letztlich nur auf der Grundlage positiver Erfahrungen im Rahmen wiederholter Austauschprozesse mit anderen Partnern ergeben: „Basis dieses Vertrauens ist das mehrmals wechselseitig verifizierte Schema von Erwartungen an die Partner und Erwartungserfüllung durch die Partner."[5] Vertrauen bedeutet damit das Erbringen einer Vorleistung aufgrund der erwarteten Vertrauenswürdigkeit eines anderen Akteurs[6]. Vertrauen ist damit sowohl die Voraussetzung als auch das Ergebnis einer erfolgreichen Zusammenarbeit[7]: „Die Paradoxie des Vertrauens ist das Ergebnis jenes seltsamen Umstandes, daß Vertrauen nur aus Vertrauen entstehen kann, daß also vorausgesetzt werden muß, was erst erworben werden soll, während es zugleich keine andere Möglichkeit gibt, dieses Vertrauen sowohl zu testen wie zu bewähren als durch Maßnahmen, die Mißtrauen verdienen."[8] Die damit angesprochene **Reziprozität** begünstigt kooperative Verhaltensweisen und trägt zu einer **Netzwerkkultur** bei, der eine unterstützende Rolle zukommt. In der Literatur wird auch kritisch eingewendet, daß es theoretisch ungeklärt sei, ob eine virtuelle Unternehmung Vertrauen in einem solchen Maße generieren könne, daß sich hieraus für sie ein Vorteil in kultureller Hinsicht ergebe[9]. So

---

1) Vgl. z.B. Meyer (1996, S. 94 f.).
2) Vgl. Bachmann/Lane (1997, S. 82); Granovetter (1985, S. 491).
3) Vgl. Reiß/Beck (1995b, S. 51).
4) Vgl. Jarillo (1988, S. 36).
5) Mildenberger (1998, S. 169).
6) Vgl. Osterloh/Weibel (2000, S. 96).
7) Vgl. Neubauer (1997, S. 108).
8) Baecker (1993, S. 187).
9) Vgl. Weibler/Deeg (1998, S. 118); ferner Scherm/Süß (2000b, S. 7), die auf die Probleme bei der Pflege der Kultur hinweisen.

1.3 Erscheinungsformen von Netzwerken

weist dann auch Reiß darauf hin, daß auf Netzwerkebene Probleme der Kulturbildung existieren, da es sich hierbei immer nur um eine **Kulturmischung** („Schmelztiegel verschiedener Subkulturen") handle, der es in der Regel an klaren Konturen mangele[1]. Die Netzwerkkultur ist damit von ihrer Wirkung tendenziell schwächer und unspezifischer als die Kultur einer einzelnen Unternehmung, zumal eine Unternehmung Mitglied mehrerer Netze und damit zu einer Art **Minimalkonsens** in den einzelnen Netzen gezwungen sein kann. Das klassische Bezugsobjekt der Kulturarbeit „verschwimmt" damit im Rahmen der Virtualisierung, wodurch die Möglichkeiten eines Kulturmanagement äußerst begrenzt sind. In der organisationstheoretischen Literatur wird jedoch die Wirkung homogener bzw. heterogener Kulturen auf den Unternehmungserfolg unterschiedlich eingeschätzt[2], wobei sich die beiden folgenden Gruppen unterscheiden lassen[3]:

- Homogene Netzwerkkulturen erleichtern die Koordination spezialisierter Unternehmungen, da sie die Bildung kollektiver Identität fördern und eine gemeinsame Sprache für die Routinisierung der Entscheidungsfindung und Vertrauen schaffen.
- Homogene Netzwerkkulturen können zu erstarrten Strukturen führen, die letztlich die Steuerungsfähigkeit eines Netzwerkes einschränken (kulturelle Übersozialisation).

Homogene Kulturen vermögen somit, die Steuerung von Netzwerken sowohl zu erleichtern als auch zu erschweren: „Verschiedene empirische Studien konnten zwar Belege für beide Möglichkeiten liefern, sind aber nicht in der Lage, die Bedingungen zu erfassen, unter denen eine homogene Kultur die Steuerungsfähigkeit von Netzwerken grundsätzlich erhöht."[4] Aber selbst dann, wenn Forschungen belegen könnten, daß eine homogene Kultur die Steuerung von Netzwerken positiv beeinflußt, stellt sich, wie die vorangegangenen Überlegungen zeigen, das Problem, ob eine derartige Kultur in Netzwerken überhaupt realisierbar ist.

Den in der Literatur teilweise vorgetragenen Gedanken, einen „Netzwerk-Coach" zu installieren, der für die Entwicklung einer Netzkultur verantwortlich ist[5], liegt ein eher technokratisch geprägtes Kulturverständnis zugrunde. Vielmehr kann Vertrauen in virtuellen Unternehmungen nicht gezielt, schnell und stabil aufgebaut werden[6]. Aussagen, wie etwa von Heisig, daß in temporären Systemen die Fähigkeit von Be-

---

1) Vgl. Reiß (1998a, S. 172 ff.).
2) Vgl. Ouchi (1981); Olson (1982).
3) Vgl. Staber (2000, S. 66).
4) Staber (2000, S. 68).
5) Vgl. Schuh/Katzy/Eisen (1997, S. 9).
6) Vgl. hierzu die theoretische Analyse bei Scherm/Süß (2000, S. 95 ff.).

deutung sei, „schnelles Vertrauen"[1] aufzubauen, verbunden mit der Forderung, daß wechselseitiges Vertrauen unter den Akteuren, auch wenn diese untereinander weitgehend fremd seien, eine Voraussetzung sei, können nicht als hinreichende Gestaltungsempfehlung aufgefaßt werden. Wenn er darüber hinaus an der Reputation der einzelnen Akteure anknüpft, dann zeigt dies, daß hinsichtlich des Reputationsaufbaus implizit auf vergangenes Handeln und damit auf Erfahrungen zurückgegriffen wird. Gerade sogenannte dynamische Netzwerke, in denen wechselnde Zusammenstellungen der Netzwerkpartner gegeben sind und ex ante ein Ende der Kooperation definiert ist, könnten die Teilnehmer geradezu zu opportunistischem Verhalten anreizen: „Opportunismus kann von den anderen Netzwerkmitgliedern nicht unmittelbar sanktioniert werden, wenn keine wiederholten Transaktionen auftreten."[2] Vertrauen setzt letztlich eine stabile Struktur voraus, wie es etwa in einer konkreten Ausprägung der virtuellen Unternehmung, in der ein **stabiles Netzwerk** als Grundlage für die Konfiguration eines konkreten virtuellen Netzwerkes dient, der Fall ist, so daß sich die angeführten, eher unkritischen Aussagen nur auf diesen Typus beschränken. Ein wesentlicher Grund für diese Einschätzungen des Vertrauens ist damit darin zu sehen, welches Verständnis und welche Erscheinungsform virtueller Unternehmungen zugrunde liegt[3].

Vertrauen ist letztlich ein Instrument der Unsicherheitsreduktion[4], d.h., Vertrauen soll die „Berechenbarkeit" des Verhaltens der Netzwerkpartner erhöhen. Vertrauen ist damit als ein „erwartungsstabilisierender Mechanismus"[5] zu charakterisieren. Auch hieraus resultiert unmittelbar das Erfordernis der Reziprozität. In einer differenzierenden Betrachtung wird darüber hinaus der Grund analysiert, weshalb die Netzwerkpartner Verabredungen einhalten, wobei zwischen instrumentellem und maximenbasiertem Vertrauen zu unterscheiden ist[6]. Während bei **instrumentellem Vertrauen** das Vertrauen als „Mittel zum Zweck" gesehen wird, z.B. um eine als

---

1) Heisig (1997, S. 151).
2) Büschken (1999, S. 785).
3) Gerade bei Praktikerberichten, vgl. z.B. Schuh (1997, S. 301 ff.), die in der Regel auf eine konkrete Erscheinungsform fokussieren und die darüber hinaus eher theorielos sind, sind derartige Verallgemeinerungen häufig zu beobachten.
4) „Der Mechanismus des Vertrauens reduziert Ungewißheit, indem er spezifisch selektierte Annahmen über das zukünftige Verhalten dessen, dem vertraut wird, ermöglicht." Bachmann (2000, S. 111).
5) Rippberger (1998, S. 14). Differenzierend unterscheidet sie zwischen Vertrauen als manifestem Verhalten, wie etwa in der Spieltheorie, und Vertrauen als subjektiver Erwartungshaltung, wie in der Psychologie. Zum Vertrauen aus der Sicht unterschiedlicher wissenschaftlicher Disziplinen vgl. Schweer (1997, S. 9 ff.).
6) Vgl. hierzu Osterloh/Weibel (2000, S. 96 ff.).

1.3 Erscheinungsformen von Netzwerken

vorteilhaft beurteilte Zusammenarbeit auch zukünftig aufrechtzuerhalten, erfolgt beim **maximenbasierten Vertrauen** die Einhaltung von Absprachen und Normen aus der inneren Überzeugung heraus, d.h., um ihrer selbst willen (intrinsisch motiviert). Dabei ist zu beachten, daß maximenbasiertes Vertrauen durch extrinsische Anreize unterhöhlt werden kann (sogenannter Verdrängungseffekt).

Vertrauen stellt damit zwar ein wichtiges Strukturmerkmal virtueller Unternehmungen dar, ist aber äußerst schwierig „herzustellen". Generell können zwei Aspekte den **Vertrauensaufbau** positiv beeinflussen[1]:

- Rückgriff auf bewährte Beziehungen und
- Perspektive über das konkrete Projekt hinaus.

Vertrauen setzt damit die Existenz einer relativ stabilen Plattform voraus. So weist Nishiguchi darauf hin, daß auch nach der Auflösung eines Netzwerkes weiterhin persönliche Beziehungen zwischen den Netzwerkpartnern bestehen können, die als Basis für eine spätere Zusammenarbeit dienen, insbesondere dann, wenn die realisierte Zusammenarbeit als erfolgreich eingestuft wird[2]. Auf dieser Grundlage kann sich mit der Zeit ein Netzwerk potentieller Partner herausbilden. Darüber hinaus sind aber auch andere übergreifende personale Netzwerke von Bedeutung, die mit dem fokussierten keinen direkten Zusammenhang aufweisen[3]. Ständig wechselnde Mitgliedschaften behindern den Aufbau von Vertrauensbeziehungen.

In den bisherigen Überlegungen wurde allgemein von Vertrauen gesprochen, wobei implizit **persönliches Vertrauen** zugrunde lag. Neben diesem persönlichen Vertrauen ist ferner das **Systemvertrauen**[4] zu nennen, das auf der Funktionsfähigkeit des Systems beruht (z.B. Ruf einer Institution, Zertifizierung) und dem keine unmittelbaren sozialen Beziehungen zugrunde liegen: „Vertrauen als Systemvertrauen abstrahiert von .. personengebundenen Merkmalen und stützt sich auf institutionell abgesicherte Berufsrollen, Karrieremuster, hierarchische Entscheidungs- und Verantwortungsstrukturen, Zertifikate, Sicherheitsvorschriften etc."[5] Dabei zeichnet sich das Systemvertrauen dadurch aus, daß etwa bei einem personalen Vertrauensbruch oder bei einer personellen Umbesetzung einer Schnittstellenposition das Vertrauen in die Netzwerkunternehmung selbst grundsätzlich nicht negativ berührt werden muß[6]. Um

---

1) Vgl. Sydow/Winand (1998, S. 20).
2) Vgl. Nishiguchi (1994, S. 209).
3) Vgl. Sieber (1998, S. 43).
4) Vgl. Luhmann (1989, S. 50 ff.).
5) Bachmann (2000, S. 115).
6) Vgl. Zundel (1999, S. 174).

Verhaltensunsicherheiten zu reduzieren, bieten sich ergänzend etwa Selbstverpflichtungen[1] durch Garantiegewährung, explizite Ergebnis- und Prozeßkontrollen oder transaktionsspezifische Investitionen der beteiligten Unternehmungen an. Als **strukturelle Bedingungen**, die die Entstehung von Vertrauen begünstigen, lassen sich nennen[2]:

- Häufigkeit und Offenheit der interorganisationalen Kommunikation,
- Gleichartigkeit der im Netzwerk agierenden Unternehmungen,
- Multiplexität der Netzwerkbeziehungen und
- ausbalanciertes Verhältnis von Autonomie und Abhängigkeit.

Eine Möglichkeit zum Aufbau und zur Pflege von Vertrauen ist in einem gegenseitigen **Rating** der Netzwerkpartner zu sehen[3], dessen Ergebnisse offengelegt werden, so daß eine Transparenz hinsichtlich der **Reputation** anderer Netzwerkmitglieder ermöglicht wird. Die Reputation kann damit ein Indikator für die Vertrauenswürdigkeit der Netzwerkpartner sein, wobei Reputation[4] nicht nur ein Attribut von Personen, sondern auch von Institutionen sein kann: „Reputation übernimmt im Vergleich zu Vertrauen eine Instrumentalrolle. Um Vertrauen aufbauen zu können, ist ein gewisser Grad an Reputation notwendig."[5] Der Aufbau der Reputation ist folglich daran gebunden, daß die Netzwerkpartner zumindest ex post überprüfen können, ob das in den jeweiligen Partner investierte Vertrauen erwidert wurde oder nicht.

Durch die Existenz von Vertrauen kann letztlich

- die Koordination der im Netzwerk agierenden Unternehmungen erleichtert[6],
- ein offener Informationsaustausch zwischen den Partnern praktiziert,
- die interorganisationale Konflikthandhabung erleichtert und
- der Handlungsspielraum der Unternehmungen vergrößert

---

1) Hierunter ist eine „... stabile Selbstfestlegung auf die Nichtausnutzung nicht begrenzter kurzfristiger Opportunismusmöglichkeiten ..." (Rößl (1996, S. 322)) zu verstehen, d.h., es geht nicht darum, die Handlungsspielräume zu reduzieren, sondern nur darum, die Opportunismusneigung zu verringern. Selbstverpflichtungen weisen dabei eine enge Beziehung zum Vertrauen auf, und zwar in zweifacher Hinsicht, vgl. Sydow/Windeler (2000, S. 13): Selbstverpflichtung kommt ohne Vertrauen nicht aus und in die Selbstverpflichtung muß letztlich vertraut werden.
2) Vgl. Sydow (1995b, S. 182 ff.).
3) Vgl. Reiß/Koser (2000, S. 126).
4) Zu einer anderen Auffassung vgl. Staber (2000, S. 69).
5) Föhr/Lenz (1992, S. 144).
6) Pohlmann u.a. (1995, S. 43 ff.) betonen, daß Vertrauen Vertrautheit voraussetze und damit Vertrautheit eine Voraussetzung der Kooperation sei, während Vertrauen ihr Ergebnis bilde.

werden, wodurch eine Senkung der Transaktionskosten möglich wird. Dabei darf nicht unberücksichtigt bleiben, daß auch der Aufbau von Vertrauen letztlich Kosten verursacht. Buse hebt in diesem Zusammenhang ergänzend hervor: „Wenn auch das Vorhandensein von Vertrauensbeziehungen vorteilhaft ist, so wird man sich dennoch nicht ausschließlich darauf verlassen, sondern zusätzliche Sicherungsmechanismen einführen. Eine empirische Studie belegt dies und zeigt, daß Vertrauen in der Regel nicht als Ersatz für eine Kontrolle dient, sondern eher als Ergänzung anderer Maßnahmen der Gestaltung der Netzwerkbeziehungen zu sehen ist."[1] Vertrauen ist damit für die Zusammenarbeit zwar förderlich, aber letztlich bewirken der Wettbewerb im Markt und die latente Drohung, den Partner zu wechseln, eine Anpassung der Leistung. Persönliches Vertrauen und Systemvertrauen sind jedoch nicht unabhängig voneinander, da Systemvertrauen durch das Verhalten der Akteure entsteht.

An der Überlegung, daß Vertrauen und Kontrolle sich nicht gegenseitig ausschließen, sondern eher eine komplementäre Beziehung aufweisen, knüpft auch der Gedanke an, daß die Entscheidung für Vertrauen auf einer Mischung aus Wissen und Nichtwissen besteht, woraus eine Unsicherheit resultiert, die es durch Kontrolle, in der Form einer Vertrauenskontrolle, zu kompensieren gilt[2]. Erst hierdurch läßt sich die Rationalität einer Vertrauensentscheidung begründen: „Vertrauenskontrolle ist also die Bedingung der Möglichkeit einer rationalen Vertrauensentscheidung ..."[3] Das Konzept der Vertrauenskontrolle baut dabei hinsichtlich der Struktur auf dem Konzept der strategischen Kontrolle[4] auf und wird in Abbildung 11 dargestellt[5].

---

1) Buse (1997b, S. 101). Jedoch erscheinen Formulierungen wie „Kontrolle ist gut, Vertrauen ist besser" (Konradt (1999, S. 105)) als Leitsatz für die virtuelle Unternehmung wenig hilfreich. Osterloh/Weibel (2000, S. 103) weisen darauf hin, daß Vertrauen und Kontrolle für die erfolgreiche Steuerung im Netzwerk von Bedeutung seien. Kappelhoff (2000, S. 26) betont, daß Vertrauen mit Anweisungen und Preisen in vielfältiger Weise im Netzwerk verbunden sei.
2) Vgl. Sjurts (1998, S. 288 ff.) und (2000, S. 255 ff.).
3) Sjurts (2000, S. 256).
4) Vgl. Schreyögg/Steinmann (1985, S. 391 ff.).
5) Vgl. Sjurts (2000, S. 258).

```
┌─────────────────────────────────────────────────────────────┐
│         Allgemeine Verhaltenskontrolle                      │
│                                                             │
│                    Aufgabenorientierte Verhaltenskontrolle  │
│                                                             │
│   Prämissenkontrolle              Ergebniskontrolle         │
│                                                             │
│ Vertrauensentscheidung    Vertrauensbeziehung          t    │
└─────────────────────────────────────────────────────────────┘
```

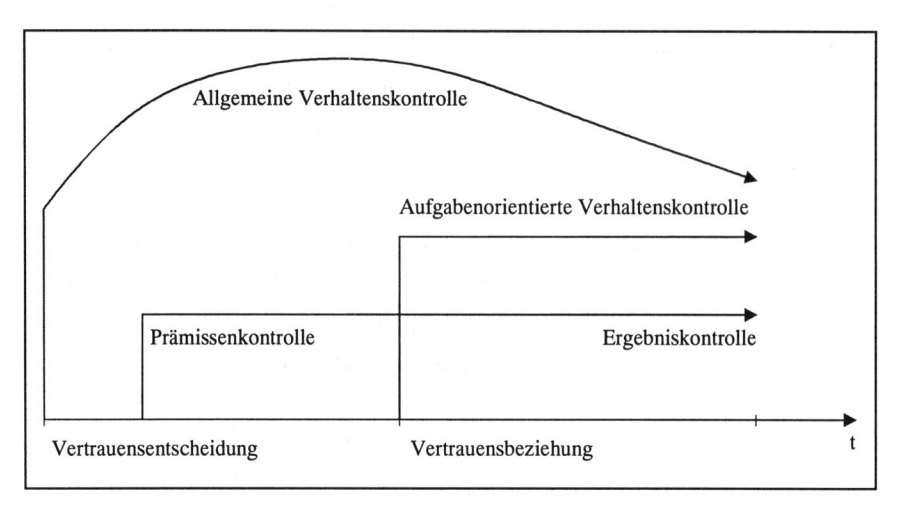

Abbildung 11: Konzept der Vertrauenskontrolle

Der **Prämissenkontrolle** obliegt die Aufgabe, die über den Partner getroffenen Annahmen (z.B. Aufrichtigkeit, Verschwiegenheit, Integrität) und sein Handeln zu überprüfen, d.h., es erfolgt eine laufende Überprüfung, um nicht mehr haltbare Prämissen zu identifizieren und entsprechende Konsequenzen einzuleiten. Im Rahmen der **aufgabenorientierten Verhaltenskontrolle** geht es hingegen um die Überprüfung konkreter durchzuführender Aufgaben innerhalb der Vertrauensbeziehung. Die **Ergebniskontrolle** wird ex post durchgeführt und dient einerseits der Überprüfung einer abgeschlossenen Zusammenarbeit und anderseits als Beurteilungsgrundlage zur Begründung zukünftiger Entscheidungen. **Die allgemeine Verhaltenskontrolle** bezieht sich nicht auf ein konkretes Kontrollobjekt und weist nur ein geringes Ausmaß an Gerichtetheit auf. Als grundsätzlich ungerichtete Aktivität zielt sie auf die Gewinnung von Informationen über typische Handlungsmuster, d.h. unabhängig von der konkreten Zusammenarbeit des Partners, ab, um so frühzeitig einen möglichen Handlungsbedarf zu identifizieren.

Eng verbunden mit dem Vertrauen ist die **Macht**, die ein relativ universelles Medium darstellt. So wird dann auch in der Literatur darauf hingewiesen, „... daß Macht und Vertrauen sich in ihrer Funktion als Handlungskoordinationsmechanismus wechselseitig substituieren können."[1] Sowohl bei Macht als auch bei Vertrauen existieren letztlich latente **Sanktionsdrohungen**[2] für den Fall, daß sich ein Akteur nicht konform verhält. Ein Unterschied ist jedoch darin zu sehen, daß ein Akteur, der im Rah-

---

1) Bachmann (2000, S. 118).
2) Zu unterschiedlichen Machtbasen vgl. French/Raven (1960, S. 612 ff.).

men einer Interaktion auf Vertrauen aufbaut, auf Sanktionsdrohungen verzichtet. Ebenso wie beim Vertrauen kann auch im Rahmen der Macht zwischen individueller und systemischer (institutioneller) Macht unterschieden werden: „Während Systemvertrauen die Existenz institutioneller Macht voraussetzt, sind interpersonales Vertrauen und individuelle Macht so etwas wie kombinierbare Alternativen, wobei entweder Vertrauen oder Macht als dominantes Koordinationsmedium im Vordergrund steht."[1] Neben einer Sanktionsmacht ist dann die Expertenmacht zu nennen, die auf individuellem Wissen basiert[2], wobei hierbei die formalen Machtquellen, im Sinne einer Legitimationsmacht, zu Gunsten informeller Machtquellen an Bedeutung verlieren[3].

Eine weitere Voraussetzung wird in der Nutzung **unternehmungsübergreifender IuK-Technologien** gesehen, wobei insbesondere auf Intranet und Internet verwiesen wird[4]. Für den Datentransfer haben sich dabei in den einzelnen Branchen unterschiedliche Normen des Electronic Data Interchange (EDI) etabliert[5]:

- EDIFACT-Standard als weltweite Norm und Basis für Subsets einzelner Branchenlösungen, wie etwa
    -- EANCOM (Konsumgüterindustrie),
    -- ELFE (Telekommunikation),
    -- EDIOFFICE (Bürowirtschaft);
- ODETTE (Automobilindustrie);
- VDA (Automobilindustrie);
- SWIFT (Bankwesen).

Die Verbesserung der informatorischen Basis wird dabei als ein Grundpfeiler gesehen, der geeignet erscheint, die Flexibilität von Unternehmungen hinsichtlich veränderter Marktanforderungen zu erhöhen, was insbesondere für die angemessene Reaktion auf Marktdatenänderungen von Bedeutung ist[6]. Insbesondere wird der IuK-Technologie Bedeutung für

---

1) Bachmann (2000, S. 120).
2) Vgl. Corsten (1989, S. 19 f.).
3) Vgl. Jörges/Süss (2000, S. 81 f.).
4) Vgl. z.B. Kaluza/Blecker (2000a, S. 141); Upton/McAfee (2000, S. 94 ff.).
5) Vgl. z.B. Behrens (2001, S. 243); Gleißner (2000, S. 126 ff.); Förster (1996, S. 59 ff.); Frigo-Mosca (1998, S. 58 ff.); Handfield/Nichols (1999, S. 29 ff.); Specht/Hellmich (2000, S. 95).
6) Vgl. Monse (1992, S. 305).

- eine Effizienzsteigerung,
- eine partielle Substitution zwischenmenschlicher Kommunikation,
- eine Automatisierung und Integration von Abläufen und
- eine Erhöhung der Informationstransparenz (etwa auf den Beschaffungs- und Absatzmärkten)

zugesprochen[1].

Als Voraussetzungen für einen unternehmungsübergreifenden Einsatz mit dem Anspruch einer medienbruchfreien Weiterverarbeitung sind zu nennen[2]:

- Die informationstechnologische Integration der Unternehmungen bedingt eine entsprechende Infrastruktur in der Form von Wide Area Networks.
- Um eine Kompatibilität zwischen den unterschiedlichen informationstechnologischen Systemen der vernetzten Unternehmungen zu erreichen, ist eine Standardisierung der Datenformate eine unabdingbare Voraussetzung.

Auf der Grundlage dieser Überlegungen wird in der Literatur[3] dann auch die Hypothese formuliert, daß der Markt durch den Einfluß der IuK-Technologie im Vergleich zur Hierarchie an Effizienz gewinne. So kann die IuK-Technologie die Bildung von „elektonischen Märkten"[4] unterstützen und damit einen entscheidenden Beitrag zu einer geographischen Ausweitung der Märkte leisten. Elektronische Märkte[5] entstehen durch die Medienunterstützung der digitalen Geschäftsabwicklung. Unter einem elektronischen Markt sind dann „... informationstechnische Systeme zur Unterstützung aller oder einzelner Phasen und Funktionen der marktmäßig organisierten Leistungskoordination zu verstehen"[6], d.h., es handelt sich um einen mit Hilfe der Telematik (Telekommunikation und Informatik) realisierten Marktplatz zum Austausch von materiellen und immateriellen Gütern[7]. In Abhängigkeit von den Marktpartnern lassen sich dann die folgenden Formen unterscheiden[8]:

---

1) Vgl. Kortzfleisch (1999, S. 673 f.).
2) Vgl. Rollberg (1996, S. 52).
3) Vgl. z.B. Garbe (1998, S. 101).
4) Als „E-Begriffe" seinen genannt: „Electronic Commerce", „Electronic Business", „Electronic Markets", „Electronic Marketplaces", „Electronic Marketspaces". Vgl. Picot/Reichwald/Wigand (2001, S. 337).
5) Einen Überblick über unterschiedliche Systematisierungen elektronischer Marktplätze geben Gaul/Klein (1999, S. 38).
6) Schmid (1993, S. 468).
7) Vgl. Lindemann (2000, S. 36 ff.).
8) Vgl. z.B. Brenner/Zarnekow (2000, S. 59); Gronau (2001, S. 30 f.); Strauß/Schoder (1999, S. 62 f.).

1.3 Erscheinungsformen von Netzwerken

- **Business-to-Consumer**: Unternehmungen/Haushalte, d.h. Unternehmungen bieten ihre Güter den Haushalten an.
- **Business-to-Business**: Unternehmung/Unternehmung, d.h. Unternehmungen wickeln untereinander Geschäfte ab.
- **Business-to-Administration**: Unternehmungen/Öffentliche Einrichtungen (z.B. Finanzamt, Hochbauamt, Gesundheitsamt).
- **Consumer-to-Consumer**: Haushalte/Haushalte, d.h., es existiert eine Plattform für den Handel zwischen Haushalten.
- **Consumer-to-Administration**: Haushalte/Öffentliche Einrichtungen.
- **Administration-to-Administration**: Öffentliche Einrichtung/Öffentliche Einrichtung (z.B. Straßenverkehrsamt mit Statistischem Bundesamt).

Konkrete Erscheinungsformen des elektronischen Handels sind[1]:

- **Online-Shop**: Dient dem Verkauf von Produkten über digitale Kanäle. Bestandteil sind dabei alle Funktionen zur Geschäftsabwicklung wie Produktpräsentation, Angebotserstellung, Bestellabwicklung, Bezahlfunktion, Kundensupport (z.B. Hotline) etc.
- **Online-Mall**: Es handelt sich um die Bündelung von Produktsortimenten unterschiedlicher Anbieter im Rahmen eines gemeinsamen Einkaufszentrums mit gemeinsamer „WWW-Adresse".
- **Online-Auktionssystem**: Bietet Informationen über Produkte, Mindestgebote und Auktionszeiten über das Internet, wobei die Angebote nur an die beim Auktionsbetreiber registrierten Kunden gehen (identifizierbarer Kundenstamm). Dabei wird das aktuelle Höchstgebot angezeigt und Teilnehmer, deren Gebot übertroffen wird, erhalten eine Information über E-Mail (z.B. bei der kurzfristigen Versteigerung freier Sitzplätze bei Flugreisen).

Die ökonomischen Aktivitäten, die elektronisch unterstützt stattfinden, werden dann unter den Begriffen Electronic Commerce, Electronic Business etc. zusammengefaßt, die in der Literatur nicht einheitlich definiert werden. So reicht etwa die Bandbreite des Terminus „Electronic Commerce" von elektronischen Märkten bis zu elektronischen Hierarchien und schließt letztlich auch elektronisch unterstützte Unternehmungsnetzwerke mit ein[2].

In der Regel wird dabei davon ausgegangen, daß es sich bei der IuK-Technologie um einen „enabler" und nicht um einen „Treiber" der Entwicklung zu virtuellen Strukturen handelt[3]. So ist auch die Aussage, daß die Koordination in einem Netzwerk über

---

1) Vgl. z.B. Picot/Reichwald/Wigand (2001, S. 342 ff.); Schinzer (1998, S. 1162 ff.).
2) Vgl. Picot/Reichwald/Wigand (1996, S. 331).
3) Vgl. Sieber (1997a, S. 211 ff.).

moderne IuK-Technologien erfolge[1], zu hinterfragen, da IuK-Technologie kein Koordinationsinstrument, sondern lediglich ein Medium darstellt, auf dessen Basis eine Koordination dann erfolgen kann. Die IuK-Technologie bietet damit ein Unterstützungspotential und stellt letztlich eine notwendige, jedoch keine hinreichende Basis dar. Teilweise wird in diesem Zusammenhang auch hervorgehoben, daß es sich bei der IuK-Technologie um einen entscheidenden **Erfolgsfaktor** handele[2], eine Aussage, die unter Beachtung des Entwicklungsstandes der Erfolgsfaktorenforschung eher distanziert zu sehen ist[3]. Der IuK-Technologie kommt letztlich die Aufgabe zu, den Menschen zu unterstützen. Sie vermag jedoch nicht die für die Zusammenarbeit wichtigen sozialen Beziehungen zu ersetzen: „Im Gegenteil: Die Informations- und Kommunikationstechnik stellt neue Anforderungen an die Gestaltung dieser Beziehungen."[4]

Im Rahmen der **Modularität** ist zwischen dem Aufbau der einzelnen Unternehmung und der zu erbringenden Leistung zu unterscheiden. Auf die Unternehmung bezogen bedeutet dies, daß sie aus kleinen überschaubaren Einheiten mit dezentraler Entscheidungskompetenz und Ergebnisverantwortung besteht, wobei sich jedes Modul auf seine Kernkompetenzen bei der Aufgabenabwicklung konzentriert[5]. Grundlage für den Aufbau derartiger dezentraler Einheiten bildet das **Segmentierungskonzept**, das auf eine Vereinfachung der Interdependenzstruktur abzielt und damit die Anforderungen an die Planung und Steuerung reduziert. Die dezentralen Einheiten sollten dabei so gebildet werden, daß sie hinsichtlich

- Ressourcenausstattung,
- Funktionsumfang und
- Entscheidungskompetenz

eine relativ hohe **Bereichsautonomie** aufweisen. Beispiele hierfür bilden Fertigungssegmente[6], Fertigungsinseln etc. Sie bilden damit eine Plattform für unternehmungsübergreifende Kooperationen[7]. Von besonderer Bedeutung sind dabei

---

1) Vgl. Behrens (2000, S. 159).
2) Vgl. z.B. Mertens/Faisst (1996, S. 280).
3) Vgl. z.B. Corsten (1998, S. 43 ff.).
4) Sydow/Winand (1998, S. 31).
5) Vgl. Picot/Reichwald (1999, S. 134).
6) Vgl. z.B. Wildemann (1996, Sp. 474 ff.).
7) „Hierzu müssen die Leistungseinheiten die Eigenschaften eines Holon entfalten, d.h., eines teilautonomen und kooperativen Elements mit Ausrichtung auf die gemeinsamen Ziele." Bellmann/Hippe (1996, S. 63 f.).

1.3 Erscheinungsformen von Netzwerken

- einerseits die interorganisatorischen Schnittstellen und
- anderseits die verteilten Aufgaben.

Neben der Modularität der Organisation ist eine Modularisierung der zu erbringenden Leistungen erforderlich, d.h., die Gesamtleistung ist in klar definierte Module zu zerlegen[1]. Grundgedanke dabei ist es, höher aggregierte Bauteile einzukaufen, um so die Komplexität durch eine Reduzierung der Produktionstiefe und der Lieferantenanzahl abzubauen[2]. Hierdurch werden Teilaufgaben geschaffen, die möglichst unabhängig und selbständig durchgeführt werden können[3].

Um in derartigen Netzwerkstrukturen Wettbewerbsvorteile realisieren zu können, ist eine Mischung von

- **kooperativen** und
- **kompetitiven** Beziehungen

zwischen den Unternehmungen erforderlich[4], wobei der Wettbewerb in unterschiedlicher Weise in das Netzwerk hineingetragen werden kann[5]:

- Wechselseitige Substitution, d.h., die Netzwerkpartner lernen voneinander und können die Leistungen anderer dann ebenfalls erbringen. Jede Unternehmung muß damit konsequent ihre Kompetenzen weiterentwickeln. Hierdurch wird einerseits die Innovationsfähigkeit der Partner gesichert und anderseits das Netzwerk dynamisch weiterentwickelt. Dabei ist zu beachten, daß die Öffnung der Kernkompetenzen für alle anderen Netzwerkpartner mit der Gefahr einhergeht, die Kernkompetenz zu verlieren. Aus diesem Grunde wird teilweise auch von einer „Selbstauslieferung" gesprochen[6]. Ein Netzwerkpartner wird aber dieses Risiko nur dann eingehen, wenn die anderen Netzwerkpartner im Gegenzug das gleiche Risiko auf sich nehmen (Reziprozität).
- Jede Unternehmung kann Mitglied mehrerer Netzwerke sein, wodurch die Substitutionsbeziehung tendenziell weiter zunimmt.

---

1) Vgl. Corsten (1996, S. 225 und S. 228 f.).
2) Vgl. Kleinaltenkamp/Wolters (1997, S. 51).
3) Ein Beispiel hierfür ist der Smart, der aus zwölf Modulen besteht, die von unterschiedlichen Partnern stammen.
4) „Der ursprünglich aus dem Militärbereich stammende Strategiebegriff verliert vor dem Hintergrund der Netzwerkbetrachtung auch seinen ‚Schlachtfeldcharakter': In Netzwerken finden wir zwar auch kompetitives Verhalten, große Bedeutung erlangt allerdings das kooperative Verhalten ... Das kompetitive Element wird innerhalb von Netzwerken nicht ausgeschaltet, allerdings zum Teil auf den Wettbewerb zwischen Netzwerken verlagert." Kutschker/Schmid (1995, S. 12). Zu praktischen Beispielen vgl. Dowling/Lechner (1998, S. 86 ff.).
5) Vgl. Bellmann/Hippe (1996, S. 68 f.); Siebert (1991, S. 295 f.).
6) Vgl. Rößl (1994, S. 205).

- Ist die Entwicklung der Fähigkeiten der einzelnen Partner zu heterogen, dann ist das Netzwerk für die Unternehmungen, die ihre Fähigkeiten stärker entwickeln als andere, nicht mehr attraktiv genug.

Netzwerke sind damit durch einen

- internen **Positionierungswettbewerb** und einen
- externen **Leistungswettbewerb** gekennzeichnet,

der sich positiv auf die Wettbewerbsfähigkeit des Netzwerkes auswirken kann[1]. Letztlich müssen damit kooperative und kompetitive Beziehungen gleichermaßen existieren.

Ein in der Literatur kontrovers diskutierter Aspekt ist in den Investitionen in netzwerkspezifische Ressourcen zu sehen, die ausschließlich für das Netzwerk zu nutzen sind[2]. Während

- einerseits betont wird, daß auf eine Institutionalisierung zentraler Managementfunktionen „weitgehend" oder sogar vollständig[3] verzichtet werden und die notwendige Koordination auf der Grundlage geeigneter IuK-Technologien erfolgen könne[4], wird
- anderseits auf die Schaffung einer Plattform oder eines virtuellen Zentrums hingewiesen, um so einen Kooperationsrahmen zu erhalten[5]. Dies impliziert, daß es ein wie auch immer geartetes Mindestmaß an netzwerkspezifischen Ressourcen geben muß. Hieraus resultiert dann unmittelbar die Notwendigkeit eines aktiven Netzwerkmanagement, da sich die Aktivitäten in einem Netzwerk nicht automatisch regulieren. So sind beispielhaft das Berichtswesen, notwendige Schulungen, Maßnahmen zur Konfliktregelung, technische Abstimmungen, der Austausch von Leistungen und die Bildung von Arbeitsgruppen zu regeln[6].

In diesem Spannungsfeld wird die Möglichkeit zur **Bildung eines Pools von Unternehmungen** diskutiert, die bestimmten Anforderungen entsprechen und deren Eigenschaften überprüft werden können[7], auf die dann aufgabenspezifisch zurückgegriffen werden kann. Diese Vorstellung geht davon aus, daß virtuellen Unternehmungsnetzwerken ein stabiles Netzwerk als Grundlage dient, das als **Potentialzustand** eines

---

1) Vgl. z.B. Bellmann (1996, S. 59).
2) Vgl. Stölzle (1999, S. 208).
3) Wohlgemuth/Hess (1999, S. 19) betonen in diesem Zusammenhang, daß es hierfür bislang keine empirischen Belege gibt.
4) Vgl. z.B. Arnold u.a. (1995, S. 10); Faisst (1998a, S. 3).
5) Vgl. z.B. Buse u.a. (1996, S. 23).
6) Vgl. Well (1996, S. 172).
7) Zum Konzept des prequalifying von Partnern vgl. z.B. Buse (1997b, S. 99 f.).

1.3 Erscheinungsformen von Netzwerken

Netzes interpretiert werden kann, der dann die Basis für ein sich temporär konstituierendes System bildet[1]. Teilweise wird auch von der Existenz latenter Beziehungskonstellationen gesprochen[2]. Auf dieser Grundlage kann auch die unterschiedliche Einordnung der Netzwerke als kurzfristig und langfristig (dauerhaft) erklärt werden, da manche Autoren in ihren Ausführungen von einer konkreten Ausgestaltung ausgehen und nicht allgemein von Netzwerken[3]. In einer verallgemeinerten Betrachtungsweise lassen sich virtuelle Unternehmungsnetzwerke in Anlehnung an Faisst/Birg[4] dann, wie in Abbildung 12 dargestellt, gliedern.

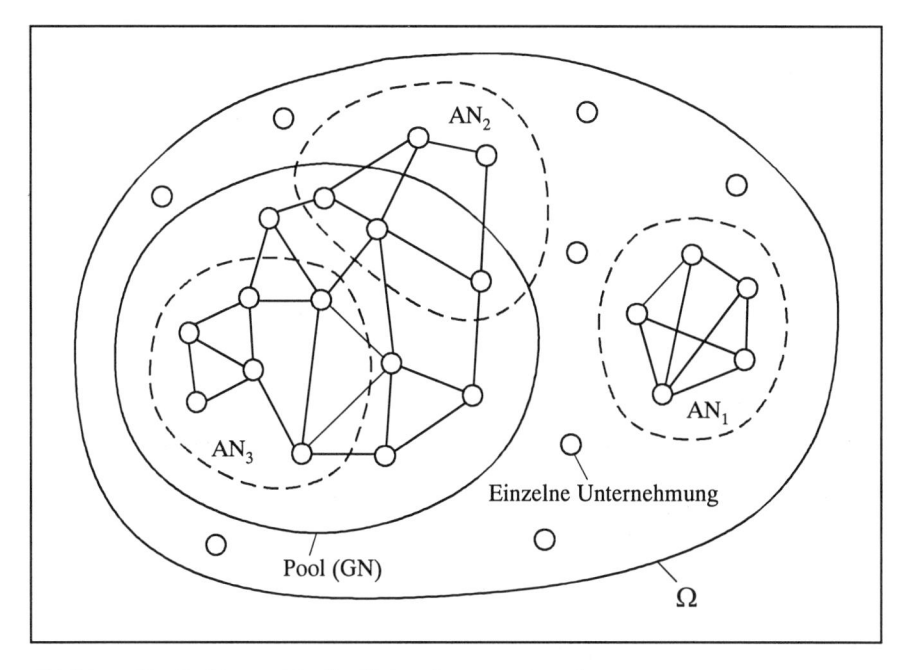

Abbildung 12: Spektrum virtueller Unternehmungsnetzwerke

Die nicht-leere Menge GN der Unternehmungen eines Gesamtnetzwerkes (Pool) und die nicht-leere Menge AN_m der Unternehmungen, die sich zur Ausführung eines Auftrages m zusammenschließen, sind Teilmengen der Grundmenge Ω der Unter-

---

1) Vgl. Hess/Schumann (2000, S. 412); Schwaninger (1994, S. 10); Teich/Neubert/Görlitz (2001, S. 43 ff.); Wohlgemuth/Hess (1999, S. 4).
2) Vgl. Boos/Exner/Heitger (1992, S. 59).
3) Vgl. z.B. Riggers (1998, S. 142 f.); ferner Schönsleben (2000, S. 56 ff.), der die virtuelle Organisation zwar als kurzfristige Kooperation definiert, diese aber dann in seiner Typologie als kurz- und langfristig einordnet.
4) Vgl. Faisst/Birg (1997, S. 6).

nehmungen. NW_m ist dabei die Menge der Unternehmungen des Gesamtnetzwerkes, die an der Ausführung des Auftrages m beteiligt sind:

$$NW_m = AN_m \cap GN$$

Ein aktiviertes Netzwerk aus spontan sich zusammenschließenden Unternehmungen (AN_1) liegt immer dann vor, wenn NW_m eine leere Menge ist ($NW_m = \emptyset$). Gilt $NW_m \neq \emptyset$, dann ist zwischen aktivierten Netzwerken als Mischung von Partnern (AN_2), die Mitglieder und Nichtmitglieder des Gesamtnetzwerkes sind, d.h.

$$NW_m \subset AN_m,$$

und aktivierten Netzwerken mit Partnern (AN_3), die ausschließlich Mitglieder des Gesamtnetzwerkes sind, d.h.

$$NW_m = AN_m$$

zu unterscheiden. Aufgrund dieser mengentheoretischen Überlegungen ergeben sich damit die folgenden **Erscheinungsformen**:

- virtuelle Netzwerke mit stabilem Netzwerk als Grundlage
  -- als aktiviertes Netzwerk von Partnern oder
  -- als Mischung von Mitgliedern und Nichtmitgliedern des Gesamtnetzes,
- virtuelle Netzwerke aus spontan sich zusammenschließenden Unternehmungen.

Charakteristisches Merkmal der ersten Erscheinungsformen ist damit eine langfristig angelegte Beziehung, die den Rahmen für sogenannte **Ad-hoc-Kooperationen** bildet, d.h., es handelt sich um eine auftragsinduzierte Konfiguration eines Netzwerkes. Unter Anreiz- und Beitragsgesichtspunkten gelangt dann auch Meffert zu dem Ergebnis: „In diesem Sinne liegt die Vermutung nahe, daß temporäre Zusammenschlüsse besonders dann effizient sind, wenn sie an bewährte Beziehungen anknüpfen können und eine über das konkrete Kooperationsprojekt hinausgehende Perspektive haben."[1] Dieser Vorgehensweise werden in der Literatur[2] insbesondere die beiden folgenden Vorteile zugesprochen:

- Eine auftragsinduzierte Kooperation läßt sich aus einem „passiven" Pool schneller generieren als mit zunächst völlig unbekannten Partnern.
- Netzwerkpartner, die sich im Rahmen einer Konfiguration korrekt verhalten haben, gehen mit erhöhter Reputation in den Pool zurück. Hingegen zählen die Partner, die sich defektistisch verhalten haben, zu den „schwarzen Schafen". Die

---

1) Meffert (1997, S. 131).
2) Vgl. z.B. Eggs/Englert (1998, S. 11).

1.3 Erscheinungsformen von Netzwerken 49

Wahrscheinlichkeit, daß diese an einer zukünftigen Kooperation teilnehmen, ist tendenziell geringer als für anonyme potentielle Partner.

Demgegenüber stellt die zweite Erscheinungsform die Fälle dar, in denen Unternehmungen sich spontan für einen Auftrag zusammenschließen und nach dessen Erledigung wieder getrennte Wege gehen und eventuell auch in Zukunft nicht mehr kooperieren. Eine extreme Ausprägung liegt dann vor, wenn das Netzwerk von einer Unternehmung konfiguriert wird, die keinerlei physische Leistung selbst erbringt, d.h. bis auf die Koordination alle Funktionen externalisiert: „Diese Unternehmung kauft Produktideen auf, läßt die Produktion von Sub-Unternehmungen ausführen und organisiert die Distribution mittels selbständiger gleichwohl in das Netzwerk (...) eingebundener Absatzmittler."[1] In diesem Falle der „**Hollow Organization**" werden zwar die betrieblichen Funktionen von der Produktentwicklung über die Produktion bis hin zum Absatz externalisiert, jedoch bleiben die Funktionen Teil der Leistungskette, die dann durch die „Hollow Organization" koordiniert werden[2]. Dabei werden etwa

- die Produktideen von einem Designer gekauft,
- Produktion und Verpackung den Lieferanten überlassen, der eventuell Teilaufgaben an andere Unternehmungen weitergibt,
- der Vertrieb von unabhängigen Repräsentanten übernommen und
- die finanziellen Forderungen der Vermittlungsunternehmung an einen Faktor verkauft[3].

Virtuelle Unternehmungen werden damit durch die Komponenten

- Strategien (Kernkompetenzen, Kundenorientierung),
- Organisation (Netzwerk, fluide Form, Wettbewerb) und
- IuK-Technologien

geprägt[4].

Darüber hinaus stellt sich die Frage, mit welchen möglichen Effekten die Bildung virtueller Unternehmungsnetzwerke einhergehen kann. Auf der Basis der Literatur lassen sich dann die folgenden **Effekte** nennen[5]:

---

1) Sydow (1995a, S. 631).
2) Vgl. Well (1996, S. 161).
3) Vgl. Mill/Weißbach (1992, S. 319).
4) Vgl. Klein (1997, S. 45).
5) Vgl. z.B. Meffert (1997, S. 131); Müller-Wünsch (1995, S. 169 f.); Scholz (1996, S. 208); Sieber (1997b, S. 263); Stölzle (1999, S. 213 f.).

- **Flexibilitätsvorteile**: Sie resultieren aus den auftragsspezifischen Konfigurationen, der informatorisch-kommunikativen Vernetzung und aus interorganisatorischen Lernprozessen. Die Flexibilität[1] ergibt sich insbesondere aus dem Prinzip der losen Koppelung und dem Organizational Slack (Bereitstellung eines größeren Ressourcenpools als zur Zielerreichung notwendig ist)[2]: „Wer sich auf neue oder veränderte Aufgaben vorbereiten will, muß zwangsläufig Slack ansparen."[3]

- **Spezialisierungsvorteile**: Sie resultieren aus der Fokussierung der einzelnen Partner auf ein begrenztes Leistungsspektrum (Reduktion der Wertschöpfungstiefe), wodurch sich einerseits eine Risikoreduzierung und anderseits Economies of Scale realisieren lassen.

- **Bündelungsvorteile**: Sie resultieren sowohl aus der Verbindung von Komplementärkompetenzen und -potentialen als auch aus einem vereinfachten Markteintritt, bedingt durch niedrigere Markteintrittsbarrieren. Aus Absatzsicht ergeben sich hierdurch nicht nur die Möglichkeiten der verbesserten Akquisition und des Zuganges zu Partnern mit geeignetem Vertriebssystem, sondern auch der Diversifikation mit der Konsequenz, das Marktpotential zu erhöhen. Auf der Beschaffungsseite ist die Sicherung des Zuganges zu Ressourcen zu nennen.

In einer Beurteilung der virtuellen Unternehmungsnetzwerke gelangt Klein zu dem Ergebnis, daß es sich hierbei eher um ein Programm als um eine konkrete Lösung handelt, die unterschiedliche Managementtrends (z.B. Lean Production, Kernkompetenzen, Netzwerke) aufgreift[4]. Behrens betont, daß die geringe Anzahl an Praxisbeispielen[5] und die in der Literatur diskutierten Unzulänglichkeiten und Widersprüche den Schluß nahe legen, daß es sich hierbei eher um ein Leitbild als um ein real zu verwirklichendes Organisationsmodell handelt[6].

Damit zeigt sich gleichzeitig, daß den von „Managementpropheten"[7] wie Davidow/ Malone formulierten Aussagen, daß virtuelle Unternehmungen die Unternehmungsarchitektur des 21. Jahrhunderts seien und die einzige Überlebensmöglichkeit für Unternehmungen darstellen[8], mit einer entsprechend kritischen Distanz zu begegnen ist. So kann festgestellt werden, daß virtuelle Unternehmungen

---

1) Meckl/Kubitschek (2000, S. 301 f.) weisen jedoch darauf hin, daß die Aussage, Netzwerke seien generell flexibler als Unternehmungen, zu pauschal sei. Dies ist etwa dann nicht der Fall, wenn die zum Einsatz gelangenden Produktionsfaktoren völlig spezifisch zueinander sind und/oder die Investitionen für einen Netzwerkteilnehmer wesentlich bedeutsamer sind als dies für die anderen Netzwerkpartner der Fall ist.
2) Vgl. Specht/Kahmann/Siegler (1999, S. 184 f.).
3) Staehle (1991, S. 315).
4) Vgl. Klein (1997, S. 57).
5) Vgl. hierzu z.B. Malone/Laubacher (1999a, S. 32); Upton/McAfee (2000, S. 108 ff.).
6) Vgl. Behrens (2000, S. 159).
7) Vgl. Sydow/Windeler (1997, S. 10).
8) Vgl. Davidow/Malone (1993).

- nur einen **geringen Novitätsgrad** aufzuweisen vermögen und eine deutliche Verwandtschaft zu anderen Kooperationsformen zeigen,
- **eine** denkbare Form der unternehmerischen **Zusammenarbeit** darstellen und
- **nicht** als eine **generell einsetzbare Kooperationsform** anzusehen sind.

Neben dieser Relativierung werden in der wissenschaftlichen Literatur die drei folgenden Problembereiche thematisiert, die das Konzept der virtuellen Unternehmung aus methodischen Überlegungen sogar in Frage stellen.

„- Ungereimtheiten oder sogar Widersprüche in der Konzeption virtueller Unternehmen: Wenngleich Vertrauen zwischen den beteiligten Partnern als ein wesentlicher Erfolgsfaktor für virtuelle Unternehmen angesehen wird, sei völlig ungeklärt, wie dies angesichts der in der Konzeption verankerten zeitlich begrenzten Kooperation und wechselnden Mitgliedschaften entstehen könne.

- Zweifel an der betriebswirtschaftlichen Vorteilhaftigkeit: Weibler und Deeg arbeiten heraus, daß es theoretisch keinesfalls als geklärt gelten könne, mit virtuellen Unternehmen, die ihnen nachgesagten Vorteile (z.B. hinsichtlich Flexibilität, Transaktionskosten, Produkt- und Prozeßqualitäten) tatsächlich zu erreichen.

- Fehlende konzeptionelle Präzisierung: Ein solches Defizit besteht zum Beispiel im Hinblick auf die Maßnahmen zur Steuerung und Koordination der Netzwerkaktivitäten. Wie sich etwa die vielfach betonte Selbstorganisation eines Netzwerkes vollziehen soll, werde nicht präzisiert; auch wie die - angeblich zu verändernden - Controlling-Systeme zu gestalten und anzuwenden sind, ist bislang noch weitgehend offen." [1]

Auch wenn der Netzwerkansatz seit geraumer Zeit „in aller Munde" zu sein scheint, gilt daher die Einschätzung von Wührer auch zum aktuellen Zeitpunkt: „Der gegenwärtige Status des Ansatzes wird allerdings als ‚purely descriptive approach' empfunden. Damit befindet sich die Entwicklung des Ansatzes noch in einem ‚embryonalen' Zustand, in dem typischerweise Metaphorik und Sprachspiele überwiegen." [2]

1.4 Koordination in Unternehmungsnetzwerken

Netzwerke sind einerseits das Ergebnis arbeitsteiliger Aufgabenerfüllung in der Form einer interorganisationalen Arbeitsteilung, d.h., es liegt ein arbeitsteiliger Leistungserstellungsprozeß vor, der über den Einflußbereich der einzelnen Unternehmung hinausgeht, und andererseits ist eine Integration der einzelnen Leistungsprozesse notwendig. Es liegt somit eine kooperative Produktion[3] vor, deren Ausgangspunkt die De-

---

1) Wall (2000a, S. 117 f.).
2) Wührer (1995, S. 182).
3) Vgl. Sabel/Kern/Herrigel (1991, S. 203 ff.).

komposition der zu erfüllenden Gesamtaufgabe in Teilaufgaben bildet. Darauf aufbauend erfolgt die Zuordnung dieser Teilaufgaben auf die einzelnen Netzwerkpartner und nach Lösung der Teilaufgaben die Zusammenführung der Teilaufgaben zur Gesamtaufgabe.

Im Rahmen der Arbeitsteilung entstehen dabei keine völlig voneinander unabhängigen Teilaufgaben[1], mit der Konsequenz, daß zwischen den Teilaufgaben **Interdependenzen** gegeben sind, die sich weitergehend in Sach- und Verhaltensinterdependenzen untergliedern lassen[2]. Ursächlich für **Sachinterdependenzen** sind dabei Überschneidungen von Entscheidungsfeldern, die sich aus Restriktions- und Zielverbunden ergeben.

Ein **Restriktionsverbund** baut auf den restringierenden Abhängigkeiten zwischen Bereichen auf, die einerseits aus der begrenzten Verfügbarkeit von Ressourcen (Ressourcenverbund) und andererseits aus der innerbetrieblichen Leistungsverflechtung (innerbetrieblicher Leistungsverbund) resultieren:

- Aufgrund der begrenzten Verfügbarkeit von Ressourcen entsteht ein **Ressourcenverbund**[3] immer dann, wenn mehrere Bereiche auf dieselbe Ressource zugreifen und somit die Wahl einer Handlungsalternative eines Bereichs mit restringierenden Wirkungen für die wählbaren Handlungsalternativen der anderen Bereiche einhergeht.
- Innerbetriebliche Realisationsprozesse, die durch Leistungsaustausch miteinander verknüpft sind, beeinflussen wechselseitig den jeweiligen Alternativenraum. So besteht z.B. zwischen Produktion und Beschaffung ein **innerbetrieblicher Leistungsverbund**: Entscheidungen im Beschaffungsbereich determinieren das Entscheidungsfeld des Produktionsbereichs, indem sie z.B. den Grad der Deckung des Materialbedarfs bestimmen. Produktionsentscheidungen bestimmen hingegen den Materialbedarf und somit die realisierbaren Beschaffungspreise[4].

Wechselseitige Abhängigkeiten von Teilentscheidungen, die sich aus der Struktur der Ziel- oder Präferenzfunktion ergeben, werden als **Zielverbund**[5] bezeichnet. Spezifische Ausprägungen des Zielverbundes sind der Erfolgs-, der Bewertungs- und der Risikoverbund[6]:

---

1) Vgl. Hax (1965, S. 104 f.).
2) Vgl. Ewert/Wagenhofer (2000, S. 446 ff.).
3) Thompson (1967, S. 67 ff.) spricht in diesem Fall von gepoolter Interdependenz.
4) Vgl. Frese (1998a, S. 59).
5) Vgl. Küpper (1997, S. 31 ff.).
6) Vgl. Ewert/Wagenhofer (2000, S. 448); Laux/Liermann (1997, S. 196 f.).

- Ein **Erfolgsverbund** bezeichnet die Abhängigkeit des rein monetären Erfolgsbeitrags einer Teilentscheidung vom rein monetären Erfolg einer anderen Teilentscheidung. Diese Abhängigkeit liegt immer dann vor, wenn die Entscheidungsvariablen in der Zielfunktion nicht additiv verknüpft sind. Ein Beispiel hierfür sind Marktüberschneidungen zu vermarktender Leistungen, durch die Substitutions- oder Synergieeffekte entstehen.

- Ein **Bewertungsverbund** tritt bei dynamischen, stochastischen Entscheidungsproblemen auf, wenn eine nicht-lineare Nutzenfunktion vorliegt. Die Wirkung der Wahl einer Handlungsalternative eines Bereiches auf den Gesamtnutzen hängt vom Nutzen aus der Wahl einer Handlungsalternative eines anderen Bereiches ab.

- Von einem **Risikoverbund** wird gesprochen, wenn in einer Risikosituation kein risikoneutrales Verhalten vorliegt und die Ergebnisse der Handlungsalternativen verschiedener Bereiche stochastisch voneinander abhängig sind. Der Risikozuwachs für das Gesamtergebnis aus der Wahl einer risikobehafteten Handlungsalternative eines Bereichs hängt vom Risiko der in einem anderen Bereich gewählten Handlungsalternative ab.

Bei **Verhaltensinterdependenzen** handelt es sich hingegen um den Sachverhalt, daß das Entscheidungsverhalten eines Entscheidungsträgers, das von den Erwartungen über das Entscheidungsverhalten eines anderen Entscheidungsträgers abhängt, Einfluß auf das Entscheidungsverhalten dieses Entscheidungsträgers hat[1]. Diese Interdependenzen sind auf Informationsasymmetrien und Zielkonflikte zurückzuführen. Abbildung 13 gibt diese Interdependenzen in systematisierender Form wieder.

```
                              Interdependenzen
                        _____|_____
                       |                       |
              Sachinterdependenzen    Verhaltensinterdependenzen
                 _____|_____
                |             |
        Restriktionsverbund   Zielverbund
                |             |
         ├─ Ressourcenverbund  ├─ Erfolgsverbund
         │                     │
         └─ innerbetrieblicher ├─ Bewertungsverbund
            Leistungsverbund   │
                               └─ Risikoverbund
```

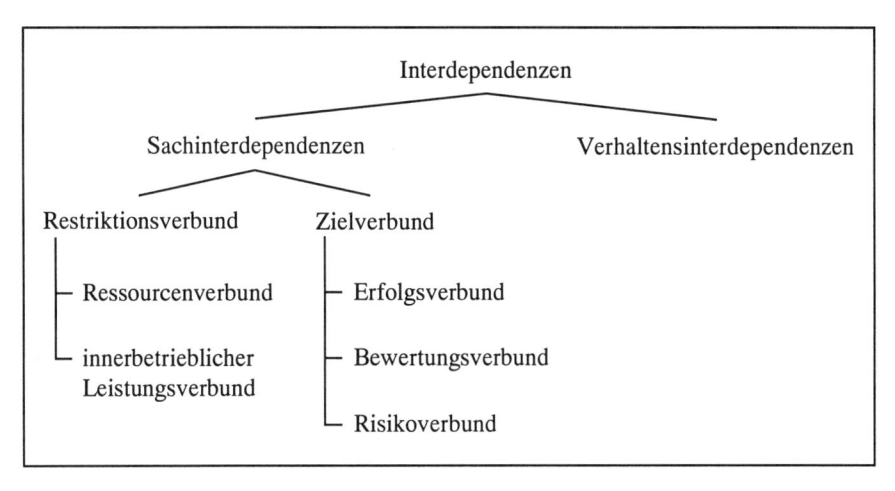

Abbildung 13: Interdependenzarten

---

1) Vgl. Corsten/Friedl (1999, S. 8 ff.); Ewert/Wagenhofer (2000, S. 449 ff.).

Aus diesen Interdependenzen ergibt sich unmittelbar ein Koordinationsbedarf. Bei der **Koordination** geht es um eine wechselseitige Abstimmung einzelner Aktivitäten in einem arbeitsteiligen System im Hinblick auf ein übergeordnetes Gesamtziel[1]. Neben der Koordination ist die **Arbeitsteilung** als zweiter organisationstheoretischer Grundtatbestand zu nennen, d.h., der Koordination obliegt die Aufgabe, die durch Zerlegung einer Gesamtaufgabe entstandenen Teilaufgaben den unterschiedlichen Aufgabenträgern zuzuordnen und aufeinander abzustimmen. Spezifizierend ist dann zwischen der Koordination

- unterschiedlicher hierarchischer Ebenen (vertikale Koordination) und
- auf derselben hierarchischen Ebene (horizontale Koordination)

zu unterscheiden. Die Differenzierung der Gesamtaufgabe vollzieht sich damit

- einerseits vertikal, d.h., übergeordnete Entscheidungen bilden den Rahmen für nachgeordnete Entscheidungen (Strukturierung), und
- anderseits horizontal durch eine entsprechende Segmentierung.

Auf der Netzwerkebene liegt daher der Fokus auf der Koordination zwischen den Netzwerkpartnern, wobei die Befähigung zur Koordination in Netzwerken auch als Netzwerkkompetenz bezeichnet wird[2]. Ein zentrales Problem auf dieser Ebene ist in der **Auftragsdekomposition** und **-allokation** zu sehen. Voraussetzung hierfür bildet die Herausarbeitung sogenannter **Auftragskonstellationen**, wofür die folgenden Merkmale herangezogen werden[3]:

- Anzahl der vorliegenden Aufträge (einer/mehrere): Liegen mehrere Aufträge vor, dann können diese identisch oder unterschiedlich sein.
- Zerlegbarkeit der Aufträge (gegeben/nicht gegeben): Für einen zerlegbaren Auftrag kann die Zerlegungsvorschrift eindeutig oder mehrdeutig sein. Ist Eindeutigkeit gegeben, dann können identische oder unterschiedliche Teilaufgaben auftreten.

Auf dieser Grundlage lassen sich dann vier unterschiedliche **Problemklassen** bilden:

- Problemklasse 1: Eine nicht weiter zerlegbare Aufgabe ist der geeignetsten Unternehmung zuzuordnen.
- Problemklasse 2: Mehrere identische nicht weiter zerlegbare Aufgaben sind der günstigsten Gruppierung von Unternehmungen zuzuordnen.

---

1) Vgl. z.B. Adam (1969, S. 618); Benkenstein (1987, S. 16 ff.); Frese (1989, Sp. 913 ff.); Hoffmann (1980, S. 302); Kirsch/Meffert (1970, S. 20 ff.).
2) Vgl. z.B. Beck (1998).
3) Vgl. Corsten/Gössinger (1999, S. 25 ff.); Gomber/Schmidt/Weinhard (1998, S. 3 ff.).

- Problemklasse 3: Mehrere unterschiedliche nicht weiter zerlegbare Aufgaben sind der günstigsten Gruppierung von Unternehmungen zuzuordnen.
- Problemklasse 4: Für eine oder mehrere zerlegbare Aufgaben mit mehrdeutiger Zerlegungsvorschrift, d.h. mit mehreren gegebenen Zerlegungsalternativen, ist die günstigste Zerlegungsalternative(n)/Unternehmungsgruppen-Kombination zu bestimmen.

Damit stellt sich die weitergehende Frage nach den Instrumenten zur Koordinationshandhabung, wobei für die weiteren Überlegungen zwischen direkter und indirekter Koordination unterschieden wird (vgl. Abbildung 14).

```
                        Koordination
                  ┌──────────┴──────────┐
                direkt                indirekt
              ┌───┴───┐            ┌─────┴─────┐
         Heterarchie Hierarchie  Vertrauen  Unternehmungs-
                                              kultur
```

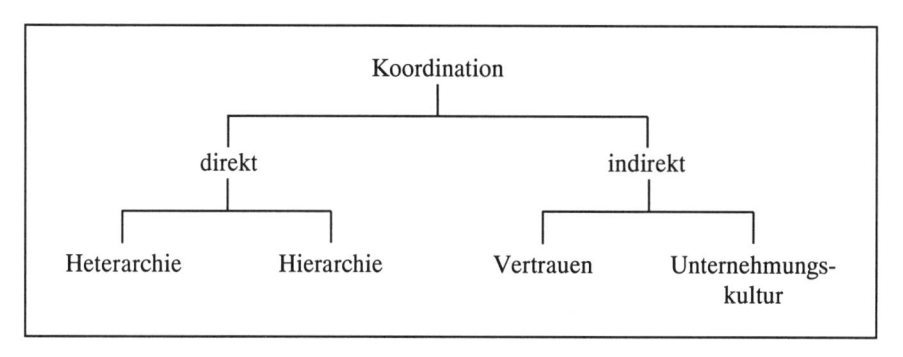

Abbildung 14: Spektrum der Koordination

1.4.1 Direkte Koordination

Bei **heterarchischer Koordinationsrichtung** erfolgt eine dezentrale Abstimmung der interdependenten Entscheidungsträger, wobei davon ausgegangen wird, daß zwischen den Entscheidungsträgern grundsätzlich gleichwertige Beziehungen existieren[1]. Im Rahmen einer **Selbstabstimmung** stimmen sich somit die interdependenten Entscheidungsträger durch unmittelbare Interaktionen ab. Dies kann etwa in Arbeitsgruppen, Beratungsausschüssen, Informationsausschüssen etc. erfolgen, d.h., es wird eine **zusätzliche Einheit zur Abstimmung** gebildet[2], die sich auf derselben hierarchischen Ebene befindet wie die interdependenten Einheiten, oder durch **fallweise oder themenspezifische Eigeninitiative** der Entscheidungsträger, d.h. durch Abstimmung auf der Grundlage einer direkten Kontaktaufnahme[3]. Werden zusätzliche

---

1) Vgl. Bleicher (1968, S. 282 ff.); Litterer (1965, S. 213 ff.).
2) Durch diese Maßnahme wird einerseits die Koordinationskapazität erhöht, und andererseits wird eine offene Konfliktaustragung kanalisiert. Vgl. Laßmann (1992, S. 290 f.).
3) Vgl. Hoffmann (1980, S. 319 ff.); Kieser/Kubicek (1992, S. 108 ff.).

Einheiten zur Abstimmung gebildet, dann sind **Gruppenentscheidungen** von Bedeutung, wobei die beiden folgenden Alternativen zu unterscheiden sind[1]:

- Gemeinsames Entscheiden und
- Aggregation individueller Entscheidungen.

Die Alternative „**Gemeinsames Entscheiden**" ist durch einen vollständig kooperativen Entscheidungsprozeß charakterisiert und baut auf einem interpersonellen Nutzenvergleich auf. Diese Vorgehensweise, die auch als prinzipiell unlösbar bezeichnet wird, scheidet für die weiteren Überlegungen aus Praktikabilitätsgründen aus.

Eine Gruppenentscheidung auf der Basis der **Aggregation individueller Entscheidungen** leitet sich aus den individuellen Präferenzen der Gruppenmitglieder ab, wobei die entscheidungsvorbereitenden Aktivitäten in der Regel kooperativ erfolgen[2]. Grundlage bilden die Entscheidungen der Gruppenmitglieder über eine als bekannt vorausgesetzte Alternativenmenge, wobei jedes Mitglied eine eigene Präferenzordnung der Alternativen bildet. Die gruppenbezogene beste Alternative wird mit Hilfe einer Abstimmungsregel, die letztlich einen Aggregationsmechanismus darstellt, ermittelt. Obwohl eine Vielzahl von Abstimmungsregeln existiert[3], gibt es ab einer Anzahl von zwei Gruppenmitgliedern, die über mindestens drei Alternativen abstimmen, keine Regel ohne problematische Eigenschaften[4]. Weiterhin konnte gezeigt werden, daß es keine Abstimmungsregel gibt, die in der Lage ist, strategisches Verhalten auszuschließen[5]. Die bewußte Auswahl einer Abstimmungsregel sollte deshalb unter Berücksichtigung der spezifischen Eigenschaften und der gegebenen Entscheidungssituation erfolgen. Aufgrund ihrer Leistungsfähigkeit hat die **Zustimmungsregel** (Approval Voting)[6] besondere Aufmerksamkeit erlangt. Während der Abstimmung werden dabei den zur Auswahl stehenden Alternativen durch die Gruppenmitglieder Punkte zugeordnet, wobei jedes Gruppenmitglied den Alternativen bis zu m Punkte (m = Anzahl der Alternativen) zuordnen kann, indem die präferierten

---

1) Vgl. Eisenführ/Weber (1999, S. 311 ff.).
2) Vgl. Eisenführ/Weber (1999, S. 335); Laux (1979, S. 62 ff.).
3) Vgl. z.B. Meyer (1983, S. 20 ff.); Schauenberg (1992, Sp. 569 ff.); Schneider (1995, S. 159 ff.).
4) Unmöglichkeitstheorem von Arrow. Vgl. Arrow (1972, S. 22 ff. und S. 96 ff.).
5) Gibbard-Satterthwaite-Theorem. Vgl. Gibbard (1973); Satterthwaite (1975).
6) Vgl. Brams/Fishburn (1982).

Alternativen jeweils maximal einen Punkt erhalten. Es werden dann die Alternativen mit den meisten Punkten gewählt[1].

Da eine Arbeitsgruppe zur Auftragsdekomposition und -allokation Aufgaben der horizontalen Koordination erfüllt, wird eine **problemadäquate Gruppenzusammensetzung** dann erreicht, wenn die Netzwerkteilnehmer jeweils durch eine gleiche Anzahl von gleichrangigen Personen vertreten werden. Gelangt die Zustimmungsregel zum Einsatz, dann muß jedes Gruppenmitglied individuell entscheiden, für welche der möglichen Aufgaben(-gruppen)/Unternehmungs(-gruppen)-Kombinationen ein Punkt vergeben wird. Zum Zuge kommt dann die Kombination mit den meisten Punkten. Im Rahmen der Anwendung der Gruppenabstimmung sind damit die folgenden Probleme herauszustellen:

- Die Anwendung von Abstimmungsregeln setzt voraus, daß ex ante alle Alternativen bekannt sind. Damit ist eine generelle Anwendbarkeit für die genannte Problemklasse 4 aufgrund der mehrdeutigen Zerlegungsvorschrift nicht gegeben.
- Die Güte des Abstimmungsergebnisses ist dabei unter anderem vom Informationsstand der Gruppenmitglieder abhängig. Da für die Auftragsdekomposition und -allokation Detailinformationen über die einzelnen Netzwerkunternehmungen und deren Beziehungen untereinander notwendig sind, kann nur dann von einem fundierten Wissen der Gruppenmitglieder ausgegangen werden, wenn die Detailinformationen vor der Abstimmung allgemein zugänglich sind und eine Informationsverarbeitung durch die Gruppenmitglieder möglich ist. Da von einer Bereitschaft zur Preisgabe von Detailinformationen nur in begrenztem Umfang ausgegangen werden kann und sich die Detailliertheit der Informationen von Unternehmung zu Unternehmung unterscheiden wird, ist mit zunehmender Alternativenanzahl von einer entsprechend unvollständigen Informationsverarbeitung auszugehen, mit der Konsequenz, daß bei den Problemklassen 2, 3 und 4 inakzeptable Abweichungen von dem optimalen Ergebnis auftreten können.

Ein weiteres Instrument der heterarchischen Koordination bildet die **marktliche Koordination** auf der Grundlage des Preismechanismus, d.h., es handelt sich um das Bestreben, Marktprinzipien unternehmungsintern zu implementieren und so (nahezu) selbständige marktorientierte Akteure zu schaffen. Dieser Gedanke, der bereits von Schmalenbach[2] unter der Bezeichnung „**Verrechnungspreise**" ausführlich diskutiert wurde[3], ist jedoch mit den beiden folgenden Problemen behaftet:

---

1) Vgl. Eisenführ/Weber (1999, S. 340); Schauenberg (1992, Sp. 571); Schneider (1995, S. 160).
2) Vgl. Schmalenbach (1908/09, S. 165 ff.) und (1948, S. 8 ff.).
3) Zu einer problematisierenden Sicht der Verrechnungspreise vgl. Adam (1969, S. 630 ff.); Fieten (1977, S. 147 ff.); Kräkel (1999, S. 136); Schauenberg/Schmidt (1983, S. 264 f.).

- **Wer** legt einen solchen Preis in der Unternehmung fest?
- **Wie** sollen derartige Verrechnungspreise ermittelt werden?

So können Preise etwa in Anlehnung an existente Marktpreise oder durch Verhandlungen ermittelt, aber auch durch übergeordnete Instanzen vorgegeben werden, wobei die zuletzt genannte Vorgehensweise einen Sonderfall der hierarchischen Abstimmung bildet[1]. Eine Koordination über Preise erlangt insbesondere bei Vorliegen von **Ressourcenverbunden** Bedeutung, wobei Frese[2] zuzustimmen ist, daß interne Märkte keine autonomen Akteure aufweisen, die aufgrund ihrer individuellen Nutzenfunktionen handeln. Vielmehr wird die Struktur interner Märkte durch Managementhandeln geprägt. Für die zu betrachtenden Netzwerke ist diese Aussage jedoch zu relativieren, da von wirtschaftlich und rechtlich autonomen Netzwerkpartnern ausgegangen wird. Eine Möglichkeit, Marktprinzipien zu installieren, bieten die sogenannten **Auktionen**. Aspekte, die Auktionen als Koordinationsinstrument in Unternehmungen und insbesondere in Unternehmungsnetzwerken für den Einsatz prädestinieren, sind[3]:

- Die Effizienz von Marktmechanismen, zu denen die Auktionen zählen, ist theoretisch nachgewiesen und empirisch belegt.
- Eine relativ starke Formalisierung und Standardisierung der Auktionen, die es erlaubt,
  -- einerseits die korrekte Durchführung formal zu überprüfen, d.h., sie sind leicht nachvollziehbar, so daß eine hohe Akzeptanz erwartet werden kann, und
  -- anderseits eine Automatisierung des Auktionsverlaufs vorzunehmen.

Damit stellt sich die weitergehende Frage, welche konkreten **Auktionsformen** für die beschriebenen vier Problemklassen grundsätzlich geeignet erscheinen[4]:

- Für **Problemklasse 1** bietet sich die sogenannte **Vickrey-Auktion** an[5], die eine Sealed-bid-Auktion ist und durch eine Aufspaltung der vom Auktionator anzuwendenden Regel in eine Zuschlags- und eine Entgeltregel eine Anreizkompatibilität gewährt[6]: Während Bieter B mit der höchsten Wertschätzung des zu versteigernden Gutes den Zuschlag erhält, entspricht die Entgeltung der Wertschätzung

---

1) Vgl. Fieten (1977, S. 167 ff.); Kirsch (1971, S. 72); Kuhn (1990, S. 97 ff.).
2) Vgl. Frese (1998b, S. 89).
3) Vgl. Schmidt (1999, S. 17 ff.); Zelewski (1998, S. 310).
4) Vgl. Corsten/Gössinger (2001c, S. 59 ff.).
5) Vgl. Vickrey (1961, S. 20 ff.).
6) Vgl. Güth (1994, S. 211 ff.); Zelewski (1988, S. 411 ff.).

1.4 Koordination in Unternehmungsnetzwerken

des Bieters B*, der zum Zuge gekommen wäre, wenn B nicht an der Auktion teilgenommen hätte. Es ergibt sich damit der folgende Ablauf:

-- Der Broker schreibt die auszuführende Aufgabe mit den Angaben zu Leistungsumfang und Liefertermin aus und fordert die Partnerunternehmungen auf, bis zu einem bestimmten Zeitpunkt verdeckte Gebote abzugeben.

-- Die Unternehmungen prüfen, ob sie die ausgeschriebene Aufgabe in dem angegebenen Rahmen ausführen können und erstellen gegebenenfalls ein Angebot, in dem sie den Preis angeben, zu dem sie gerade noch bereit sind, die Aufgabe zu übernehmen. Aufgrund der verdeckten Gebotsabgabe liegt ihnen keine Information darüber vor, welche Netzwerkunternehmungen sich um die Aufgabenübernahme bewerben und welche Preise gefordert werden.

-- Nach Ablauf der Ausschreibungsfrist wertet der Broker die eingegangenen Gebote aus und erteilt dem Bieter mit der niedrigsten Preisforderung den Zuschlag. Als Entgelt erhält dieser Bieter jedoch den Preis des zweitniedrigsten Gebotes.

- Für die **Problemklassen 2 und 3** bietet sich die sogenannte **Matrixauktion**[1] an, die als Sealed-bid-Auktion zur simultanen Versteigerung mehrerer Aufgaben angewandt werden kann. Charakteristisch und namensgebend ist dabei die vom Broker zu erstellende Matrix der Gebote für unterschiedliche Aufgabenkombinationen, mit deren Hilfe eine optimale Aufgaben/Bieter-Zuordnung und eine Bestimmung des Preises vorgenommen werden kann, den der jeweilige Bieter für die Aufgabenerfüllung erhält. Zur Lösung des Problems gibt der Broker den Netzwerkpartnern alle Aufgaben mit ihren Leistungsumfängen und groben Zeitfenstern bekannt und fordert sie zur Gebotsabgabe für jede einzelne Aufgabe und für jede mögliche Aufgabenkombination auf. Bei Vorliegen aller Gebote wird die Gebotsmatrix erstellt und nach der Gebotekombination durchsucht, die mit der niedrigsten Summe der Preise verbunden ist. Die entsprechenden Gebote erhalten dann den Zuschlag, wobei die Entgeltung analog zur Idee der Vickrey-Auktion vorgenommen wird.

- Für **Problemklasse 4** bietet sich die **mehrstufige, erweiterte Vickrey-Auktion** an[2]. Diese Auktionsform ist durch mehrere Runden gekennzeichnet, in denen die Anzahl der Mitglieder, die einer Unternehmungsgruppe angehören, von eins beginnend sukzessive bis zur maximal möglichen Anzahl erhöht wird. In einer Auktionsrunde sind dabei nur solche Unternehmungsgruppen als Bieter zugelassen, deren Mitgliederanzahl der Auktionsrundennummer entspricht. Den Zuschlag erhält dann die Bietergruppe, die für die Erfüllung der Gesamtaufgabe den niedrigsten Preis geboten hat, wobei sich die Entgeltung wieder an der Vickrey-Regel orientiert.

---

1) Vgl. Schmidt (1999, S. 44).
2) Vgl. Schmidt (1999, S. 53 ff.); zu einem ausführlichen Beispiel vgl. Corsten/Gössinger (1999, S. 31 ff.).

Kennzeichen einer **hierarchischen Koordination** ist es, daß ein Teil der Organisationsmitglieder mit Entscheidungs- und Weisungsrechten ausgestattet ist und folglich nachgeordnete Organisationsmitglieder verpflichtet sind, diesen Weisungen zu folgen, d.h., es besteht eine klare **Über-/Unterordnungsbeziehung**. Damit bildet eine hierarchisch übergeordnete Entscheidung letztlich den Rahmen für die hierarchisch nachgeordneten Entscheidungen, d.h., es liegt ein sukzessiver Ansatz vor. Den Organisationsmitgliedern werden **Entscheidungskompetenzen** zugesprochen, mit denen eine

- inhaltliche Spezifikation und eine
- Spezifikation des Entscheidungsspielraumes (Entscheidungsautonomie)

einhergeht, wobei die Entscheidungsautonomie um so geringer ist, je detaillierter die Entscheidungsaufgaben vorgegeben werden[1], d.h., sie ist vom sogenannten Delegationsgrad abhängig. Durch die Strukturierung werden damit die Handlungsspielräume der Entscheidungsträger festgelegt. Die Hierarchie vereinfacht somit den Prozeß der Informationsbeschaffung, -verarbeitung und -verteilung und bewirkt eine

- Reduktion der Planungsaktivitäten und
- Verringerung der Informationskosten[2].

Letztlich geht die Hierarchie mit einer Erleichterung der Koordinationsaufgabe einher. Neben diesen allgemeinen Aspekten der hierarchischen Koordination sind in einem nächsten Schritt die Instrumente zu betrachten.

Eine erste Möglichkeit der hierarchischen Koordination bilden die **persönlichen Weisungen**, bei denen es sich um explizite Verhaltensnormen für den Einzelfall handelt. Sie basieren auf persönlichkeitsgebundener und positionsbezogener Autorität.

Demgegenüber sind **Programme** generelle Handlungsvorschriften, die angeben, wie in verschiedenen Situationen zu handeln ist. Sie determinieren damit abstimmungsbedürftige Sachverhalte in eindeutiger Weise. Für den Entscheidungsträger bedeutet dies, daß für ihn kein Entscheidungsspielraum existiert. Bedingt durch die unterstellte Autonomie der Netzwerkpartner erscheinen damit persönliche Weisungen und Programme nicht realisierbar. Denkbar erscheint vielmehr, eine Koordination von Plänen selbständiger Unternehmungen durchzuführen[3]. Dies führt dazu, daß die fo-

---

1) Vgl. Frese (1989, Sp. 915).
2) Vgl. Laux/Liermann (1987, S. 807 und S. 816).
3) Vgl. Bössmann (1983, S. 108).

1.4 Koordination in Unternehmungsnetzwerken

kale Unternehmung im Sinne einer Grobplanung Aufgaben vorgibt und den jeweiligen Netzwerkpartnern dann die Detailplanung obliegt.

Ein weiteres Instrument stellt damit die **Planung** dar, worunter ein rein geistiger Prozeß zu verstehen ist, der interdependente Entscheidungen in bezug auf übergeordnete Ziele aufeinander abstimmt, d.h., die Koordination durch Planung findet ihre Konkretisierung in der Gesamtheit der Ziel- und Budgetsysteme[1]. Damit erfolgt

- einerseits eine Zielvorgabe und
- andererseits eine Mittelvorgabe in der Form von Budgets.

Eine **Zielvorgabe**, die an die Bedingungen der Kompatibilität und Operationalität geknüpft ist, eröffnet dem Entscheidungsträger Handlungs- und Entscheidungsspielräume. Demgegenüber bezwecken **Budgets** die Steuerung nachgeordneter Instanzen im Hinblick auf ein vorgegebenes Ziel, indem einem Verantwortungsbereich für eine Planperiode wertmäßige Plangrößen vorgegeben werden, die dann für den Entscheidungsträger Restriktionen darstellen[2]. Dem Verantwortungsbereich werden folglich keine auszuführenden Maßnahmen, sondern ökonomische Zielkomponenten vorgegeben, die in ihrer Höhe zu erreichen sind. Die Planung erfolgt dabei sukzessive, indem mehr oder weniger isolierte Teilprobleme nacheinander bearbeitet werden, wodurch sich die Interdependenzstruktur vereinfacht[3]. Wenn sie Koordinationsaufgaben wahrnimmt, bedingt die Planung jedoch

- einerseits eine Infrastruktur zur Koordination der Planerstellung und
- andererseits eine Überwachung der Planumsetzung und gegebenenfalls die Einleitung von Anpassungsmaßnahmen,

so daß die Gefahr der Entstehung einer sogenannten Planungsbürokratie gegeben ist[4].

Da ein hierarchisches Unternehmungsnetzwerk betrachtet wird, stellt sich folglich ein **hierarchisches Planungsproblem**, das dadurch charakterisiert ist, daß der Gesamtplan in Teilpläne zerlegt wird. Übertragen auf ein zweistufiges Netzwerk ergeben sich dann die beiden folgenden Planungsebenen:

---

1) Vgl. Hoffmann (1980, S. 347); Rilling (1997, S. 97 f.); Wall (2000b, S. 464 ff.).
2) Vgl. Busse von Colbe (1989, Sp. 176); Corsten/Friedl (1999, S. 15).
3) Vgl. Frese (1998b, S. 82).
4) „Pläne unterscheiden sich im Wesentlichen dadurch von Programmen, daß sie im Verlauf des Problemlösungsprozesses weiterentwickelt, konkretisiert und an Veränderungen der Daten angepaßt werden." Meyer (1995, S. 63).

- die Netzwerkebene als Top-Ebene und
- die Ebene einzelner Netzwerkpartner als Basis-Ebene.

Abbildung 15 gibt diesen grundsätzlichen Zusammenhang wieder[1].

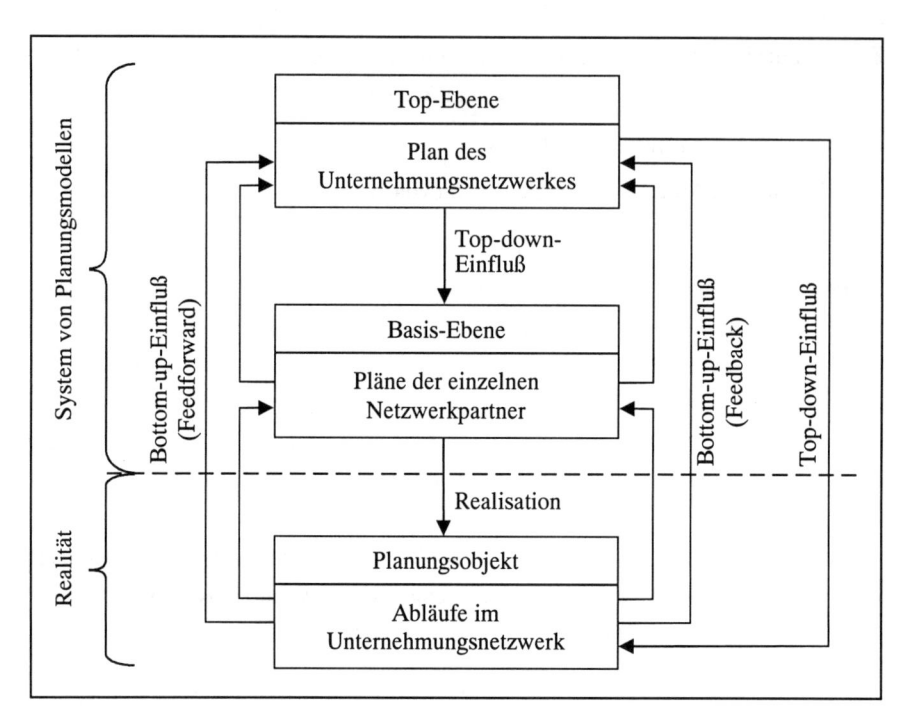

Abbildung 15: Zweistufige hierarchische Planung eines Unternehmungsnetzwerkes

Basis der Modellierung bilden die zum Planungszeitraum verfügbaren Informationen, wobei das Aggregationsniveau von der Top-Ebene hin zur Basis-Ebene abnimmt[2]. Durch diese hierarchische Vorgehensweise kann eine

- Komplexitätsreduktion des auf der jeweiligen Ebene zu lösenden Planungsproblems und eine
- Unsicherheitsreduktion und -absorption

erzielt werden[3].

Die Top-Ebene legt durch **Top-down-Vorgaben** den Planungsrahmen fest. Er bildet den Ausgangspunkt der Planung auf der Basis-Ebene, d.h., es erfolgt eine Konkreti-

---

1) Vgl. Schneeweiß (1992, S. 83).
2) Vgl. Leisten (1995, S. 55 ff. und S. 111 ff.).
3) Vgl. Dempster u.a. (1981, S. 708); Frese (1972, S. 407).

sierung des Planes der Top-Ebene. Neben dem Top-down-Informationsfluß wird ein **Botton-up-Informationsfluß** in der Form eines Feedforward und eines Feedback berücksichtigt. Während die Erfassung der Gegebenheiten des Planungsobjektes (z.B. gegebene Kapazität) und des Modells der untergeordneten Planungsebene zum Planungszeitpunkt auf der Grundlage eines **Feedforward** erfolgt, können durch ein **Feedback** Informationen über die Wirkung einer konkreten Maßnahme einer Planungsebene auf die untergeordnete Ebene und auf das Planungsobjekt bereitgestellt werden, um Anhaltspunkte für zukünftige Maßnahmen der betrachteten Planungsebene zu erhalten[1].

Aus der schrittweisen Lösung des Planungsproblems ergibt sich eine **vertikale sachliche Interdependenz**, die sich darin zeigt, daß die von der Top-Ebene vorgegebenen Rahmenbedingungen die Güte der Detailplanung auf der Basis-Ebene determinieren und die Güte der Grobplanung von den Detailplänen abhängig ist[2]. Eine **vertikale zeitliche Interdependenz** entsteht durch die notwendige zeitliche Aufeinanderfolge der Erstellung von Teilplänen unterschiedlicher Planungsebenen[3].

Einen Ansatz zur Berücksichtigung vertikaler Interdependenzen bildet das **Gegenstromprinzip**[4], bei dem mehrere Planungsiterationen durchgeführt werden, in denen auf der Grundlage einer Vorgabe der Top-Ebene von der Basis-Ebene ein Detailplan erstellt wird, dessen relevante Ergebnisse der Top-Ebene durch ein Ex-ante-Feedback zur Verfügung stehen. Unzulässige Abweichungen der Detailpläne führen zu einer Revision der Rahmenpläne, die dann der Basis-Ebene wieder vorgegeben werden[5].

Vertikale zeitliche Interdependenzen lassen sich mit Hilfe des Konzeptes der **rollierenden Planung**[6] berücksichtigen, die durch eine ständige Fortschreibung der Pläne gekennzeichnet ist. Abbildung 16 gibt die Grundstruktur dieser Vorgehensweise wieder.

---

1) Vgl. Schneeweiß (1992, S. 82 ff.).
2) Vgl. Wild (1974, S. 189).
3) Vgl. Stadtler (1988, S. 157 ff.); Switalski (1989, S. 72 ff.).
4) Vgl. Wild (1974, S. 196 ff.).
5) Vgl. Switalski (1989, S. 73 f. und S. 136 ff.).
6) Vgl. Schneider (1994, S. 123 und S. 200).

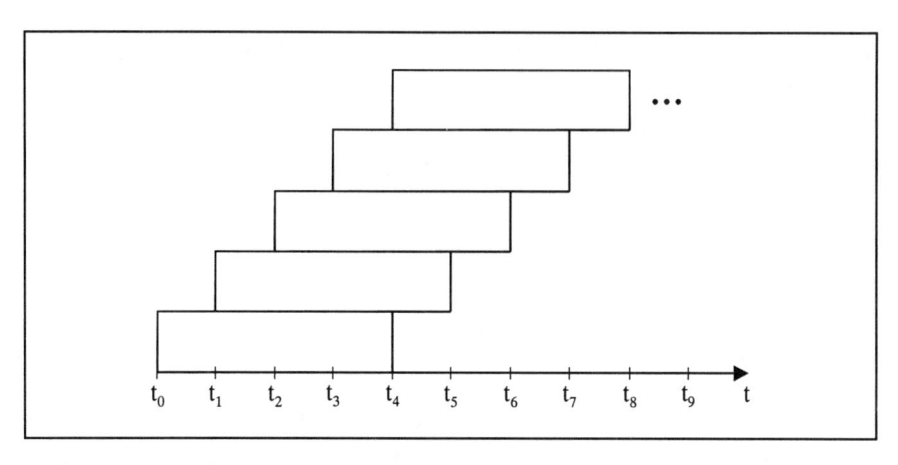

Abbildung 16: Rollierende Planung

Im Zeitpunkt t_0 wird für einen Zeitraum von vier Perioden geplant. In der ersten Periode werden Informationen bekannt, die dann am Ende der ersten Periode in einem neuen Plan berücksichtigt werden. Im Zeitpunkt t_1 erfolgt dann wiederum die Aufstellung eines Planes für vier Perioden. Letztlich wird, wenn der Planungsansatz ständig vollzogen wird, jede Periode so oft geplant, wie der Planungszeitraum Perioden umfaßt (im obigen Beispiel 4 mal).

Für ein Unternehmungsnetzwerk stellt sich dann die hierarchische Planung wie in Abbildung 17 dargestellt dar. Die Abbildung verdeutlicht, daß auf der Netzwerkebene eine zentrale übergeordnete Grobplanung vollzogen wird, in der die Kundenaufträge unter Beachtung der im Netzwerk bestehenden inhaltlichen Strukturierung der Arbeitsteilung, der sich daraus ergebenden horizontalen Interdependenzen und der kapazitativen Restriktionen in Teilaufträge mit Eckterminen zerlegt werden. Diese werden den entsprechenden Netzwerkpartnern vorgegeben, die dann z.B. auf dem Aggregationsniveau der Arbeitsgänge im Rahmen der Vorgaben planen[1]. Die Koordination innerhalb der einzelnen Unternehmungen des Netzwerkes kann dabei unterschiedlich gehandhabt werden. Um den vertikalen sachlichen Entscheidungsinterdependenzen Rechnung zu tragen, erfolgt eine Abstimmung auf der Basis des Gegenstromprinzips, so daß nach mehreren Iterationen eine Abstimmung zwischen den Teilplänen der Netzwerkunternehmungen und dem Grobplan des Unternehmungsnetzwerkes vorliegt. Die Berücksichtigung der vertikalen zeitlichen Entscheidungsinterdependenzen mit Hilfe der rollierenden Planung bedingt periodisch wiederholte Planungsläufe mit sich überlappenden Planungshorizonten.

---

1) Vgl. Kern (1994, S. 392 ff.); Laßmann (1992, S. 180 ff.).

1.4 Koordination in Unternehmungsnetzwerken

Netzwerkebene:
- Zerlegung der Kundenaufträge in Teilaufträge unter Beachtung
  - der Arbeitsteilung im Netzwerk,
  - der daraus resultierenden horizontalen Interdependenzen,
  - der kapazitativen Restriktionen;
- Zuweisung von Eckterminen.

Ebene der einzelnen Netzwerkunternehmungen:
Zerlegung der Teilaufträge in Arbeitsgänge

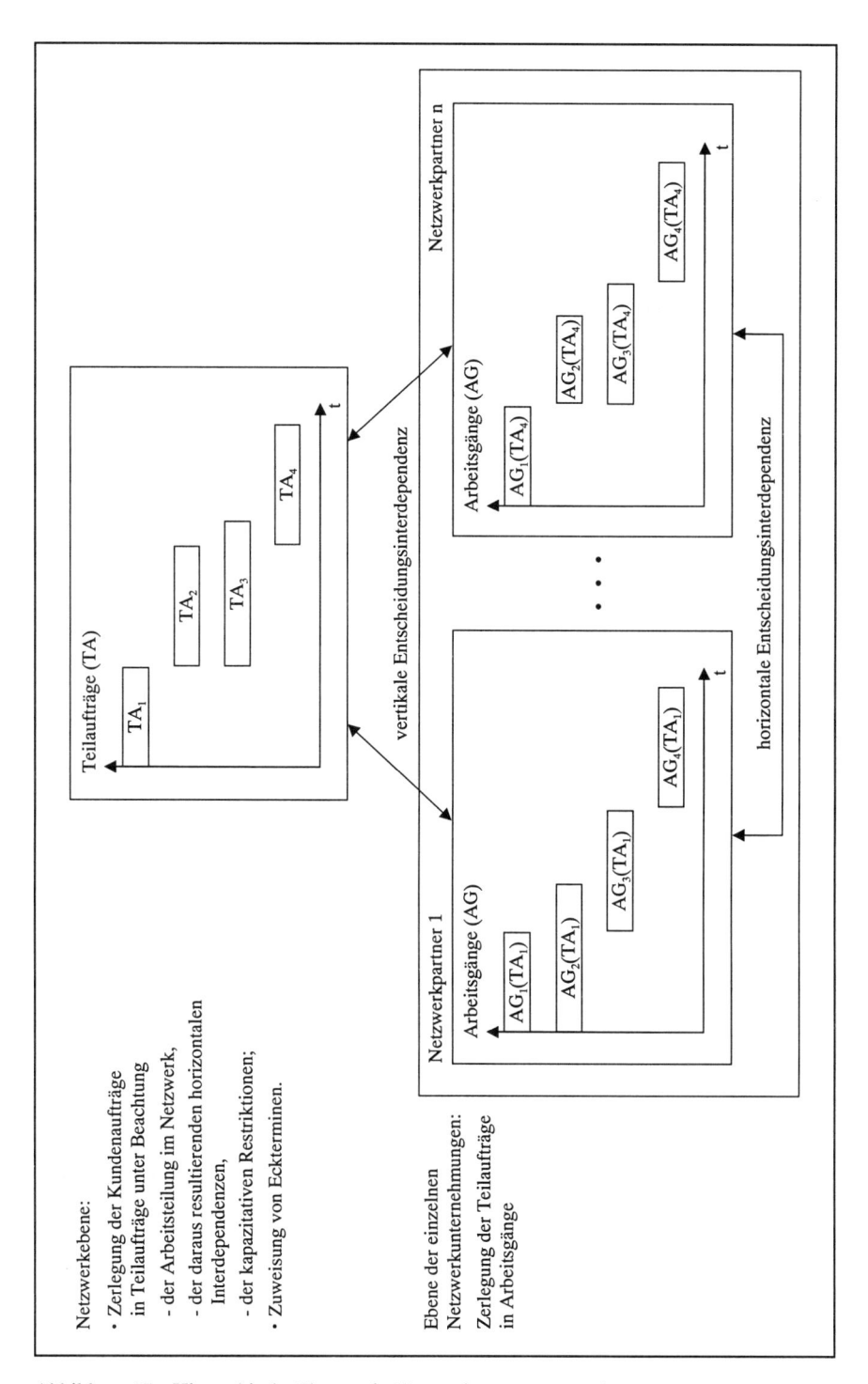

Abbildung 17: Hierarchische Planung in Unternehmungsnetzwerken

Die zentrale Einheit konzentriert sich somit auf einen Strukturierungsbeitrag, und das Problem wird zur konkreten Lösung an die einzelnen Netzwerkpartner gegeben, wodurch tendenziell bessere Lösungen zu erwarten sind als in den Fällen, in denen die zentrale Einheit in die nachgeordneten Einheiten koordinierend eingreift[1].

1.4.2 Indirekte Koordination

Im Rahmen der **indirekten Koordination** wird zwischen Vertrauen und Unternehmungskultur unterschieden.

Vertrauen als ein sozialer Mechanismus basiert auf positiven Erfahrungen, die sich im Rahmen wiederholter Austauschprozesse mit anderen Partnern ergeben. So betont Luhmann, daß Vertrauen eine Voraussetzung für die Komplexitätsreduktion und die Steuerung von Systemen sei[2]. Vertrauen stellt damit als Koordinationsinstrument[3] auf die Unsicherheitsreduktion ab, d.h., Vertrauen soll die „Berechenbarkeit" des Verhaltens der Partner erhöhen. Es kann somit die Koordination von Entscheidungen mit Verhaltensinterdependenzen erleichtern und eine Senkung der Transaktionskosten bewirken, wobei nicht unberücksichtigt bleiben darf, daß auch der Aufbau von Vertrauen Kosten verursacht. Vertrauen wird generell als ein wichtiges Strukturmerkmal von Netzwerken herausgestellt. Darüber hinaus ist das Systemvertrauen zu nennen[4], das auf der Funktionsfähigkeit eines Systems beruht und dem keine unmittelbaren sozialen Beziehungen zugrunde liegen (z.B. Ruf einer Institution, Zertifizierung). Um Verhaltensunsicherheiten zu reduzieren, bieten sich ergänzend etwa

- Garantiegewährung,
- explizite Ergebnis- und Prozeßkontrolle oder
- transaktionsspezifische Investitionen der beteiligten Unternehmungen

an. Eine Möglichkeit zur **Vertrauenspflege** bietet z.B. ein gegenseitiges Rating der Netzwerkmitglieder, dessen Ergebnisse offengelegt werden, so daß jedes Netzwerkmitglied Transparenz über die Reputation anderer Netzwerkmitglieder erlangt. Die Reputation übernimmt damit eine Instrumentalrolle, d.h., um Vertrauen aufbauen zu können, ist ein gewisser Reputationsgrad notwendig. Der Reputationsaufbau ist folg-

---

1) Vgl. Laßmann (1992, S. 82 f.).
2) Vgl. Luhmann (1973, S. 17 ff.).
3) Eine nicht konsequente Einordnung findet sich bei Weissenberger-Eibl (2001, S. 207 und S. 213), die einerseits von Koordination und Vertrauen spricht und anderseits Vertrauen als ein Koordinationsinstrument nennt.
4) Vgl. Luhmann (1989, S. 50 ff.).

lich daran gebunden, daß die Netzwerkpartner zumindest ex post überprüfen können, ob das in den jeweiligen Partner investierte Vertrauen erwidert wurde oder nicht.

Unter **Unternehmungskultur** ist die Gesamtheit unternehmungsbezogener Werte und Normen zu verstehen (z.B. Einstellung zum Kunden, zur Gesellschaft, zur Umwelt, zum Gewinn), die das Verhalten aller Mitglieder prägen[1]. Basis der Unternehmungskultur ist damit ein Wertesystem, das möglichst von allen Mitarbeitern der Unternehmung getragen werden soll. Diese von den Mitarbeitern akzeptierten Werte und Normen[2] stellen folglich ein Fundament für die Entscheidungsprozesse in der Unternehmung dar, d.h., der Konsens der Organisationsmitglieder hinsichtlich Zielen, Zielerreichung, Strategien etc. ist eine wesentliche Grundlage für die Entwicklung einer Unternehmungskultur[3]. Durch organisationsspezifische Sozialisationsprozesse werden diese Werte und Normen an neue Mitglieder weitergegeben und durch entsprechend konformes Handeln immer wieder neu legitimiert. Die Unternehmungskultur als Koordinationsinstrument

- schafft somit ein gemeinsames Bezugssystem,
- ermöglicht gemeinsame Interpretation und Verständigung und
- legitimiert und lenkt Handlungen der Organisationsmitglieder.

Gemeinsam ist den Instrumenten der indirekten Koordination, daß sie primär **informale Ergänzungen** der vorhandenen direkten Koordinationsinstrumente darstellen. Ferner ist zu betonen, daß sowohl das Vertrauen als auch die Unternehmungskultur nur zum Teil das Ergebnis einer bewußten Gestaltung sind. Gerade beim Aufbau von Vertrauen treten neben rationaler Kalkulation Aspekte wie persönliche Sympathien sowie Erfahrungen und Fähigkeiten der Partner hinzu[4]. Hierdurch bedingt sind dem bewußten und gestaltenden Einsatz dieser Koordinationsinstrumente engere Grenzen gesetzt als dies bei der direkten Koordination der Fall ist. Darüber hinaus existiert zwischen der Unternehmungskultur und dem Vertrauen eine Wechselbeziehung: „Unternehmungskultur schwächt Mißtrauen ab, weil die Entscheidungsträger über das Werte- und Normensystem der Unternehmung gebunden sind und zumindest ex post überprüfbar werden."[5]

---

1) Vgl. z.B. Gussmann (1988, S. 259); Heinen (1997, S. 15); Schreyögg (1996, S. 426 ff.).
2) Während Normen einen „vorschreibenden" Charakter aufweisen, handelt es sich bei Werten um Präferenzen, die einer Person zugeschrieben werden.
3) Vgl. Schein (1985, S. 52 ff.).
4) Vgl. Gilbert (1999, S. 33).
5) Föhr/Lenz (1992, S. 140).

Die Überlegungen zu den Formen der indirekten Koordination zeigen somit, daß Vertrauen und Netzwerkkultur eher einen **ergänzenden Charakter** aufweisen und heben damit gleichzeitig die Bedeutung von Mischformen der Koordination hervor.

Die dargestellten „reinen" Koordinationsformen gelangen in der Regel nicht isoliert zur Anwendung, sondern in einer **kombinativen Verknüpfung**. Bei diesen Mischformen, teilweise auch als hybride Formen bezeichnet[1], gelangen Kombinationen der direkten und indirekten Koordination zur Anwendung, wobei häufig auf die Verknüpfung von heterarchischen und hierarchischen Instrumenten verwiesen wird, die auch als Eckpunkte eines breiten Kontinuums von Instrumenten zur Koordination charakterisiert werden[2]. Im Rahmen von Unternehmungsnetzwerken erscheint eine Kombination von Plänen mit marktlicher Koordination von Interesse zu sein, wobei Plänen eine komplementäre Funktion zuerkannt wird. Dabei läßt sich die Frage nach der **Koordinationseffizienz** zwar theoretisch klären, und zwar auf der Grundlage der Autonomie- und Abstimmungskosten, jedoch ist diese Vorgehensweise aufgrund von Operationalisierungsproblemen für praktische Fragestellungen wenig geeignet[3]. Sie kann allenfalls als Heuristik dienen. Frese spricht in diesem Zusammenhang von einer plangestützten Marktorientierung[4], womit er zum Ausdruck bringen möchte, daß das System der Unternehmungsplanung das zentrale Bezugssystem für die in einer Unternehmung gegebenen Anreiz- und Motivationskonzepte bildet. Durch Rücknahme der detaillierten Planung bietet sich dann die Möglichkeit, marktliche Koordination zu implementieren. Damit wird der Markt nicht als ein alleiniges Instrument betrachtet, sondern erst durch den kombinierten Einsatz mit der Planung soll kontraproduktiven Wirkungen auf die Motivation der Mitarbeiter begegnet werden. In der Realität existieren somit vielfältige Mischformen, während „reine" Formen wie etwa die wechselseitige Abstimmung und die zentrale Koordination kaum zu finden sind, wofür die folgenden Aspekte verantwortlich sind[5]:

---

1) Vgl. z.B. Ferstl/Mannmeusel (1995, S. 27).
2) Vgl. Küpper (1991, S. 194).
3) Vgl. Fieten (1977, S. 68 ff.). Das Koordinationsoptimum ergibt sich dann im Schnittpunkt von Autonomie- und Koordinationskosten, wobei das Problem auch mit der Ermittlung der optimalen Koordinationsintensität nicht gelöst ist, da keine Aussage darüber getroffen wird, welche Koordinationsmaßnahme ergriffen werden soll. Die Vorgehensweise hat damit eher eine Bedeutung als „heuristisches Denkraster".
4) Vgl. Frese (1998b, S. 91).
5) Vgl. Kirsch (1971, S. 73 f.).

- In Systemen mit wechselseitiger Abstimmung ist damit zu rechnen, daß einzelne Entscheidungsträger versuchen werden, spezifische Entscheidungen zu treffen.
- Ein System zentraler Koordination wird in der Regel durch ein Netz wechselseitiger Abstimmung überlagert, um so z.b. Unzulänglichkeiten der zentralen Koordination auszugleichen und zu ergänzen.

Im Rahmen eines Netzwerkes wird die Koordination häufig einem Koordinator übertragen, der sich auf diese Aufgabe spezialisiert. Dabei kann es sich um eine Unternehmung handeln, die an einem konkreten Auftrag beteiligt ist, oder um eine installierte Einheit, die als Broker diese Aufgabe generell übernimmt. Teilweise wird in der Literatur hervorgehoben, daß in Netzwerken eine Koordination durch Hierarchie ausgeschlossen sei[1]. Dies läßt jedoch unberücksichtigt, daß etwa bei Vorliegen eines strategischen Netzwerkes (fokale Unternehmung) durchaus hierarchische Elemente auftreten.

1.5 Netzwerkstrategien

Aus wettbewerbsstrategischer Sicht stellt sich nun die Frage, welche Wettbewerbsstrategien in einem Unternehmungsnetzwerk realisierbar sind. Ziel einer Wettbewerbsstrategie ist es, daß sich eine Unternehmung so positioniert, daß sie sich

- gegen Wettbewerbskräfte bestmöglich verteidigt oder
- diese zum eigenen Vorteil beeinflussen kann.

In einem ersten Schritt ist zunächst die **Strategieformulierung** für das Netzwerk als Ganzes zu thematisieren. Sprachlich ist in diesem Zusammenhang zwischen

- Kooperationsstrategie und
- Netzwerkstrategie oder kollektiver Unternehmungsstrategie

zu unterscheiden[2]. Mit dem Begriff **Kooperationsstrategie** wird zum Ausdruck gebracht, daß die Kooperation eine Strategie ist[3], d.h., die Kooperation wird als eine strategische Option betrachtet[4]. Demgegenüber handelt es sich bei einer **Netzwerkstrategie** (oder kollektiven Unternehmungsstrategie)[5] um eine strategische Ausrichtung, die das Netzwerk verfolgt und die von mehreren Unternehmungen gemein-

---

1) Vgl. z.B. Behrens (2000, S. 164).
2) Vgl. Bresser (1989, S. 545); Zundel (1999, S. 5).
3) Vgl. Bleicher (1989b, S. 419).
4) Zu einer anderen Auffassung vgl. z.B. Friese (1998, S. 83).
5) Vgl. Fombrun/Astley (1983, S. 47 ff.); Sjurts (2000, S. 76 ff.); Sydow (2000, S. 117 ff.).

schaftlich entwickelt und formuliert wird[1]. Unter der Netzwerkstrategie[2] ist die strategische Ausrichtung eines Netzwerkes zu verstehen, d.h., es handelt sich um eine **harmonisierte kollektive Netzwerkstrategie** der einzelnen Unternehmungsstrategien, etwa in der Form eines strategischen „Fit". Die Strategieformulierung erlangt folglich auf der Netzwerkebene eine neue Reichweite, da der strategische Fokus auf die Netzwerkgesamtheit erweitert wird[3]. Um die Frage zu diskutieren, wie in einem Netzwerk die Strategieformulierung erfolgen kann, sei auf eine in der Literatur häufig vertretene Einteilung[4] zurückgegriffen, die zwischen

- Makro-,
- Meso- und
- Mikroebene

unterscheidet[5]. Auf der **Makroebene** werden die Außenbeziehungen des Netzwerkes betrachtet, d.h., es geht aus wettbewerbsstrategischer Sicht um den Wettbewerb zwischen unterschiedlichen Netzwerken, aber auch zwischen Netzwerk und einzelnen Unternehmungen. Auf der **Mesoebene** stehen die Gestaltung, Steuerung und Kontrolle der netzwerkweiten Wertschöpfung und die wettbewerbsstrategische Ausrichtung der einzelnen Netzwerkpartner im Zentrum des Interesses, d.h., es werden die Struktur des Netzwerkes und die Interaktionen zwischen den Netzwerkmitgliedern betrachtet[6]. Die **Mikroebene** bildet die einzelne Netzwerkunternehmung ab[7] und stellt mit ihrer **intraorganisationalen** Sicht die Ebene zur Unterstützung der Wettbewerbsstrategie dar[8]. Abbildung 18 gibt das Zusammenspiel dieser Ebenen wieder.

---

1) Vgl. Bresser (1989, S. 545); Duschek (1998, S. 232 ff.) entwickelt in diesem Zusammenhang auf der Grundlage der Überlegung, daß in der Regel eine kompetenzorientierte Kooperation vorliege, den Gedanken einer kooperativen Kernkompetenz und erweitert damit den Kernkompetenzansatz, der einzelne Unternehmungen als Bezugspunkt hat, auf Unternehmungsnetzwerke.
2) Damit wird die Netzwerkstrategie als eine Metastrategie begriffen und nicht wie bei Bretzke (1997, S. 742) als die Konfiguration von Knoten und Kanten und die damit einhergehenden Entscheidungen aufgefaßt.
3) Vgl. Kutschker/Schmid (1995, S. 12).
4) Vgl. z.B. Keppel (1996, S. 134 f.); ferner Zundel (1999, S. 188 ff.).
5) Im Gegensatz zu dieser der Volkswirtschaftslehre entlehnten Einteilung unterscheidet Mayntz (1992, S. 20) zwischen Mesoebene (Ebene der einzelnen Organisation) und Makroebene (Netzwerk). Da diese Vorgehensweise nicht der ökonomischen Sichtweise entspricht, wird nicht weiter auf sie eingegangen.
6) Vgl. Türk (1989, S. 124 f.).
7) Vgl. Neuberger (1990, S. 261).
8) Basis können z.B. die Produktions-, Entwicklungs- und Vertriebskompetenz sein.

1.5 Netzwerkstrategien

```
Makroebene:   Netzwerkexterne Umwelt ist auf der Basis
              einer Umweltanalyse zu untersuchen

Mesoebene:    Gesamte Netzwerkaufgabe ist in Teilaufgaben zu zer-
              legen, auf die Netzwerkpartner aufzuteilen, zu koordi-
              nieren und wieder zusammenzuführen

Mikroebene:
  [Unternehmung 1]  [Unternehmung 2]  ...  [Unternehmung N]
```

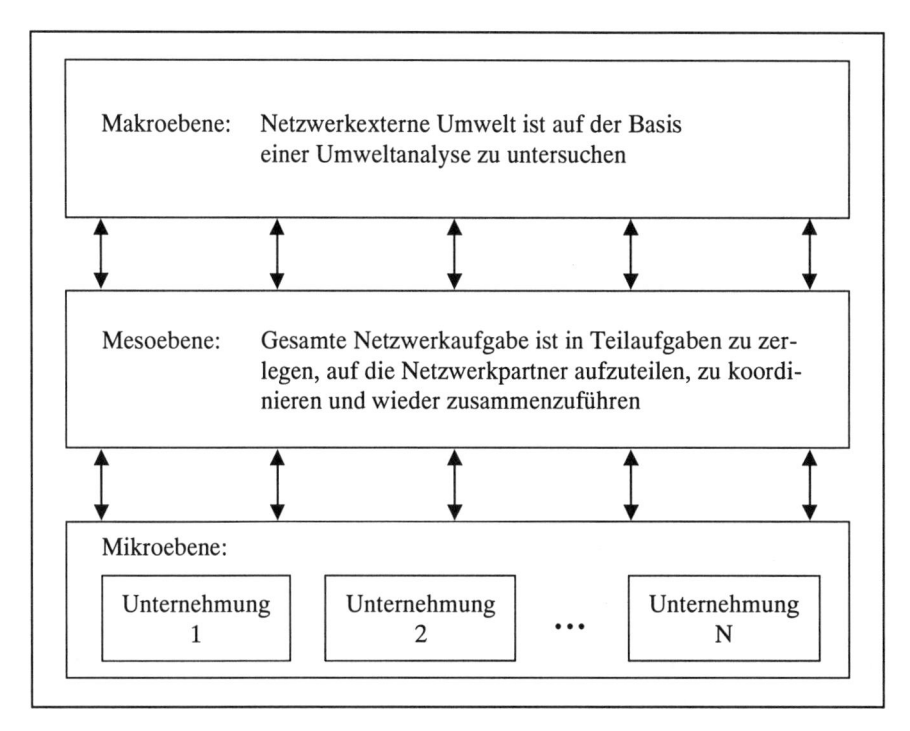

Abbildung 18: Betrachtungsebenen von Netzwerken

Hierauf aufbauend stellt sich die Frage nach der Strategieformulierung in einem Netzwerk, eine Problemstellung, die in der Literatur[1] nur vereinzelt systematisch analysiert wird. Eine Durchsicht der Literatur zum strategischen Management zeigt, daß unterschiedliche Vorgehensweisen diskutiert werden, wobei in diesem Kontext die einzelne Unternehmung den Fokus bildet. Aus dieser Perspektive ist zunächst die **synoptische** (umfassende) **Planungsrationalität** zu nennen, die sich durch die folgende geordnete **Schrittfolge** charakterisieren läßt[2]:

- Spezifikation und Bestimmung der langfristigen Unternehmungsziele als Ausgangspunkt, wobei die Unternehmungsstrategie und die ihr nachfolgenden Pläne angeben sollen, wie die Ziele realisiert werden können;
- Analyse der Stärken und Schwächen (Unternehmungsanalyse) sowie der Chancen und Risiken (Umweltanalyse), um auf dieser Grundlage eine Gegenüberstellung des Ist-Konzeptes mit den langfristigen Zielen zu erreichen (Lückenidentifikation);
- Ermittlung und Diskussion der relevanten Strategiealternativen und Analyse ihrer Wirkung;

---
1) Vgl. Zundel (1999).
2) Vgl. Schreyögg (1984, S. 133 ff.); ferner Rohde/Scherm (1999, S. 7 ff.).

- Bewertung der Strategiealternativen und Auswahl der geeigneten Strategie;
- Kontrolle der gewählten Strategiealternative und, falls notwendig, entsprechende Revisionen.

Bei dieser **Top-down-Vorgehensweise** ist auf den einzelnen Ebenen die Konsistenz zu wahren, d.h., das Planungsspektrum einer untergeordneten Ebene muß vollständig im Spektrum der jeweils höheren Ebene liegen.

Dieser Vorgehensweise steht der **inkrementale Planungsansatz** gegenüber, der dadurch charakterisiert ist, daß kein geordneter Gesamtplan erstellt wird, sondern kleine risikovermeidende Schritte unternommen werden, so daß eine Orientierung an kurzfristigen Problemen erfolgt, deren Lösung in der „Nachbarschaft des Vertrauten"[1] gesucht wird. Hintergrund dieser Vorgehensweise bilden dabei keine Theorien, sondern lediglich Erfahrungswissen. Lindblom spricht in diesem Zusammenhang von „**science of muddling through**"[2]. Dabei soll sich der Planer durch immer weitere Korrekturen der Problemlösung durch kleinere Veränderungsschritte nähern, eine Vorgehensweise, die Popper als das Prinzip der dauernden Fehlerkorrektur bezeichnet, womit er sich auf die Methode, „... dauernd nach Fehlern zu suchen, und frühzeitig kleine oder beginnende Fehler zu korrigieren ..."[3] bezieht[4]. Da letztlich die Formulierung einer neuen Strategie mit einer gesamthaften Umorientierung einer Unternehmung einhergeht, gelangt Schreyögg zu dem Ergebnis, daß das Inkrementalprinzip **keine** Alternative zum synoptischen Modell bilden könne, da die Strategie einer gesamthaften Orientierung bedürfe und demzufolge immer „antiinkremental" sei[5].

Eine Synthese dieser beiden Ansätze strebt das Konzept des **logischen Inkrementalismus**[6] an, das sich durch die folgende Vorgehensweise auszeichnet[7]:

- Anstoß und Vorformulierung der Strategie erfolgen dezentral.
- Das Top-Management nimmt diese Vorschläge auf und versucht, sie zu einer Gesamtstrategie auszuformen, d.h., es liegt ein grob gesteuerter Prozeß vor.

---

1) Schreyögg (1984, S. 136).
2) Lindblom (1959, S. 79 ff.).
3) Popper (1979, S. IX).
4) Zu einer kritischen Diskussion vgl. Klages (1971, S. 16 ff.); Schreyögg (1984, S. 223 ff.).
5) Vgl. Schreyögg (1984, S. 136 und S. 228).
6) Vgl. Quinn (1980, S. 2 ff.).
7) Vgl. Schreyögg (1984, S. 239 ff.).

- Das Top-Management entwickelt zur Vorsteuerung strategische Globalziele, die in groben Zügen die Aktivitätsbahnen abstecken.
- Die strategischen Pläne bilden dann eine grobe Richtlinie.

Die dezentrale Strategieformulierung bildet damit die Grundlage für eine Integration und Synchronisierung auf der Netzwerkebene, wobei dieser Abstimmungsprozeß mehrfach durchlaufen wird[1].

In einem weitergehenden Schritt stellt sich damit die Frage der Übertragbarkeit dieser Konzeptionen auf die Ebene des Netzwerkes. Allgemein wurde bereits betont, daß sich die Netzwerkstrategie aus der Amalgamation der unternehmungsindividuellen Wettbewerbsstrategien ergibt, d.h., die strategische Ausrichtung ist mit den Netzwerkpartnern abzustimmen[2]. Vorausgesetzt wird dabei, daß im Rahmen der Partnersuche auf eine „Mindestkongruenz" der Formalziele dieser Partner geachtet wird, um so eine Art „Zieldeckungsgrad" zu realisieren, der eine **Strategiesynchronisierung** unterstützt und erleichtert.

Für die Strategieformulierung in einem Netzwerk scheitert eine rein **synoptische Vorgehensweise** bereits an der angesprochenen Autonomie der einzelnen Netzwerkpartner. Demgegenüber ergäbe sich die Netzwerkstrategie bei einer **inkrementalen Vorgehensweise** eher zufällig aus der Gesamtheit ungerichteter Handlungen, so daß dieser Weg für ein zielgerichtetes Netzwerkmanagement nicht geeignet ist[3]. Somit erscheint für die Formulierung einer Netzwerkstrategie die Idee des logischen Inkrementalismus fruchtbar zu sein, die von einem kontinuierlichen Prozeß der Abstimmung zwischen dezentraler und zentraler Vorgehensweise ausgeht. Dieser **Abstimmungsprozeß** hängt dabei in seiner konkreten Ausgestaltung von der vorliegenden Netzwerkstruktur ab:

- Liegt ein **hierarchisch-pyramidales Netzwerk** vor, dann kann dieser Abstimmungsprozeß auf der Mesoebene durch die fokale Unternehmung vorgenommen werden.
- Handelt es sich um ein **polyzentrisches Netzwerk**, dann kann dieser Abstimmungsprozeß z.B. durch einen Broker übernommen werden.

Entsprechend der vorgenommenen Ebeneneinteilung ergibt sich dann die in Abbildung 19 dargestellte Vorgehensweise.

---

1) Vgl. hierzu auch das Gegenstromprinzip bei Wild (1974, S. 196).
2) Vgl. Zundel (1999, S. 195).
3) Vgl. Zundel (1999, S. 241 f.).

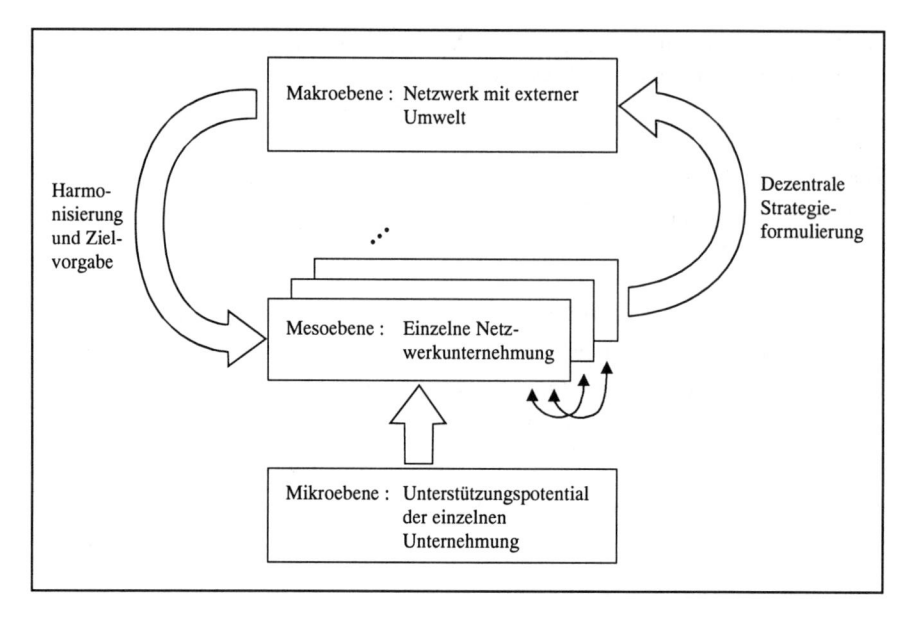

```
                    ┌─────────────────────────────┐
                    │ Makroebene : Netzwerk mit    │
                    │             externer Umwelt  │
                    └─────────────────────────────┘
Harmo-                                                    Dezentrale
nisierung                                                 Strategie-
und Ziel-                                                 formulierung
vorgabe
                    ┌─────────────────────────────┐
                    │ Mesoebene : Einzelne Netz-   │
                    │            werkunternehmung  │
                    └─────────────────────────────┘

                    ┌─────────────────────────────┐
                    │ Mikroebene : Unterstützungs- │
                    │   potential der einzelnen    │
                    │   Unternehmung               │
                    └─────────────────────────────┘
```

Abbildung 19: Prozeß der Strategieformulierung im Netzwerk

Die Abbildung zeigt zunächst, daß es sich bei der Strategieformulierung **nicht** um eine reine Deduktion der Netzwerkstrategie handelt, sondern daß ein **rekursiver Prozeß** zwischen den Ebenen abläuft[1]. So wird auf der Makroebene lediglich eine Zielvorgabe formuliert, die dann durch dezentrale Strategieformulierungsprozesse unterstützt werden soll, d.h., die einzelnen Netzwerkunternehmungen nehmen aktiv am Strategieformulierungsprozeß teil. Dabei zeigt sich ferner, daß auf der Mesoebene ein weiterer Abstimmungsprozeß der beteiligten Netzwerkpartner erfolgt, da eine isolierte Vorgehensweise mit der Gefahr von Zielkonflikten bei der Strategieumsetzung einhergeht.

Nach der Diskussion der Strategieformulierung in einem Netzwerk stellt sich die Frage nach der strategischen Ausrichtung und dabei insbesondere das Problem, ob in einem Netzwerk eine **hybride Wettbewerbsstrategie** realisierbar erscheint. Ausgangspunkt der Überlegungen bildet dabei häufig die auf Porter zurückgehende Überlegung der sogenannten generischen **Wettbewerbsstrategien**[2], die sich auf der Grundlage der beiden Kriterien

- angestrebter strategischer Wettbewerbsvorteil und
- Breite der Marktabdeckung

---

1) Vgl. Zundel (1999, S. 241).
2) Vgl. Porter (1979, S. 215 f.).

ergeben. In Analogie hierzu spricht Riggers dann auch von generischen Netzwerkstrategien[1]. Unter Heranziehung der Kriterien Kompetenz und Marktpotential gelangt er zu der in Abbildung 20 dargestellten Einteilung[2].

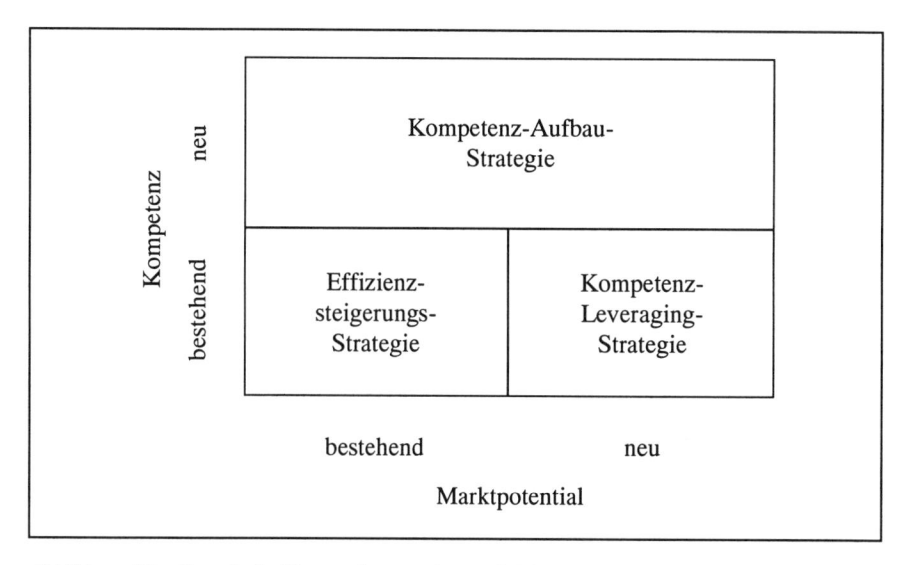

Abbildung 20: Generische Netzwerkstrategien nach Riggers

Diese **generischen Netzwerkstrategien** lassen sich dann wie folgt konkretisieren:

- Effizienzsteigerungs-Strategie: Sie zielt auf eine Steigerung der Kosteneffizienz durch unternehmungsübergreifende organisatorische und technologische Maßnahmen ab und knüpft damit an die Strategie der Kostenführerschaft an.
- Kompetenz-Leveraging-Strategie: Sie zielt auf die Erschließung neuer Marktpotentiale auf der Basis einer mehrfachen Verwendung gegebener Kompetenzen ab und greift damit auf die Differenzierungsstrategie zurück.
- Kompetenz-Aufbau-Strategie: Sie zielt auf den gemeinsamen Aufbau neuer Kompetenzen der Netzwerkpartner ab und läßt sich damit ebenfalls auf die Differenzierungsstrategie zurückführen.

Diese Vorgehensweise vermag jedoch aus mehreren Gründen nicht zu überzeugen:

- Die Vorgehensweise entspricht nicht den Anforderungen einer methodisch sauberen Typologisierung, da letztlich nicht konsequent je Merkmalskombination ein Typ gebildet wird. Die Kompetenz-Aufbau-Strategie wird nicht weiter differenziert, sondern sowohl dem bestehenden als auch einem neuen Marktpotential zu-

---

1) Vgl. Riggers (1998, S. 216 ff.).
2) Vgl. Riggers (1998, S. 217).

geordnet. Diese Problematik wird dann deutlich, wenn der Autor in Rückgriff auf Ansoff[1] als drittes Merkmal das Produkt aufnimmt und dabei ebenfalls zwischen bestehenden und neuen Produkten unterscheidet. Die Kompetenzen, die sich sehr häufig in Prozeßinnovationen dokumentieren und damit auf Ziele wie Kostensenkung, Zuverlässigkeitserhöhung und Risikoreduzierung abzielen, finden ihren Niederschlag in Produkten, so daß diese beiden Merkmale nicht unabhängig voneinander sind.

- Bei der Kompetenz-Leveraging-Strategie wird einerseits auf die Erschließung neuer Märkte und anderseits auf das Hervorbringen von Produktinnovationen verwiesen. Auch hierin dokumentiert sich letztlich die enge Beziehung zwischen Kompetenzen und Produkten. Damit fließen Aspekte der Produktinnovation implizit ein.

- Es werden keine Aussagen über die simultane Verfolgung von Wettbewerbsstrategien getroffen, ein Sachverhalt, der angesichts der intensiven Diskussion um simultane oder hybride Wettbewerbsstrategien[2] befremdet.

Insgesamt erscheint die Vorgehensweise von Riggers damit einerseits wenig stringent und anderseits nicht differenziert genug. Sie stellt vielmehr eine eher intuitiv analoge Übertragung bekannter Sachverhalte auf die Netzwerkebene dar, die einer theoretischen Überprüfung nicht standhält.

Teilweise wird in der Literatur darauf hingewiesen, daß in Netzwerken die Möglichkeit zu einer Verfolgung **hybrider Wettbewerbsstrategien** bestehe[3], jedoch ohne eine differenzierte Begründung[4]. In der Regel wird in eher pauschaler Form in diesem Zusammenhang darauf hingewiesen, daß Netzwerke

- einerseits ein **Kostensenkungspotential** (z.B. durch Einsparung von Transaktions-, Produktions- und Lagerkosten), das in starkem Maße durch eine Ressourcenpoolung und damit möglichen Erfahrungskurveneffekten bewirkt wird, und

- anderseits ein **Differenzierungspotential** (z.B. Zeitziele wie „time to market" bei der Neuproduktentwicklung auf der Grundlage eines Simultaneous Engineering

---

1) Vgl. Ansoff (1966, S. 132).
2) Vgl. Corsten (1998, S. 110 ff.).
3) Vgl. z.B. Rupprecht-Däullary (1994, S. 89 ff.); ferner Müller-Stewens (1997a, S. 12 f.), der jedoch die Literatur hierzu nicht anführt.
4) Eine Ausnahme bildet die ausführliche Diskussion ausgewählter strategischer Erfolgsfaktoren bei Blecker (1999, S. 122 ff.). So betont zwar Wertz (2000, S. 18), daß Netzwerke in der Lage seien, gleichzeitig eine Strategie der Kostenführerschaft und Differenzierung zu verfolgen. Damit werden jedoch nur simultane Ansätze erfaßt. Anzumerken bleibt, daß die Autorin sich nicht mit der vorliegenden Literatur auseinandersetzt, in der die Unterscheidung zwischen sequentiellen und simultanen Ansätzen üblich ist. Ebenfalls betont Männel (1996, S. 139), daß es möglich sei, „verschiedene Strategietypen zu vereinen" und verweist in diesem Zusammenhang auf die empirische Untersuchung von Raffée/Effenberger/Fritz (1994), die sich jedoch nicht auf die Ebene der Wettbewerbsstrategien bezieht, sondern auf die Ebene der Gesamtunternehmung. Der Verweis erscheint somit nicht nachvollziehbar.

1.5 Netzwerkstrategien 77

und „time to customer" durch die Verkürzung der Durchlaufzeiten, aber auch Qualitätsziele und darüber hinaus durch Ressourcenkreation, bei der durch Ähnlichkeiten der Produkt- und Prozeßprobleme, positive Verbundeffekte bei Innovationen entstehen können)[1]

ermöglichen. Für die Diskussion ist hervorzuheben, daß Wettbewerbsstrategien (auch Geschäftsfeldstrategien genannt) sich auf die Ebene **strategischer Geschäftseinheiten** beziehen[2], d.h., es geht um die Festlegung der **Produkt-Markt-Kombination**. Damit ist der von Raffée/Effenberger/Fritz empirisch nachgewiesene „Strategiegeneralist"[3] nicht mit der in diesem Beitrag zugrundeliegenden Simultaneitätshypothese auf der gleichen Ebene anzusiedeln, da die Autoren sich explizit auf die Ebene der Gesamtunternehmung beziehen und damit ein übergreifendes Strategiekonzept betrachten. Die Bezeichnung **übergreifend** bezieht sich dabei auf Marketing-, Produktions-, Personalstrategie etc. und damit auf Funktionalstrategien, die in der Literatur jedoch nicht einheitlich den Strategien zugeordnet werden[4]. Damit ist der Bezug auf Porter, der sich explizit auf die Ebene strategischer Geschäftseinheiten bezieht, nicht haltbar[5].

Darüber hinaus stellt sich die Frage, inwieweit Unternehmungsnetzwerke eine hybride Wettbewerbsstrategie zu unterstützen vermögen. Im Rahmen von Netzwerken bringen die einzelnen Unternehmungen ihre Kernkompetenzen ein und können nicht nur Mitglied eines Netzwerkes sein, sondern auch mehreren Netzwerken angehören und darüber hinaus noch ihre Leistungen als einzelne Unternehmung am Markt anbieten. Zur Realisation einer hybriden Wettbewerbsstrategie sind dabei wiederum die Netzwerkebene und die einzelne Netzwerkunternehmung zu unterscheiden.

Auf **Netzwerkebene** besteht die Möglichkeit situationsspezifischer Konfigurationen eines Netzes, so daß ein Netzwerk, ähnlich wie im Rahmen der Beschaffung[6] bei den Sourcingstrategien auf unterschiedliche Partner zurückgreifen kann und somit ein Netzwerk konfiguriert wird, das unterschiedlichen strategischen Ausrichtungen gerecht zu werden vermag. Gerade durch die temporäre Nutzung komplementärer Res-

---

1) Vgl. z.B. Eggs/Englert (1998, S. 3 f.); Eggs/Englert/Schoder (1999, S. 308 f.); Griese/Sieber (1998, S. 177); Sjurts (2000, S. 238 ff.).
2) Vgl. Werkmann (1989, S. 167).
3) Vgl. Raffée/Effenberger/Fritz (1994, S. 384 ff.).
4) Vgl. z.B. Hinterhuber (1982, S. 24), der von funktionalen Politiken spricht und diese der taktischen Ebene zuordnet, oder Schreyögg (1984, S. 124 f.), der von funktionalen Programmplänen spricht; vgl. ferner Laßmann (1992, S. 68), der den funktionsübergreifenden Aspekt von Strategien hervorhebt.
5) Vgl. Raffée/Effenberger/Fritz (1994, S. 390).
6) Vgl. Corsten (1994, S. 198).

sourcen eröffnet sich dem Netzwerk ein Potential, unterschiedliche strategische Optionen zu realisieren. Das Netzwerk kann so eine strategische Flexibilität erreichen, die für eine einzelne Unternehmung nicht realisierbar ist. Damit scheint sich die Gefahr der strategischen Inflexibilität[1] bei kollektiven Strategien insbesondere vor dem Hintergrund virtueller Unternehmungen zu relativieren. So betont dann auch Sydow, „... daß Netzwerkorganisationen mehr als rein marktbezogene oder rein hierarchische Organisationsformen die Implementierung einer Strategie der Kostenführerschaft sowie einer gleichzeitigen Differenzierungsstrategie, vor allem aber durch den raschen Strategiewechsel im Sinne einer Outpacing-Strategie unterstützen dürften."[2]

Auf **Unternehmungsebene** ist der Aspekt der Modularisierung von zentraler Bedeutung. Die **Modularität** der Leistung stellt eine wichtige Voraussetzung für eine Netzwerkproduktion dar. Hierdurch ergeben sich sowohl Ansatzpunkte für eine Standardisierung als auch für eine Individualisierung. Die **Standardisierung** einzelner Module eröffnet etwa die Möglichkeit für eine netzwerkweite Produktion und damit zur Realisierung von Größenvorteilen. Demgegenüber kann die **Individualisierung** durch einzelne individuell erbrachte Teilleistungen von Netzwerkpartnern, durch die Kombination einzelner Module oder durch eine Produktion nach Kundenspezifikation (Einzelfertiger) erreicht werden. Bei den beiden zuerst genannten Vorgehensweisen können einerseits Kostenvorteile und anderseits Differenzierungsvorteile realisiert werden. Im zuletzt genannten Fall nimmt der Nachfrager bereits in der Konstruktion eine exponierte Stellung ein, indem er mit dem Produzenten eine individuelle Produktkonstruktion schafft. In dieser Situation dürfte letztlich nur eine Differenzierungsstrategie verfolgbar sein. Bedingt durch eine arbeitsteilige Leistungserstellung im Netzwerk könnten aber durch Parallelisierungen von Arbeitsprozessen Zeitvorteile in der Produktentwicklung und Produktion (Simultaneous Engineering) realisierbar sein, wobei die angeführte IuK-Technologie ein entsprechendes Unterstützungspotential bereitzustellen vermag. Der zweite Aspekt der Modularisierung betrifft die **Unternehmung** selbst. Bedingt durch die Segmentierung wird es für eine Netzwerkunternehmung grundsätzlich möglich, in unterschiedlichen Netzwerken unterschiedliche strategische Optionen zu realisieren. Ferner kann sie die Leistung am Markt als einzelne Unternehmung unabhängig von der Netzwerkstrategie anbieten und auch hierbei die aus ihrer Sicht günstige strategische Ausrichtung verfolgen.

---

1) Vgl. Bresser (1989, S. 551 ff.).
2) Sydow (1995a, S. 632).

Es stellt sich somit die Frage, welche Aspekte für die Verfolgung einer hybriden Strategie von Bedeutung sind. Im Rahmen der Diskussion um die Realisierbarkeit hybrider Wettbewerbsstrategien wird insbesondere auf das **Unterstützungspotential**[1] der

- zur Anwendung gelangenden **Technologie** (informations- und fertigungstechnologisch) und der
- realisierten **Organisation**

hingewiesen[2]. Von Bedeutung ist in diesem Zusammenhang der Aufbau eines **strategieindifferenten Unterstützungspotentials**, wobei

- im Rahmen der Technologie insbesondere die Systeme der flexiblen Automatisierung (z.B. Flexible Fertigungssysteme, CAD, CAQ, CAM) und
- bei der Organisation z.B. die Bildung von Teilefamilien und Fragen der organisatorischen Reintegration (z.B. Fertigungsinseln, Fertigungssegmentierung)

zu beachten sind. Ohne diese Diskussion im einzelnen nachzuzeichnen, sei auf ein Konzept verwiesen, das in der Literatur als **Mass Customization** (= maßgeschneiderte Massenproduktion) diskutiert wird[3] und speziell für die Unterstützung hybrider Strategien entwickelt wurde. Es stellt somit keine Strategie dar[4], sondern einen Ansatz, um hybride Strategien zu realisieren. Da dieses Konzept gleichzeitig

- Kostengünstigkeit und
- hohen Kundennutzen durch Vielfalt

anstrebt, dient es letztlich einer simultanen Verfolgung mehrerer Erfolgsfaktoren[5]. Neben einer konsequenten Orientierung an kleinen Arbeitsgruppen sind die folgenden Aspekte als die tragenden Säulen des Konzeptes zu nennen:

- Ausrichtung des Angebotes an Kundenwünschen,
- Kundenintegration,
- Modularisierung der Leistung und
- Segmentierung der Produktionsprozesse.

---

1) Vgl. Corsten (1998, S. 127 ff.).
2) Jenner (2000, S. 16) nennt die Produktionskompetenz, die Lernfähigkeit und die kontinuierliche Verbesserung als die drei wesentlichen Fähigkeiten zur Realisierung einer Simultaneität. Da diese Aspekte einerseits in der oben angeführten Einteilung enthalten und andererseits nicht überschneidungsfrei sind (so weisen z.B. die Lernfähigkeit und die kontinuierliche Verbesserung eine Schnittmenge auf), wird dieser Vorgehensweise nicht gefolgt.
3) Vgl. Pine (1993).
4) Anderer Auffassung ist Bellmann (1999, S. 200 und S. 213).
5) Vgl. Piller (2000, S. 200 ff.); Reiß/Beck (1994, S. 570 ff.); Wehrli/Wirtz (1997, S. 116 ff.).

Während die beiden zuerst genannten Aspekte eher allgemein gehalten sind und an die generelle Forderung nach einer Ausrichtung des Angebotes an den Kundenwünschen ausgerichtet sind, bedürfen die beiden letzten Aspekte einer Erörterung. Die Modularität der Leistung basiert auf dem bekannten **Baukastenprinzip**, mit dem angestrebt wird, Teilleistungen zu standardisieren, um Erfahrungskurveneffekte zu nutzen (Mass) und andere Teile für eine Individualisierung einzusetzen, d.h. hiermit einen Zusatznutzen zu stiften. Hieraus ergeben sich unmittelbar Ansatzpunkte für eine **Segmentierung der Produktion**, und zwar dergestalt, daß standardisierte Teile kundenfern zentralisiert erstellt und für eine Individualisierung relevante Teile, an deren Erstellung auch der Nachfrager mitwirken kann, dezentral erbracht werden. Eine derartige Vorgehensweise der Aufteilung der Wertschöpfungskette wird auch als „**splitting point**" oder auch als „**order penetration point**"[1] bezeichnet: „Dabei sollte die Variantenbestimmung bzw. das Customizing möglichst spät im Bereitstellungsprozeß und zugleich möglichst nahe am Kunden erfolgen. Kundenferne Prozeßstufen zur Erstellung standardisierter oder generischer Leistungskomponenten sind zentral durchzuführen, um Grössen- und Synergieeffekte zu erzielen. Produktbestandteile, die hohen Kundennutzen versprechen, werden hingegen dezentral im engen Kontakt mit den Kunden erstellt."[2] Es zeigt sich damit, daß in Netzwerken, ähnlich wie bei der Beschaffung, bei der im Rahmen der **Sourcingstrategie** auf unterschiedliche Bezugsquellen zurückgegriffen werden kann, eine Verfolgung einer hybriden Strategie tendenziell einfacher ist als auf Unternehmungsebene, zumal bei Netzwerken situative Erweiterungen möglich sind und durch Bündelungseffekte und Spezialisierungseffekte Komplementärkompetenzen und Skaleneffekte realisiert werden können. Ein weiterer Aspekt, der unterstreicht, daß Netzwerke prinzipiell in der Lage sind, hybride Strategien zu verfolgen, ist in der bereits angesprochenen unternehmungsübergreifenden IuK-Technologie zu sehen, die die Realisierung einer informationstechnischen Infrastruktur ermöglicht, die eine Plattform für das unternehmungsübergreifende Zusammenwirken von Lieferanten, Produzenten, Entwickler etc. bietet. Insgesamt erscheinen Netzwerke leichter eine hybride Strategie verwirklichen zu können, als dies bei einzelnen Unternehmungen der Fall ist. Dabei müßte es sich nach Sydow[3], der dabei auf die Gedanken von Burns/Stalker[4] zurückgreift, um **organische Netzwerke** handeln, die sich durch geringe Formalisierung, Standardisierung, hohe Reziprozität und Offenheit auszeichnen.

---

1) Specht/Hellmich (2000, S. 95).
2) Reiß/Beck (1995a, S. 33).
3) Vgl. Sydow (1992, S. 88).
4) Vgl. Burns/Stalker (1971, S. 119 ff.).

2 Supply Chain als spezifisches Netzwerk

2.1 Supply Chain als Ausgangspunkt

Die **Supply Chain** (Versorgungskette) weist eine enge Beziehung zur Logistikkette auf. Während sich die **Logistik**[1] zunächst auf das Lager- und Transportwesen beschränkte, wird sie zum heutigen Zeitpunkt als eine Querschnittsfunktion gesehen, die die betrieblichen Kernfunktionen Beschaffung, Produktion und Absatz überlagert. Dabei wird die Eigenständigkeit der Logistik als Funktion in der von ihr zu erfüllenden Koordinationsaufgabe gesehen[2]. Auf der Grundlage des betrieblichen Realgüterprozesses, ergänzt um Fragen der Entsorgung, wird die Logistik dann auch in

- Beschaffungslogistik,
- Produktionslogistik,
- Distributionslogistik und
- Entsorgungslogistik

unterteilt[3]. In einer **integrativen Sichtweise** wird die Logistik jedoch nicht nur auf eine einzelne Unternehmung bezogen, sondern unternehmungsübergreifend gesehen, wobei auch von zwischenbetrieblicher Logistik gesprochen wird[4]. In dieser unternehmungsübergreifenden (integrativen) Betrachtung werden dann die Lieferanten und die Abnehmer zu einer sogenannten logistischen Kette zusammengefaßt[5]. Vereinfacht ergibt sich dann das in Abbildung 21 dargestellte Modell.

---

1) In einer abstrakten Form beschreibt Bretzke (1996, Sp. 1109) die Logistik als die Herstellung von Verfügbarkeiten und gibt damit eine abstrakte Basis für eine begriffliche Konkretisierung.
2) Vgl. z.B. Bowersox/Closs (1996, S. 33 ff.).
3) Vgl. z.B. Kotzab (1997, S. 36); zu unterschiedlichen Sichtweisen der Logistik vgl. z.B. Arnold/Eßig (1999, S. 89 ff.); Stengel (1999, S. 81 f.); Weber/Dehler (2000, S. 47 ff.).
4) Vgl. Bretzke (1996, Sp. 1110 ff.).
5) Vgl. Bowersox/Closs (1996, S. 100 ff.). In dieser Sichtweise wird das Supply Chain Management in der Literatur teilweise mit dem integrierten Logistikkonzept gleichgesetzt. Vgl. z.B. Tan/Kannan/Handfield (1998, S. 3). Andere Autoren betonen hingegen, daß es trotz größerer Überschneidungen zwischen der Logistik und dem Supply Chain Management Unterschiede gebe und nicht von einer Identität ausgegangen werden könne. Vgl. Bogaschewsky (2000, S. 293); Delfmann (1998, S. 66 f.); Hicks (1997a, S. 44). Bloech (1995, S. 42 ff.) entwirft ein Totales Logistik Management (TLM), das die Beziehungen innerhalb einer Unternehmung und zu Kunden, anderen Unternehmungen, Lieferanten etc. umfaßt. Vgl. ferner Zäpfel (2000, S. 8), der betont, daß durch Informations- und Planungswerkzeuge sowie die Kommunikationstechnologie lediglich die Umsetzung dieses seit langem bekannten Ansatzes erleichtert werde.

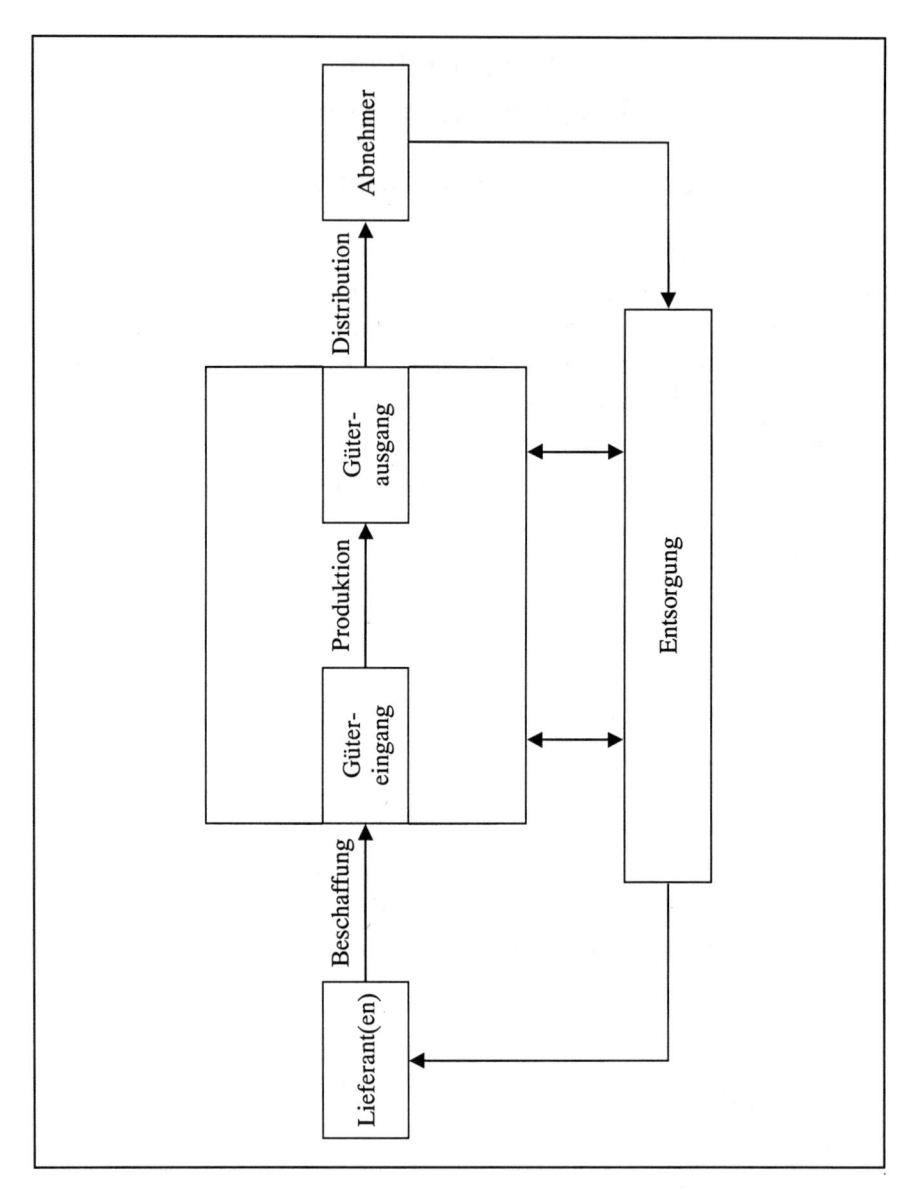

Abbildung 21: Integratives Logistikverständnis

Damit wird die Gestaltung der gesamten Prozeßkette von den Lieferanten bis zu den Abnehmern zur zentralen Aufgabe der Logistik, deren **prozeßkettenorientiertes Denken** zugleich deutlich wird. Der Logistik obliegt damit die Aufgabe, den Güterfluß und den zugehörigen Informationsfluß innerhalb einer Unternehmung und unternehmungsübergreifend zu planen, zu steuern und zu kontrollieren. Dabei beschränkt sie sich nicht nur auf operative Fragestellungen, sondern erlangt darüber hinaus auch strategische Bedeutung[1].

Damit erlangen Informationen zentrale Bedeutung, da sie die Zuverlässigkeit innerhalb der logistischen Kette in entscheidender Weise beeinflussen. Die Verbesserung der täglichen Kommunikation zwischen den Beteiligten stellt dann auch nach Poirier/Reiter den ersten und entscheidenden Schritt zum Aufbau einer optimierten Versorgungskette dar[2].

Mehrstufige logistische Ketten zeichnen sich dadurch aus, daß sie aus rechtlich und organisatorisch selbständigen Unternehmungen bestehen. Dabei sind die gesamten Güter- und die dazugehörigen Informationsflüsse zwischen diesen Unternehmungen, etwa vom Rohstofflieferanten zum Produzenten über Groß- und/oder Einzelhändler abzustimmen[3]. Durch diese vertikale Integration wird letztlich Ungewißheit absorbiert, ein Sachverhalt, der mit einer Stabilisierung des externen Entscheidungsfeldes einhergeht. Diesem Effekt stehen jedoch auch spezifische Unsicherheiten und Kosten gegenüber, die mit einer vertikalen Integration verbunden sind. Zu nennen sind beispielsweise Unsicherheiten, die sich aus den Abhängigkeiten von Kunden und/oder Produzenten ergeben. In dieser Sichtweise zeigt sich die enge Beziehung der logistischen Kette und der Supply Chain (Versorgungskette), wie sie beispielhaft in Abbildung 22 dargestellt wird[4].

Einen entscheidenden Unterschied zwischen der „klassischen" Logistikkette und der Supply Chain sehen Autoren dann darin[5], daß bei ersterer die einzelnen Teilnehmer nach einzelwirtschaftlichen Entscheidungskalkülen aus ihrer isolierten Sicht entscheiden, während der Supply Chain eine ganzheitliche Betrachtung der Logistikkette zugrunde liegt, d.h., die Wahrnehmung der einzelnen Teilnehmer zielt auf eine Abstimmung der Güter- und Informationsflüsse aller Beteiligten ab. Es geht damit um eine Zusammenarbeit aller Unternehmungen der **unternehmungsübergreifenden Wertschöpfungskette**.

---

1) Vgl. z.B. Bowersox/Closs (1996, S. 37 und S. 101 f.). Anderer Auffassung sind Knolmayer/Mertens/Zeier (2000, S. 2), die der Logistik nur operative Fragestellungen zuordnen.
2) Vgl. Poirier/Reiter (1997, S. 35).
3) Vgl. Bowersox/Closs (1996, S. 101); Zäpfel/Wasner (1999, S. 297).
4) Vgl. z.B. Poirier/Reiter (1997, S. 22). Vgl. zu einigen Fallbeispielen Fleisch (2001, S. 141 ff.); Frigo-Mosca (1998, S. 113 ff.); Rittenbruch/Kahler/Cremers (1999, S. 587 f.); auf die Automobilindustrie bezogen Nathusius (1998, S. 41).
5) Vgl. z.B. Cooper/Ellram (1993, S. 16); Cooper/Lambert/Pagh (1997, S. 1 f.); Vahrenkamp (1999, S. 309).

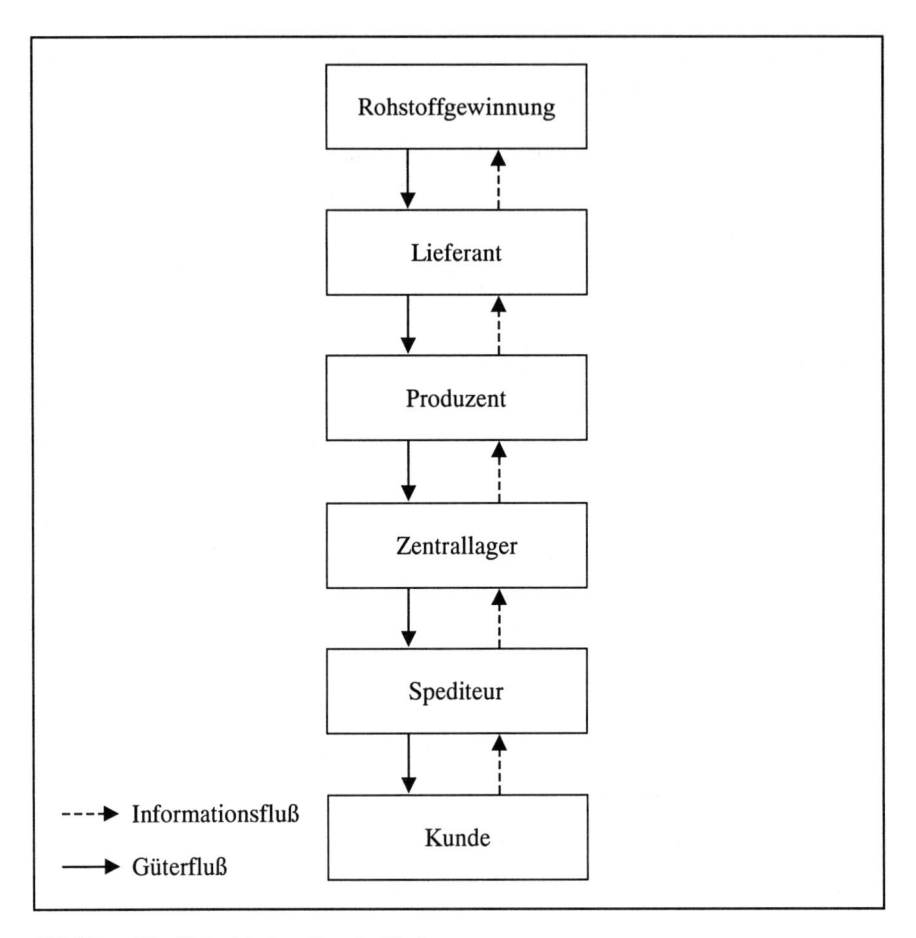

```
                    ┌─────────────────────┐
                    │  Rohstoffgewinnung  │
                    └─────────────────────┘
                          │      ▲
                          ▼      ┊
                    ┌─────────────────────┐
                    │      Lieferant      │
                    └─────────────────────┘
                          │      ▲
                          ▼      ┊
                    ┌─────────────────────┐
                    │      Produzent      │
                    └─────────────────────┘
                          │      ▲
                          ▼      ┊
                    ┌─────────────────────┐
                    │     Zentrallager    │
                    └─────────────────────┘
                          │      ▲
                          ▼      ┊
                    ┌─────────────────────┐
                    │      Spediteur      │
                    └─────────────────────┘
                          │      ▲
     ---▶ Informationsfluß ▼      ┊
                    ┌─────────────────────┐
     ──▶ Güterfluß  │        Kunde        │
                    └─────────────────────┘
```

Abbildung 22:   Beispiel einer Supply Chain

Insofern erscheint es konsequent, nicht mehr von Schnittstellen, die für Abstimmungsprobleme und Ineffizienzen stehen, sondern vielmehr von Grenzstellen zu sprechen[1], d.h., die Supply Chain zielt primär auf Verknüpfungen zwischen den Netzwerkpartnern ab, ein Sachverhalt, der teilweise auch als Verknüpfungs-Management[2] bezeichnet wird. „Die konsequente Anwendung von Supply Chain Management bedeutet, daß die unternehmungsübergreifende Wertschöpfungskette keine Bruchkanten zwischen den Elementen aufweist, sondern wie aus ‚einem Guß' gestaltet ist. Alle Beteiligten denken und handeln wie ein Unternehmen, solange sie dem Netzwerk angehören."[3] Dabei ist zu beobachten, daß „... die Summe lokaler

---

1) Vgl. Endres/Wehner (1995, S. 18 ff.).
2) Vgl. Otto/Kotzab (2001, S. 171).
3) Scheer/Borowsky (1999, S. 7).

Optima häufig kein globales Optimum ergibt ..."[1] und einzelne Unternehmungen eventuell schlechter gestellt werden als dies bei einer Realisierung ihrer individuellen Optimallösung der Fall wäre[2]. In solchen Fällen schlagen Poirier/Reiter vor, einen Teil der auftretenden Kosteneinsparungen entlang der gesamten Supply Chain aufzuteilen[3], so daß letztlich jedes Kettenglied davon profitiert. Allerdings ergibt sich ein Zurechnungsproblem, das formal nicht exakt gelöst werden kann, sondern durch Verhandlungen zwischen den Mitgliedern gelöst werden muß[4]. Letztlich handelt es sich somit um eine systematische Verzahnung der Wertschöpfungsprozesse aller Beteiligten, mit der das Ziel verfolgt wird, dem Kunden eine optimale Bedarfsdeckung anzubieten.

Eine konsequente Kundenorientierung bildet folglich den Ausgangspunkt der Supply Chain, d.h., sie umfaßt alle Prozesse ausgehend vom Endkunden bis hin zu den Rohstofflieferanten, die zur Bewegung und Transformation von Gütern erforderlich sind. Den Ausgangspunkt der Steuerung einer Supply Chain bildet somit der Nachfrager und nicht die Lieferanten, so daß in der Literatur[5] auch vorgeschlagen wird, von „**demand chain**" oder von „**chain of customers**" zu sprechen[6]. Das Konzept ist damit durch eine durchgängige Ausrichtung an den Bedürfnissen des Endverbrauchers charakterisiert. Damit wird gleichzeitig deutlich, daß Informationen über den Verbrauch ein wesentliches Steuerungselement in der Supply Chain darstellen. In den USA bieten Einzelhändler diese Informationen gegen eine Gebühr an, und zahlreiche Unternehmungen wie etwa Nielsen N.A. und IRI Logistics sammeln diese Informationen und verkaufen sie als Dienstleistung. Hinter diesem Phänomen steht eine alte

---

1) Knolmayer/Mertens/Zeier (2000, S. 15).
2) „Beispielsweise muß ein Betrieb wegen der Abstimmung in der SC einen für ihn suboptimalen Belieferungsrhythmus und damit überhöhte Bestände hinnehmen, weil er in einen Liefer- und Tourenplan eingeordnet ist, der die Interessen anderer Unternehmen stärker gewichtet. In manchen Fällen wird die SC nicht umhin kommen, Nachteile einzelner Kooperationspartner zu kompensieren." Knolmayer/Mertens/Zeier (2000, S. 15).
3) Vgl. Poirier/Reiter (1997, S. 29).
4) „Eines der in diesem Bereich wohl offensten Probleme für das Management ist, nicht nur den einzelwirtschaftlichen Erfolg zu betrachten, sondern systematisch die durch die interorganisationalen Beziehungen verursachten oder anvisierten Erfolgsanteile zu bestimmen, um beispielsweise eine Grundlage für eine als ‚gerecht' eingestufte Verteilung der durch die Kooperation erzielten Erfolge zu schaffen." Sydow/Windeler (1997, S. 6).
5) Vgl. Buscher (1999, S. 450); Ihde (1999, S. 119); Vahrenkamp (1999, S. 309); Vollmann/Cordon (1998, S. 684). Delfmann (1999, S. 42 ff.) spricht auch von einer kundenorientierten Logistikkette.
6) „This new integration has many labels in the literature, including integrated purchasing strategy, supplier integration, buyer-supplier partnerships, supply base management, strategic supplier alliances, supply chain synchronization, and supply chain management." Tan/Kannan/Handfield (1998, S. 2).

von Forrester bereits 1958 veröffentlichte Erkenntnis[1], die in der Literatur als **Peitschenschlageffekt** (bullwhip bzw. whiplash oder whipsaw effect) bezeichnet wird[2]. Mit diesem Effekt wird der Sachverhalt erfaßt, daß bei lokal begrenzten Informationen und lokalen Entscheidungen kleinere Schwankungen der Kundenbedarfe auf jeder weiteren Stufe der Supply Chain zu immer größeren Streuungen der Bedarfsmengen führen, d.h., kleine Veränderungen der Endnachfrage verstärken sich in rückwärtiger Richtung: „Eine kleine Steigerung der Kundennachfrage führt zu einem überproportionalen und verzögerten Anstieg der Bestellmenge des Einzelhändlers. Diese höhere Nachfrage schaukelt sich entlang der Logistikkette weiter fort."[3] Eine wesentliche Ursache für diesen Effekt ist in der mangelnden Koordination der Teilnehmer zu sehen, wie dies auch durch Fallstudien gezeigt wird[4]. In diesem Zusammenhang findet sich in der Literatur häufig das Beispiel von Procter & Gamble: Die Logistikmanager dieser Unternehmung stellten fest, daß der Absatz des Produktes „Babywindeln" auf der Stufe des Einzelhandels im Zeitablauf zwar schwankte, diese Schwankungen aber relativ gering waren. Die Schwankungen bei den Bestellungen der Einzelhändler fielen ebenfalls noch relativ gering aus. Demgegenüber wiesen die Bestellungen des Großhändlers beim Produzenten Procter & Gamble bereits große Schwankungen in demselben Zeitraum auf, und die vom Produzenten bei seinen Zulieferern bestellten Materialien, die für das Produkt „Babywindeln" disponiert wurden, wiesen noch größere Schwankungen auf[5]. Die Varianz der Nachfrage wird somit von Stufe zu Stufe größer: „Ist jedem Systemteilnehmer nur die Nachfrage seines unmittelbaren Nachfolgers bekannt, so liegt es auf der Hand, daß mit zunehmendem Abstand vom Endkunden die Gefahr besteht, daß die Kundennachfrage falsch eingeschätzt wird, und es zu Fehlentscheidungen in der Logistikkette kommt."[6]

Die spezifische Dynamik derartiger Ketten resultiert daraus, daß es sich bei den Stufen um rückgekoppelte Systeme mit zeitverzögerten Vorgängen handelt, die

- einerseits aus den Bedarfsmeldefristen und
- anderseits aus deren Umsetzung in Lieferungen sowie aus Transportzeiten

---

1) Vgl. Forrester (1958).
2) Vgl. z.B. Berry/Naim (1996, S. 182 f.); Handfield/Nichols (1999, S. 17 f.); Mosekilde/Larsen/Sterman (1991, S. 203 ff.); Zäpfel/Wasner (1999, S. 298).
3) Zäpfel/Wasner (1999, S. 301 f.).
4) Vgl. Lee/Padmanabhan/Whang (1997a, S. 93 ff.).
5) Vgl. Zäpfel/Wasner (1999, S. 298). Als ein weiteres Beispiel ist Hewlett-Packard (HP) zu nennen. Vgl. Lee/Padmanabhan/Whang (1997b, S. 78).
6) Zäpfel/Wasner (1999, S. 298).

resultieren. An einem einfachen Beispiel sei dieser Gedanke in einem ersten vorbereitenden Schritt verdeutlicht (vgl. Abbildung 23).

```
┌─────────────────────────────────────────────────────┐
│                                                     │
│   ┌──────────────┐    Lieferung    ┌──────────────┐ │
│   │ Großhändler  │ ──────────────▶ │ Einzelhändler│ │
│   │              │       3 Tage    │              │ │
│   └──────────────┘                 └──────────────┘ │
│         ▲                                    │      │
│         │            Bestellung              │      │
│         └─ ─ ─ ─ ─ ─ ─ ─ ─ ─ ─ ─ ─ ─ ─ ─ ─ ─ ┘      │
│                        2 Tage                       │
│                                                     │
└─────────────────────────────────────────────────────┘
```

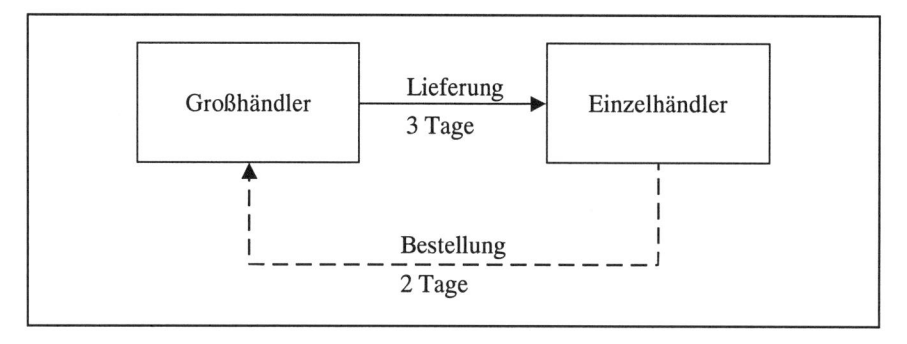

Abbildung 23: Einfaches Beispiel eines rückgekoppelten Systems mit zwei Partnern

Aus dieser Abbildung geht hervor, daß sich die folgenden Zeitverzögerungen des jeweiligen Vorganges in Tagen ergeben:

- Für die Bedarfsmeldung von der Auslösung beim Einzelhändler bis zum Eintreffen beim Großhändler 2 Tage und
- für die Belieferung 3 Tage.

Die Dynamik findet ihren Niederschlag dann darin, daß sich Nachfrageänderungen rückwärts verstärken und Schwankungen auftreten, die als saisonale Änderungen mißverstanden werden können. Es zeigt sich damit die Notwendigkeit einer sorgfältigen Abstimmung innerhalb einer Supply Chain, beispielsweise mit Hilfe von Simulationen.[1]

Um den Peitschenschlageffekt in differenzierter Form zu verdeutlichen, sei auf ein Beispiel von Forrester zurückgegriffen[2], der eine dreistufige Supply Chain aus Produzent, Großhändlern und Einzelhändlern modelliert. Dabei wird unterstellt, daß innerhalb und zwischen den Stufen Verzögerungen sowohl des Informations- als auch des Güterflusses auftreten. Die einzelnen Verzögerungswerte sind in Abbildung 24 durch eingekreiste Zahlen in Wochen angegeben.

---

1) Vgl. Vahrenkamp (2000, S. 107 f.).
2) Vgl. Forrester (1980, S. 21 ff.).

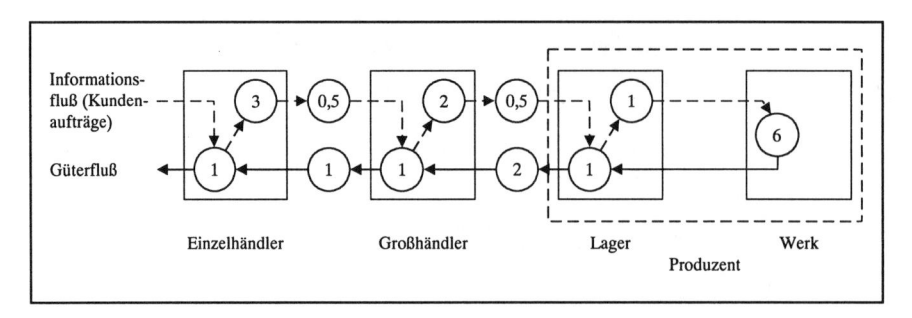

Abbildung 24: Beispielhafte Darstellung des Informations- und Güterflusses in einer dreistufigen Supply Chain[1]

Der Informationsfluß umfaßt alle Aufträge, die vom Kunden ausgelöst über die Einzelhändler und Großhändler an den Produzenten übermittelt werden. Forrester unterscheidet dabei zwischen Aufträgen, die erteilt werden, um (a) verkaufte Güter zu ersetzen, (b) Lagerbestände anzupassen, wenn sich die Geschäftsintensität ändert, und (c) die Lieferkanäle mit freigegebenen Aufträgen und Lieferungen aufzufüllen. Der Auftragserteilung liegen folgende Annahmen zugrunde[2]:

- Aufträge zum Ersatz verkaufter Güter werden mit einer Verzögerung, bedingt durch die Verkaufsanalyse und die Beschaffung (3, 2 oder 1 Woche(n)) von der vorgelagerten an die nachgelagerte Stufe erteilt. Die Beauftragungsrate orientiert sich dabei an der aktuellen Absatzmenge, d.h., es werden keine Prognosen vorgenommen.

- Eine Anpassung der Lagerbestände erfolgt, wenn innerhalb einer hinreichend langen Zeitdauer (8 Wochen) eine Veränderung der mittleren Absatzrate zu verzeichnen ist.

- Ein Teil der freizugebenden Aufträge verhält sich proportional zu der mittleren Geschäftsintensität und der erforderlichen Auftragsausführungsdauer. Sowohl ein gestiegenes Absatzvolumen als auch eine erhöhte Ausführungsdauer führen zu einem Anstieg des Auftragsbestandes im Lieferkanal.

Abbildung 25 gibt die Simulationsergebnisse für einen saisonal um 10% schwankenden Absatz wieder, wobei die Produktionskapazität auf 120% der durchschnittlichen Absatzmenge begrenzt ist.

---

1) Vgl. Forrester (1980, S. 20).
2) Vgl. Forrester (1980, S. 23).

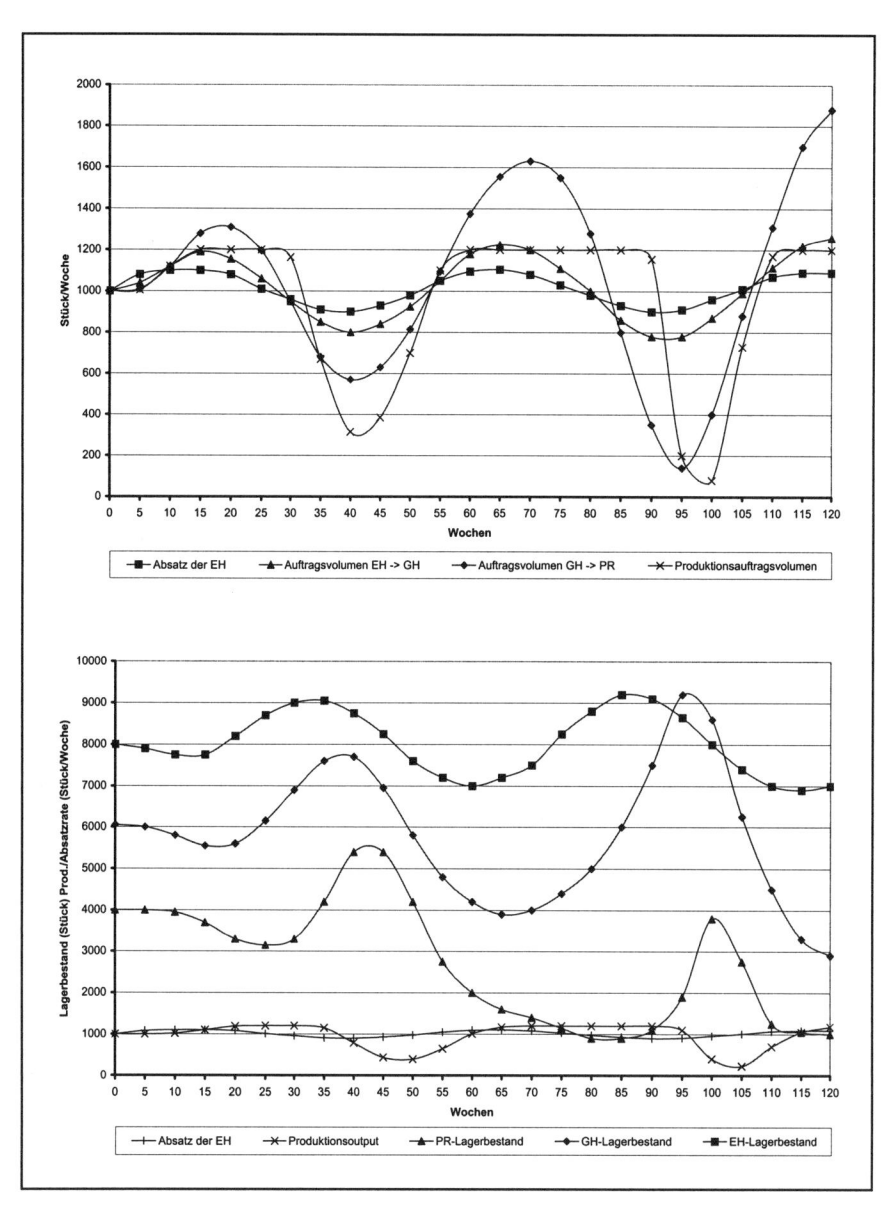

Abbildung 25: Auswirkung von Absatzschwankungen auf Auftragsvolumina, Produktionsrate und Lagerbestände in einer Supply Chain mit begrenzter Produktionskapazität[1]

---

1) Vgl. Forrester (1980, S. 30 f.).

Der Informationsverlust durch sukzessive Auftragserteilung entlang der Stufen der Supply Chain geht mit folgenden Wirkungen einher:

- Die zeitliche Verzögerung der Auftragserteilung über die einzelnen Stufen setzt sich in den Verläufen der Auftragsvolumina, der Produktionsrate und der Lagerbestände fort.
- Die Amplituden des Auftragsvolumens steigen mit abnehmender Stufe der Supply Chain und nehmen im Zeitablauf zu.
- Die ursprünglich symmetrische Schwingung der Absatzmenge wird mit abnehmender Stufe der Supply Chain zunehmend verzerrt.

Unsicherheiten in den Mengen führen dabei

- einerseits zu unsicherer Nachfrage nach Leistungen, die mit Lagerkosten und Überkapazitäten einhergehen kann, und
- anderseits zu unsicherer Versorgung mit Inputfaktoren, da die Lieferanten dieser Faktoren über ihre Produktionsmengen entscheiden, bevor sie die Nachfrage kennen, wodurch Lagerkosten für Sicherheitsbestände oder Fehlmengenkosten und Leerkapazitäten entstehen können.

Als **Ursachen für den Peitschenschlageffekt** sind dann zu nennen[1]:

- Lokale Betrachtung:
  -- Die einzelnen Teilnehmer orientieren sich nur an der Nachfrageprognose des bisherigen Bestellverhaltens ihres unmittelbaren Kunden;
  -- die Bündelung von Bestellmengen der einzelnen Teilnehmer ist nicht für alle transparent;
- Überreaktionen bei den Bestellmengen bedingt durch
  -- Sonderangebote und die damit verbundenen Preisschwankungen (Preisfluktuationen) und
  -- erwartete Engpässe beim eigenen Lieferanten.

Durch die separierte Vorgehensweise und die von der jeweiligen Vorstufe gelieferten Informationen sinkt deren Qualität für die nachfolgenden Stufen und die dort aufzustellenden Prognosen. Ein gemeinsamer Datenbestand bildet damit eine wesentliche Voraussetzung für eine integrative Vorgehensweise[2].

Als Maßnahme zur Vermeidung dieses Peitschenschlageffektes wird dann auch generell auf die Installation eines entsprechenden **IuK-Systems** verwiesen. Hierdurch

---

1) Vgl. z.B. Lee/Padmanabhan/Whang (1997b, S. 80 ff.); Knolmayer/Mertens/Zeier (2000, S. 7).
2) Vgl. Krüger/Steven (2000, S. 502).

wird es möglich, die aktuelle Nachfrage der Endkunden allen Teilnehmern der Supply Chain ohne zeitliche Verzögerung zur Verfügung zu stellen, wodurch eine schnelle Stabilisierung eintritt und die Oszillationsneigung entsprechend abnimmt: „Steht allen Mitgliedern der Logistikkette die jeweils aktuelle Kundennachfrage zur Verfügung ..., so läßt sich in diesem Fall das starke Oszillieren des Bestellverhaltens stark reduzieren, indem diese Informationen in das lokale Handeln der Mitglieder Eingang finden und chaotisches Verhalten kann verhindert werden."[1] Die Nachfrageinformationen, die auf einer nachgelagerten Stufe in der Supply Chain anfallen, müssen somit der vorgelagerten Stufe zugänglich gemacht werden. Hierdurch bedingt wird es möglich, daß die zu erstellenden Prognosen auf den Stufen der Supply Chain auf denselben Informationen[2] aufbauen. Auf die Bedeutung der schnellen Weiterleitung von unmanipulierten Nachfragedaten (True Demand) innerhalb der Supply Chain wird dann auch in der Literatur hingewiesen[3]. Die durch Sonderangebote verursachten Preisschwankungen lassen sich etwa durch eine Strategie der Dauerniedrigpreise eindämmen[4]. Eine weitere Verbesserung läßt sich dadurch erreichen, daß die Bestellungen zentral erfolgen. Ein Grund hierfür ist darin zu sehen, daß bei den einzelnen Teilnehmern ein mangelndes Verständnis hinsichtlich der durch sie selbst verursachten Dynamik in der Wertschöpfungskette vorliegt[5]. Insgesamt wird damit die hohe Bedeutung der Informationen über das Verhalten der Endnachfrager in der Supply Chain deutlich. Wesentlich für eine Supply Chain ist es dabei, daß die gesamte Kette durchgängig abgebildet wird[6]: „From a conceptual viewpoint the ideal supply chain may be described as a pipeline with laminar flow."[7] Und Handfield/Nichols stellen fest: „The supply chain encompasses all activities associated with the flow and transformation of goods from the raw materials stage (extraction), through to the end user, as well as the associated information flows. Material and information flow both up and down the supply chain."[8] Abbildung 26 gibt eine beispielhafte Supply Chain wieder[9].

---

1) Zäpfel/Wasner (1999, S. 308).
2) Zur Komplexität des Informationsflusses im Supply Chain Management vgl. McGovern/Hicks/Earl (1999, S. 152 ff.).
3) Vgl. z.B. Austin/Lee/Kopczak (1998, S. 7 f.).
4) Vgl. Lee/Padmanabhan/Whang (1997b, S. 86).
5) Vgl. Sterman (1989, S. 326 ff.); ferner Haehling von Lanzenauer/Pilz-Glombik (2000, S. 107 ff.).
6) Vgl. Kansky/Weingarten (1999, S. 88).
7) Berry/Naim (1996, S. 181).
8) Handfield/Nichols (1999, S. 2).
9) Vgl. Zäpfel (2000, S. 3).

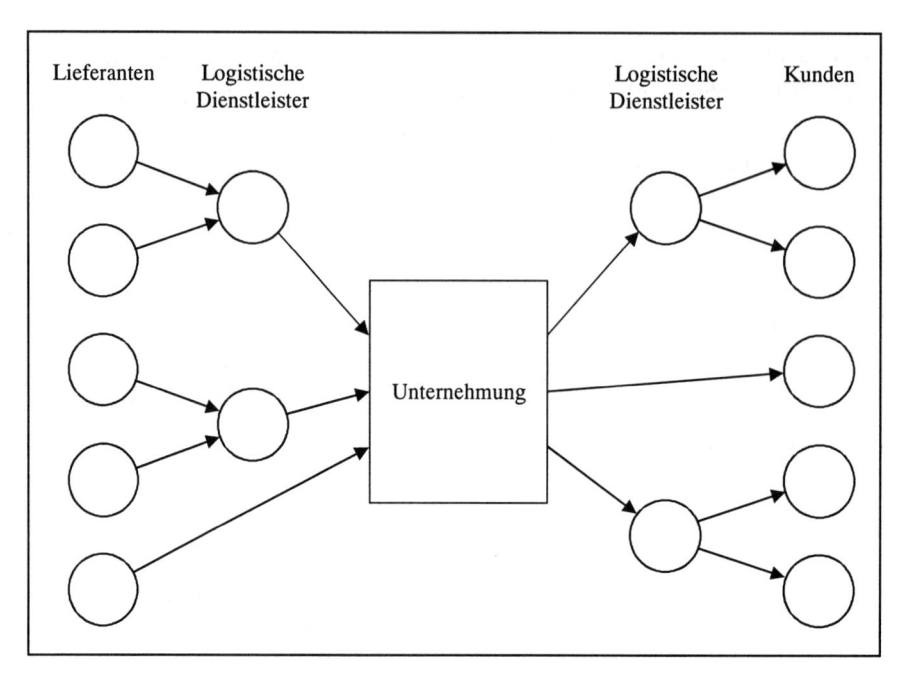

Abbildung 26: Aufbau einer Supply Chain

In der Literatur wird dabei betont, daß es sich bei der Supply Chain nicht nur um eine lineare Kette handelt, sondern ein Geflecht aus Prozessen zwischen den beteiligten Unternehmungen und Konsumenten existiert[1], d.h., auch eine Supply Chain bildet in der Regel ein Netzwerk[2]. Dabei kann es unter Flexibilitätsgesichtspunkten zweckmäßig sein, die Supply Chain mit redundanten Kompetenzbereichen auszustatten[3].

Darüber hinaus weist eine Supply Chain eine Verwandtschaft zur **Wertschöpfungskette** auf[4]. Grundlage des Wertkettenansatzes bildet dabei die Überlegung, daß sich jede Unternehmung als eine Ansammlung von Tätigkeiten, die sich in einer Wertkette abbilden lassen, darstellt. Es handelt sich somit um ein System von miteinander verknüpften Aktivitäten, wobei zwischen primären und sekundären Wertschöpfungsaktivitäten unterschieden wird (vgl. Abbildung 27).

---

1) Vgl. Ballou/Gilbert/Mukherjee (2000, S. 9); Cooper/Lambert/Pagh (1997, S. 9); Ellram (1991, S. 13); Ellram/Cooper (1990, S. 2); Prockl (1998, S. 441).
2) Knolmayer/Mertens/Zeier (2000, S. 2) schlagen deshalb vor, von „Supply Chain Network" zu sprechen, weil Unternehmungen häufig in mehrere Supply Chains eingebunden sind.
3) Vgl. Hahn (2000, S. 15); Specht/Hellmich (2000, S. 97).
4) Vgl. Porter (1986); Porter/Millar (1985), die auf die Gedanken von Richardson (1972, S. 886 ff.) zurückgreifen.

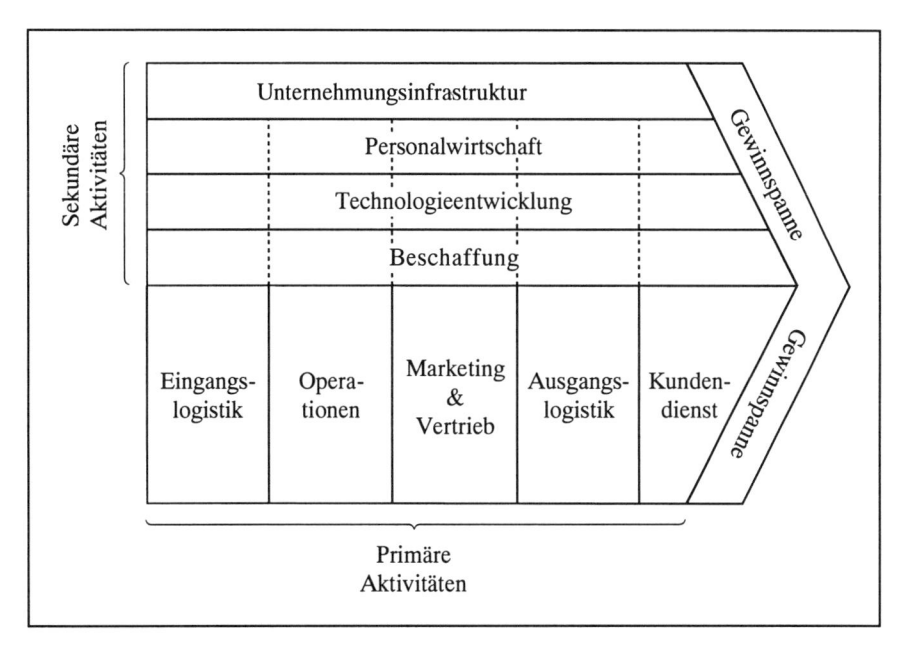

```
                    Unternehmungsinfrastruktur
Sekundäre             Personalwirtschaft                    Gewinnspanne
Aktivitäten          Technologieentwicklung
                         Beschaffung

Eingangs-   Opera-    Marketing    Ausgangs-    Kunden-     Gewinnspanne
logistik    tionen    &            logistik     dienst
                      Vertrieb

                         Primäre
                        Aktivitäten
```

Abbildung 27: Wertkette nach Porter

Primäre und sekundäre Aktivitäten sind dabei in hohem Maße interdependent. So kann etwa der Einsatz qualitativ besserer Rohstoffe die Herstellkosten erhöhen, gleichzeitig aber die Kosten in den Bereichen Service und Wartung senken[1]. Durch die Zuordnung der in hohem Maße interdependenten Aktivitäten zu organisatorischen Funktionen ergibt sich dann ein Organisationsmodell. Dabei zeigt sich, daß die Aktivitäten nicht mit den jeweiligen Funktionsbereichen übereinstimmen, mit der Konsequenz, daß zusammenhängende Tätigkeiten über mehrere Abteilungen verstreut sind. Für den Fall „Beschaffung" bedeutet dies beispielhaft, daß nicht die Abteilung Beschaffung, sondern sämtliche Aktivitäten, die Beschaffungscharakter aufweisen, angesprochen werden.

Die Wertkette ist damit vom traditionellen Bereichsdenken geprägt[2]. So betont Zundel, daß die Wertschöpfungskette derart zu modifizieren sei[3], daß sich alle netzwerkweiten **und** unternehmungsinternen Wertschöpfungsaktivitäten einordnen lassen. Damit muß die Wertkette nicht auf eine einzelne Unternehmung beschränkt bleiben, sondern sie kann, wie dies bei der Supply Chain gegeben ist, den gesamten

---

1) Vgl. Kainz/Walpoth (1992, S. 49).
2) Vgl. Scholz (1995, S. 58 f.); Schwarzer (1993, S. 46).
3) Vgl. Zundel (1999, S. 197 ff.).

Wertschöpfungsprozeß erfassen, so daß eine Wertkettenverschränkung entsteht, wie sie beispielhaft in Abbildung 28 dargestellt wird[1].

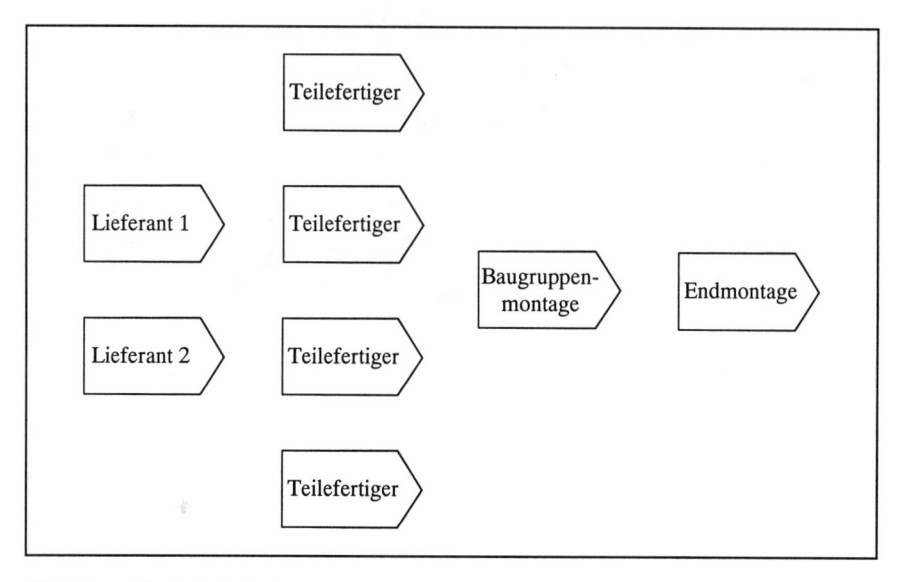

Abbildung 28: Beispielhafte Wertkettenverschränkung

Einen entscheidenden Unterschied sieht Klaus jedoch darin, daß mit der Supply Chain eine Betonung der Versorgungs- und Verfügbarkeitsaspekte erfolgt, während die Wertkette auf die Herausforderungen und Chancen für Nutzen- bzw. Wertsteigerung fokussiert[2].

2.2 Das Konzept des Supply Chain Management

Teilweise werden in der Literatur[3] die Bezeichnungen integratives Logistikmanagement und **Supply Chain Management** synonym verwendet[4]. Diese Einschränkung deutet bereits darauf hin, daß der Ursprung des Supply Chain Management im Logistikmanagement zu sehen ist, was sich nicht zuletzt auch in der Ausrichtung des Supply Chain Management an logistischen **Zielen** wie

---

1) Vgl. Porter (1986, S. 60)
2) Vgl. Klaus (1998, S. 444).
3) Vgl. z.B. Göpfert (2000, S. 19); Kotzab (2000, S. 39 f.); Tan/Kannan/Handfield (1998, S. 2 f.).
4) Als Synonyme für das Supply Chain Management werden in der Literatur, vgl. z.B. Pfohl (2000, S. 5), genannt: Network Sourcing, Supply Pipeline Management, Value Chain Management, Value Stream Management, Demand Chain Management.

2.2 Das Konzept des Supply Chain Management

- Reduzierung der Durchlaufzeiten,
- Verringerung der Bestände und
- Erhöhung der Liefertreue

dokumentiert[1]. Damit geht es letztlich um

- die Erhöhung des Serviceniveaus für die Endverbraucher und
- die Kostensenkung über alle Wertschöpfungsstufen der Supply Chain[2].

Demgegenüber ist in der Formulierung, daß die Logistik das Ziel verfolge, die richtigen Produkte in der richtigen Menge zum richtigen Zeitpunkt und zum richtigen Preis zur Verfügung zu stellen[3], keine operationale Zielformulierung zu sehen, auch wenn diese Aussage eine Modifikation des von Grochla formulierten materialwirtschaftlichen Optimums ist[4].

Ein entscheidender Unterschied zwischen dem integrativen Logistikmanagement und dem Supply Chain Management kann, wie bei der Gegenüberstellung der logistischen Kette mit der Supply Chain vorgenommen, in der stärkeren Betonung des **Integrationsgedankens** durch das Supply Chain Management gesehen werden[5]. Dabei ist zu betonen, daß diese Abgrenzung nicht unproblematisch ist, da auch das Logistikmanagement in Gestalt des Systemdenkens einen Integrationsanspruch innerhalb des betrachteten Logistiksystems reklamiert[6]. Charakteristisch für das Supply Chain Management scheint allerdings die durchgängige Ausrichtung an den Bedürfnissen der Endkunden zu sein.

Ein wesentlicher Grund für die Uneinheitlichkeit der Auffassungen hinsichtlich des Supply Chain Management wird teilweise darin gesehen, daß dieses Konzept nicht in der betriebswirtschaftlichen Theorie entwickelt wurde, sondern in der unternehmerischen Praxis entstanden ist, ein Aspekt, der auch im Rahmen der Diskussion um die Ausgestaltung des Controlling thematisiert wird[7]. Damit obliegt es der Wissenschaft, einen Beitrag zur theoretischen Fundierung dieses Ansatzes zu leisten.

---

1) Vgl. z.B. Bowersox/Closs (1996, S. 102); Schäfer (1987, S. 17); Steven/Krüger/Tengler (2000, S. 16).
2) Vgl. Stölzle (1999, S. 164).
3) Vgl. Fastabend u.a. (1997, S. 170).
4) Vgl. Grochla (1978, S. 18).
5) Vgl. Cooper/Lambert/Pagh (1997, S. 1 f.).
6) Vgl. Stölzle (1999, S. 162). Zur Entwicklungsgeschichte des logistischen Integrationsgedankens vgl. Metz (1997, S. 239 ff.).
7) Vgl. Weber/Dehler/Wertz (2000, S. 264).

An einer allgemein anerkannten Definition mangelt es folglich in der Literatur[1]. Ein Grund für die definitorische Vielfalt ist dabei in den unterschiedlichen Betrachtungsperspektiven der Autoren zu sehen. In einer eher fragwürdigen Vorgehensweise betrachten Scheer/Borowsky das Supply Chain Management als ein Konzept der Wirtschaftsinformatik[2], eine Vorgehensweise, der nicht gefolgt werden kann, da die Wirtschaftsinformatik in diesem Zusammenhang lediglich ein wichtiges Instrument für die Realisation des Supply Chain Management darstellt. Jedoch vermag sie keinen eigenständigen konzeptionellen Beitrag zu leisten. Ebenfalls erscheinen Definitionen, die insbesondere aus dem Bereich der Beratung[3] stammen und Supply Chain Management als eine „exakte" datengestützte Simulation der Materialflüsse unter Beachtung aller Restriktionen entlang der Wertschöpfungskette definieren, häufig für eine wissenschaftlich seriöse Begriffsbestimmung ungeeignet, da hierdurch Vorstellungen geprägt werden, die in dieser Form nicht einzuhalten sind.

Die Uneinheitlichkeit auf der terminologischen Ebene verwundert insbesondere dann, wenn berücksichtigt wird, daß Supply Chain Management bereits seit vielen Jahren[4] thematisiert wurde und damit keine unmittelbare Weiterentwicklung des Supply Management darstellt[5]. Gedanken des Supply Management fließen jedoch in das Supply Chain Management ein. Die enge Beziehung des Supply Chain Management zu anderen Konzeptionen findet ihren Niederschlag zudem in der von Seuring/Schneidewind vorgenommenen Zweiteilung[6]:

- Definitionen[7], die auf eine Erweiterung der Logistikfunktion der Unternehmung hin zu einer **Integration der Material- und Informationsflüsse mit Lieferanten und Kunden** abzielen, mit der Zielsetzung, die Gesamtdurchlaufzeit (total cycle time) und die Bestände zu minimieren;

- Definitionen[8], die sämtliche Beziehungen zu und insbesondere **Kooperationen mit Kunden und Lieferanten entlang der gesamten Wertschöpfungskette** be-

---

1) Vgl. Cooper/Lambert/Pagh (1997, S. 1 f. und S. 4). Zu einer tabellarischen Übersicht ausgewählter Definitionen vgl. Kotzab (2000, S. 25).
2) Vgl. Scheer/Borowsky (1999, S. 13 f.).
3) Vgl. z.B. Arnold (1999, S. 215); Dinges (1998, S. 22).
4) Vgl. Croom/Romano/Giannakis (2000, S. 68 f.); Houlihan (1985, S. 26 ff.); Oliver/Webber (1992).
5) Vgl. Schönsleben/Hieber (2000, S. 19).
6) Vgl. Seuring/Schneidewind (2000, S. 229 f.).
7) Vgl. z.B. Christopher (1992, S. 13); Houlihan (1985, S. 26); Kuglin (1998, S. 3); Metz (1997, S. 239); Stevens (1989, S. 3 ff.).
8) Vgl. z.B. Cooper/Ellram (1993, S. 16); Handfield/Nichols (1999, S. 2); Johnson u.a. (1999, S. 5); Ross (1998, S. 9).

trachten, so daß die Kooperation zwischen den Teilnehmern Basis für eine langfristige Zusammenarbeit wird.

In einer darüber hinausgehenden Betrachtung arbeiten Bechtel/Jayaram sogenannte **Denkschulen** heraus[1], die zu unterschiedlichen Akzentuierungen des Supply Chain Management gelangen[2]:

- **(Functional) Chain Awareness School**: Ausgangspunkt bildet die Existenz einer Kette einzelner Teilbereiche zwischen einem Liefer- und einem Empfangspunkt. Es wird die Bedeutung eines durchgängigen Materialflusses erkannt.
- **Linkage/Logistics School**: Grundlage bildet der durchgängige Materialfluß auf der Basis spezieller logistischer Lösungen. Es wird eine möglichst durchgängige Harmonisierung der Aktivitäten, die sequentiell erfolgen, mit dem Ziel einer Lagerbestandsreduzierung in der Kette, angestrebt.
- **Information School**: Im Zentrum steht hierbei der bidirektionale Informationsfluß, wobei nicht nur die Informationsweitergabe, sondern auch die Rückkoppelung der wahrgenommenen Supply-Chain-Leistung durch die Abnehmer hervorgehoben wird.
- **Integration/Process School**: Ausgangspunkt bildet die Integration der Geschäftsprozesse, mit deren Hilfe die sequentielle Reihenfolge überwunden wird. Es erfolgt eine Orientierung am Nutzen des Endverbrauchers.
- **Future School**: Sie setzt den Fokus auf partnerschaftliches Beziehungsmanagement und auf strategische Allianzen. Es wird vorgeschlagen, den Begriff Supply Chain Management durch „seamless demand pipeline" zu ersetzen.

Trotz der in der Literatur zu beobachtenden Vielfalt der begrifflichen Ausgestaltungen des Supply Chain Management lassen sich durchaus sogenannte **Kernelemente** herausstellen. Hierunter seien diejenigen Elemente verstanden, die in vielen Definitionen, wenn auch in unterschiedlichen Kombinationen, immer wieder auftreten. Hierzu zählen[3]:

- Ausgangspunkt der Steuerung bildet der Bedarf der Endkunden, und zwar auf der Basis von Point-of-Sale-Daten (Daten der Verkaufsstellen).
- Supply Chain Management ist geschäftsprozeßorientiert und zielt auf die optimale Gestaltung der Gesamtprozesse, und zwar unternehmungsübergreifend.
- Es liegt eine kooperative Zusammenarbeit der Teilnehmer vor.

---

1) Vgl. Bechtel/Jayaram (1997, S. 17).
2) Vgl. Kotzab (2000, S. 25 ff.).
3) Vgl. z.B. Cooper/Lambert/Pagh (1997, S. 4); Hoppe (2000, S. 37); Kotzab (2000, S. 27); Specht/Hellmich (2000, S. 111); Schönsleben (2000, S. 52 f.); Tiemeyer (1999, S. 100); Vahrenkamp (2000, S. 105).

Als Voraussetzung für die Realisation des Supply Chain Management wird dabei auf die informationstechnische Verknüpfung der Teilnehmer hingewiesen, um so einen durchgängigen Informationsfluß realisieren zu können. Dies kann auf der Grundlage eines Business Information Warehouse geschehen, das die relevanten Informationen sammelt und den Teilnehmern differenziert nach Zugriffsrechten zugänglich macht[1].

Damit stellt sich unmittelbar die Frage, für welche situativen Bedingungen Supply Chain Management in besonderem Maße geeignet erscheint. Nach Ellram sind die beiden folgenden Situationen geeignet[2]:

- Situation 1: Häufig wiederkehrende Transaktionen, die keine hochspezialisierten Aggregate erfordern. Die Zusammenarbeit basiert auf Lieferverträgen, die für beide Seiten ökonomisch vorteilhaft sind. Es existieren damit längerfristige Verpflichtungen, so daß kein Anreiz für opportunistisches Verhalten besteht.
- Situation 2: Märkte mit hoher Unsicherheit (z.B. Computermarkt), die für vertikale Integration ungeeignet sind. Unter diesen Gegebenheiten kann Supply Chain Management durch Informationsaustausch zwischen den Beteiligten und durch Abstimmung der Logistikprozesse das Risiko reduzieren. Die Verträge[3] sind flexibel zu gestalten und können zu einem späteren Zeitpunkt konkretisiert werden.

Auch wenn derartige, eher pauschale Situationsbeschreibungen zu problematischen Empfehlungen führen können, so zeigen sie dennoch bestimmte Grundtendenzen:

- Supply Chain Management ist bei Standardprodukten, und darauf beziehen sich auch zahlreiche geschilderte Beispiele, grundsätzlich anwendbar.
- Bei Produkten mit innovativen Komponenten erscheint der Einsatz hingegen fraglich. So wird teilweise zwar betont, daß die Produktentwicklung zur Supply Chain dazugehöre[4], jedoch wird der Novitätsgrad der Produktinnovationen nicht thematisiert.

---

1) Vgl. Knolmayer/Mertens/Zeier (2000, S. 17); Pokorný/Sokolowski (1999, S. 667 ff.).
2) Vgl. Ellram (1991).
3) In der Literatur, vgl. z.B. Sydow/Windeler (2000, S. 15), wird betont, daß für Unternehmungsnetzwerke insbesondere neoklassische Verträge geeignet seien, weil sie den Vertragspartnern einen „gewissen" Spielraum im Rahmen der konkreten Vertragserfüllung eröffnen. Treten bei diesen zeitlich befristeten Verträgen Konflikte auf, dann sollen diese durch eine Drittparteienintervention gelöst werden. Neoklassische Verträge bieten somit einen geeigneten Rahmen für interdependente Verhältnisse, in denen die einzelnen Netzwerkpartner eine „gewisse" Autonomie behalten und ein Spielraum für sich ergebende Veränderungen offen bleiben soll. Vgl. auch Pohlmann u.a. (1995, S. 255 ff.) und Föhr/Lenz (1992, S. 127 f.), die auf unvollständig spezifizierte Verträge (relationale) verweisen. Demnach dürfen Verträge nicht zu detailliert gefaßt werden, da hierdurch die Flexibilität eingeschränkt wird. Gerade in einem Netzwerk können ex ante nicht alle Aspekte der Zusammenarbeit eindeutig und detailliert gefaßt werden.
4) Vgl. z.B. Hahn (2000, S. 12); Schönsleben (2000, S. 53); Specht/Hellmich (2000, S. 94).

2.2 Das Konzept des Supply Chain Management

Darüber hinaus lassen sich unterschiedliche Auffassungen darüber feststellen, welche Aktivitäten innerhalb einer Supply Chain ausgeführt werden sollen:

- Während einerseits alle Beschaffungs-, Produktions-, Lager- und Transportaktivitäten vom Rohstofflieferanten bis zum Endkunden in die Supply Chain integriert und die Aktivitäten der Produktentwicklung ausgeklammert werden[1],
- betonen andere Autoren, daß auch der Problembereich Ressourcengestaltung, d.h. die Potentialgestaltung, Bestandteil des Supply Chain Management sein müsse, da eine Abstimmung der Kapazitäten innerhalb der Supply Chain von elementarer Bedeutung sei[2].

Dieses skizzierte Aufgabenspektrum offenbart, daß dem Supply Chain Management strategische, taktische und operative Aufgaben obliegen[3].

So stellt sich auf der **strategischen Ebene** die Aufgabe der Gestaltung (Konfiguration) der Lieferkette[4] (logistische Infrastruktur: Lieferantenanzahl, einzubeziehende logistische Dienstleister, Standortwahl für Produktions- und Lagerorte, Distributionsstruktur etc.). Dabei zeigt sich, daß diese Gestaltungsaufgabe in hohem Maße davon abhängig ist, ob es sich bei den nachgefragten Produkten um

- Standardprodukte (marktorientiertes Produktprogramm) oder um
- kundenspezifische Produkte (kundenorientiertes Produktprogramm)

handelt. Liegen **Standardprodukte** vor, die für den sogenannten anonymen Markt erstellt werden, dann basiert die Lieferkette auf Prognosedaten, d.h., sie ist „prognosegetrieben". Handelt es sich hingegen um **kundenspezifische Produkte**, dann bilden konkrete Kundenaufträge den Ausgangspunkt, d.h., die Lieferkette ist „kundenauftragsgetrieben". In Abhängigkeit von den Anteilen der Lieferkette, die „kundenauftragsgetrieben" und „prognosegetrieben" sind, ergeben sich dann unterschiedliche Lieferkettenstrukturen. Der sogenannte „splitting point"[5], der den Übergang zwischen diesen beiden Induktionsmechanismen bildet, wird als **Kundenauftragsentkoppelungspunkt** bezeichnet[6]. Abbildung 29 gibt unterschiedliche Möglichkeiten

---

1) Vgl. z.B. Stadtler (1999, S. 35).
2) Vgl. z.B. Hahn (2000, S. 13).
3) Supply Chain Management als ein strategisches Unternehmungsführungskonzept zu charakterisieren, vgl. Buscher (1999, S. 449), greift damit zu kurz.
4) Vgl. Günther/Blömer/Grunow (1998, S. 330); Siemieniuch/Waddell/Sinclair (1999, S. 88); Steven/Krüger/Tengler (2000, S. 16).
5) Vgl. hierzu die Diskussion um Mass Customization; vgl. Corsten (1998, S. 131 f.).
6) Diese Überlegung greift auf die von Zimmermann (1988, S. 391 ff.) vorgeschlagene Bevorratungsebene zurück.

der Gestaltung von Lieferketten wieder[1]. Die dargestellten Fälle lassen sich dann wie folgt konkretisieren:

- **Fall 1**: Es liegt ein Standardprodukt vor, das beim Händler vorrätig (make to stock an end product) und dessen Nachfrage relativ gut prognostizierbar ist. Der Schwerpunkt des Supply Chain Management liegt damit auf einer effizienten Gestaltung der Abwicklung der physischen Logistikprozesse.

- **Fall 2**: Es werden Varianten eines Grundproduktes erstellt, wobei die Komplettierung des Endproduktes erst nach dem konkret vorliegenden Kundenwunsch vorgenommen wird, da eine hohe Unsicherheit der Nachfrage nach einzelnen Varianten besteht. Dabei wird die kundenindividuelle Ausprägung so spät wie möglich in der Lieferkette realisiert, ein Sachverhalt, der als Postponement-Strategie[2] bezeichnet wird. Damit wird das Grundprodukt „prognosegetrieben" auf Lager (make to stock a generic product) und die kundenindividuellen Varianten „kundenauftragsgetrieben" produziert.

- **Fall 3**: Es handelt sich um kundenindividuelle Produkte auf der Basis standardisierter Komponenten (assemble to order), d.h., die Montage beim Produzenten wird „kundenauftragsgetrieben" ausgelöst, während die davorgelagerten Prozesse „prognosegetrieben" geregelt werden. Der Schwerpunkt des Supply Chain Management liegt im Aufbau von Flexibilitätspotentialen durch Baugruppenmodularisierung und Einsatz flexibler Fertigungstechnologie.

- **Fall 4**: Sämtliche Produktionsprozesse (z.B. Produktion von Teilen, Montage) und die Distribution durch den Handel werden durch den Kundenauftrag ausgelöst, so daß das Produkt nach Kundenwunsch produziert wird (make to order). Lediglich die Beschaffung bei den Lieferanten basiert auf Prognosen. Wie im dritten Fall bildet der Aufbau von Flexibilitätspotentialen den Schwerpunkt des Supply Chain Management.

- **Fall 5**: Diese Situation, die auch als „umfassender Kundenbezug" bezeichnet wird, ist dadurch charakterisiert, daß die gesamte Lieferkette durch Kundenaufträge gesteuert wird, mit der Konsequenz, daß das Produkt nicht nur individuell produziert, sondern darüber hinaus auch für den Kunden konstruiert wird (purchase and make to order). Wesentliche Aufgabe des Supply Chain Management ist die

---

1) Vgl. Boutellier/Kobler (1996, S. 8); Christopher (2000, S. 41); Hoek (1999, S. 7 ff.); Pfohl (1994b, S. 146); Zäpfel (2000, S. 23); Zijm (2000, S. 324 f.). Schulteis (2000, S. 102 ff.) gelangt auf der Grundlage der Kriterien „Unsicherheit der Transaktion" und „Spezifität der Leistung", die der Transaktionskostentheorie entlehnt sind, zu einer Matrix unterschiedlicher Intensitätstypen der vertikalen Unternehmungskooperation, wobei tendenzielle Zuordnungen der Matrixfelder zu den Möglichkeiten der Gestaltung von Lieferketten möglich sind.

2) Vgl. Bucklin (1965, S. 26 f.); Pfohl/Pfohl (2000, S. 40 ff.). Postponement „.... bezeichnet die Technik des Verzögerns, die darauf ausgerichtet ist, Produkte bzw. deren Komponenten möglichst lange in einem neutralen Zustand zu halten, um die eigentliche Produktdifferenzierung möglichst spät vorzunehmen. Die späte Durchführung setzt voraus, daß es sich um modular aufgebaute Produkte handelt." Buscher (1999, S. 454); vgl. ferner Alderson (1957, S. 420 ff.). Der sogenannte „order penetration point" („splitting point") ist damit möglichst weit nach „hinten" in der Produktion zu verschieben. Vgl. Pfohl (1994a, S. 207).

unternehmungsübergreifende Integration von Geschäftsprozessen entlang der Wertschöpfungskette, so daß eine gemeinsame Leistungserstellung erfolgt.

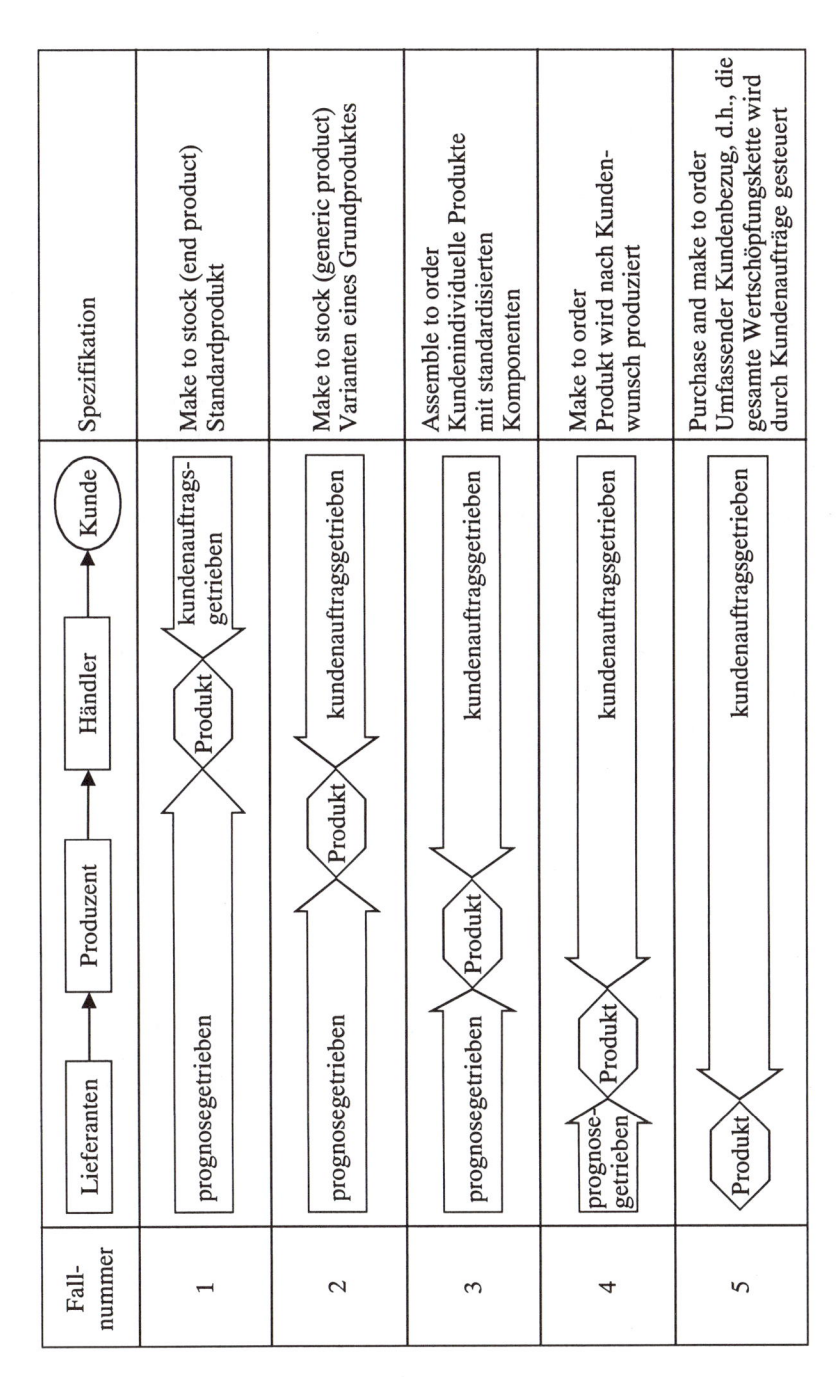

Fall-nummer	Lieferanten → Produzent → Händler → Kunde	Spezifikation
1	prognosegetrieben — Produkt — kundenauftragsgetrieben	Make to stock (end product) Standardprodukt
2	prognosegetrieben — Produkt — kundenauftragsgetrieben	Make to stock (generic product) Varianten eines Grundproduktes
3	prognosegetrieben — Produkt — kundenauftragsgetrieben	Assemble to order Kundenindividuelle Produkte mit standardisierten Komponenten
4	prognosegetrieben — Produkt — kundenauftragsgetrieben	Make to order Produkt wird nach Kundenwunsch produziert
5	Produkt — kundenauftragsgetrieben	Purchase and make to order Umfassender Kundenbezug, d.h. die gesamte Wertschöpfungskette wird durch Kundenaufträge gesteuert

Abbildung 29: Alternative Lieferkettenstrukturen

Es zeigt sich, daß in Abhängigkeit von der Lage des Kundenauftragsentkoppelungspunktes unterschiedliche Aspekte des Supply Chain Management betont werden und mit zunehmender Distanz dieses Punktes zum Kunden eine umfassendere Zusammenarbeit erforderlich ist[1].

Auf der **taktischen Ebene** steht die Nachfrage- und Lieferkettenplanung im Zentrum des Interesses. Diese erfolgt z.B. auf der Grundlage von Daten prognostizierter Produktgruppen mit dem Ziel, die Material- und Warenflüsse so zu gestalten, daß eine Abstimmung von Angebot und Nachfrage der an der Lieferkette beteiligten Akteure erfolgt und die zum Einsatz gelangenden Ressourcen wirtschaftlich genutzt werden. Die in diesem Kontext geplanten Mengen für eine Abnehmer-Lieferantenbeziehung in der Kette bildet darüber hinaus die Grundlage für die zu gestaltenden Rahmenverträge, auf deren Basis die Akteure ihre Kapazitätsgestaltung vornehmen können. Die Prognostizierbarkeit des Bedarfs muß dabei auf der Ebene der Produktgruppen oder Hauptkomponenten der Produkte (z.B. Plattformkonzept) gegeben sein. Damit zeigt sich, daß neben dem Einsatz von Prognoseverfahren das Produktkonzept von grundlegender Bedeutung ist[2].

Der **operativen Ebene** obliegt dann die inhaltliche, mengenmäßige und zeitliche Abstimmung der Beschaffungs-, Produktions- und Distributionsmengen bezogen auf den einzelnen Akteur in der Lieferkette, wobei die Ergebnisse der taktischen Lieferkettenplanung, die tatsächlichen Kundenaufträge und die real verfügbaren Ressourcen die Grundlage bilden. Zur Kontrolle der Lieferkette kann ein Supply-Chain-Cockpit dienen, das letztlich als Leitstand zu charakterisieren ist.

Diese Überlegungen zeigen, daß

- der „prognosegetriebene" Teil der Lieferkette den Fokus auf die Abwicklung der Material- und Warenflüsse liegt und
- der „kundenauftragsgetriebene" Teil auf Flexibilität ausgerichtet ist, die es ermöglicht, auf veränderte Kundenbedürfnisse möglichst zeitnah zu reagieren.

Damit stellen diese Situationen unterschiedliche Anforderungen an die Akteure der Lieferkette, und es ergibt sich das Problem, Lieferketten zu gestalten und zu regeln, die sowohl

---

1) Vgl. Schulteis (2000, S. 102 ff. und S. 194 ff.), der dies für unterschiedliche Branchen analysiert.
2) Vgl. Zäpfel (2000, S. 26).

- „kundenauftragsgetriebene" als auch
- „prognosegetriebene" Prozesse der Akteure

gleichzeitig umfassen. In Analogie zu PPS-Systemen[1] wäre in diesem Zusammenhang dann von **hybriden Lieferketten** zu sprechen, die sowohl Kundenaufträge als auch das marktorientierte Programm als Ausgangspunkt aufweisen können.

Damit stellt sich die Frage nach dem Novitätsgrad des Supply Chain Management. Die vorangegangenen Ausführungen haben bereits deutlich werden lassen, daß das Supply Chain Management auf bekannte Konzepte zurückgreift, wobei folgende zu nennen sind[2]:

- integratives Logistikmanagement,
- gemeinsame Planung (z.B. unterstützt durch Advanced Planning Systems[3]),
- Prozeßmanagement,
- zwischenbetriebliche Kooperation,
- Sourcing-Konzepte (wie Single Sourcing, Global Sourcing, Reduktion der Fertigungstiefe sowie Modul- und Systembeschaffung) sowie
- Just in Time in der unternehmungsübergreifenden Wertschöpfungskette.

Damit zeigt sich deutlich, daß das Supply Chain Management zwar durch das moderne Beschaffungsmanagement beeinflußt wurde, dem dabei auch eine bedeutende Rolle zugesprochen werden kann, es jedoch nicht als eine „Spielart" desselben zu betrachten ist[4], sondern darüber hinausgeht, so daß eine solche Charakterisierung zu kurz greift, da Supply Chain Management nicht nur die Beschaffungsseite betrachtet[5]. Damit liegt der Novitätsgrad des Supply Chain Management eher in der kombinativen Verknüpfung bereits bekannter Konzeptionen.

2.3 Erfolgsfaktoren des Supply Chain Management

Teilweise wird in der Literatur die generelle Wirksamkeit des Supply Chain Management bestritten[6], da sich die beschriebenen Beispiele in der Regel auf erfolgreiche bilaterale Beziehungen, wie dies etwa zwischen Wal-Mart und Procter & Gamble der

---

1) Vgl. Zäpfel (1998, S. 39 ff.).
2) Vgl. Hoek (1999, S. 1 f.); Zäpfel (2000, S. 6 ff.).
3) Vgl. hierzu Abschnitt 2.5.2.
4) Vgl. hierzu Hahn (1999, S. 851).
5) Vgl. Stölzle (1999, S. 146).
6) Vgl. z.B. Otto/Kotzab (1999).

Fall ist, oder auf nicht immer vollständig nachvollziehbare Pilotprojekte konzentrieren[1]. So werden dann auch in der Literatur als **Barrieren** für das Supply Chain Management die folgenden Aspekte genannt[2]:

- hohe Produktkomplexität,
- hoher Anteil an Engineering- und Produktionszeiten im Verhältnis zur Logistik und
- Leistungen mit geringem Anteil an planbaren Elementen.

In diesem Zusammenhang stellt sich die Frage nach den **Erfolgsfaktoren** des Supply Chain Management. Wie im Rahmen der Erfolgsfaktorenforschung üblich, sind gesicherte Erkenntnisse kaum vorhanden. So findet sich in der Literatur eine Vielzahl unsystematischer Zusammenstellungen von Erfolgsfaktoren[3], die lediglich als Allgemeinplätze zu charakterisieren sind und etwa in Formulierungen wie „Supply Chain Management beruht auf einer strategischen Entscheidungsfindung" oder „integriere die Beteiligten einer Supply Chain" ihren Niederschlag finden. Teilweise werden eher willkürlich anmutende Auflistungen von Erfolgsfaktoren angeboten[4] und dies häufig ohne empirischen Hintergrund. Derartigen Vorgehensweisen fehlt letztlich jede wissenschaftliche Grundlage.

Als Beispiel sei die Auflistung von Reinhart/Ansorge/Selke erwähnt, die mit Bezug auf die Unternehmungsberatung Andersen Consulting sieben Prinzipien nennen[5]:

- kundenorientierte Segmentierung,
- kundenorientiertes Logistiknetzwerk,
- auf Marktsignale hören und reagieren,
- kundennahe Produktdifferenzierung,
- strategisch beschaffen,
- einheitliche IT-Standards und
- gesamtheitliches Monitoring.

Diese Forderungen zeigen, daß die Formulierungen äußerst unverfänglich und allgemein gehalten sind und folglich keine geeignete Basis für Gestaltungsempfehlun-

---

1) Vgl. Kotzab (2000, S. 30).
2) Vgl. z.B. Dinges (1998).
3) Vgl. z.B. Beckmann (1998, S. 23 f.); Scheer/Borowsky (1999, S. 7).
4) Vgl. z.B. Schräder (1996, S. 61 ff.), der Vertrauen, Wissen und Informationstechnik nennt.
5) Vgl. Reinhart/Ansorge/Selke (2000, S. 71).

2.3 Erfolgsfaktoren des Supply Chain Management

gen bieten. Insgesamt erscheinen derartige Auflistungen wertlos, wobei ergänzend darauf hinzuweisen ist, daß die einzelnen „Prinzipien" nicht auf der gleichen logischen Ebene angesiedelt sind.

Andere Autorengruppen präsentieren „Erkenntnisse" aus erfolgreichen Praxisbeispielen. So wird über Bestandssenkungen von bis zu 60%, von Durchlaufzeitreduktionen um bis zu 50%, von Steigerungen des Anteils rechtzeitiger Lieferung um bis zu 40%, von Gewinnsteigerungen bis zu 30% und von Umsatzsteigerungen von bis zu 50% berichtet[1], die teilweise simultan erreicht werden, oder über Lagerbestandsreduzierungen um 33%, Transportkostenreduzierungen um 25%, Durchlaufzeitreduzierungen um 65% und Lieferzeitreduzierungen um 67%[2]. Diese singulären Erfolgsmeldungen sind jedoch mit äußerster Zurückhaltung zu interpretieren, da letztlich die Vergleichsbasis nicht bekannt ist[3]. Sie lassen sich damit nicht als wissenschaftlich fundierte Vorgehensweise bezeichnen. So betonen auch Schönsleben/Hieber in diesem Zusammenhang, daß derartige singuläre Ergebnisse, deren Nachvollziehbarkeit nicht gegeben sei, mit Vorsicht zu sehen seien, und berichten über ein Beispiel, in dem die Bestände nicht gesenkt werden konnten, sondern sich erhöhten[4].

Neben diesen willkürlichen Nennungen von Erfolgsfaktoren[5] sind Veröffentlichungen von Unternehmungsberatungen zu nennen, die den Gedanken der Supply Chain auch unter der Bezeichnung „Supply-Chain-Exzellenz" thematisieren und insbesondere auf die Erfolgsfaktoren Reaktionsfähigkeit, Agilität, Schlankheit und Intelligenz verweisen[6], wobei diese „Erkenntnisse" auf einer Befragung von über 2000 europäischen Unternehmungen[7] basieren. Abbildung 30 gibt dieses Konzept wieder[8].

---

1) Vgl. Beckmann (1998, S. 26); Klein u.a. (1996, S. 12 ff.); Kortmann/Lessing (2000, S. 16 ff.); Kuhn/Kloth (1999, S. 160); Metz (1997, S. 245); Pillep/Wrede (1999, S. 5); Schinzer (1999, S. 858 f.); Wolff (1999, S. 159).
2) Vgl. z.B. Kansky (1999, S. 17).
3) Vgl. Schmalenbach (1934, S. 263).
4) Vgl. Schönsleben/Hieber (2000, S. 23).
5) Demgegenüber nennt Berentzen (2000, S. 88) die folgenden Erfolgsfaktoren des Supply Chain Management: Prozeßorientierung, IuK-Technologie, Logistik-Controlling, Kooperation und Service-Qualität. Zum Problem der Erfolgsfaktorenforschung vgl. z.B. Corsten (1998, S. 42 ff.).
6) Vgl. Pfohl (2000, S. 24 f.); Pfohl/Mayer (1999, S. 280 f.).
7) Vgl. A.T. Kearney/ELA (1999, S. 1 ff.) mit einer Rücklaufquote von mehr als 200 Fragebögen. Eine genaue Anzahl wird nicht angegeben.
8) A.T. Kearney/ELA (1999, S. 5).

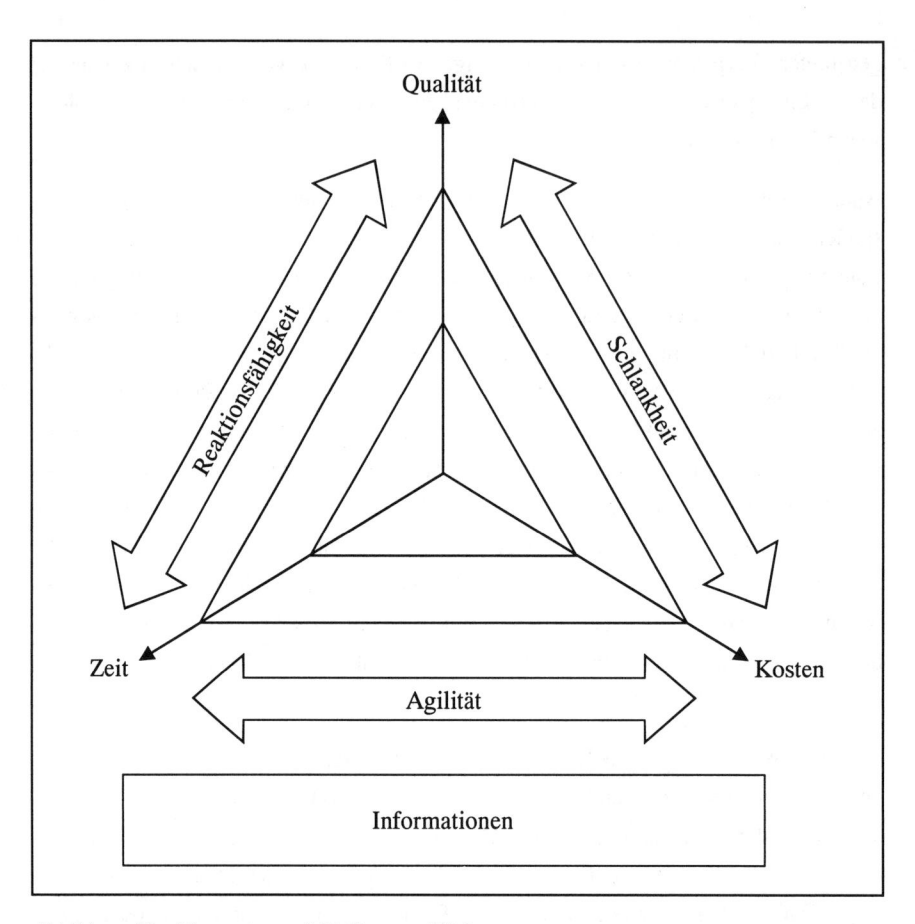

Abbildung 30: Konzept von A.T. Kearney/ELA

Zur inhaltlichen Konkretisierung wird dann ein Rahmenkonzept entworfen, in dem Gestaltungsprinzipien für die Supply Chain formuliert werden. Abbildung 31 gibt dieses Konzept wieder[1].

---

1) Vgl. A.T. Kearney/ELA (1999, S. 33).

2.3 Erfolgsfaktoren des Supply Chain Management

Supply Chain Netzwerke
- Flexible Gestaltung der Beziehungen zwischen den Teilnehmern der Supply Chain

Reaktionsfähigkeit
Fähigkeit, wechselnde Nachfrage zu befriedigen
- Späte auftragsbezogene Konfiguration und Anpassung an Kundenbedürfnisse
- Modularisierung und Montagevereinfachung
- Spätest mögliche Festlegung (postponement-strategy)
- Kundenbezogene Produktion

Agilität
Fähigkeit, die Supply Chain an eine optimale Kosten- und Servicestruktur anzupassen
- Minimierung der fixen Kosten
- Flexibilitätsorientierte Ressourcennutzung
- Austauschbarkeit und Standardisierbarkeit
- Übernahme, Ausweitung und Durchsetzung allgemeiner Standards

Schlankheit
Minimierung der „Verschwendung"
- Konzentration auf Kernkompetenzen
- Konzentration auf Bereiche, die einen maximalen Erfolgsbeitrag liefern
- Ausgliederung von nicht strategisch bedeutsamen und nicht wettbewerbsfähigen Aktivitäten
- „Flowgistics"
- Ununterbrochener Güterfluß

Information
Maximale Nutzung aller verfügbaren Informationen

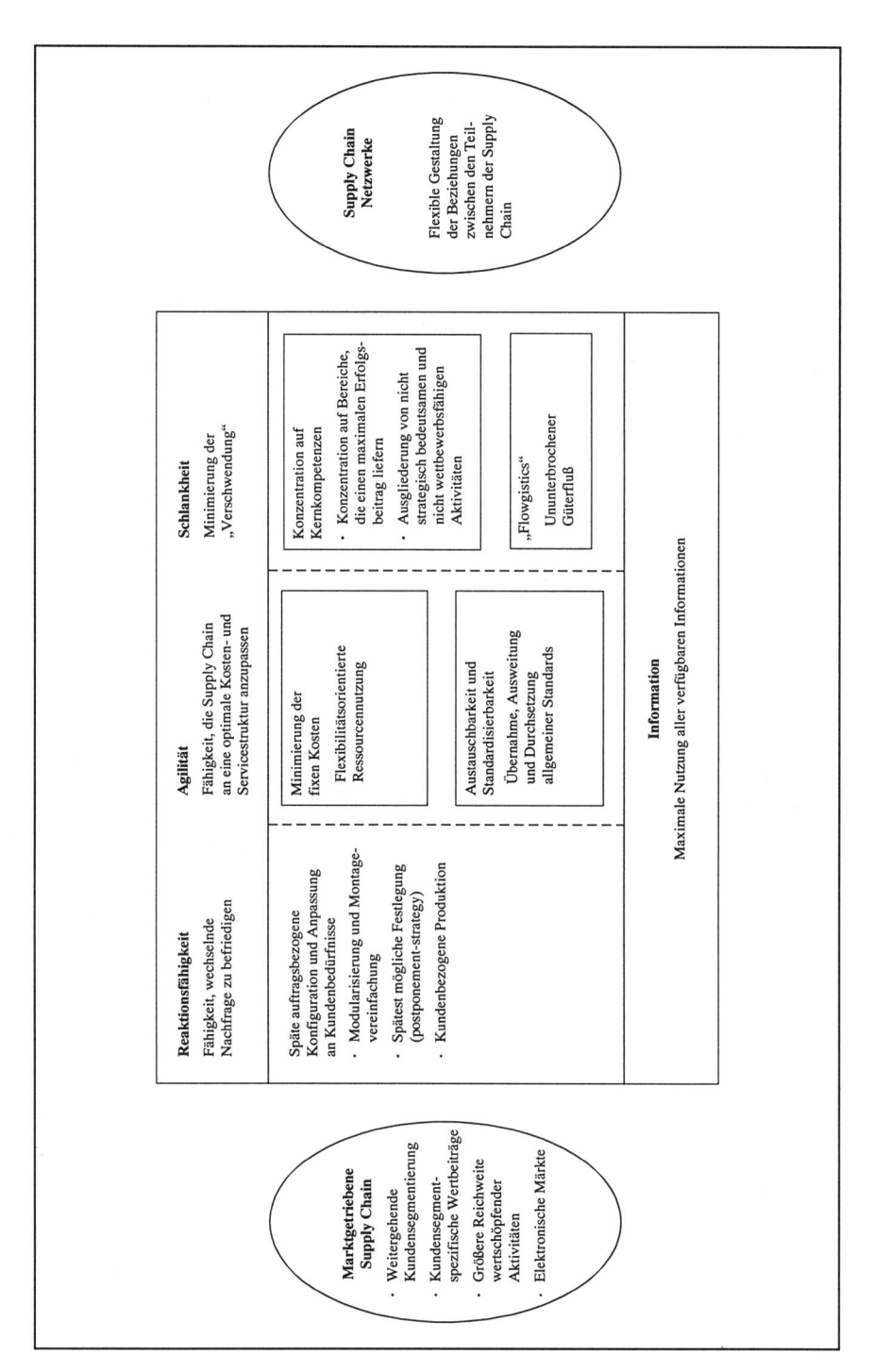

Marktgetriebene Supply Chain
- Weitergehende Kundensegmentierung
- Kundensegmentspezifische Wertbeiträge
- Größere Reichweite wertschöpfender Aktivitäten
- Elektronische Märkte

Abbildung 31: Rahmen für die Gestaltung der Supply Chain

Eine kritische Betrachtung dieser „Erfolgsfaktoren" zeigt jedoch, daß hiermit hinreichend bekannte und teilweise eher unspezifische Konzepte aus der Vergangenheit angesprochen werden, so daß die Frage nach der **Novität** dieses „Ansatzes" zu stellen ist, zumal die Autoren explizit von einem „neuen Ansatz" sprechen, den sie dem „traditionellen Ansatz", der aus den Elementen Qualität, Zeit und Kosten besteht, gegenüberstellen:

- Das „Konzept" der Agilität[1], das eher als Schlagwort[2] und weniger durch seine inhaltliche Konkretisierung bekannt ist, sowie die Reaktionsfähigkeit knüpfen an den Aspekt „Geschwindigkeit" an, mit der
  -- ein System umgestaltet werden kann und
  -- unerwartete Anforderungen erfüllt werden können.

  Beide Aspekte lassen sich auf ein entsprechend umfassendes Flexibilitätsverständnis zurückführen, wie es seit vielen Jahren in der Betriebswirtschaftslehre existiert[3]. Beschreibungen wie
  -- „optimale Kostenstruktur",
  -- „geschickter Einsatz interner und externer Ressourcen" und der Hinweis auf
  -- „immer kürzer werdende Produktlebenszyklen"
  sind dabei wenig operational.

- Mit dem Erfolgsfaktor Schlankheit wird auf das Lean Management zurückgegriffen. Formulierungen wie „maximaler Output bei minimalem Input"[4] sind dabei schwerlich mit ökonomischen Erkenntnissen in Einklang zu bringen.

- Mit den Informationen wird auf ein fundiertes Verständnis der Kundenbedürfnisse sowie der Kundenzufriedenheit abgestellt, eine Forderung, die seit langem durch das Marketing unterstützt wird. Darüber hinaus wird hierunter die maximale Nutzung aller Informationen gefordert, worin eine eher unspezifische Forderung zu sehen ist.

Der Hinweis, daß führende Unternehmungen diese „Prinzipien" im Zusammenhang sehen und nicht unabhängig voneinander[5], vermag keinen Erkenntnisgewinn zu leisten.

---

1) Zum Begriff der Agilität vgl. Christopher (2000, S. 37 ff.).
2) Der Schlagwortcharakter wird in besonderem Maße deutlich, wenn Formulierungen verwendet werden, die Unternehmungen deshalb als beweglicher bezeichnen, weil sie schneller werden. Vgl. etwa Servatius (1998, S. 14).
3) Vgl. Wildemann (1987, S. 467 ff.).
4) A.T. Kearney/ELA (1999, S. 33); Pfohl (2000, S. 25).
5) Vgl. Pfohl (2000, S. 26).

2.3 Erfolgsfaktoren des Supply Chain Management

Ein weiteres Konzept schlagen ELA/Andersen Consulting vor, wobei die Synchronisierung der Supply- und Demand-Seite im Zentrum der Überlegungen steht. Während die

- **Supply-Seite** (Versorgung) auf den effizienten logistischen Fluß durch das Supply-Chain-Netzwerk abzielt, geht es bei der
- **Demand-Seite** (Nachfrager) darum, die Konsumentennachfrage zu stimulieren, und zwar bei gleichzeitiger Beachtung der Effektivität der Supply-Chain-Aktivitäten[1].

Auch diesem Konzept liegt eine Befragung von Unternehmungen zugrunde, die die folgenden wesentlichen Aspekte herausstellt[2]: Exzellente Unternehmungen

- wenden Techniken an, die eine gemeinsame Planung, Prognose und Lieferung unterstützen und Interessenkonflikte eliminieren, und
- bauen auf Partnerschaft, um z.b. den Servicegrad am Verkaufsort zu verbessern.

Die daran anknüpfende Auflistung von „Fähigkeiten" und „Maßnahmen" wie

- Entwicklung von Erfolgsfaktoren,
- effiziente Verkaufsförderung,
- effiziente Produktentwicklungs- und -einführungsprozesse,
- Entwicklung von Supply-Chain-Erfolgsfaktoren sowie
- „vorausschauende" Bedarfsplanung etc.

erweist sich weder als überschneidungsfrei noch als operational, sondern kann nur als Ansammlung von Allgemeinplätzen charakterisiert werden.

Ein drittes Konzept, dem ebenfalls eine empirische Untersuchung zugrunde liegt, stellen ELA/Zentrum für Logistik und Unternehmensplanung vor[3]. Ein zentrales Ergebnis bildet dabei die Erkenntnis, daß die Logistik einen wesentlichen Beitrag zur Realisierung der Ziele des Supply Chain Management zu leisten vermag, ein Sachverhalt, der bedingt durch die bereits hervorgehobene enge Beziehung zwischen Logistik und Supply Chain wenig überraschend erscheint. Darüber hinaus wird die Bedeutung der Informationstechnologie für das Supply Chain Management herausgestellt.

---

1) Vgl. Pfohl (2000, S. 27).
2) Vgl. Pfohl (2000, S. 28 f.); ferner Ferrer/Vidal (2000, S. 14 f.).
3) Vgl. Baumgarten/Wolff (1999); Pfohl (2000, S. 29 ff.).

Als ein weiteres Konzept ist die CLM/Michigan-State-University-Studie zu nennen, die auf einer Befragung von Unternehmungen in Nordamerika basiert[1]. Dabei wurden die folgenden Kompetenzen, die für ein exzellentes Supply Chain Management von Bedeutung sind, identifiziert[2]:

- Integration der Kunden: durch eine konsequente Kundenorientierung.
- Interne Integration: durch eine funktionsübergreifende Standardisierung, Vereinfachen der Abläufe etc.
- Integration der Material- und Servicelieferanten: durch Integration der Lieferanten und Realisation eines Lieferantenmanagement.
- Integration von Technologie und Planung: durch Einsatz geeigneter Informationstechnologien.
- Integration der Erfolgsmessung: durch Leistungsmessungen der Funktionsbereiche, Activity-based-costing- und Total-cost-Methoden etc. (als Kennzahlen dienen dabei der Grad des Kundenservices, die Kosten, die Qualität, die Produktivität etc.).
- Integration der Beziehungen: durch partnerschaftliches Verhältnis.

Bei dieser wenig operationalen Auflistung fällt auf, daß es im wesentlichen um die „Integration" von Partnern, Objekten und Abläufen geht, worin eine elementare Forderung des Supply Chain Management zu sehen ist.

Insgesamt bleibt damit festzustellen, daß die skizzierten „Konzepte", die unter dem Schlagwort „Supply-Chain-Exzellenz" vorgestellt werden, keine konkreten Anhaltspunkte für die Gestaltung der Supply Chain zu bieten vermögen und die formulierten „Erfolgsfaktoren" oder „Fähigkeiten" auf bekanntes Wissen zurückzuführen sind. Darüber hinaus bieten die wenig konkreten Formulierungen keine geeignete Basis für wissenschaftlich fundierte Handlungsempfehlungen.

Ein weiteres Erfolgsfaktorenkonzept, das eine eher willkürlich anmutende Auflistung von Erfolgsfaktoren bietet, findet sich bei Beckmann, der die Faktoren Kultur, Strategie, Struktur, Systeme, Fähigkeiten, Personal, Stil, Umfeld und Entwicklung nennt, die dann spiegelstrichartig „charakterisiert" werden[3]. Diese logisch nicht nachvollziehbare Ansammlung ist

- einerseits dadurch gekennzeichnet, daß die erwähnten „Erfolgsfaktoren" auf unterschiedlichen logischen Ebenen liegen und folglich nicht überschneidungsfrei sind, und

---

1) Vgl. Bowersox/Closs/Stank (1999, S. 7 ff.), zitiert nach Pfohl (2000).
2) Vgl. Pfohl (2000, S. 33 ff.).
3) Vgl. Beckmann (1998, S. 26).

- anderseits ihre „Charakterisierung" eine Anhäufung von Begrifflichkeiten darstellt, die in der wissenschaftlichen Literatur einer differenzierteren Betrachtung unterzogen werden.

Die zuletzt genannte Problematik soll beispielhaft an dem Erfolgsfaktor „Struktur" aufgezeigt werden, wobei sich ähnliche Überlegungen für jeden der genannten Faktoren durchführen ließen. Zur Charakterisierung dieses Erfolgsfaktors werden die Aufbauorganisation, die Spezialisierung, die Formalisierung, die Kompetenzverteilung und die Koordination auf der gleichen logischen Ebene genannt. Während mit der Aufbauorganisation die vertikale und horizontale Aufgabenzerlegung und die Stellenbildung, d.h. die Zuweisung abgegrenzter organisatorischer Einheiten erfolgt, werden mit der Spezialisierung, Formalisierung und Koordination Dimensionen genannt, die in der wissenschaftlichen Literatur[1] herangezogen werden, um Organisationsstrukturen differenziert zu erfassen, wobei die Konfiguration vollständig fehlt und mit der Kompetenzverteilung Aspekte der Dimension Entscheidungsdelegation erfaßt werden. Diese Überlegungen zeigen, daß es sich bei dieser Auflistung eher um einen „bunten Strauß" von Begriffen, als um eine systematische Herleitung und Erfassung von Erfolgsfaktoren handelt. Weiterhin existieren empirische Studien, die sich auf Abschnitte des Supply Chain Management beschränken, wobei insbesondere die beiden folgenden Gruppen zu nennen sind:

- empirische Studien zu Lieferanten-Produzentenbeziehungen[2] sowie
- empirische Studien zu Produzenten-Händlerbeziehungen[3].

Dabei zeigt sich, daß Faktoren wie

- Vertrauen,
- kontinuierliche Verbesserungsprozesse,
- kooperative Konfliktlösungsformen sowie
- quantitativer und qualitativer Informationsaustausch (frühzeitige Kommunikation)

häufig genannt werden, wobei die persönlichen Beziehungen, etwa durch Grenzstelleninhaber (Boundary Spanners[4]) oder Beziehungspromotoren[5] eine besondere Bedeutung erlangen.

---

1) Vgl. Kieser/Kubicek (1992, S. 74).
2) Vgl. z.B. Dyer (1996, S. 271 ff.); Ellram (1995, S. 36 ff.); Stuart (1993, S. 22 ff.); Wertz (2000, S. 133 ff.).
3) Vgl. z.B. Anderson/Narus (1990, S. 42 ff.); Mohr/Spekman (1994, S. 135 ff.).
4) Vgl. Sydow (1992, S. 121 f.).
5) Vgl. Gemünden (1990, S. 30 f.); Walter (1998, S. 116 ff.).

Es bleibt damit festzustellen, daß die etwas pointierte Aussage von Fritz auch für diesen Bereich der „Erfolgsfaktorenforschung" gültig bleibt: „Die Erfolgsfaktorenforschung stellt sich ... als eine bunte Mischung von oberflächlicher Geschichtenerzählerei, Folklore, Rezeptverkauf, Jagen und Sammeln sowie einigen wenigen Bemühungen um ernstzunehmende eigenständige Forschung dar"[1], wobei für das Supply Chain Management anzumerken ist, daß die zuletzt genannten Bemühungen noch weitgehend ausstehen. So gelangen dann auch Otto/Kotzab zu der folgenden Beurteilung: „Der Schwerpunkt der vorliegenden Forschungsarbeiten basiert auf ‚Best-Practice'-Fallstudien, die beachtenswerte Resultate durch die Anwendung von SCM versprechen. Modellbildungen, konzeptionelles Reframing oder hypothesentestende empirische Arbeiten sind im empirischen Methodenrepertoire der SCM-Forschung (noch) weitgehend unberücksichtigt."[2]

2.4 Efficient Consumer Response als spezielles Supply Chain Management

Die Initiative für das Konzept **Efficient Consumer Response** (ECR) ging vom Food Marketing Institute aus, einer Gemeinschaftsorganisation der Supermarktfilialsysteme und der Nahrungsmittelindustrie mit Sitz in Washington D.C., und wurde von der Unternehmungsberatung Kurt Salmon Associates erarbeitet[3]. Teilweise wird das Konzept des Efficient Consumer Response auch als die bisher bekannteste Konkretisierung des Supply-Chain-Denkens herausgestellt[4] und Poirier betrachtet das Efficient Consumer Response sowie das Cross Docking und das Quick Response als Bestandteile eines Supply Chain Management[5].

Wie beim Supply Chain Management setzt auch das Efficient Consumer Response am Konsumenten an, dessen Nachfrage es schnell und gezielt zu decken gilt. Damit stellt es ebenfalls eine vertikale Kooperationsform zur Harmonisierung unternehmungsübergreifender Abläufe dar[6]. Dabei wird wiederum eine ganzheitliche Prozeßoptimierung angestrebt[7] und somit von den Hersteller-Händler-Dyaden, die häu-

---

1) Fritz (1990, S. 103).
2) Otto/Kotzab (2001, S. 169).
3) Vgl. Dornier u.a. (1998, S. 121); Horstmann (1997, S. 53 ff.).
4) Vgl. Klaus (1998, S. 436).
5) Vgl. Poirier (1999, S. 8 ff.).
6) Vgl. Buscher (1999, S. 449); Vollmann/Cordon (1998, S. 686).
7) Vgl. z.B. Dornier u.a. (1998, S. 121 f.); Swoboda (1997, S. 450); Wildemann (2000, S. 72 ff.).

2.4 Efficient Consumer Response als spezielles Supply Chain Management 113

fig suboptimal sind, Abstand genommen[1]. Damit ist auch das Efficient Consumer Response durch eine konsequente Prozeßorientierung gekennzeichnet[2]. Ähnlich wie im Rahmen des Supply Chain Management werden auch beim Efficient Consumer Response teilweise euphorische Erfolgsmeldungen über mögliche Kostensenkungen gemeldet. Autoren mit kritischer Distanz[3] heben jedoch hervor, daß

- einerseits immer auf dieselben Unternehmungen (z.B. Wal-Mart[4] und Procter & Gamble) Bezug genommen wird, die kaum als repräsentativ anzusehen seien, und
- anderseits aufgrund der häufig anekdotischen Schilderungen von Fallstudien nur mit einer geringen Validität der Ergebnisse zu rechnen sei[5].

Damit ist festzustellen, daß auch die häufig beschriebenen Effekte des Efficient Consumer Response eher zurückhaltend zu interpretieren sind und es fundierter empirischer Untersuchungen bedarf.

Efficient Consumer Response ist ein **strategisches Konzept** der unternehmungsübergreifenden Zusammenarbeit primär in der Konsumgüterwirtschaft zwischen Produzenten, Groß- und Einzelhändlern, das eine integrierte Gestaltung der gesamten **Versorgungskette** realisieren möchte[6]. Hierdurch bedingt lassen sich

- die Reaktionsfähigkeit auf marktliche Veränderungen erhöhen und
- die Sortimentsgestaltung und die Bestandsführung sowie die Werbemaßnahmen innerhalb der gesamten Kette optimieren,

mit der Konsequenz, daß die Kosten im gesamten Distributionssystem gesenkt werden. Grundlagen hierfür bilden eine artikelgenaue Erfassung der Verkäufe und ein durchgängiger Informationsfluß vom **Point of Sale**[7] und den vorgelagerten Stufen auf der Grundlage genormter Daten. Vorteilhaft ist dabei die informatorische Vernetzung vom Point of Sale (Scannerkassen) bis hin zu den Produktionsstätten, wobei der Handel den Produzenten die aktuellen Verkaufsdaten zur Verfügung stellt[8]. Teilwei-

---

1) Vgl. Horstmann (1997, S. 5).
2) Vgl. Töpfer (1996b, S. 22).
3) Vgl. z.B. Otto/Kotzab (2001, S. 162).
4) Zu einer ausführlichen Beschreibung vgl. Stalk/Evans/Shulman (1992, S. 58 ff.).
5) ECR scheint in bestimmten Handelsbranchen einsetzbar zu sein: z.B. Lebensmittelhandel, Pharmagroßhandel und Textilhandel. Vgl. Johnston/Lawrence (1989, S. 82 f.). Kotzab/Schnedlitz (1998, S. 362 und S. 366) geben eine tabellarische Übersicht über Verbesserungen in ausgewählten Fallstudien.
6) Vgl. Pfohl (1997, S. 23).
7) Es liegt somit das Ideal einer Consumer Driven Supply Chain zugrunde. Vgl. Friedrich/Hinterhuber (1999, S. 2 ff.), die ECR als einen Denkrahmen charakterisieren, der als Vision dient.
8) Vgl. Bretzke (1995, S. 523); Johnston/Lawrence (1989, S. 83).

se wird in diesem Zusammenhang darauf hingewiesen, daß hierdurch eine Verschiebung der „Informationsmacht" in Richtung Handel eintrete, wodurch sich die Verhandlungsposition des Handels gegenüber der Industrie verbessere[1]. Efficient Consumer Response setzt damit einen intensiven Informationsaustausch zwischen dem Handel und den Lieferanten voraus, der in Abbildung 32 dargestellt ist[2], und verlangt gleichzeitig eine Veränderung der Hersteller-Handel-Beziehung[3].

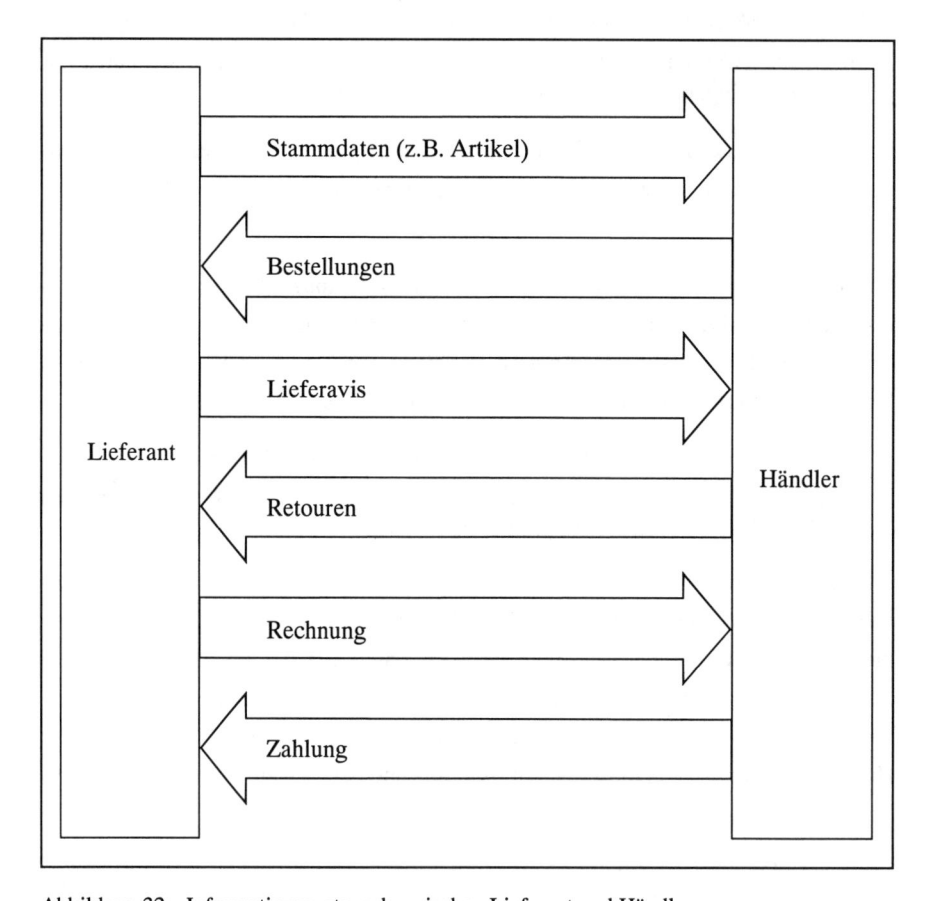

Abbildung 32: Informationsaustausch zwischen Lieferant und Händler

---

1) Vgl. Hallier (1996, S. 47 f. und S. 53); Töpfer (1996a, S. 13).
2) Vgl. Zentes (1996, S. 33).
3) Vgl. Hallier (1996, S. 50 ff.); Werner (1996, S. 73 f.).

2.4 Efficient Consumer Response als spezielles Supply Chain Management

Als **Ziele** von Efficient Consumer Response sind dann zu nennen[1]:

- Minimierung der Lieferzeiten innerhalb des Absatzkanals,
- Lagerbestandsreduzierung,
- Vermeidung von Verdoppelungseffekten bei den Logistikkosten und
- Erhöhung des Logistikservice.

In diesem Zusammenhang wird von Quick Response gesprochen, das einen Informationsverbund voraussetzt, da nur so eine schnelle und aktuelle Informationsversorgung möglich ist[2]. In diesem Zusammenhang stellt das sogenannte Data Mining eine bedeutende Komponente des **Efficient Information Response** dar[3]. Hierunter ist eine Strukturierung der Daten auf der Basis statistischer Methoden zu verstehen, um so Cluster zu bilden oder auch Warenkorbanalysen durchführen zu können, eine Vorgehensweise, die jedoch nicht spezifisch ist, sondern ein elementares Vorgehen im Bereich der Marktforschung und -analyse darstellt. Eng hiermit verknüpft ist das **Continuous Replenishment** (kontinuierliche Warenversorgung), worunter ein unternehmungsübergreifendes Bestandsmanagement zu verstehen ist[4], d.h., der Lagerbestand wird zu einer gemeinsamen Variablen der Beteiligten[5]. Dieser Ansatz wird in der Literatur auch als eine Weiterentwicklung des Quick Response bezeichnet[6]. Dabei soll eine unmittelbare Weitergabe von Bewegungs- und Inventurdaten auf der Zentrallager- und Outletebene einen automatischen Warennachschub gewährleisten[7]. Hierbei werden

- einerseits der Bestellrhythmus der Handelsunternehmung mit der tatsächlichen Nachfrage in Einklang gebracht,
- anderseits überträgt die Handelsunternehmung die Kompetenz zur Lagerbestandsführung auf den Produzenten[8], d.h., die Lieferanten sorgen für eine kontinuierliche Aufteilung der Lagerbestände des Kunden, und zwar ohne explizite Auftragserteilung.

Dies setzt jedoch voraus, daß einerseits ein entsprechend umfangreiches Verkaufsvolumen gegeben ist und anderseits ein kontinuierlicher Austausch von Verkaufs-

---

1) Vgl. z.B. Fischer/Städler (1999, S. 349 ff.); Kotzab/Schnedlitz (1998, S. 357).
2) Vgl. Iyer/Bergen (1997, S. 559 ff.); Schary/Skjøtt-Larsen (1995, S. 212 ff.).
3) Vgl. Tietz (1995, S. 177).
4) Vgl. z.B. Ross (1997, S. 234 ff.); Vahrenkamp (2000, S. 117).
5) Vgl. Pfohl (1994a, S. 230).
6) Vgl. z.B. Buscher (1999, S. 453).
7) Vgl. Gleißner (2000, S. 171 ff.).
8) Vgl. Kotzab (1997, S. 140 f.).

und Transportdaten zwischen den Beteiligten erfolgt[1]. Darüber hinaus erscheint die Realisierung einer Dauerniedrigpreisstrategie (every day low price[2]) zweckmäßig, um so Nachfrageschwankungen (z.B. Spitzenbedarfe, die durch Sonderangebote induziert werden) zu vermeiden, die aus preislichen Sonderaktionen resultieren. Mit der Strategie der Dauerniedrigpreise wird somit das Ziel verfolgt, den Güterstrom zu verstetigen[3]. Grundidee ist es damit, den automatischen Warennachschub zwischen Produzenten und Handelsunternehmung zu ermöglichen. Abbildung 33 gibt den idealtypischen Ablauf eines **Quick-Response-Systems** wieder[4].

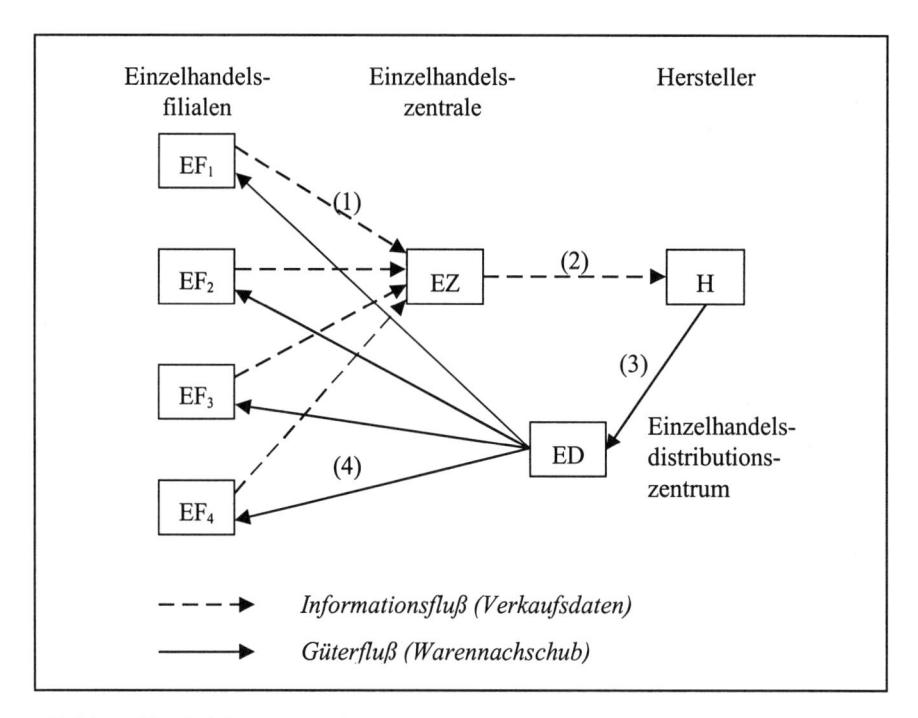

Abbildung 33: Quick-Response-System

---

1) Vgl. Buscher (1999, S. 453).
2) Vgl. Fischer (1997, S. 113); Stalk/Evans/Shulman (1992, S. 58).
3) In einer differenzierenden Betrachtung unterscheiden Gattorna/Chorn/Day (1991, S. 5 ff.) unterschiedliche Bedarfsarten auf der Ebene des Einzelhandels. Während es sich bei der Basis um einen langfristig stabilen Güterstrom handelt, der gut prognostizierbar ist, stellt die Welle eine saisonale Bedarfsschwankung und die Woge einen Spitzenbedarf dar, der aus unvorhersehbaren Nachfragebewegungen resultiert. Auf der Grundlage dieser Überlegungen leiten die Autoren dann die Gestaltungsempfehlung ab, für diese Erscheinungsformen der Bedarfsarten unterschiedliche Supply Chains zur Verfügung zu stellen. Eine genauere Betrachtung dieses Vorschlages zeigt jedoch, daß er auf das bekannte Instrument der Zeitreihenzerlegung zurückgreift, das in der betrieblichen Praxis der Bedarfsermittlung eine weite Verbreitung gefunden hat.
4) Vgl. Schulte (1999, S. 400).

Ausgangspunkt sind die Point-of-Sale-Daten (1), die in der Einzelhandelszentrale artikelgenau über alle Filialen erfaßt werden. Diese aggregierten Daten werden an den Hersteller weitergeleitet (2), der hieran seine kurzfristigen Produktionspläne ausrichtet. Sind die Güter erstellt, erfolgt die Auslieferung über ein dazwischengeschaltetes Distributionszentrum (3) an die Filialen (4). Erfolgt darüber hinaus die Disposition der Lager- oder Filialbestände einer Unternehmung durch den Lieferanten, dann wird von einem **Vendor Managed Inventory** gesprochen[1], ein Konzept, das in der Praxis eher zurückhaltend Anwendung erlangt und in aller Regel nur bilateral zum Einsatz gelangt. Ein Konzept, das in diesem Zusammenhang häufiger anzutreffen ist, stellt das **Co-Managed-Inventory**[2] als eine Mischform der bestandsseitigen Zusammenarbeit dar. Hierbei bleibt das Recht, Bestellungen auszulösen, bei den Händlern, jedoch werden die Hersteller im voraus und präziser über die vom Handel geplanten Aktionen und die Lagerbestände informiert. So kann der Lieferant Daten über Lagerbewegungen des Handels abrufen und verfolgen, so daß die Informationsintensität zwischen Handel und Hersteller zunimmt.

Diese Überlegungen knüpfen unmittelbar an der **Just-in-Time-Philosophie** an, die auch eine integrative Betrachtung über mehrere Wertschöpfungsstufen vorsieht[3]. Quick Response stellt damit eine Anwendung des Just-in-Time-Prinzips dar[4]. Das Quick-Response-System bildet somit eine Kooperationsform zwischen Industrie und Handel, die dazu dient, den Warenfluß zu beschleunigen. Grundlage hierfür bildet ein nachfragesynchrones Belieferungssystem auf der Basis eines permanenten Informationsflusses. Ziele sind

- die Minimierung der Reaktionszeit auf die Kundennachfrage und
- die Reduzierung der Lagerbestände.

Hierzu wurde die Anzahl der Lager reduziert, wodurch letztlich Zentrallager entstanden, die dann mit Bezug zum Just-in-Time-Konzept zu **Warenverteilzentren** weiterentwickelt wurden, so daß die Verbindungen zwischen Liefer- und Empfangspunkten deutlich reduziert wurden (vgl. Abbildung 34).

---

1) Vgl. Simacek (1999, S. 130 ff.).
2) Vgl. Gleißner (2000, S. 195 ff.).
3) Vgl. Wildemann (2000, S. 75).
4) Vgl. z.B. Swoboda (1997, S. 450).

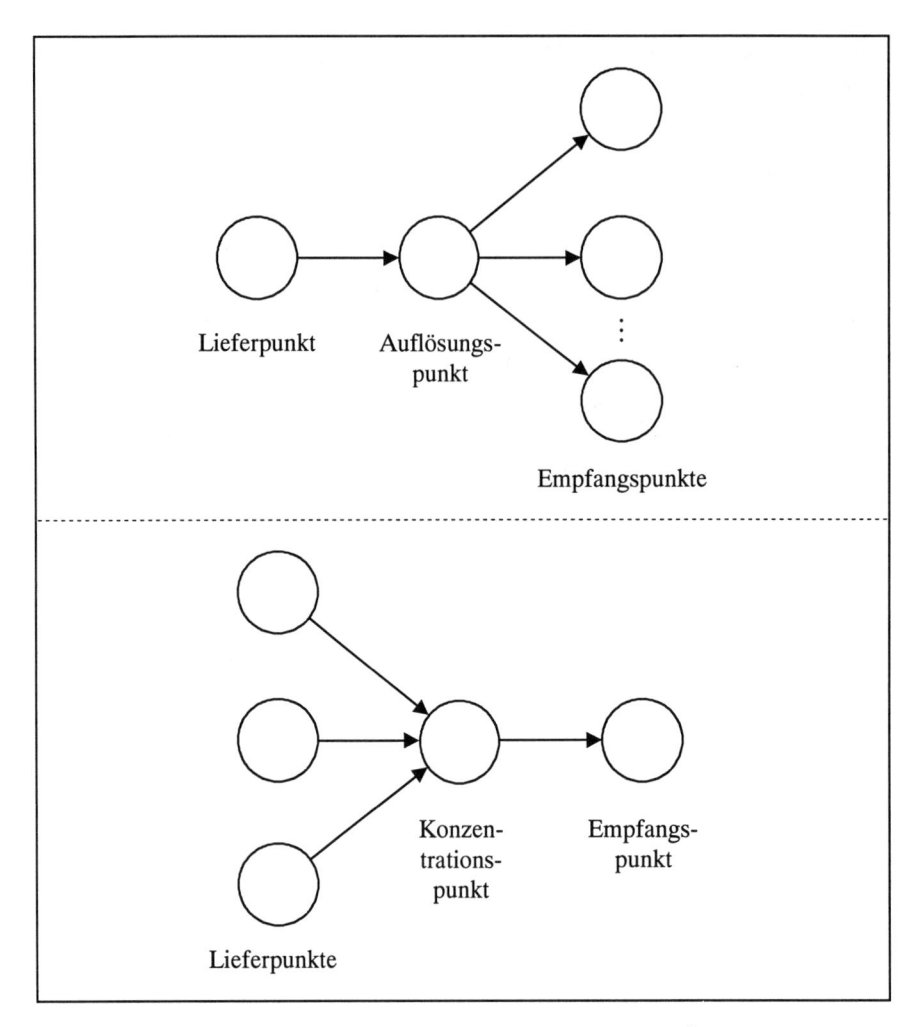

Abbildung 34: Verbindungen zwischen Liefer- und Empfangspunkten[1]

Als ein konkretes Konzept zur Abwicklung von Umschlagvorgängen in Warenverteilzentren ist das **Cross Docking**[2] zu nennen, worunter ein Verteillager zu verstehen ist, in dem die Ware nicht eingelagert, sondern sofort an den Point of Sale weitergeleitet wird[3]. Abbildung 35 gibt die Grundidee des Cross Docking wieder[4].

---

1) Vgl. Kotzab (1997, S. 156); ferner Fricke/Oymann (1999, S. 23 und S. 27).
2) Synonym wird auch von Transshipment gesprochen. Vgl. Gleißner (2000, S. 180).
3) Vgl. Gudehus (1999, S. 800 f.); Heinemann (1997, S. 38).
4) Vgl. Kotzab (1997, S. 159).

2.4 Efficient Consumer Response als spezielles Supply Chain Management

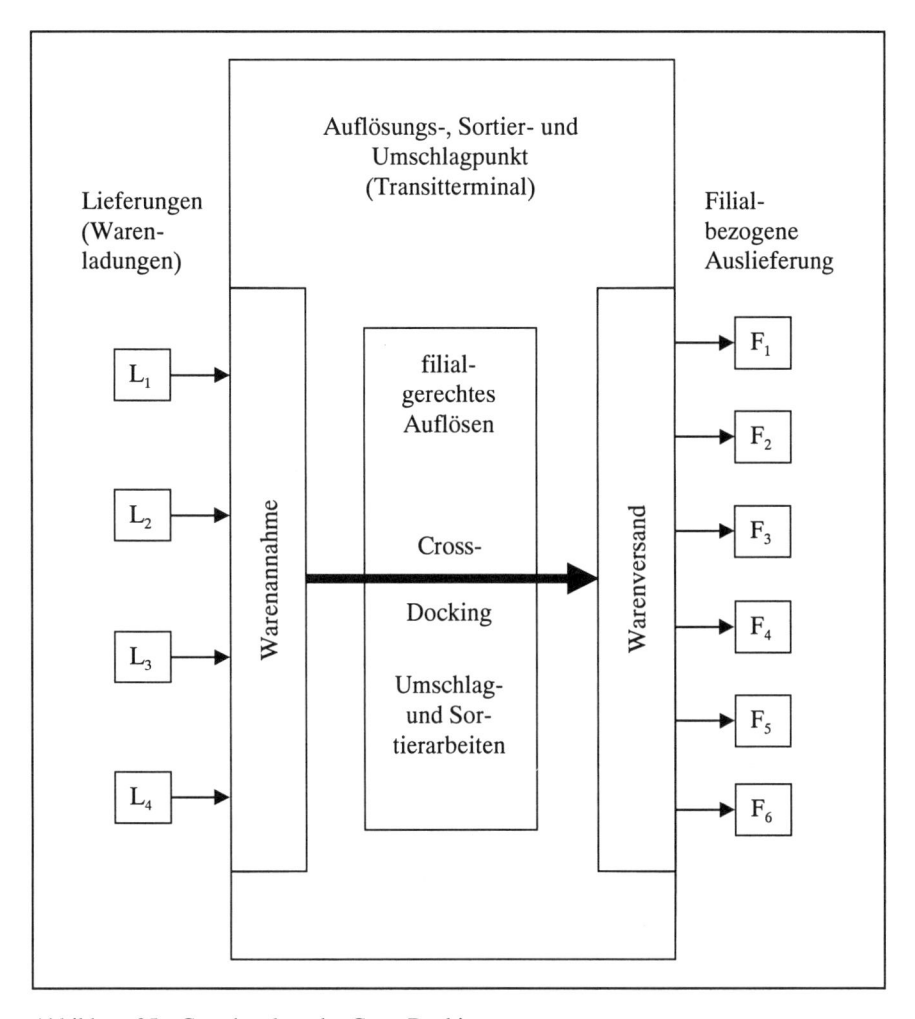

Abbildung 35: Grundstruktur des Cross Docking

Am Transitterminal gehen Warenladungen von den einzelnen Lieferanten ein und werden unmittelbar für den Weiterversand zu bedarfsgerechten Filialsendungen transformiert, d.h. für den Warenausgang bereitgestellt. Basis bildet auch hierbei eine enge informatorische Verknüpfung zwischen den Lieferanten und Abnehmern. Unterschiedliche Erscheinungsformen des Cross Docking lassen sich auf der Grundlage der folgenden Kriterien bilden[1]:

- Umfang der Vorbereitungsarbeiten durch den Hersteller: Welchen logistischen Vorbereitungsgrad realisiert der Hersteller (z.B. vorkommissionierte Anlieferung oder Voretikettierung der Ware)?

---

1) Vgl. Kotzab (1997, S. 167).

- Informatorische Integration im Logistikkanal: Wird das Eintreffen der Lieferungen an den Transitterminal elektronisch vorangekündigt?
- Ausstattung des Transitterminals: Welcher Automatisierungsgrad wird bei den Kommissionier-, Sortier- und Umschlaganlagen realisiert?

Efficient Consumer Response stellt dann eine konsequente Weiterführung der Gedanken des Quick Response dar, das seinen Ursprung in der Textilindustrie hat, indem es sich nicht nur auf die Harmonisierung des Warennachschubs konzentriert, sondern darüber hinaus die Bereiche Sortimentsgestaltung, Verkaufsförderung und Produkteinführung zum Gegenstand einer partnerschaftlichen Zusammenarbeit zwischen Produzenten und Handelsunternehmungen macht[1]. Insofern erscheint die Gleichsetzung von Quick Response und Efficient Consumer Response als nicht gerechtfertigt[2].

In einer differenzierteren Betrachtung lassen sich dann vier wesentliche **Bausteine des Efficient Consumer Response** herausarbeiten[3]:

- **Efficient Replenishment** durch eine effiziente Versorgung mit Waren auf der Grundlage einer nachfrageorientierten Pull-Steuerung.
- **Efficient Assortment**, d.h., es geht um eine kunden- und renditeorientierte Sortimentsgestaltung durch eine konsequente Ausrichtung der Waren auf die aktuellen Kundenwünsche, um so den Kundennutzen zu erhöhen, und zwar auf der Grundlage gemeinsamer Bemühungen von Industrie und Handel. Ziel ist es dabei, daß der Warenfluß der aktuellen Nachfragesituation an dem jeweiligen Point of Sale entspricht.
- **Efficient Promotion**, d.h., es geht um eine von Handel und Industrie gemeinsam getragene Verkaufsförderung mit dem Ziel, die Verkaufsförderung (z.B. auf der Basis von Aktionen) in effizienter Weise auf die Kundenbedürfnisse auszurichten.
- **Efficient Product Introduction** zielt auf die Produktgestaltung und Neuproduktentwicklung und -einführung ab, um so die „Floprate" zu senken.

Efficient Assortment, Efficient Promotion und Efficient Product Introduction werden teilweise auch als Einzelstrategien des sogenannten **Category Management** bezeichnet, dessen Ausgangspunkt die Produktgruppen („Categories") bilden, die auf bestimmte Zielgruppen ausgerichtet sind[4].

---

1) Vgl. Kotzab (1997, S. 175).
2) Vgl. Poirier/Reiter (1997, S. 57).
3) Vgl. Dornier u.a. (1998, S. 122 f.); Ester/Baumgart (2000, S. 146); Gleißner (2000, S. 116 ff.); Heinemann (1997, S. 38 f.); Horstmann (1997, S. 53 ff.); Stölzle (1999, S. 149); Zentes (1996, S. 35 f.).
4) Vgl. z.B. Gleißner (2000, S. 116).

Wie beim Supply Chain Management lassen sich auch beim Efficient Consumer Response Standardisierungsbemühungen ausmachen. Zu nennen ist dabei die **Collaborative Planning, Forecasting, and Replenishment (CPFR)-Initiative**, deren Ursprung in einem Pilotprojekt des Handelskonzerns Wal-Mart liegt, der Ende 1995 mit Warner-Lambert für ein ausgewähltes Produkt neue Wege für die Zusammenarbeit zwischen Industrie und Handel im Rahmen der Erstellung von Verkaufsprognosen suchte[1]. Seit 1997 arbeiten „... neben Wal-Mart und Warner-Lambert bekannte Handels- und Konsumgüterunternehmen wie Kmart, JC-Penny, Procter & Gamble, Nabisco, Levi Strauss & Co., Hewlett Packard sowie das Uniform Code Council an der Entwicklung von standardisierten Geschäftsprozessen für die kooperative Planung und Prognose zwischen Hersteller und Handel sowie deren technologische Unterstützung."[2] Abbildung 36 gibt die Grundstruktur der CPFR-Initiative wieder[3].

Ausgangspunkt des Prozeßmodells bildet eine Übereinkunft der Partner, die folgende Aspekte betrifft:

- Zielsetzungen der Zusammenarbeit,
- Fixierung der von beiden Seiten einzusetzenden Ressourcen und
- Zusicherung der vertraulichen Behandlung von Informationen.

Bei der Entwicklung eines gemeinsamen Geschäftsplanes sind gemeinsame Kennzahlen konkret festzulegen, die sich an der Performance der gesamten Kette orientieren. Liegen die Rahmenbedingungen fest, erfolgt die Erstellung von Prognosen. Werden Ausnahmen identifiziert, dann werden die betroffenen Mitarbeiter sowohl beim Händler als auch beim Produzenten informiert, und es erfolgt eine persönliche Zusammenarbeit zur Problemlösung. Für die Datenflüsse zwischen den beteiligten Unternehmungen wird für den reinen Datentransfer auf den EDI-Standard verwiesen, während für die kooperative Zusammenarbeit das Internet zum Einsatz gelangen kann[4].

---

1) Vgl. Hellingrath (1999, S. 83). Im Jahre 1994 wurde das Europe Executive Board als europäisches ECR-Netzwerk gegründet. Vgl. Friedrich/Hinterhuber (1999, S. 4).
2) Hellingrath (1999, S. 84 f.).
3) Vgl. Hellingrath (1999, S. 83).
4) Vgl. http://www.cpfr.org/.

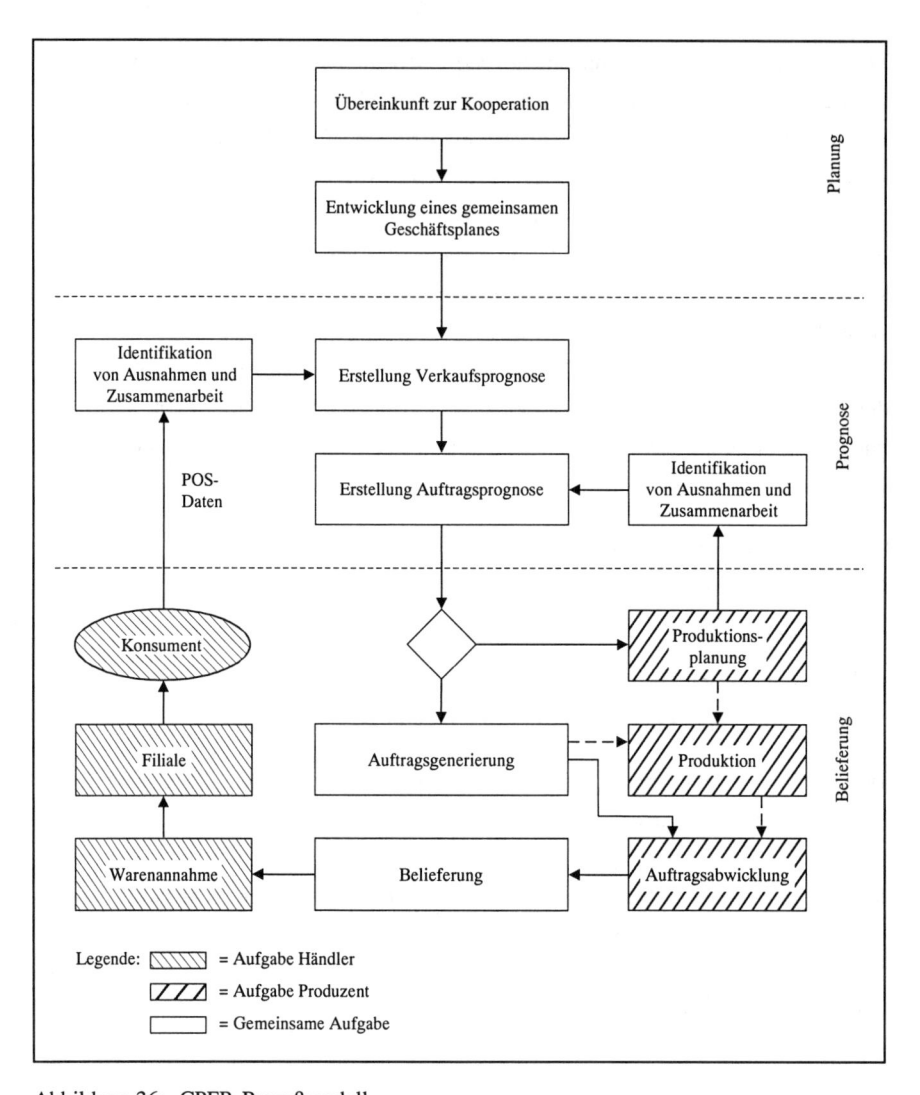

Abbildung 36: CPFR-Prozeßmodell

Zum Novitätsgrad von Efficient Consumer Response kann zunächst aufgrund der Verwandtschaft zum Supply Chain Management auf diese Ausführungen verwiesen werden. Jedoch muß eine Betrachtung von Efficient Consumer Response darüber hinausgehen, da derartige Partnerschaften in der Handelsbetriebslehre auf eine lange Tradition zurückblicken können. So geht die Idee derartiger Überlegungen, und hierauf weist auch Tietz[1] explizit hin, auf

---

1) Vgl. Tietz (1995, S. 184).

2.4 Efficient Consumer Response als spezielles Supply Chain Management

- die **Handelskettenbetrachtung** bei Seÿffert[1] und
- die **Produktions- und Absatzkettenbetrachtung** bei Schäfer[2]

zurück. Ferner finden sich erste Überlegungen hierzu bei Oberparleiter[3] im Jahre 1955. Schäfer bezeichnet dabei den „... gesamten Weg der Ware vom Urprodukt bis zur letzten, noch erkennbaren Verwendung ..."[4] als den „Warenweg"[5].

Darüber hinaus sind das

- Key Account Management (Schlüsselkundenmanagement) und das
- planvereinbarte Marketing, bei dem zwischen Industrie und Handel eine Vereinbarung hinsichtlich Umsatzanteilen für Artikel und Warengruppen, aber auch über Lager- und Transportleistungen getroffen wird[6],

zu nennen, die das Efficient Consumer Response in seinen Grundgedanken aufgreift. Damit wird deutlich, daß auch das Efficient-Consumer-Response-Konzept in konzeptioneller Hinsicht nichts Neues zu liefern vermag, sondern eine Verknüpfung bekannter Erkenntnisse darstellt.

Die vorangegangenen Ausführungen haben deutlich werden lassen, daß es eine „geistige" Verwandtschaft zwischen dem Just-in-Time-Konzept, dem Efficient Consumer Response und dem Supply Chain Management gibt, die in der nachfolgenden Abbildung 37 dargestellt wird[7].

---

1) Vgl. Seÿffert (1931) und (1972).
2) Vgl. Schäfer (1950).
3) Vgl. Oberparleiter (1955).
4) Schäfer (1950, S. 81).
5) Vgl. auch die von Schäfer (1950, S. 85 ff.) herausgearbeiteten Typen von Absatzwegen. Krüger/Steven (2000, S. 501) weisen darauf hin, daß auch der Ansatz „Marketing Channel" aus den 60er Jahren, dessen Schwerpunkt auf der physischen Distribution lag, in enger Beziehung zu diesen Überlegungen steht. Zu Marketing Channels vgl. Stern/El-Ansary (1988, S. 3 ff.).
6) Vgl. Tietz (1995, S. 183 f.).
7) Vgl. Krüger/Steven (2000, S. 503); Pfohl/Mayer (1999, S. 278).

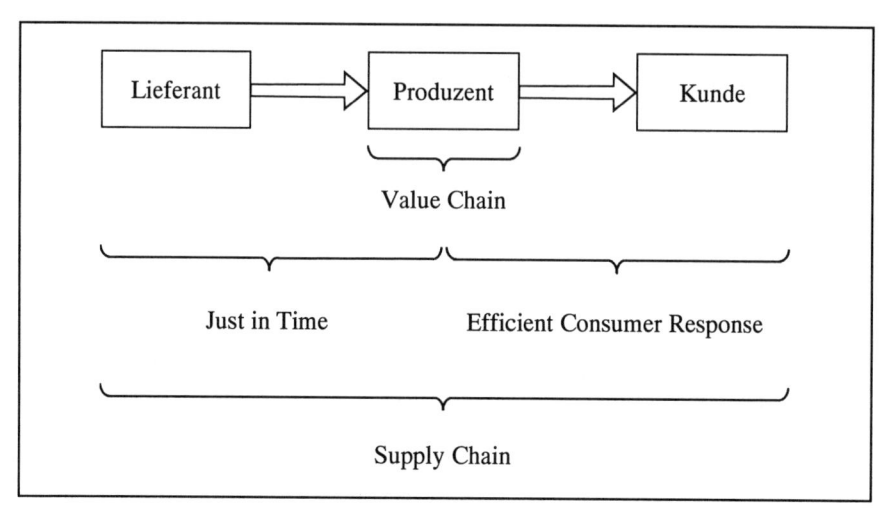

```
┌─────────────────────────────────────────────────────────┐
│   ┌──────────┐      ┌──────────┐      ┌──────────┐      │
│   │ Lieferant│ ═══▶ │ Produzent│ ═══▶ │  Kunde   │      │
│   └──────────┘      └──────────┘      └──────────┘      │
│                      ⏝⏝⏝⏝⏝⏝                           │
│                      Value Chain                         │
│   ⏝⏝⏝⏝⏝⏝⏝⏝⏝⏝   ⏝⏝⏝⏝⏝⏝⏝⏝⏝⏝⏝⏝           │
│      Just in Time      Efficient Consumer Response       │
│   ⏝⏝⏝⏝⏝⏝⏝⏝⏝⏝⏝⏝⏝⏝⏝⏝⏝⏝⏝⏝⏝⏝⏝⏝           │
│                      Supply Chain                        │
└─────────────────────────────────────────────────────────┘
```

Abbildung 37: Supply Chain als übergeordneter Bezugspunkt

2.5 Ausgewählte Instrumente

2.5.1 Referenzmodelle für das Supply Chain Management

Bevor auf konkrete Referenzmodelle für das Supply Chain Management eingegangen werden soll, ist es zunächst erforderlich, das Wesen dieser Modelle zu konkretisieren. Referenzmodelle, die teilweise auch als Referenzsysteme bezeichnet werden, bilden einen konzeptionellen Rahmen, d.h., sie sind übergeordnete Modelle, die den Ausgangspunkt für spezifische Modelle bilden. Sie beziehen sich somit nicht auf einen konkreten Fall, sondern stellen eine problemübergreifende Modellierung dar und sind folglich allgemeiner und umfassender als spezielle Modelle, die einen konkreten Zusammenhang beschreiben und auf ein konkretes Modellierungsziel ausgerichtet sind[1]. Referenzmodelle erheben damit den Anspruch der Allgemeingültigkeit und dienen als Ausgangspunkt für den Entwurf spezieller anwendungsbezogener Modelle[2]. Sie weisen damit, auch von ihrem terminologischen Ursprung her, einen empfehlenden Charakter auf und sind daher als normative Ansätze zu bezeichnen[3]. Dies kommt beispielsweise in den Referenzmodellen aus der Wirtschaftsinformatik (z.B. Referenzmodelle für Geschäftsprozesse) deutlich zum Ausdruck[4]. Darüber hinaus

---

1) Vgl. Winter/Ebert (1997, S. 548 f.).
2) Vgl. Hars (1994, S. 15); Scharl (1997, S. 13).
3) Vgl. Becker/Schütte (1996, S. 25).
4) Vgl. hierzu den tabellarischen Überblick bei Lindemann (2000, S. 27).

werden an Referenzmodelle Anforderungen gestellt, wobei die folgenden genannt seien[1]:

- Sie müssen **abstrakt** sein, d.h., sie müssen einen „adäquaten" Abstraktionsgrad aufweisen: „In ihrem Detaillierungsgrad sollten Referenzmodelle daher nicht zu konkret sein, da sie dann nicht mehr auf vielfältige Problemstellungen anwendbar sind. Sie sollten aber auch nicht zu allgemein sein, da zu allgemeine Modelle die Ableitung problembezogener, spezieller Modelle kaum unterstützen."[2] Sie müssen folglich die wesentlichen Elemente einer Spezialisierung enthalten.
- Sie müssen **robust** gegenüber Änderungen der realen Welt sein, d.h., sie sind ohne Anpassungen übernehmbar.
- Sie müssen **flexibel** sein, um an spezifische Anforderungen einer Problemstellung angepaßt werden zu können. Dies schließt auch die Möglichkeit einer Erweiterung ein, um so unterschiedlichen Entwicklungen Rechnung tragen zu können.
- Sie müssen Strukturen und Abläufe **konsistent**, d.h. widerspruchsfrei, abbilden.

Referenzmodelle haben somit Vorbildcharakter, indem sie Anhaltspunkte für die Entwicklung konkreter Applikationen geben. Sie bilden damit gleichzeitig ein Analyse- und Optimierungsinstrument zur Schwachstellenanalyse und Optimierung vorliegender Modelle. Ihnen kommt somit die Funktion eines Vergleichsmaßstabes zu. Der Einsatz von Referenzmodellen kann mit den folgenden **Konsequenzen** einhergehen:

- Sie vereinfachen und beschleunigen den Modellerstellungsprozeß, indem sie den Identifikationsprozeß von Strukturen und Prozessen erleichtern und somit einen Beitrag zur Transparenz leisten.
- Durch die Schaffung einer einheitlichen terminologischen Basis bieten sie eine Kommunikations- und Orientierungshilfe.
- Sie können als ein Standardisierungswerkzeug fungieren, indem sie Anforderungen definieren, die dann als Standard für eine bestimmte Domäne Verwendung finden.

2.5.1.1 Das Modell von Bowersox

Einen Bezugsrahmen für das Supply Chain Management, der auf einer internen und einer externen Supply-Chain-Integration aufbaut, beschreibt Bowersox[3]. Voraussetzung für die Integration einer Unternehmung in eine Supply Chain ist dabei ein hoher

---

1) Vgl. z.B. Becker/Schütte (1996, S. 26); Hars (1994, S. 15); Lindemann (2000, S. 26 ff.); Winter/Ebert (1997, S. 548 ff.).
2) Winter/Ebert (1997, S. 550).
3) Vgl. Bowersox (1997, S. 184 ff.).

Integrationsgrad der internen Supply Chain der jeweiligen Unternehmung. Die **interne Integration** beruht einerseits auf einer Verschmelzung herkömmlicher logistischer Funktionen zu einem nahtlosen Managementprozeß im Rahmen einer strategischen Geschäftseinheit und anderseits auf einer geschäftseinheitenübergreifenden Integration, wodurch Synergieeffekte in einem oder mehreren der folgenden Bereiche erzielt werden können:

- Für strategische Geschäftseinheiten mit gemeinsamen Kunden oder Lieferanten ist es auf der Grundlage einer Bündelung von Marketing-, Beschaffungs- und Logistikaktivitäten möglich, die Komplexität der Transaktionen zu reduzieren, die Effizienz der Vorgänge zu verbessern und Skaleneffekte zu realisieren.
- Liegen geographische Überlappungen der Aktionsräume von strategischen Geschäftseinheiten vor, dann können durch eine gemeinsame Nutzung von Distributions- und Transporteinrichtungen weitere Synergien erzielt werden.
- Die geschäftseinheitenübergreifende Zusammenarbeit in Bereichen, die auf Expertenwissen aufbauen (z.B. Forschung, Produktentwicklung), geht mit einer Bündelung verteilten Wissens einher.
- Der Rückgriff auf eine gemeinsame Informationsbasis ermöglicht eine geschäftseinheitenübergreifende Koordination und unterstützt Standardisierungsbestrebungen auf der Grundlage von Best Practices.

Eine **externe Supply-Chain-Integration** ermöglicht es hingegen, diese Vorteile in größerem Umfang zu realisieren:

- Eine erste Integrationsstufe ist im Aufbau von Verbindungen zu ausgewählten Kunden und Lieferanten zu sehen, wobei eine gemeinsame Planung oder eine gemeinsame Nutzung von Informationen und darauf aufbauend ein Gewinn- und Risiko-Sharing erfolgt. Dieses Grundarrangement strebt jedoch selten eine umfassende Ausrichtung der Stufen der gesamten Supply Chain an.
- Eine erweiterte externe Supply-Chain-Integration wird durch die Einbeziehung der Unternehmungen entlang des gesamten Wertschöpfungsprozesses erreicht. Ziel ist es dabei, die Gesamtheit der Aktivitäten von der ersten Rohstofflieferung bis zur Übergabe des Produktes an den Kunden entsprechend den Kundenanforderungen zu koordinieren.[1]

Der in Abbildung 38 skizzierte **Bezugsrahmen** für das Supply Chain Management verdeutlicht die unterschiedlichen Facetten der flußorientierten Gestaltung einer Supply Chain.

---

1) Vgl. Bowersox (1997, S. 185 f.).

2.5 Ausgewählte Instrumente 127

```
         Product/Service Value Flow
    ←    Market Accomodation Flow

              Technology Context
       Internet/Intranet and Conventional EDI

          Planning and Measurement Context
    Supplier Certification   Collaborative Forecasting
    and Coordination         and Joint Planning

                 Operational Context
    Material and Service   Integrated    Distributive
    Supplier Integration   Internal      Integration
                           Operations

                  Relational Context
    Supplier          Internal Facilitation   Channel
    Relationships     and Integration         Relationships

    ←    Information Flow
    ←    Cash Flow
```

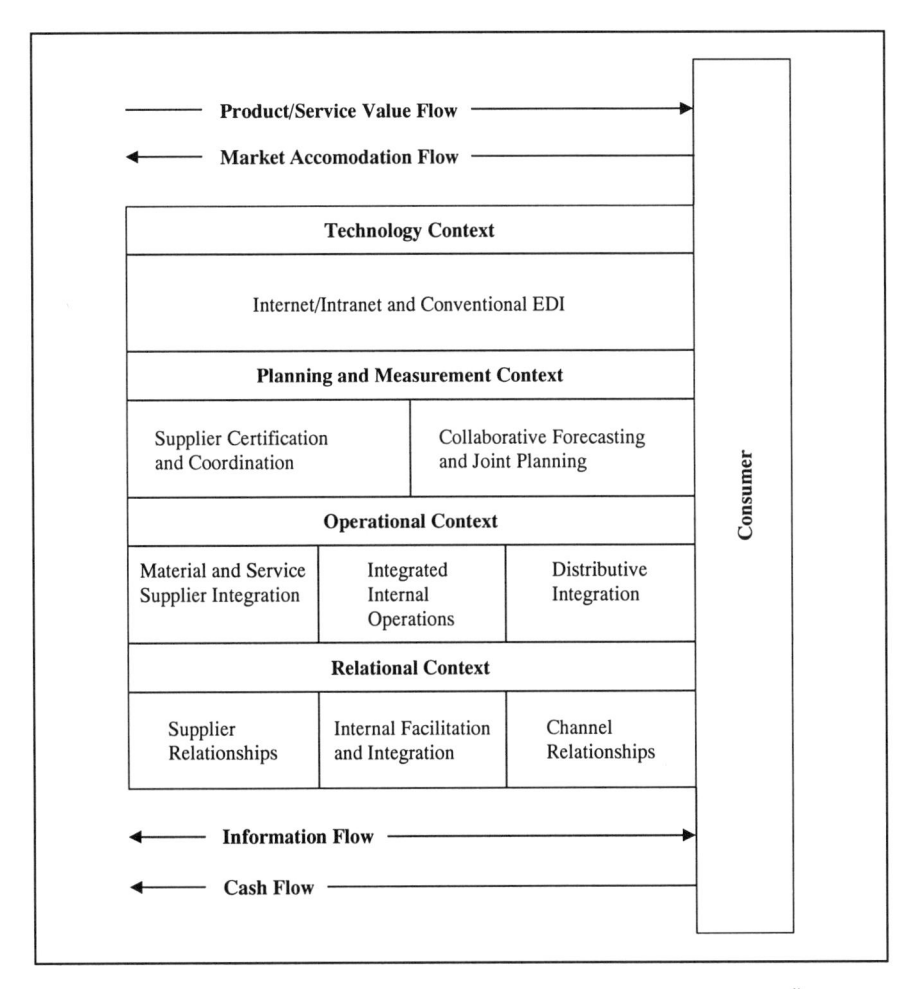

Abbildung 38: Bezugsrahmen für das Supply Chain Management nach Bowersox[1]

Der **Produktfluß** (Product/Service Value Flow) verläuft zum Konsumenten und ist darauf auszurichten, einen entsprechenden zeitlichen und räumlichen Kundennutzen zu erzielen. Dem Produktfluß entgegengerichtet ist der **finanzielle Transfer** (Cash Flow), für den eine geeignete Infrastruktur benötigt wird. Bezüglich des **Informationsflusses**, der das Ziel verfolgt, den Informationsaustausch zwischen den Beteiligten zu erleichtern und der für ein erfolgreiches Marketing benötigt wird, ist zwischen

- den vom Kunden in der Nachkaufphase ausgehenden Informationen, die zur Anpassung an Marktentwicklungen genutzt werden können (Market Accommodation Flow), und

---

1) Vgl. Bowersox (1997, S. 186).

- dem wechselseitigen Informationsaustausch zwischen den Mitgliedern der Supply Chain (Information Flow) zu unterscheiden.[1]

Ziel der **Ausführungsdimension** (Operational Context) ist es, durch Integration aller am Produktfluß beteiligten Vorgänge einen zusätzlichen zeitlichen und räumlichen Kundennutzen zu generieren und die Effizienz der Supply Chain durch Vermeidung von Doppelarbeit zu erhöhen. Um das Vertrauen zwischen den Partnern aufrechtzuerhalten, ist es wesentlich, ein einzigartiges, exklusives Supply-Chain-Arrangement zu entwickeln. Die **Technologiedimension** (Technology Context) erfaßt den Einsatz von Informationstechnologie zur Unterstützung einer unternehmungsübergreifenden Kommunikation (z.B. per EDI, Internet). Sie bildet das Rückgrat eines erfolgreichen Supply Chain Management und stellt einen Enabler der Supply-Chain-Integration dar. Im Rahmen der **Planungsdimension** (Planning and Measurement Context) wird eine gemeinsame Nutzung von Informationen vorausgesetzt, um eine gemeinschaftliche Planung, die auf eine reaktionsorientierte Logistik ausgerichtet ist, durchführen zu können, die der Koordination der Supply-Chain-Aktivitäten dient. Auf dieser Grundlage wird eine Implementierung zeitorientierter Konzepte wie Quick Response, Continuous Replenishment und Automatic Replenishment möglich. Ein unternehmungsübergreifendes Kennzahlensystem, das auf gemeinsam festgelegten und abgestimmten prozeßorientierten Leistungsmaßen aufbaut, bildet die informatorische Grundlage der Planung. In der **Beziehungsdimension** (Relational Context) wird davon ausgegangen, daß die Qualität der Beziehungen zwischen den Supply-Chain-Partnern einen hohen Einfluß auf den Erfolg einer Supply Chain ausübt. Aufgrund der Situationsabhängigkeit der Beziehungsausprägungen sind jedoch nur allgemeingehaltene Gestaltungsempfehlungen möglich. Die für ein Beziehungsmanagement erforderlichen Managementfähigkeiten basieren auf Erfahrungen im Umgang mit Supply-Chain-Partnern. Kenntnisse des Management über die wechselseitige Abhängigkeit der Partner und die Vorteile einer kooperativen Supply-Chain-Umgebung wirken hierbei unterstützend.[2]

Als Gestaltungsrichtlinien sollten dann folgende Aspekte herangezogen werden[3]:

- **Anerkennung der Abhängigkeit**: In einem freiwilligen Zusammenschluß von Unternehmungen, die sich zu einem offenen Informationsaustausch entschlossen haben, zu einem Supply-Chain-Arrangement wird die wechselseitige Abhängigkeit von den Mitgliedern anerkannt.

---

1) Vgl. Bowersox (1997, S. 186 f.).
2) Vgl. Bowersox (1997, S. 186 ff.).
3) Vgl. Bowersox (1997, S. 188 f.).

- **Reaktionsbasierte strategische Haltung**: Die traditionelle prognosegetriebene antizipatorische Vorgehensweise sollte von einer reaktionsorientierten Handlungsweise auf der Grundlage gemeinsam generierter und genutzter Marktinformationen abgelöst werden.
- **Umfassende Struktur**: Breite und Umfang einer Supply Chain stellen Spezifika dar, die durch die gemeinsamen Vorstellungen der Mitglieder und ihr Kooperationsverhalten bestimmt werden. So können Supply-Chain-Arrangements etwa durch
    -- Beteiligung von Dienstleistungsspezialisten oder
    -- Kernprozesse, die für Nachfrageanpassungen oder Ausführungsexzellenz relevant sind,

    ergänzt werden.
- **Konzentration auf Kernkompetenzen**: Jede an einer Supply Chain beteiligte Unternehmung sollte ihre Kontrolle über ausgewählte Kerngeschäfte aufrechterhalten, und unternehmungsübergreifende Funktionen sollten durch die dafür kompetenteste Unternehmung der Supply Chain ausgeübt werden.
- **Anerkennung einer Führungsrolle**: In erfolgreichen Supply-Chain-Arrangements wird anerkannt, daß eine der beteiligten Unternehmungen die Führungsrolle übernimmt und damit die gemeinsame Strategie, die Mobilisierung und Lenkung der Ressourcenallokation und die zeitliche Abstimmung der gesamten Supply Chain unterstützt. Typischerweise wird diese Rolle von der Unternehmung mit der dominanten Marktposition übernommen.
- **Gemeinsame Kultur**: In einer Supply Chain entwickeln sich, aufbauend auf den grundlegenden Vereinbarungen, Rollen, Politiken, Regeln etc., eine eigene Kultur, gemeinsame Zielvorstellungen und wechselseitige Erwartungen.

Der vorgeschlagene **vierdimensionale Bezugsrahmen** gibt einen Überblick über verschiedene Gestaltungsschwerpunkte eines Supply Chain Management, das auf einem integrativen Logistikverständnis basiert. Zusätzlich zu den auch in anderen Referenzmodellen vorrangig berücksichtigten Dimensionen der Ausführung und Planung werden die Beziehungen zwischen den Supply-Chain-Partnern und die Informationstechnologie als gleichrangige Komponenten berücksichtigt. Der geringe Detaillierungsgrad der einzelnen Dimensionen läßt jedoch nur tendenzielle Handlungsempfehlungen zu. Problematisch an diesem Vorgehen erscheint der Sachverhalt, daß die einzelnen Dimensionen nicht auf der Grundlage eines gemeinsamen Gliederungskriteriums abgeleitet werden, so daß letztlich Überschneidungen entstehen und eine konsistente Einteilung verhindert wird. Dies zeigt sich unter anderem daran, daß

- die Technologie- und die Beziehungsdimension Aspekte der Potentialgestaltung, die Planungsdimension sowohl Aspekte der Potential- als auch der Prozeßgestaltung und die Ausführungsdimension Aspekte der Prozeßgestaltung erfassen und
- die Technologie- und die Ausführungsdimension Objekte der Planung darstellen.

2.5.1.2 Das Modell von Metz

Grundlage des von Metz aufgestellten Supply-Chain-Referenzmodells[1] bildet die Entwicklungsgeschichte des Integrationsgedankens im Logistikmanagement. Als Ausgangspunkt der ersten Integrationsstufe wird das **Distributionsmanagement** herangezogen, das durch eine integrative Betrachtung von Lagerhaltungs- und Transportaufgaben in einer Unternehmung charakterisiert ist. Aufbauend auf einer analytischen Betrachtung der Wechselbeziehungen zwischen diesen beiden Aufgabenbereichen (z.B. Trade-off zwischen Lagerhaltungs- und Transportkosten) können dann Verbesserungsmöglichkeiten aufgezeigt und umgesetzt werden.

Die nächste Integrationsstufe bildet das **Logistikmanagement**, bei dem zusätzlich die Funktionen Beschaffung und Produktion sowie die Auftragsverwaltung in die Betrachtung einbezogen werden. Ergebnis dieser Stufe ist eine sogenannte einstufige Supply Chain (vgl. Abbildung 39)[2], in der zwischen **Materialverarbeitungs-** (material processing) und **Informationsverarbeitungsfunktionen** (information processing) unterschieden wird.

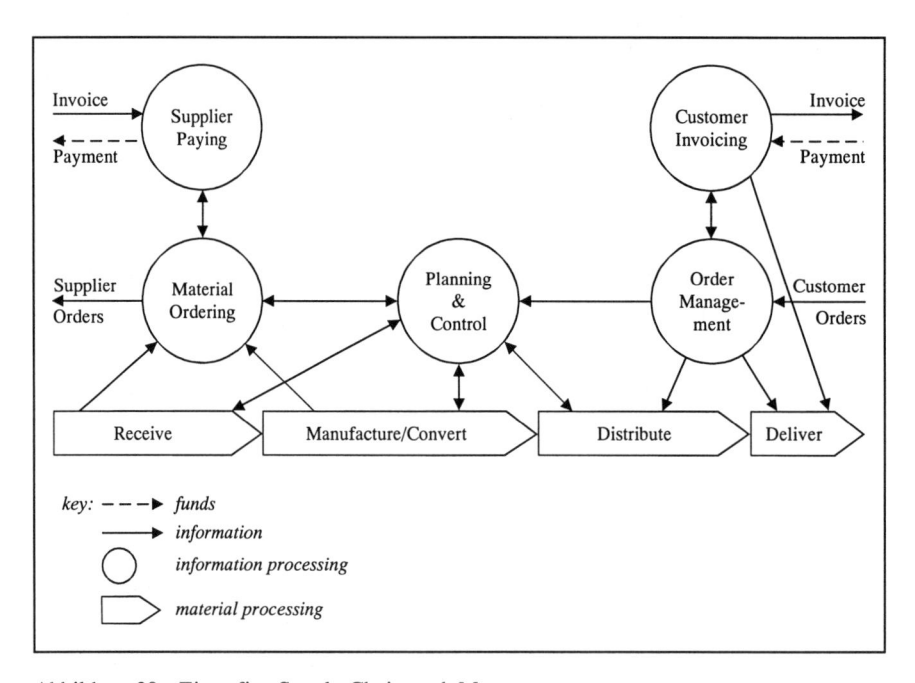

Abbildung 39: Einstufige Supply Chain nach Metz

---

1) Zu den weiteren Überlegungen vgl. Metz (1997, S. 240 ff.).
2) Vgl. Metz (1997, S. 240).

Während beim Materialfluß zwischen Warenannahme (Receive), Produktion (Manufacture/Convert), Distribution (Distribute) und Belieferung (Deliver) unterschieden wird, gelangt bei der Informationsverarbeitung eine Unterscheidung zwischen den materialflußorientierten Funktionen Materialbestellung (Material Ordering), Planung und Steuerung (Planning & Control) und Auftragsverwaltung (Order Management) und den geldflußorientierten Funktionen Lieferantenbezahlung (Supplier Paying) und Fakturierung (Customer Invoicing) zur Anwendung.

Das **integrierte Supply Chain Management** (ISCM) spiegelt den aktuellen Entwicklungsstand der logistischen Integration wider. Hierbei werden Lieferanten und Kunden in die unternehmungsbezogene Supply-Chain-Betrachtung einbezogen. Integriertes Supply Chain Management ist eine prozeßorientierte integrierte Vorgehensweise des Beschaffens, des Produzierens und des Auslieferns von Produkten an die Kunden. In seinem weitesten Umfang bezieht das ISCM die Sublieferanten, Lieferanten, unternehmungsinternen Vorgänge, Groß- und Einzelhändler sowie Endkunden ein. ISCM umfaßt das Management von Material-, Informations- und Geldflüssen[1]. Entlang des Wertschöpfungsprozesses entsteht somit eine **mehrstufige Supply Chain**, die eine Vervielfachung der einstufigen Supply Chain darstellt (vgl. Abbildung 40). An den in diesem Zusammenhang beschriebenen Beispielen (Wal-Mart/Procter&Gamble/Lieferanten; Volkswagen-Händler/Volkswagen/Baugruppenlieferanten) wird deutlich, daß die Integration dabei nicht nur auf einer Aneinanderreihung individueller Supply Chains, sondern insbesondere auf einer gemeinsamen Nutzung von Informationen und einer übergreifenden Planung beruht.

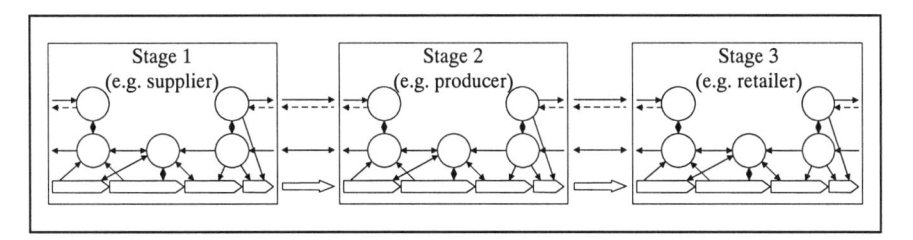

Abbildung 40: Mehrstufige Supply Chain nach Metz

Ermöglicht wird diese integrative Vorgehensweisen durch technologische Entwicklungen und durch Entwicklungen im Managementbereich. Die für das integrierte Supply Chain Management maßgeblichen **technologischen Entwicklungen** stammen aus den Bereichen der Informations- und Kommunikations-, Produktions- und

---

1) Vgl. Metz (1997, S. 239).

Transporttechnologie, wobei der IuK-Technologie eine besondere Bedeutung zukommt. Die Entwicklungen im IuK-Bereich (z.B. Internet, Kommunikation via Satellit, verbessertes Preis/Leistungs-Verhältnis bei Hard- und Software) ermöglichen es, die durch den sich ausweitenden Fokus des Supply Chain Management steigende Komplexität zu handhaben, indem

- eine größere Anzahl von Entscheidungsträgern in die Entscheidungsfindung einbezogen werden kann,
- den Beteiligten an unterschiedlichen Orten größere Informationsmengen schneller zur Verfügung gestellt werden können und
- komplexere Entscheidungsmodelle schneller abgebildet und berechnet werden können.

Aspekte der Prozeßorientierung und der Teamarbeit werden durch Rückgriff auf das Total Quality Management, das Business Process Reengineering und das Activity Based Costing in die Überlegungen aufgenommen.

Den Kern der logistischen Entwicklungsstufe bilden dann die folgenden Elemente:

- **Vorrangiger und allgegenwärtiger Kundenfokus**: Die Bedürfnisse der Endkunden werden auf jeder Stufe der Supply Chain in die Entscheidungsfindung einbezogen.
- **Erweiterte Nutzung von IuK-Technik**: Durch den Einsatz von IuK-Technik werden schnellere Entscheidungen ermöglicht. Ein Erfolgspotential ist darin zu sehen, daß die technologischen Weiterentwicklungen zeitnah zur Unterstützung des Supply Chain Management eingesetzt werden.
- **Quantitative Leistungsmessung**: Regelmäßige Nutzung von Messungen verschiedener Leistungsfaktoren auf jeder Stufe der Supply Chain.
- **Einsatz funktionsübergreifender Teams**: Zur Überwindung organisatorischer Barrieren werden Teams aus Mitgliedern miteinander wechselseitig verflochtener Aufgabenbereiche gebildet.
- **Beachtung von Humanfaktoren und Organisationsdynamik**: Durch die Nutzung geeigneter personen- und organisationsbezogener Managementtechniken wird die Realisierung und Weiterentwicklung von Supply Chains erleichtert.

Eine Weiterentwicklung des integrierten Supply Chain Management hin zu einem „**Super Supply Chain Management**"[1] erfolgt dann durch die Einbeziehung weiterer Funktionen wie Produktentwicklung, Marketing und Kundenservice. Darüber hinaus können im Rahmen der Supply-Chain-Gestaltung die folgenden Tendenzen Beachtung finden:

---

1) Metz (1997, S. 243), in Ermangelung einer besseren Bezeichnung.

2.5 Ausgewählte Instrumente

- Etablieren der Supply Chain als Kreislaufsystem, in dem genutzte Anlagen, gebrauchte Teile, Verpackungen etc. zurückgeführt, aufbereitet und einer Wiederverwendung zugeführt werden;
- integrative Betrachtung mehrerer Supply Chains, die etwa gemeinsame Produktionsanlagen oder Lieferantenbeziehungen aufweisen;
- Fokussierung der Betrachtung auf „feinkörnigere" einzelproduktbezogene Supply Chains, deren Verflechtungen mit anderen produktbezogenen Supply Chains der gleichen Produktgruppe berücksichtigt werden;
- flexible Gestaltung der gesamten Supply Chain und der einzelnen Stufen, so daß eine schnelle Anpassung an veränderte interne und externe Bedingungen ohne die Realisation umfassender Maßnahmen möglich ist.

Das Referenzmodell von Metz setzt sich somit aus drei äußerst heterogenen Komponenten zusammen:

- der Entwicklungsperspektive des logistischen Integrationsgedankens,
- dem Modell einer mehrstufigen Supply Chain und
- den Kernelementen des Supply Chain Management.

Mit der Darstellung der **Entwicklungsgeschichte** und den Überlegungen zu einer weiterführenden logistischen Integration wird das derzeit diskutierte Supply Chain Management als eine Momentaufnahme dargestellt, die nicht das Ende einer Entwicklung, sondern den Ausgangspunkt für Veränderungen in unterschiedlichen Bereichen darstellt. Im Gegensatz zu anderen Referenzmodellen wird damit eine dynamische Dimension berücksichtigt. Deutlich wird dabei auch, daß eine Abhängigkeit zwischen der Weiterentwicklung des Supply Chain Management und den Entwicklungstendenzen im organisatorischen und technologischen Bereich besteht.

Während aufbauend auf einer flußorientierten Betrachtung im **Modell der mehrstufigen Supply Chain** konsistent zwischen Material- und Informationsverarbeitungsfunktionen unterschieden wird und die Wechselbeziehungen zwischen den Funktionen angedeutet werden, fehlt in der graphischen Darstellung der unternehmungsübergreifenden Perspektive der integrative Aspekt. Dieser wird nachträglich auf der Grundlage von Beispielen verdeutlicht. Aufgrund der unzureichenden Spezifikation der einzelnen Funktionen ist dieses Modell durch große Interpretationsspielräume gekennzeichnet, die keine unmittelbare Ableitung von Gestaltungsempfehlungen ermöglichen. Durch seine konsistente Gestaltung kann es jedoch als allgemeiner Rahmen zur Vermittlung des Supply-Chain-Grundgedankens und zur Vorstrukturierung von Gestaltungsmaßnahmen genutzt werden.

Die angegebenen **Kernelemente des Supply Chain Management** stellen eine exemplarische Aufzählung unterschiedlicher, schwerpunktmäßig zu berücksichtigender Aspekte dar, die keinen Anspruch auf Vollständigkeit besitzt. Da die Kernelemente nur rudimentär beschrieben werden und kein Bezug zum Supply-Chain-Modell aufgebaut wird, ist es nicht unmittelbar möglich, spezifische Gestaltungsempfehlungen abzuleiten.

2.5.1.3 Das Modell von Cooper/Lambert/Pagh

Einen Analyserahmen für das Supply Chain Management, der aus drei eng miteinander verbundenen Elementen besteht, entwerfen Cooper/Lambert/Pagh[1]. Abbildung 41 gibt diesen Analyserahmen wieder.

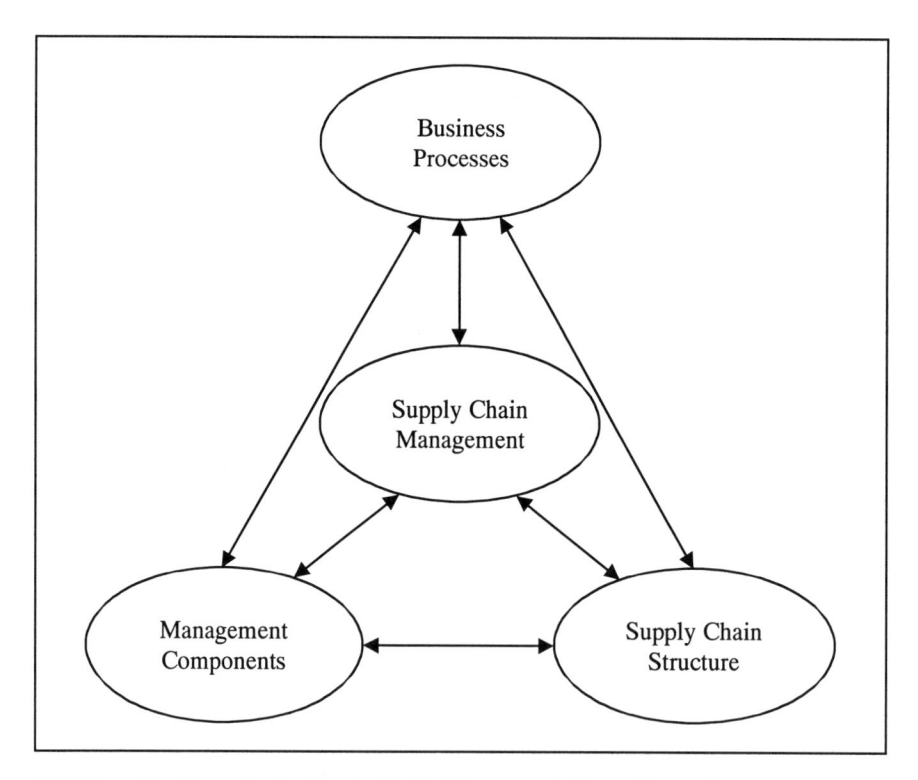

Abbildung 41: Elemente der Supply-Chain-Management-Konzeption nach Cooper/Lambert/Pagh[2]

---

1) Vgl. Cooper/Lambert/Pagh (1997, S. 5 ff.).
2) Vgl. Cooper/Lambert/Pagh (1997, S. 6).

Die **Geschäftsprozesse** (Business Processes) umfassen geordnete Folgen wertschöpfender Aktivitäten, die sowohl intra- als auch interorganisatorische Grenzen überschreiten und damit einen integrativen Anspruch haben. Unter **Managementkomponenten** (Management Components) werden alle Handlungen subsumiert, die auf die Gestaltung von Geschäftsprozessen gerichtet sind. Mit der **Supply-Chain-Struktur** (Supply Chain Structure) wird die Konfiguration (Partner, Funktionen, Aufgaben) einer Supply Chain erfaßt.

Dieser Analyserahmen bildet die Basis für sieben **Geschäftsprozesse**, die letztlich alle auf die Erfüllung der Kundenwünsche ausgerichtet sind[1]:

- Die **Kundenbetreuung** (Customer Relationship Management) dient der Bestimmung von Zielmärkten und der darauf aufbauenden Entwicklung und Durchführung von kundenbezogenen Programmen.

- Der **Kundenserviceprozeß** (Customer Service) ermöglicht es dem Kunden, sich mit Hilfe von Online-Informationssystemen einerseits über Produkte und andererseits über den Ausführungsstand seines Auftrags zu informieren.

- Die **Bedarfsermittlung** (Demand Management) stellt die Verbindung zwischen der Kundennachfrage und dem Güterfluß in der Supply Chain mit Hilfe von Prognosen und Maßnahmen zur Reduktion von Nachfrageschwankungen her.

- Der Prozeß der **Auftragsabwicklung** (Order Fulfilment) verfolgt das Ziel, die Kunden pünktlich und mit der gewünschten Produktmenge und -qualität zu beliefern.

- Bezugspunkt des **Produktionsprozeßmanagement** (Manufacturing Flow Management) ist die Produktion der nachgefragten Güter, wobei Aufgabenschwerpunkte in der Flexibilisierung der Produktionsprozesse und in der Wahl eines geeigneten Produktprogramms gesehen werden.

- Der **Beschaffungsprozeß** (Procurement Process) hat das Produktionsprozeßmanagement und den Produktentwicklungsprozeß durch ein Beziehungsmanagement, das auf strategische Lieferanten gerichtet ist, zu unterstützen. Diese Interpretation geht folglich deutlich über das „klassische" Verständnis der Beschaffung hinaus.

- Die **Produktentwicklung und -einführung** (Product Development and Commercialization) erfolgt im Rahmen einer engen Zusammenarbeit mit den Schlüsselkunden und -lieferanten, um die Zeit bis zur Markteinführung zu verkürzen.

Cooper/Lambert/Pagh betonen dabei, daß zu erforschen sei[2],

- ob die genannten Geschäftsprozesse für das Supply Chain Management relevant und im unternehmungsübergreifenden Kontext konsistent sind,

---

1) Vgl. Cooper/Lambert/Pagh (1997, S. 5 f.); Stölzle (1999, S. 166).
2) Vgl. Cooper/Lambert/Pagh (1997, S. 9).

- in welchem Umfang die Relevanz und die Konsistenz der Geschäftsprozesse von der Strategie der Supply Chain beeinflußt wird und
- über wieviele Wertschöpfungsstufen die Geschäftsprozesse jeweils auszudehnen sind.

In einem weiteren Schritt werden dann auf der Basis einer Literaturanalyse[1] zu den Gebieten Supply Chain Management und Geschäftsprozeßmanagement **Managementkomponenten** extrahiert, die sowohl für die Geschäftsprozesse als auch die Partner einer Supply Chain von Bedeutung sind[2]:

- **Planungs- und Steuerungsstruktur** (Planning and Control Structure): Es wird von einem engen Zusammenhang zwischen dem Ausmaß gemeinsamer Planung und Steuerung und dem Erfolg der Supply Chain in allen Phasen ihres Bestehens ausgegangen.

- **Struktur der Arbeitsabläufe** (Work Structure): Die Zuordnung von Aufgaben und Aktivitäten zu den einzelnen Unternehmungen der Supply Chain übt einen starken Einfluß auf den Integrationsgrad der Supply-Chain-Prozesse aus.

- **Organisationsstruktur** (Organization Structure): Der Integrationsgrad der Supply-Chain-Prozesse kann durch die Einführung funktions- und organisationsübergreifender Teams verbessert werden.

- **Struktur des Produktflusses** (Product Flow Facility Structure): Ziele der Gestaltung von Beschaffungs-, Produktions- und Distributionsprozessen sind die Bestandssenkung oder die Verlagerung der Bestandsbildung auf niedrigere Wertschöpfungsstufen innerhalb der Supply Chain.

- **Struktur des Informationsflusses** (Information Flow Facility Structure): Die Ausgestaltung des Informationsflusses, d.h. insbesondere die Festlegung der zwischen den Partnern einer Supply Chain auszutauschenden Informationen und die Häufigkeit der Informationsaktualisierung, beeinflußt die Effizienz der Supply Chain in hohem Maße.

- **Produkt- und Programmstruktur** (Product Structure): Im Rahmen dieser Managementkomponente geht es um die Auswirkungen der Produktkomplexität auf die Supply-Chain-Prozesse bei gemeinsamen Neuproduktentwicklungen und um die Programmgestaltung.

- **Managementmethoden** (Management Methods): Im Rahmen des Supply Chain Management sollten bei den einzelnen Partnern und unternehmungsübergreifend gemeinsame oder kompatible Managementmethoden zur Anwendung gelangen.

- **Macht- und Führungsstruktur** (Power and Leadership Structure): Die Möglichkeit der Ausübung von Macht bzw. der Mangel an Macht beeinflußt den Grad der Bindung eines Partners an die Supply Chain. Häufig wird die Ausrichtung der

---

1) Vgl. Cooper/Lambert/Pagh (1997, S. 6 ff.).
2) Die Autoren betonen, daß die letzten vier Komponenten schwierig auszugestalten seien. Vgl. Cooper/Lambert/Pagh (1997, S. 7).

Supply Chain von einem geringen Anteil der beteiligten Unternehmungen bestimmt.
- **Struktur der Risiko- und Gewinnverteilung** (Risk and Reward Structure): Die langfristige Bindung der Supply-Chain-Partner wird maßgeblich durch die Gestaltung der Risiko- und Entgeltverteilung bestimmt.
- **Gemeinsame Kultur** (Culture and Attitude): Es wird davon ausgegangen, daß für das Auftreten einer Supply Chain als geschlossene Einheit eine gemeinsame Kultur bzw. kompatible Kulturen notwendig sind. Die Bedeutung der Netzwerkkultur darf deshalb nicht unterschätzt werden.

Auch hinsichtlich der Managementkomponenten werden die Aussagen dahingehend relativiert, daß auf einen Forschungsbedarf hingewiesen wird, dem die folgenden Fragestellungen zugrunde liegen[1]:
- Welche der Managementkomponenten sind relevant?
- Welche Unterkomponenten sind zu berücksichtigen?
- Sind die Managementkomponenten für alle Geschäftsprozesse gleichermaßen relevant?

Die **Supply-Chain-Struktur** beinhaltet die Ausgestaltung der Supply Chain hinsichtlich der Anzahl der Wertschöpfungsstufen, der Anzahl der Lieferanten und der Kunden. Da eine Unternehmung in der Regel nicht nur an einer Supply Chain beteiligt ist, gehen die Autoren davon aus, daß eine Supply Chain weniger die Struktur einer Kette, als vielmehr die eines entwurzelten Baumes besitze[2]. Fragen für die strukturelle Gestaltung seien dann:
- Welche Verzweigungen (Äste, Wurzeln) sind in das Supply Chain Management einzubeziehen?
- Wie stark sind die Beziehungen zu den einzelnen einbezogenen Unternehmungen auszubauen?

In Abbildung 42[3] wird der Analyserahmen zum Supply Chain Management aus der Perspektive einer an der Supply Chain beteiligten Unternehmung dargestellt.

---

1) Vgl. Cooper/Lambert/Pagh (1997, S. 9).
2) Vgl. Cooper/Lambert/Pagh (1997, S. 9).
3) Vgl. Cooper/Lambert/Pagh (1997, S. 10).

138 2 Supply Chain als spezifisches Netzwerk

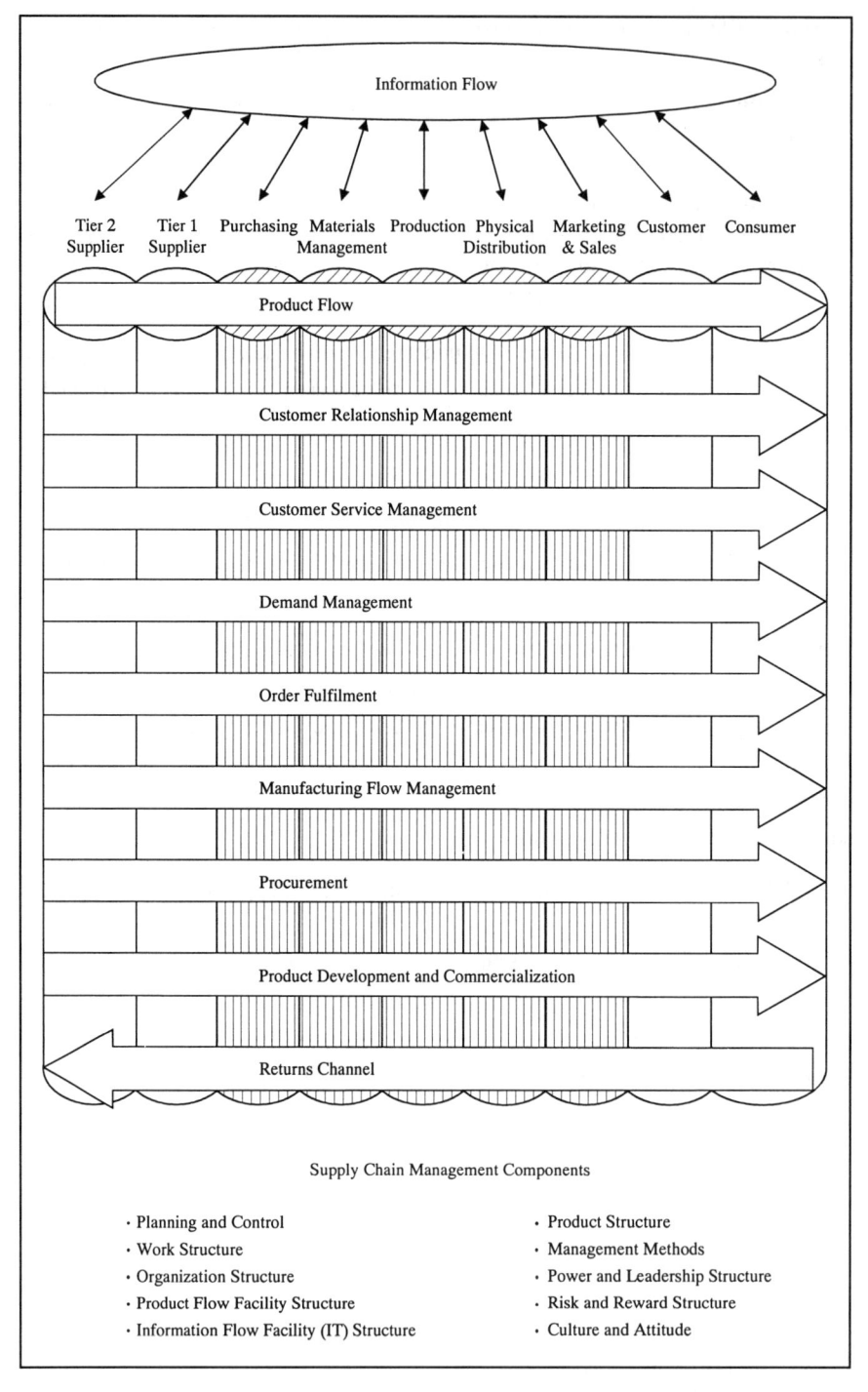

```
Information Flow

Tier 2    Tier 1   Purchasing  Materials  Production  Physical      Marketing  Customer  Consumer
Supplier  Supplier             Management             Distribution  & Sales

Product Flow

Customer Relationship Management

Customer Service Management

Demand Management

Order Fulfilment

Manufacturing Flow Management

Procurement

Product Development and Commercialization

Returns Channel

Supply Chain Management Components

· Planning and Control              · Product Structure
· Work Structure                    · Management Methods
· Organization Structure            · Power and Leadership Structure
· Product Flow Facility Structure   · Risk and Reward Structure
· Information Flow Facility (IT) Structure   · Culture and Attitude
```

Abbildung 42: Analyserahmen des Supply Chain Management aus der Perspektive einer Unternehmung nach Cooper/Lambert/Pagh

2.5 Ausgewählte Instrumente

Der Produktfluß (Product Flow) vom Lieferanten zum Kunden wird von einem produktflußbegleitenden und -entgegengerichteten Informationsfluß (Information Flow) überlagert. Die identifizierten Geschäftsprozesse verlaufen funktions- und unternehmungsübergreifend vom Lieferanten zum Kunden, wobei sich für die einzelne Unternehmung die Aufgabe stellt, die Verbindungen zwischen den Geschäftsprozessen und den betrieblichen Funktionen (Purchasing, Materials Management etc.) zu gestalten. Gegenläufig zum Produktfluß verhält sich der Rückfluß finanzieller Mittel (Returns Channel). Im unteren Teil der Abbildung sind die Managementkomponenten aufgelistet, die für jeden Geschäftsprozeß eine hohe Bedeutung besitzen.[1]

Der vorgestellte Analyserahmen gibt einen Überblick über die Gestaltungsaspekte des Supply Chain Management. Dadurch bedingt, daß die Geschäftsprozesse als ein wesentliches Element herausgehoben werden, wird die Verbindung zwischen Supply Chain Management und Geschäftsprozeßmanagement herausgestellt. Durch die Beschreibung einzelner Aspekte der Elemente des Analyserahmens erfolgen Präzisierungsvorschläge mit „... Hinweisen auf möglicherweise relevante Erklärungsmuster ..."[2], die jedoch durch den jeweils angedeuteten Forschungsbedarf teilweise in Frage gestellt werden. Mit der Dreiteilung in Geschäftsprozesse, Managementkomponenten und Supply-Chain-Struktur, die eine Gleichordnung der Elemente suggeriert, werden unterschiedliche logische Ebenen angesprochen, da sowohl die Supply-Chain-Struktur als auch die Geschäftsprozesse Gestaltungsobjekte des Management bilden. Weiterhin ist zu beachten, daß durch die Strukturgestaltung wesentliche Rahmenbedingungen für die Gestaltung der Geschäftsprozesse festgelegt werden, so daß eine hierarchische Beziehung vorliegt. Die genannten Managementkomponenten stellen dabei „... ein breites Spektrum an Aufgaben, Methoden und Instrumenten, die sich aus dem Managementbegriff ableiten lassen"[3], dar und weisen zum Teil erhebliche Überschneidungen auf[4].

---

1) Vgl. Cooper/Lambert/Pagh (1997, S. 9).
2) Stölzle (1999, S. 176).
3) Stölzle (1999, S. 166).
4) So ist etwa davon auszugehen, daß Managementmethoden in der Mehrzahl der genannten Managementkomponenten zur Anwendung gelangen, daß die Struktur der Risiko- und Gewinnverteilung in hohem Maße von der Macht- und Führungsstruktur der Supply Chain abhängig ist oder daß die Strukturierungen von Produkt- und Informationsfluß oder von Produkt und Produktprogramm Ergebnisse der Planung darstellen.

2.5.1.4 Supply Chain Operations Reference-model

Im Jahre 1996 wurde das **Supply-Chain Council** (SCC)[1] als eine unabhängige gemeinnützige Vereinigung von den Beratungsunternehmungen Advanced Manufacturing Research (AMR) und Pittiglio Rabin Todd & McGrath (PRTM) mit weiteren 69 freiwilligen Mitgliedsunternehmungen gegründet. Es weist zur Zeit mehr als 500 Unternehmungen als Mitglieder aus (Stand: 2001), die aus den unterschiedlichsten Branchen wie Elektrotechnik, Chemie, Computer, Lebensmittel, Automobilbau, Logistik etc. stammen[2], wobei es sich bei den teilnehmenden Unternehmungen um die „Leader" der jeweiligen Branchen handelt[3]. Ziel dieser Vereinigung war der Entwurf eines **Supply Chain Operations Reference-model** (SCOR-Modell) als ein branchenunabhängiges Standard-Prozeß-Referenzmodell zum Informationsaustausch zwischen Unternehmungen einer Supply Chain[4]. Mit dem SCOR-Modell sollte ein einheitliches, vergleichbares und bewertbares Prozeßmodell von Supply Chains entwickelt werden, das in ein Kennzahlensystem eingebettet ist. Mit Hilfe des SCOR-Modells werden Supply-Chain-Prozesse definiert und mit Benchmarks und Best-Practice-Analysen auf der Basis von Best-in-Class-Umsetzungen verglichen[5]. Letztlich dient es der Beschreibung und Visualisierung der Lieferkette und liefert damit einen Beitrag zur Transparenz. Als Hilfsmittel dienen dabei

- ein Rahmenwerk,
- eine Standardterminologie und
- Kennzahlen (Leistungs- und Kostenkennzahlen) für ein Benchmarking.

Das SCOR-Modell stellt damit einen Ansatz dar, mit dessen Hilfe unternehmungsübergreifende Prozeßketten standardisiert werden, damit ein gemeinsames Verständnis der Abläufe erreicht wird[6]. Letztlich sollen mit dem SCOR-Modell die drei folgenden Aufgabenstellungen ermöglicht werden:

„1. Die Performanz von Supply Chains bewerten und vergleichen.

2. Integrierte Supply Chains über die Partner der Logistikkette hinweg gestalten.

---

1) Vgl. http://www.supply-chain.org/.
2) Vgl. Hellingrath (1999, S. 77); zur Entwicklung des SCC vgl. Stewart (1997, S. 62 f.).
3) Vgl. Otto/Kotzab (2001, S. 162), die darauf hinweisen, daß insbesondere Unternehmungen aus der Computerindustrie wie z.B. Texas Instruments, Compaq und Siemens ein hohes Gewicht haben.
4) Zu weiteren Supply-Chain-Management-Modellen vgl. Kotzab (2000, S. 27 ff.).
5) Vgl. Zäpfel (2000, S. 9).
6) Vgl. Alard/Hartel/Hieber (1999, S. 65); Specht/Hellmich (2000, S. 104 ff.).

3. Die geeigneten Stellen für den Einsatz von Software in der Supply Chain sowie deren Funktionalität bestimmen."[1]

Darüber hinaus soll das SCOR-Modell einen Erfahrungsaustausch zwischen den Teilnehmern initiieren und unterstützen.

Das SCOR-Modell, das einen hierarchischen Aufbau aufweist und über vier Ebenen (Level) spezifiziert wird, geht von einer integrierten Supply Chain aus, in der „... die gesamte Kundeninteraktion, vom Auftragseingang bis zum Zahlungseingang, alle Materialbewegungen und -transformationen sowie jegliche Marktinteraktion vom Rohstofflieferanten bis zur Produktauslieferung an den Endkunden ..."[2] erfaßt sind. Auf der höchstaggregierten Ebene werden die Prozesse, auch als **Kernprozesse** bezeichnet,

- planen (plan),
- beschaffen (source),
- produzieren (make) und
- liefern (deliver)

unterschieden, wie in Abbildung 43 dargestellt[3], und wie folgt konkretisiert[4]:

- **Planung** als geistige Vorwegnahme zukünftiger Handlungen umfaßt die vorbereitenden Aktivitäten über die gesamte Supply Chain und die anderen Kernprozesse Beschaffung, Produktion und Lieferung. Hierzu zählen neben der Planung der Infrastruktur die Ressourcenplanung (Aggregate, Personal, Materialien) und die langfristige Ressourcengestaltung, die Aggregation und Priorisierung der Nachfrageanforderungen für alle Produkte, die Planung der Produkteinführungs- und Eliminationszeitpunkte sowie Make-or-buy-Entscheidungen
- **Beschaffung** umfaßt diejenigen Aktivitäten, die mit dem Erwerb, dem Erhalt, der Prüfung sowie der Bereitstellung des eingehenden Materials verbunden sind. Darüber hinaus sind hierzu infrastrukturelle Maßnahmen wie etwa Lieferantenauswahl, Liefervertragsgestaltung etc. zu zählen.
- Die **Produktion** umfaßt den Prozeß der Produkterstellung einschließlich der Kapazitätssteuerung, Zwischenlagerung bis hin zur Verpackung und der Übergabe an den Vertrieb.

---

1) Hellingrath (1999, S. 77). Vgl. ferner Stewart (1997, S. 63 f.).
2) Scheer/Borowsky (1999, S. 9).
3) Vgl. z.B. Schönsleben (2000, S. 152); Slomma (2001, S. 231); Stewart (1997, S. 64 f.). Teilweise wird auch auf die Unvollständigkeit dieser Prozesse hingewiesen und betont, daß etwa Reparatur, Recycling, Entsorgung fehlen. Vgl. Jehle (2000, S. 218 f.). Auch bei Pillep/Wrede (1999b, S. 18) findet sich die Struktur von SCOR, jedoch sucht der Leser einen Literaturhinweis vergebens.
4) Vgl. Stewart (1997, S. 65 f.).

- Mit dem Prozeß der **Lieferung** werden das Kundenauftragsmanagement, das Fertigwarenlager und die Distributionsvorgänge erfaßt.

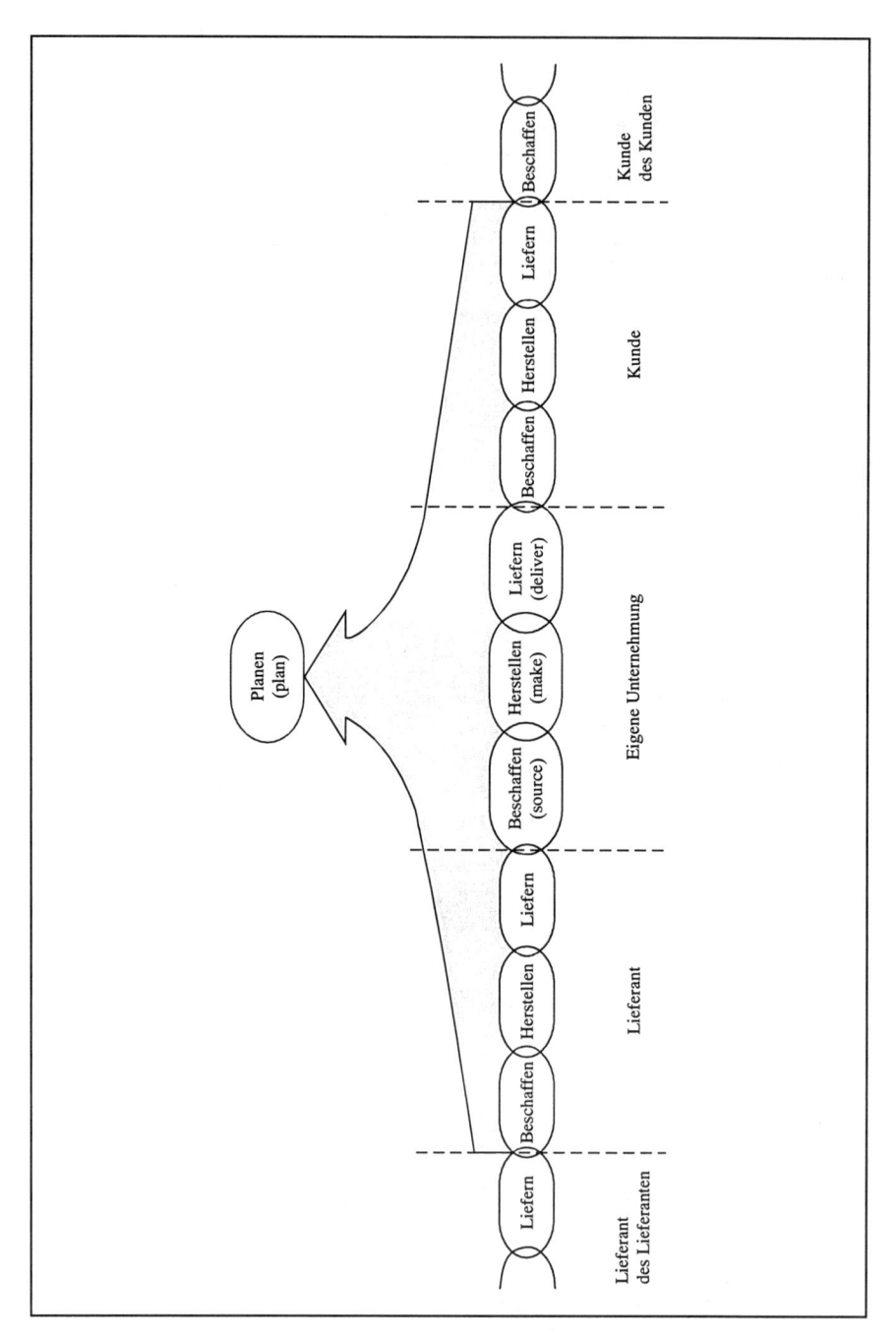

Abbildung 43: SCOR-Managementprozesse

2.5 Ausgewählte Instrumente 143

Diese vier Kernprozesse[1] werden dann in einem Auflösungsschritt auf der zweiten Ebene in 19 **Prozeßkategorien** differenziert[2], und zwar auf der Grundlage des Merkmals „Art der Prozesse" (Make-to-Stock, Make-to-Order, Engineer-to-Order bzw. diskret oder kontinuierlich). Abbildung 44 gibt diese Disaggregation wieder[3].

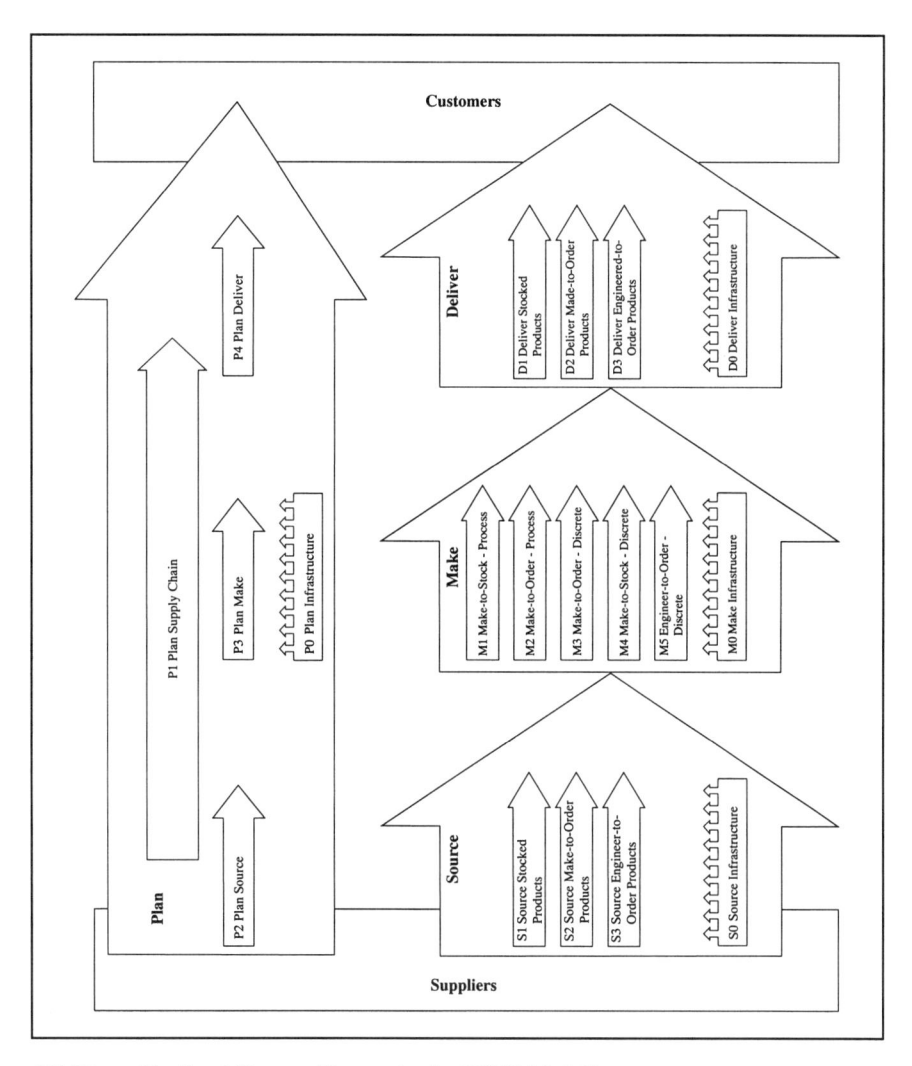

Abbildung 44: Geschäftsprozeßkategorien im SCOR-Modell

---

1) Diese Kernprozesse stellen nicht die betriebswirtschaftlichen Hauptfunktionen dar, da die Planung eine Phase ist. Vgl. Kaluza/Blecker (2000a, S. 134).
2) Die Anzahl ist in der Literatur jedoch nicht einheitlich und wird teilweise mit 17 oder auch 26 angegeben.
3) Vgl. z.B. Schönsleben (2000, S. 151).

Dabei entspricht

- „discrete" einer synthetischen oder konvergierenden Produktstruktur, während unter
- „process" eine divergierende Struktur, wie in der Verfahrensindustrie häufig anzutreffen,

zu verstehen ist. Damit werden die Prozeßkategorien nach dem Kriterium „Auslösungsart" typisiert (kundenauftragsbezogen, marktbezogen oder kombiniert kundenauftrags- und marktbezogen).

Darüber hinaus werden für jedes Prozeßmodul geeignete Beschreibungs- und Meßgrößen und Best Practices empfohlen[1].

Auf der dritten Ebene werden dann sogenannte **Prozeßelemente** im Sinne einer Standardreferenz branchenspezifisch konfiguriert. Mit diesen Prozeßelementen sollen die wesentlichen Teilprozesse der auf Ebene 2 definierten Prozeßkategorien sowie deren Input und Output beschrieben werden. Beispielsweise wird die Prozeßkategorie „S1 Source Stocked Products" (zugekauftes Material beschaffen) aufgeteilt in die Prozeßelemente

- „S1.1 Schedule Material Deliveries" (Materiallieferung terminieren),
- „S1.2 Receive Material" (Material annehmen),
- „S1.3 Varify Material" (Material prüfen),
- „S1.4 Transfer Material" (Material transferieren) und
- „S1.5 Authorize Supplier Payment" (Bezahlung des Lieferanten veranlassen),

wie dies in Abbildung 45 dargestellt wird[2].

---

1) Vgl. Prockl (1998, S. 441).
2) Vgl. Supply-Chain Council (1998, S. 33); Supply-Chain Council (2000, S. 11).

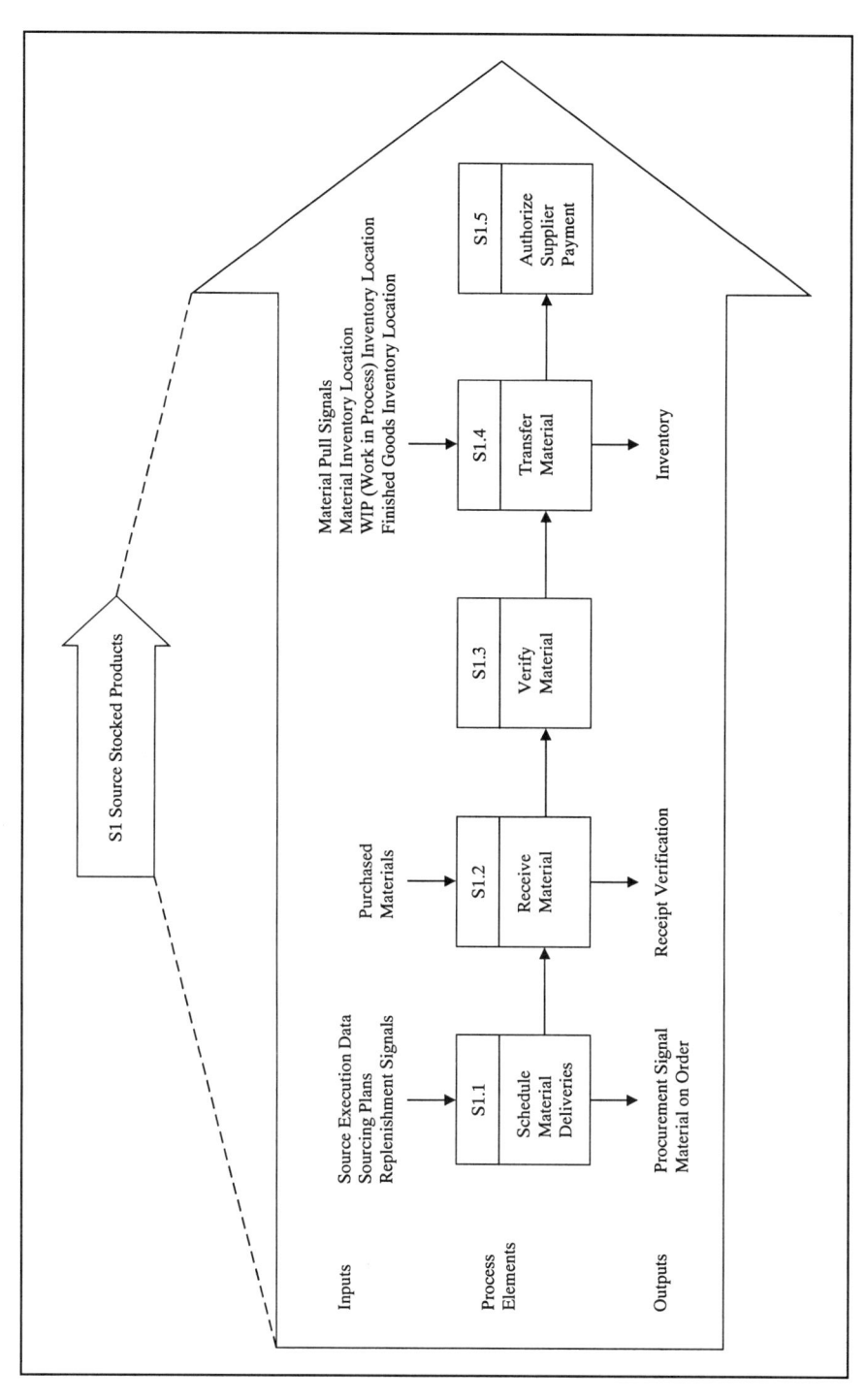

Abbildung 45: Beispiel für Prozeßelemente und deren Flußlogik auf der dritten Ebene des SCOR-Modells

Generell können damit die folgenden Aufgaben verbunden sein[1]: Definition
- der Prozeßelemente,
- von Informationsinput und -output der Prozeßelemente,
- von Benchmarks, falls anwendbar,
- von Best Practices, falls anwendbar,
- der Systemfähigkeiten, die benötigt werden, um Best Practices zu unterstützen, und
- der Softwareanwendungen, nach Anbietern aufgeteilt.

Abbildung 46 verdeutlicht dies am Beispiel des Prozeßelements „S1.1 Schedule Material Deliveries" (Materiallieferung terminieren)[2].

Die vierte Ebene konzentriert sich auf die **Implementierung** und zerlegt die Prozeßelemente in Aktivitäten. Für diese Ebene werden jedoch keine Modellierungselemente angeboten, wofür die beiden folgenden Gründe genannt werden:

- Eine derart differenzierte Abbildung ist in vielen Fällen nicht erforderlich, und
- es existieren Modellierungsverfahren, die auf dieser Ebene eingesetzt werden können[3].

Eine derartige Begründung vermag jedoch kaum zu überzeugen, und so zählen Scheer/Borowski[4] konsequenterweise dann auch die Ebene 4 nicht mehr zum Betrachtungsgegenstand des SCOR-Modells[5].

Abbildung 47 gibt diese vier Beschreibungsebenen noch einmal im Zusammenhang wieder[6].

---

1) Vgl. Zäpfel (2000, S. 12).
2) Vgl. Supply-Chain Council (1998, S. 35); Supply-Chain Council (2000, S. 12).
3) Vgl. Hellingrath (1999, S. 78).
4) Vgl. Scheer/Borowski (1999, S. 10).
5) Zu einer hierarchischen Darstellung dieser vier Ebenen vgl. Stewart (1997, S. 65).
6) Vgl. Zäpfel (2000, S. 10).

2.5 Ausgewählte Instrumente

Prozeßelement: Materiallieferungen terminieren		Prozeßnummer: S1.1	
Definition des Prozeßelementes: Terminierung und Überwachung der Ausführung der einzelnen Materiallieferungen im Rahmen eines bestehenden Vertrages oder Lieferauftrages. Die Auftragsfreigaben werden durch einen detaillierten Beschaffungsplan oder andere Pull-Signale bestimmt.			
Leistungsmerkmale		**Kennzahlen**	
Flexibilität und Elastizität		Prozentualer Anteil der EDI-Transaktionen, gesamte Beschaffungszeit.	
Kosten		Prozentualer Anteil der Kosten des Materialmanagements an den Materialkosten.	
Zuverlässigkeit		Prozentualer Anteil defekter Teile, Anzahl defekter Teile pro Millionen Teile.	
Kapitalbindung		Materialversorgungsdauer.	
Best Practices	**Erforderliche Softwarefunktionalität**		**Softwareanbieter**
Nutzung von EDI-Transaktionen, um Beschaffungszeit und -kosten zu reduzieren.	EDI-Schnittstellen für 830-, 850-, 856- und 862-Transaktionen.		Alle größeren ERP-Anbieter: SAP, Oracle, JD Edwards, Baan, QAD, SSA etc.
Vereinbarungen über ein Vendor Managed Inventory ermöglichen es den Lieferanten, die Lagerbestände zu überwachen und wieder aufzufüllen.	Unterstützung von lieferantengesteuerten Lagerbeständen und Terminierungs-Schnittstellen zum externen System des Lieferanten.		Oracle, Manugistics, Logility, SAP.
Mechanische Pull-Signale (Kanban) werden genutzt, um den Lieferanten den Materialbedarf mitzuteilen.	Unterstützung elektronischer Kanbans.		Einzelne ERP-Anbieter: SAP, Oracle, Baan, JD Edwards, QAD, SSA.
Konsignationsverträge werden genutzt, um die Kapitalbindung und die Zykluszeit zu reduzieren und gleichzeitig die Verfügbarkeit kritischer Teile zu erhöhen.	Konsignationsbestandsführung.		Typischerweise Programmierung durch Kunden.
Erweiterte Sendungsanweisungen ermöglichen eine enge Synchronisation von Beschaffungs- und Produktionsprozeß.	Unterstützung von Rahmenaufträgen und Terminierungs-Schnittstellen zum externen System des Lieferanten.		Alle größeren ERP-Anbieter: SAP, Oracle, JD Edwards, Baan, QAD, SSA etc.

Abbildung 46: Beispiel für die Definition eines Prozeßelementes mit entsprechenden Leistungsmerkmalen, Kennzahlen, Best Practices und Angaben zu Softwarefunktionalität und -anbietern

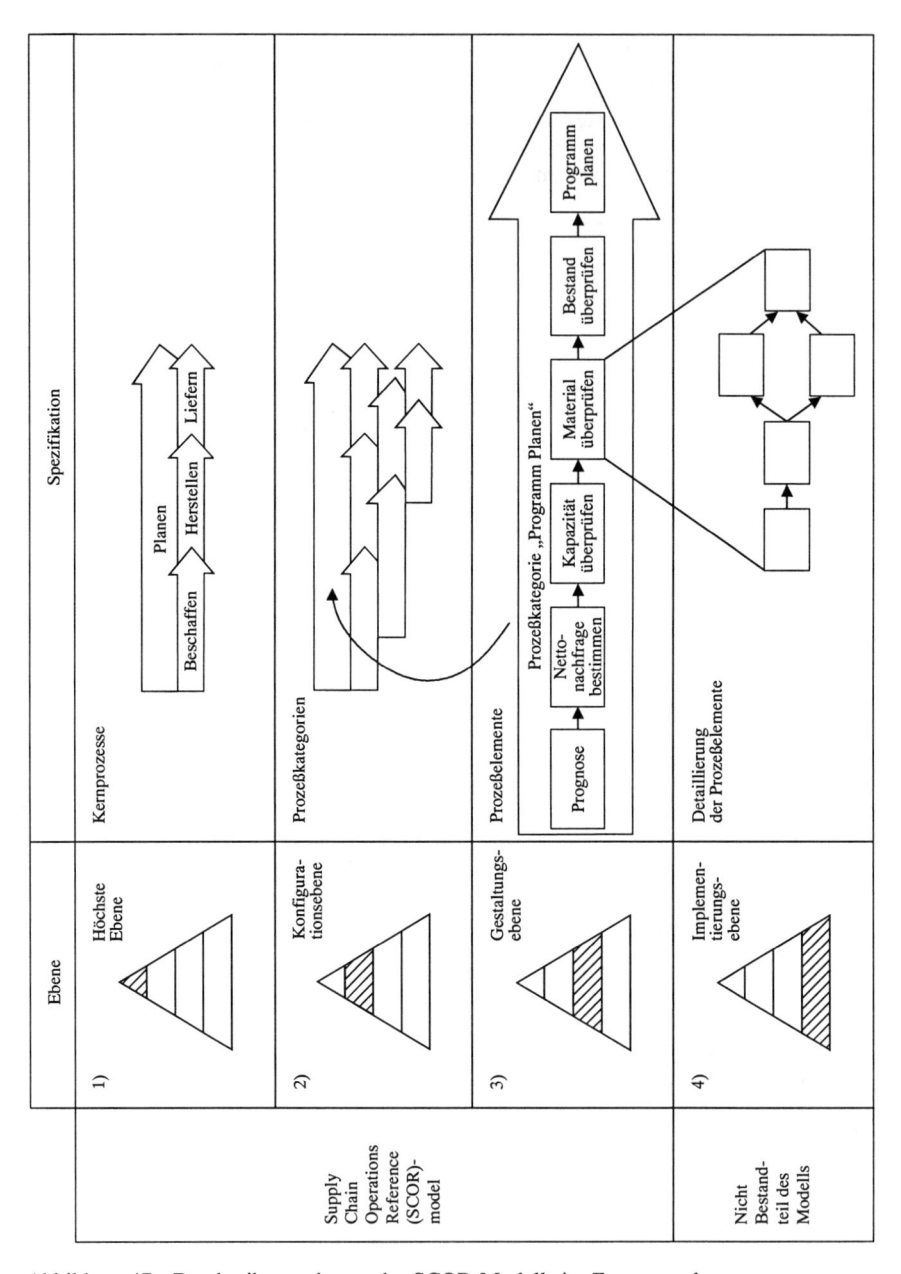

Abbildung 47: Beschreibungsebenen des SCOR-Modells im Zusammenhang

Das SCOR-Modell ist nicht als eine Anleitung zur schrittweisen Verbesserung des Supply Chain Management zu verstehen, sondern dient eher der informatorischen Unterstützung eines Change-Management-Prozesses, der auf die Konfiguration einer

Supply Chain abzielt (vgl. Abbildung 48, in der die sogenannten fünf Aktionsfelder von SCOR dargestellt werden).

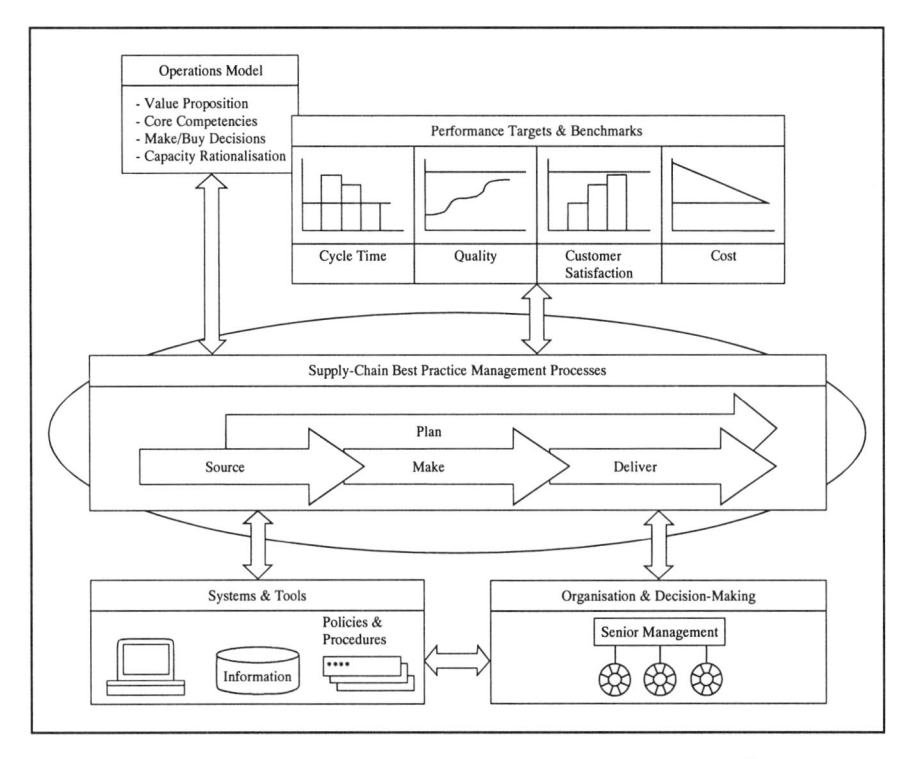

Abbildung 48: Prozeßorientierte Betrachtung des Supply Chain Management[1]

Das Modell dient der Unterstützung der bestehenden Produktionsstrategie (Operations Model). Aufbauend auf dieser Strategie werden dann die damit übereinstimmenden Prozeßkategorien modelliert, so daß ein **Grundmodell** entsteht (Supply-Chain Best Practice Management Processes). Dieses Grundmodell liefert entsprechende **Best-in-Class-Kennzahlen** und **Best Practices** (Performance Targets & Benchmarks), die dem Ist-Zustand der Unternehmung gegenübergestellt werden, um auf dieser Grundlage einen entsprechenden Handlungsbedarf abzuleiten (Organisation & Decision Making). Aufbauend auf dem Grundmodell können weiterhin entsprechende IT- und Softwareprodukte ermittelt werden, die die Best Practices des Grundmodells zu unterstützen vermögen (Systems & Tools). Mit der Implementierung des herausgearbeiteten Supply-Chain-Modells sollten gleichzeitig

---

1) Vgl. Stewart (1997, S. 66).

- die Festlegung des Kennzahlensystems und entsprechender Ziele erfolgen (Performance Targets & Benchmarks),
- der damit verbundene Informationsbedarf ermittelt (Systems & Tools) und
- die funktions- und unternehmungsübergreifenden Verbindungen geschaffen werden (Organisation & Decision-Making).[1]

In diesem Zusammenhang soll auch die Frage nach dem Novitätsgrad dieser Vorgehensweise thematisiert werden. Wenn Schönsleben/Hieber als Prozeßklassen für das Supply Chain Management z.B. „supply and inventory management", „production management" oder „demand and forecast management" nennen[2], dann zeigt sich bereits die geistige Verwandtschaft mit der Literatur zum **Geschäftsprozeßmanagement**[3], wobei Prozesse als wertschöpfende Aktivitäten in und zwischen Unternehmungen aufzufassen sind. Ursprung des Geschäftsprozeßmanagement bildet die grundlegende Abhandlung von Gaitanides zur Prozeßorganisation, die er im Jahre 1983 vorlegte[4]. Wird unter einem Geschäftsprozeß ein System von funktionsübergreifenden Aktivitäten mit definiertem Input und Output und den damit verbundenen internen und externen Kunden/Lieferanten-Beziehungen verstanden, dann wird die Nähe zu diesem Ansatz in besonderem Maße deutlich[5]. So lassen sich im Rahmen der Geschäftsprozeßidentifikation zwei grundsätzliche Vorgehensweisen unterscheiden[6]:

- **Allgemeine Geschäftsprozeßidentifikation**: Es liegt die These zugrunde, daß es grundlegende Prozesse im Sinne von Rahmenprozessen gibt, die in allen Unternehmungen gleich sind.

- **Singuläre Geschäftsprozeßidentifikation**: Es wird davon ausgegangen, daß in jeder Unternehmung die Prozesse aufgrund der individuellen Problemlage unterschiedlich sind.

Diese beiden Vorgehensweisen schließen sich nicht gegenseitig aus, sondern können sich durchaus ergänzen[7].

---

1) Vgl. Stewart (1997, S. 66 f.).
2) Vgl. Schönsleben/Hieber (2000, S. 20).
3) Stewart (1997, S. 63) beschreibt das SCOR-Modell als Weiterentwicklung des Geschäftsprozeßmanagement. Zur Beziehung zwischen Supply Chain Management und Geschäftsprozeßmanagement vgl. Cooper/Lambert/Pagh (1997, S. 3 und S. 5 ff.).
4) Vgl. Gaitanides (1983).
5) Vgl. z.B. Corsten (1997, S. 23).
6) Vgl. Gaitanides/Scholz/Vrohlings (1994, S. 6 ff.).
7) Vgl. Corsten (1997, S. 28).

Das SCOR-Modell wählt auf Ebene 1 die zuerst genannte Vorgehensweise, indem es normativ die in der Betriebswirtschaftslehre seit Jahrzehnten intensiv diskutierten betrieblichen Kernfunktionen Beschaffung, Produktion und Absatz heranzieht und diese mit dem derivativen dispositiven Faktor der Planung überlagert[1]. Demgegenüber erinnert die hierarchische Aufteilung auf vier Ebenen an die sogenannte Prozeßstrukturierung, aus der sich dann, abhängig vom angestrebten Detaillierungsgrad, unterschiedlich differenzierte **Prozeßhierarchien** ergeben, wobei als generelle Kriterien die Zweckmäßigkeit und Wirtschaftlichkeit herangezogen werden[2]. So zeigt gerade die Vorgehensweise von Buchholz, der die

- Makroebene (unternehmungsübergreifende Prozesse),
- Mesoebene (innerhalb der Unternehmung ablaufende Prozesse) und
- Mikroebene (Subprozesse, die auf der Ebene der Arbeitsanweisungen ansetzen)

unterscheidet[3], daß auch dieser Aspekt des SCOR-Modells alles andere als eine Novität darstellt. Damit bleibt festzustellen, daß das SCOR-Modell, wie viele andere „aktuelle" Managementkonzepte auch, auf hinreichend bekannte Ansätze zurückgreift.

2.5.2 Advanced Planning Systems als integrative Supply-Chain-Management-Software

2.5.2.1 Begriffliche Grundlegungen

Produktionsplanungs- und -steuerungssysteme (PPS-Systeme) und **Enterprise-Resource-Planning-Systeme** (ERP-Systeme) knüpfen schwerpunktmäßig an den unternehmungsinternen Prozessen der Produktion und Logistik an[4]. Hinsichtlich des Funktionsumfanges[5] stellen ERP-Systeme Erweiterungen der klassischen PPS-Systeme dar, die auf dem MRP-II-Konzept aufbauen[6], wobei insbesondere die folgenden Module zu nennen sind:

- Finanz- und Anlagenbuchhaltung,
- Kosten- und Leistungsrechnung,

---

1) Vgl. Gutenberg (1983, S. 2 ff.).
2) Vgl. z.B. Scholz/Vrohlings (1994, S. 39); ferner Krickl (1995, S. 33).
3) Vgl. Buchholz (1994, S. 23).
4) Vgl. Akkermans u.a. (1999, S. 6 ff.); Günther/Blömer/Grunow (1998, S. 331).
5) Vgl. Gronau (2001, S. 30); Hicks (1997b, S. 25).
6) Vgl. z.B. Kilger (1998, S. 52 f.).

- Personalwirtschaft,
- Qualitätsmanagement,
- Instandhaltungsmanagement und
- Unternehmungsplanung.

Während es für klassische PPS-Systeme eine Referenzarchitektur gibt, existiert eine vergleichbare Referenz für ERP-Systeme nicht[1]. Sie werden jedoch in stärkerem Maße von der softwaretechnischen Realisierung getragen. PPS-Systeme sind für eine Unterstützung der unternehmungsübergreifenden Planung und Steuerung einer Supply Chain nur bedingt geeignet, da[2]

- ihre Aufgaben auf eine Unternehmung fokussiert sind und auf Planungsdaten zurückgegriffen wird, die den Aktualitätsanforderungen eines Supply Chain Management nicht gerecht zu werden vermögen, und
- Änderungen nur in einer Richtung Beachtung finden, so daß z.B. ein Produktionsausfall unter diesen Bedingungen nur dem Abnehmer, nicht hingegen dem Zulieferer mitgeteilt würde.

Demgegenüber konzentrieren sich **Supply-Chain-Management-Softwaresysteme**[3] (SCM-Softwaresysteme), die als **Advanced Planning Systems** (APS) bezeichnet werden[4], auf die unternehmungsübergreifende Zusammenarbeit. APS sind modular strukturierte Softwaresysteme zur integrativen Unterstützung einer unternehmungsübergreifenden Planung und Steuerung von Leistungsprozessen. Der Begriff „advanced", der in der deutschen Sprache mit „fortgeschritten" übersetzt wird, läßt sich dabei

- als ein Anspruch, Defizite bestehender Planungssysteme durch eine „neue" Planungslogik zu überwinden, oder
- als Hinweis auf die ergänzende Stellung dieser Systeme zu den bestehenden Planungssystemen

---

1) Vgl. Rosemann/Becker (2000, S. 477).
2) Vgl. Beckmann (1999, S. 169); Steven/Krüger/Tengler (2000, S. 15 f.).
3) Rosemann/Becker (2000, S. 481) sprechen von „extended ERP-Systemen (eERP)" und betrachten dann SCM und ECR als konkrete Erscheinungsformen.
4) Zu einem Überblick über APS vgl. z.B. Alard/Hartel/Hieber (1999, S. 66); Dinges (1998, S. 23); Grünauer/Fleisch/Österle (2000, S. 193 ff.); Meyr/Rohde/Wagner (2000, S. 242 ff.); Tiemeyer (1999, S. 104 f.). Kortmann/Lessing (2000, S. 9) bezeichnen APS als den Kern von SCM-Systemen, ohne die Unterschiede aufzuzeigen.

interpretieren[1]. Damit stellt sich unmittelbar die Frage nach der Beziehung zwischen ERP- und SCM-Systemen. Aus der Perspektive der Software lassen sich dabei die folgenden Gruppen bilden[2]:

- SCM-Software, die auch einzelne Module von ERP-Systemen ersetzt und
  -- sämtliche SCM-Funktionalitäten (z.B. i2 RHYTHM) oder
  -- nur Teilbereiche der SCM-Funktionalitäten (z.b. Debis Systemhaus Retail & Distribution Logistik-Bus)
  abdeckt;
- ERP-Systeme, die durch zusätzliche SCM-Module, wie etwa Lösungsalgorithmen[3] (Lineare Optimierung, Constraint-Ansätze etc.) und spezifische E-Business-Anwendungen ergänzt werden (z.b. Baan Supply Chain Solutions).

Jede einzelne Unternehmung der Supply Chain benötigt trotz der SCM-Software ein entsprechendes ERP-System, mit dessen Hilfe die Stamm- und Auftragsdaten weiterhin verwaltet werden[4], so daß ein ERP-System das „Backbone" für das SCM-System bildet und diesem die notwendigen Daten zur Verfügung stellt[5]: „ERP-Software bildet weiterhin das Rückgrat aller Informationsverarbeitungen. Sie generiert, sammelt und speichert Daten und führt automatisch Transaktionen durch."[6] Abbildung 49 gibt das Zusammenspiel von ERP-Systemen und SCM-Systemen in vereinfachter Form wieder[7].

---

1) Vgl. Prockl (1998, S. 443).
2) Vgl. Kulow u.a. (1999, S. 37 ff.); Lührs/Rock (2000, S. 14). Zu einer ähnlichen Gruppierung vgl. Pirron u.a. (1998, S. 61).
3) Vgl. Günther (1999, S. 104 f.).
4) Vgl. Hieber/Alard/Boxler (2001, S. 74).
5) Vgl. Bremicker/Lührs/Wilke (o.J., S. 2); Kansky (1999, S. 15); Seidl (2000, S. 171).
6) Schönsleben/Bärtschi/Hieber (2000, S. 9). Vgl. ferner Philippson/Treutlein/Hillebrand (1999, S. 62), die ebenfalls betonen, daß SCM-Systeme PPS-Systeme ergänzen, weil ihnen operative Funktionalitäten fehlen.
7) Vgl. Bremicker/Lührs/Wilke (o.J., S. 1); Zäpfel (2001, S. 16 f.). Dieser Zusammenhang scheint in der unternehmerischen Praxis nicht immer so deutlich gesehen zu werden. So zeigt eine Befragung, daß im Rahmen von Supply Chain Systemen ein überdurchschnittlicher Ausbau im APS-Bereich angestrebt wird, ERP-Systeme jedoch erst an dritter Stelle genannt werden, und zwar nach der Integration von Kundendaten. Vgl. Servatius (1998, S. 14 f.).

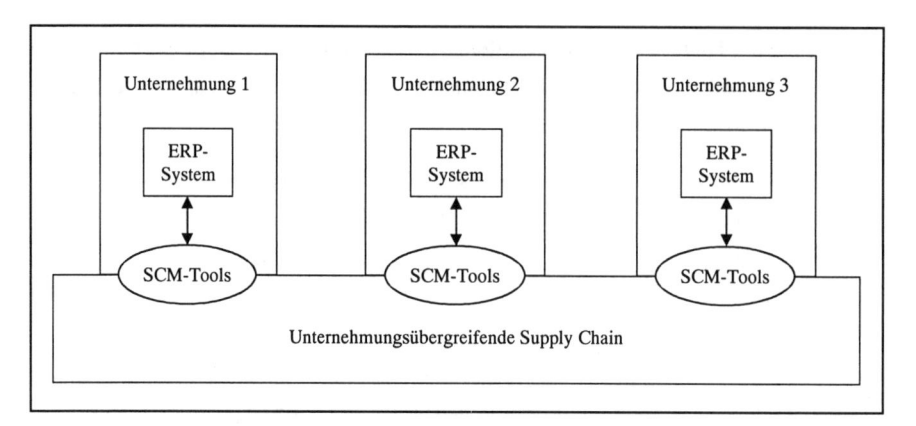

```
┌─────────────────────────────────────────────────────────────────┐
│  ┌─────────────┐      ┌─────────────┐      ┌─────────────┐      │
│  │Unternehmung1│      │Unternehmung2│      │Unternehmung3│      │
│  │  ┌───────┐  │      │  ┌───────┐  │      │  ┌───────┐  │      │
│  │  │ ERP-  │  │      │  │ ERP-  │  │      │  │ ERP-  │  │      │
│  │  │System │  │      │  │System │  │      │  │System │  │      │
│  │  └───┬───┘  │      │  └───┬───┘  │      │  └───┬───┘  │      │
│  └──────┼──────┘      └──────┼──────┘      └──────┼──────┘      │
│     ( SCM-Tools )        ( SCM-Tools )        ( SCM-Tools )     │
│                                                                 │
│           Unternehmungsübergreifende Supply Chain               │
└─────────────────────────────────────────────────────────────────┘
```

Abbildung 49: Zusammenspiel zwischen ERP- und SCM-Systemen

Hinsichtlich der Funktionalitäten von SCM-Systemen[1] wird in der Literatur in der Regel zwischen

- Supply-Chain-Planung (Planning, Configuration) und
- Supply-Chain-Steuerung (Execution)

unterschieden[2]. Damit läßt sich die in Abbildung 50 dargestellte folgende Struktur ableiten.

Diese Darstellung macht deutlich, daß es keine klare und generelle Trennlinie zwischen ERP- und SCM-Systemen gibt. Dabei ist hervorzuheben, daß diese Abgrenzungsproblematik nicht nur bei einzelnen angebotenen Softwaresystemen existiert, sondern eine Trennlinie letztlich nur im Rahmen einer konkreten Implementierung fixiert werden kann.[3]

---

1) Zu den Funktionalitäten ausgewählter Softwaresysteme vgl. z.B. Bothe (2000, S. 19); Günther/Blömer/Grunow (1998, S. 331 ff.).
2) Vgl. z.B. Bremicker/Lührs/Wilke (o.J., S. 3); Kortmann/Lessing (2000, S. 20 f.); Pirron u.a. (1999, S. 69 ff.); Seidl (2000, S. 169 ff.). Teilweise erwähnen Autoren als dritten Bereich die Supply-Chain-Configuration, womit sie versuchen, die sogenannte Strukturkonfigurationsfunktion zu erfassen. Vgl. z.B. Hieber/Alard (1999, S. 215 f.); Philippson u.a. (1999, S. 17 f.); Pillep/Wrede (1999a, S. 9 f.). Dieser Vorgehensweise liegt ein eher unübliches Planungsverständnis zugrunde, dem nicht gefolgt werden kann, da die Konfiguration einer Supply Chain zur Planung gehört. Dies zeigt sich auch darin, daß Pillep/Wrede (1999a, S. 9 f.) von Planungsebenen des SCM sprechen, denen sie dann die „Ebenen" Supply-Chain-Configuration, Supply-Chain-Planning und Supply-Chain-Execution unterordnen, eine Vorgehensweise, die inkonsistent ist.
3) Vgl. Philippson u.a. (1999, S. 17).

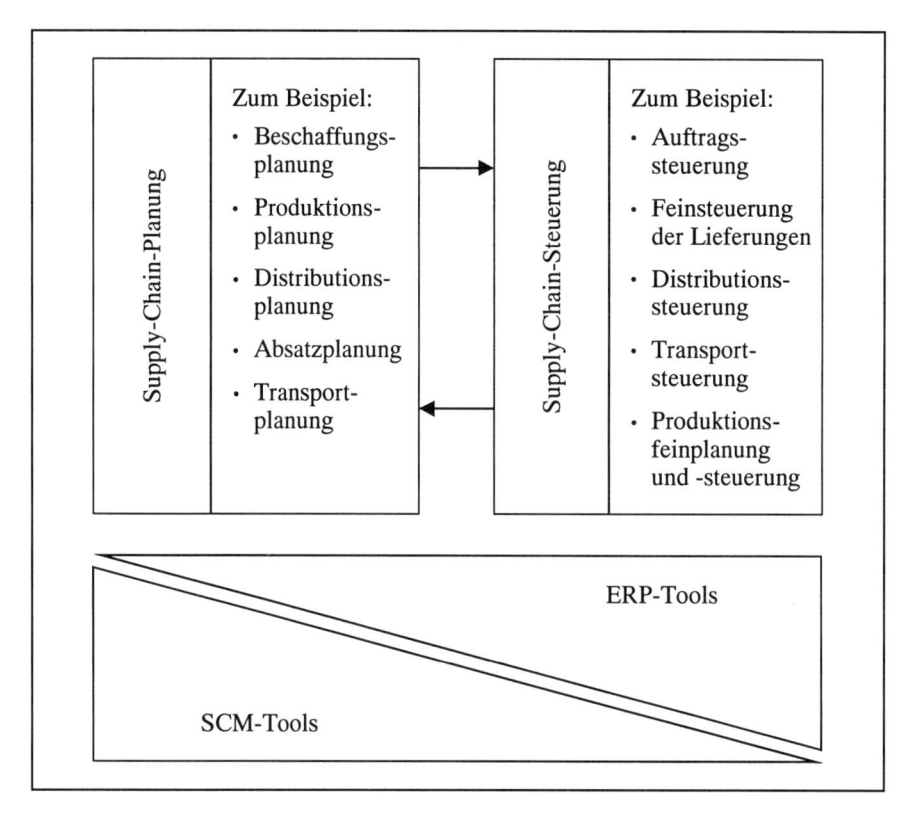

Abbildung 50: Funktionalitäten von Softwaresystemen für das Supply Chain Management

Weiterhin stellt sich im Rahmen der SCM-Software die Frage, inwieweit sie strategische, taktische und operative Problemstellungen berücksichtigt. Während einerseits betont wird, daß lediglich operative Planungsprobleme einer gegebenen Supply Chain unterstützt werden[1], betonen andere Autoren, daß auch die strategische Planung Gegenstand der SCM-Software sei[2]. Analysen zeigen, daß nicht alle SCM-Systeme den Bereich der strategischen Planung abdecken[3]. Konkretisierend lassen sich die folgenden Problemstellungen auf den einzelnen Planungsebenen nennen[4]:

- **Strategische Ebene**: Netzwerkkonfiguration.
- **Taktische Ebene**: Mittelfristige Nachfrageprognose und darauf aufbauender mittelfristiger Abgleich von Kapazitätsnachfrage (prognostizierte Nachfrage) und -angebot (Ressourcenverfügbarkeit).

---

1) Vgl. z.B. Stadtler (1999, S. 36 f.).
2) Vgl. z.B. Baumgarten/Wolff (1999, S. 55); Kulow u.a. (1999, S. 25 f.).
3) Vgl. Bremicker/Lührs/Wilke (o.J., S. 3); Kortmann/Lessing (2000, S. 47 f.).
4) Vgl. Zäpfel (2000, S. 14 ff.); Zäpfel (2001, S. 14 ff.).

- **Operative Ebene**: Generierung durchführbarer Produktionspläne unter Beachtung von Kapazitätsnachfrage (Kundenaufträge) und -angebot (Einsatzmöglichkeiten der vorhandenen Ressourcen).

Die Ausführungen zum Supply Chain Management machen deutlich, daß eine Supply Chain eine enge zeitliche und inhaltliche Koppelung von Planungs- und Steuerungsaufgaben notwendig werden läßt, ein Sachverhalt, der sich auch unmittelbar aus dem intensiven Informationsaustausch zwischen den Beteiligten ergibt. Hieraus resultieren gleichsam entsprechende Anforderungen an die zum Einsatz gelangenden Informationssysteme.

2.5.2.2 Aufgabenspektrum

Das Aufgabenspektrum von APS läßt sich auf der Grundlage der Kriterien

- Fristigkeit des Planungshorizontes (kurz-, mittel- und langfristig) und
- Bezug zu Funktionsbereichen (Beschaffung, Produktion, Distribution, Absatz)

mit Hilfe einer Supply-Chain-Planungsmatrix[1] verdeutlichen, in der die Module mit den jeweiligen Planungsaufgaben überschneidungsfrei angeordnet sind. Die Pfeile zwischen den Modulen deuten die wechselseitigen Verbindungen zwischen den Planungsteilaufgaben und deren Berücksichtigung in APS an (vgl. Abbildung 51).

Das Planungsmodul „**strategische Netzwerkplanung**" legt den Handlungsrahmen aller anderen APS-Planungsmodule in grundsätzlicher Weise durch (Re-)Konfiguration der gesamten Supply Chain fest[2]. Eine Supply-Chain-Konfiguration ist dabei durch eine längerfristig gültige Festlegung von

- Produktions- und Absatzprogramm,
- Materialprogramm,
- Standorten der Supply-Chain-Einheiten,
- Distributionsstruktur und
- kooperativen Beziehungen zu Lieferanten

gekennzeichnet[3].

---

1) In Anlehnung an Rohde/Meyr/Wagner (2000, S. 10). Zu weiteren Darstellungsmöglichkeiten vgl. z.B. Beckmann (1999, S. 168); Fleischmann/Meyr/Wagner (2000, S. 63); Hieber/Alard (1999, S. 216 f.); Kansky/Weingarten (1999, S. 91); Pirron u.a. (1998, S. 62); Seidl (2000, S. 169 f.); Tempelmeier (1999a, S. 70).
2) Vgl. Pirron u.a. (1998, S. 62 f.); Wolff (1999, S. 159).
3) Vgl. Beckmann (1999, S. 168); Fleischmann/Meyr/Wagner (2000, S. 62 ff.); Goetschalckx (2000, S. 79); Kortmann/Lessing (2000, S. 21).

2.5 Ausgewählte Instrumente

	Beschaffung	Produktion	Distribution	Absatz
langfristig	Strategische Netzwerkplanung			
mittelfristig		Netzwerkbezogene Hauptproduktionsprogrammplanung		Netzwerkbezogene Nachfrageplanung
	Unternehmungsbezogene Materialbedarfsplanung	Unternehmungsbezogene Produktionsgrobplanung	Netzwerkbezogene Distributionsplanung	
kurzfristig		Unternehmungsbezogene Produktionsfeinplanung	Netzwerkbezogene Transportplanung	Netzwerkbezogene Kundenauftragsannahme

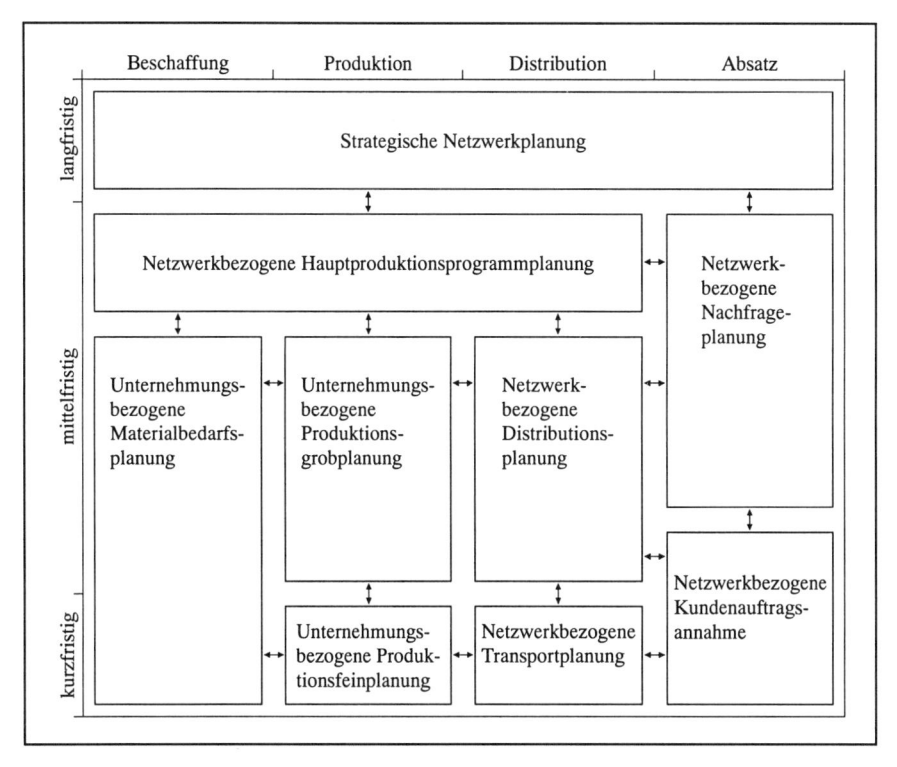

Abbildung 51: Supply-Chain-Planungsmatrix

Der entsprechende Planungsprozeß wird durch die Möglichkeiten

- der Modellierung alternativer Supply-Chain-Konfigurationen,
- der Anwendung von Optimierungsverfahren und
- der Bewertung auf der Grundlage unterschiedlicher Zielfunktionen

unterstützt[1]. Zur Berücksichtigung der Interdependenzen zwischen den Planungsmodulen

- wird zur Lösung des Planungsproblems auf Informationen aus den Modulen „netzwerkbezogene Nachfrageplanung" (langfristige Nachfragetrends) und „netzwerkbezogene Hauptproduktionsprogrammplanung" (simulierte Master-Pläne) zurückgegriffen und
- werden die Ergebnisse des Planungsprozesses als Vorgaben in den Modulen „netzwerkbezogene Nachfrageplanung" und „netzwerkbezogene Hauptproduktionsprogrammplanung berücksichtigt[2].

---

1) Vgl. Kansky/Weingarten (1999, S. 93); Pirron u.a. (1998, S. 62 f.); Rohde (2000, S. 184); Schmid-Lutz (1999, S. 119); Zäpfel (2000, S. 14).
2) Vgl. Rohde (2000, S. 185).

Bei der Anwendung dieses Planungsmoduls ist darauf zu achten, daß die Planungsqualität der strategischen Netzwerkplanung einen nachhaltigen Einfluß auf die Planungsqualität der untergeordneten Planungsebenen und somit auf den Erfolg der Supply Chain ausübt. Um zu einer erfolgreichen Supply-Chain-Konfiguration zu gelangen, ist es zweckmäßig, bei der Modellierung des Problems Expertenwissen zu berücksichtigen, um eine angemessene Realitätsnähe des Modells mit einer durch die implementierten Lösungsalgorithmen beherrschbaren Modellkomplexität in Einklang zu bringen[1]. Dies setzt jedoch voraus, daß die implementierten Algorithmen dem Anwender offengelegt werden, was jedoch nur selten der Fall ist[2]: „Das genaue Vorgehen im Rahmen der Optimierung liegt dabei den Anwendern nur eingeschränkt offen, so daß die Ergebnisse der Optimierungsläufe nicht über die Algorithmen nachvollzogen werden können."[3]

Das Modul „**Nachfrageplanung**" dient vor allem der Prognose der nachgefragten Produktmengen und darüber hinaus der Berechnung erforderlicher Sicherheitsbestände sowie der statistischen Analyse der Auswirkungen unterschiedlicher Einflußgrößen[4]. Zur Prognose steht eine Palette unterschiedlicher statistischer Verfahren (z.B. Verfahren des gleitenden Durchschnitts, Glättungsverfahren unterschiedlicher Ordnung, Verfahren der Zeitreihenanalyse und der Regressionsanalyse, autoregressive integrierte Verfahren des gleitenden Durchschnitts, Methode von Croston) zur Verfügung. Sie werden ergänzt durch Verfahren zur Messung und Überwachung der Prognosequalität (z.B. mittlerer quadratischer Fehler, mittlere absolute Abweichung, mittlerer relativer Fehler), zur Auswahl des adäquaten Prognoseverfahrens sowie zur Parameterschätzung und durch Prognosemöglichkeiten auf der Grundlage des Le-

---

1) Vgl. Goetschalckx (2000, S. 90 und S. 94). Die Anwendung derzeitiger APS zur Lösung dieses kapazitätsorientierten, mehrperiodigen, mehrstufigen Mehrprodukt-Netzwerkflußproblems geht bei einer Neukonfiguration mit einer nicht unerheblichen Berechnungsdauer einher, da eine gemischt-ganzzahlige Modellformulierung zugrunde liegt. Vgl. Goetschalckx (2000, S. 80, S. 82 f. und S. 92); Zäpfel (2000, S. 14).
2) Vgl. Krüger/Steven (2000, S. 505), die darauf hinweisen, daß die Unternehmung Digital Equipment Corporation eine Ausnahme bilde. Vgl. Arntzen u.a. (1995, S. 69 ff.).
3) Kulow u.a. (1999, S. 42).
4) Vgl. Beckmann (1999, S. 168 f.); Fleischmann/Meyr/Wagner (2000, S. 62 und S. 64); Hurtmanns/Packowski (1999, S. 62); Kansky/Weingarten (1999, S. 93); Kortmann/Lessing (2000, S. 22); Pirron u.a. (1998, S. 63); Schmid-Lutz (1999, S. 120); Seidl (2000, S. 174 f.); Tempelmeier (1999a, S. 70); Wagner (2000, S. 97); Wolff (1999, S. 159); Zäpfel (2000, S. 16). Die derzeit in den meisten APS implementierten Verfahren der Sicherheitsbestandsberechnung für einstufige Lagerhaltungssysteme, vgl. Wagner (2000, S. 113), erscheinen für die Problematik im Rahmen des Supply Chain Management eher ungeeignet.

benszykluskonzeptes[1]. Die automatische Auswahl des Prognoseverfahrens sollte jedoch nicht als Blackbox zur Anwendung gelangen, da

- die zur Beurteilung herangezogene Prognosegenauigkeit keine Aussage über die Robustheit der Verfahren erlaubt und ein dadurch bedingter häufiger Wechsel des Prognoseverfahrens mit Planungsnervosität einhergeht und
- die Parameter zur Modellauswahl (z.B. zugrundeliegender Zeithorizont) das Auswahlergebnis signifikant beeinflussen[2].

Prognosen auf der Basis des Lebenszykluskonzeptes setzen voraus, daß zwischen den Nachfrageverläufen des betrachteten Produktes und eines Vergleichsproduktes gleicher Funktionalität eine große Ähnlichkeit besteht, eine Annahme, die aufgrund der Vielzahl der unternehmungsexternen Einflußfaktoren auf den Nachfrageverlauf nur in seltenen Fällen zutreffen dürfte. Dementsprechend können nur sehr grobe Prognoseaussagen (z.B. auf der Grundlage einer wenig differenzierten Phaseneinteilung) auf hohem Aggregationsniveau getroffen werden.

Die prognostizierten Daten werden den anderen APS-Modulen in aggregierter Form zur Verfügung gestellt, wobei (Dis-)Aggregationen in der produktbezogenen (Produkt, Produktgruppe etc.), der geographischen (Kundenstandort, Absatzgebiet etc.) und der zeitlichen Dimension (Tag, Woche etc.) möglich sind[3].

Aufgabe des Moduls „**netzwerkbezogene Hauptproduktionsprogrammplanung**" ist die zentrale Ermittlung aufeinander abgestimmter Beschaffungs-, Produktions- und Distributionsmengen unter Berücksichtigung von Kapazitätsnachfrage und -angebot mit der Zielsetzung minimaler Gesamtkosten[4]. Um den Trade-off zwischen Lagerhaltungs-, Produktions- und Transportkosten auszubalancieren, wird folgende **Datentransformation** vorgenommen[5]:

---

1) Vgl. Wagner (2000, S. 101 ff. und S. 110); Zäpfel (2000, S. 16).
2) Vgl. Wagner (2000, S. 111 f.), der betont, daß es ein geeigneter Ansatz sei, einen Experten, der bereits eine Vorauswahl geeigneter Verfahren getroffen habe, bei der Suche nach dem geeignetsten Verfahren zu unterstützen.
3) Vgl. Pirron u.a. (1998, S. 63); Wagner (2000, S. 99); Zäpfel (2000, S. 16).
4) Vgl. Fleischmann/Meyr/Wagner (2000, S. 64 f.); Hurtmanns/Packowski (1999, S. 63 f.); Kortmann/Lessing (2000, S. 23); Rohde (2000, S. 184 f.); Rohde/Wagner (2000, S. 117 f. und S. 124); Tempelmeier (1999a, S. 70); Wolff (1999, S. 159); Zäpfel (2000, S. 16).
5) Vgl. Rohde (2000, S. 184 f.); Rohde/Wagner (2000, S. 117, S. 121 ff. und S. 129 f.).

- Den Input bilden die Vorgaben aus der strategischen Netzwerkplanung und die in bezug auf einen mittelfristigen Planungshorizont[1] aggregierten Daten zur Nachfrage nach Produktgruppen (Nachfrageplanung), zu den daraus abgeleiteten Sekundärbedarfen und zur verfügbaren Kapazität der Engpaßressourcengruppen sowie der Kosten der einzelnen Supply-Chain-Einheiten (dezentrale Beschaffungs-, Produktions- und Distributionsplanungen).

- Durch die Datenaggregation wird die Komplexität des zu lösenden Modells in der Regel soweit reduziert, daß ein Modell der linearen Programmierung vorliegt[2]. Somit kann durch die Anwendung eines entsprechenden Optimierungsalgorithmus eine simultane Festlegung der Entscheidungsvariablen erfolgen.

- Output sind aggregierte Daten über den Bedarf an Zulieferteilen, die genutzte Produktions- und Beschaffungskapazität der Supply-Chain-Einheiten, die genutzte Distributionskapazität des Netzwerkes, die saisonalen Lagerbestände und die entsprechenden Absatzmengen. Diese Ergebnisse werden dann in der Form von Beschaffungs-, Produktions- und Distributionsvorgaben an die einzelnen Supply-Chain-Einheiten weitergegeben.

Auf dieser Planungsebene gelangt das Konzept der **rollierenden Planung** zur Anwendung. Dabei werden den untergeordneten Planungsebenen nur die Planungsergebnisse der ersten Teilperiode des Hauptproduktionsprogrammplanes verbindlich vorgegeben. Die Festlegungen für nachfolgende Teilperioden erfolgen in entsprechend späteren Planungsläufen mit aktualisierten Daten und einem verschobenen Planungshorizont[3].

Aufgrund ihrer zentralen Stellung im hierarchischen Planungssystem der APS erfüllt die netzwerkbezogene Hauptproduktionsprogrammplanung wesentliche Koordinationsaufgaben. Um eine zielsetzungsgerechte Abstimmung der untergeordneten Teilpläne vornehmen zu können, ist bei der Modellbildung den möglichen Fehlerquellen (insbesondere der Aggregation) größere Aufmerksamkeit zu schenken.

Durch das **Materialbedarfsplanungsmodul** werden dezentral von den Supply-Chain-Einheiten auszuführende Planungsaufgaben, wie etwa

- Lieferantenauswahl
- programm- und verbrauchsgesteuerte Materialdisposition,
- Bestelllosgrößenplanung,

---

1) Der Planungshorizont der netzwerkbezogenen Hauptproduktionsprogrammplanung sollte bei saisonalem Nachfrageverlauf mindestens einen Saisonzyklus umfassen, um Nachfragespitzen durch zeitliche Verlagerung der Produktion in Perioden mit geringerer Nachfrage abdecken zu können. Vgl. Rohde/Wagner (2000, S. 120).
2) Vgl. Tempelmeier (1999a, S. 70).
3) Zu unterschiedlichen Möglichkeiten der Abgrenzung von Planungshorizonten vgl. Rohde/Wagner (2000, S. 120 f.).

- Planung von Materialsicherheitsbeständen und
- Bestellauslösung (z.B. im Rahmen des Vendor Managed Inventory)

unterstützt[1]. Die Vorgaben aus der netzwerkbezogenen Hauptproduktionsprogrammplanung und Daten über Produktionsmengen, -lose und -zeiten aus der Produktionsplanung bilden den Input. Neben den einzelnen Bedarfsplänen sind die Daten über die Materialverfügbarkeit Output dieses Planungsmoduls, der anderen Planungsmodulen (z.B. netzwerkbezogener Hauptproduktionsprogrammplanung, Produktionsplanung, Transportplanung, Kundenauftragsannahme) zur Verfügung gestellt wird.

Während die Aufgabe des Moduls zur **Produktionsgrobplanung** in der Losgrößenplanung[2] besteht, unterstützt das **Produktionsfeinplanungsmodul** die Maschinenbelegungsplanung[3]. Auf der Grundlage der Vorgaben aus der netzwerkbezogenen Hauptproduktionsprogrammplanung sowie situationsabhängiger und -unabhängiger Daten[4] aus den anderen Planungsmodulen werden durchführbare unternehmungsbezogene Produktionspläne erstellt. Hierfür gelangt ein Modell der hierarchischen Produktionsplanung zur Anwendung, d.h., aus der Losgrößenplanung gehen Vorgaben für die Maschinenbelegungsplanung hervor. Die Einbeziehung unterschiedlicher Heuristiken (z.B. Constraint Programming, genetische Algorithmen, Incremental Planning[5]) in Verbindung mit dem hierarchischen Planungsansatz erlaubt es dabei, Planungsprobleme praxisrelevanter Größenordnung in akzeptabler Zeit zu lösen[6]. Die Planungsergebnisse werden insbesondere an die Module Materialbedarfsplanung und Transportplanung, aber auch als Rückmeldung an die netzwerkbezogene Hauptproduktionsprogrammplanung übermittelt[7].

---

1) Vgl. Beckmann (1999, S. 169); Fleischmann/Meyr/Wagner (2000, S. 65); Rohde (2000, S. 192 f.); Wolff (1999, S. 159); Zäpfel (2000, S. 19).
2) Tempelmeier (1999a, S. 72) charakterisiert die Unterstützung der Losgrößenplanung als weitgehend unzureichend.
3) Vgl. Fleischmann/Meyr/Wagner (2000, S. 69); Hurtmanns/Packowski (1999, S. 64); Kolisch/Brandenburg/Krüger (2000, S. 308 ff.); Pirron u.a. (1998, S. 65); Seidl (2000, S. 174); Stadtler (2000b, S. 149); Wolff (1999, S. 159); Zäpfel (2000, S. 18).
4) Pirron u.a. (1998, S. 65) sprechen von einem ereignisorientierten Datenaustausch zwischen APS und ERP-, BDE- und MDE-Systemen. Stadtler (2000b, S. 154 ff.) unterscheidet zwischen strukturellen (z.B. Kapazität, Teile, Stücklisten, Rüstmatrizen) und situationsabhängigen Daten (z.B. Nachfrageprognose, Lagerbestände, Kapazitätsverfügbarkeit), wobei die strukturellen Daten situationsunabhängig sind.
5) Vgl. Stadtler (2000b, S. 158 ff.).
6) Vgl. Kolisch/Brandenburg/Krüger (2000, S. 310 ff.); Stadtler (2000b, S. 165); Zäpfel (2000, S. 18).
7) Vgl. Rohde (2000, S. 185 f.); Stadtler (2000b, S. 153).

Die Planung der Allokation von Endproduktmengen und damit die Koordination von Produktions- und Nachfrageplan wird durch das Modul „**netzwerkbezogene Distributionsplanung**" unterstützt[1]. Hierzu greift dieses Modul auf

- Standortdaten (z.B. Produzenten, Lager, Kunden) und Daten zum Distributionsnetz aus der strategischen Netzwerkplanung,
- Vorgaben zu aggregierten Transportmengen (netzwerkbezogene Hauptproduktionsprogrammplanung),
- prognostizierte Nachfragedaten und Sicherheitsbestandsdaten (Nachfrageplanung),
- ein hierarchisches Modell der Kundenstruktur (netzwerkbezogene Kundenauftragsannahme),
- Produktionsmengen (Produktionsplanung) sowie
- aggregierte Daten zur Transport- und Lagerkapazität

zurück. In Abhängigkeit von der Lage des Entkoppelungspunktes der zugrundeliegenden Supply Chain sind die Netzwerkfluß-Planungsmodelle unterschiedlich auszugestalten: während in den Fällen „Make-to-Order" und „Assemble-to-Order" keine Lagerbestände in den Distributionskanälen zu berücksichtigen sind und die Auslieferung eines Kundenauftrags mit einem Transportauftrag einhergeht, werden bei „Make-to-Stock" Lagerbestandskosten relevant, und es kann eine zu den Kundenaufträgen asynchrone Distribution erfolgen[2]. Aus der Distributionsplanung, die mit dem Ziel erfolgt, die Summe aus Lagerungs- und Transportkosten zu minimieren, gehen Informationen über die sich in einem mittelfristigen Planungshorizont in entsprechenden Zeitfenstern und Regionen ergebenden Transportströme und Lagermengen in den Distributionskanälen hervor[3].

Im Modul „**netzwerkbezogene Transportplanung**" werden die Vorgaben aus den Modulen zur Materialbedarfsplanung und Distributionsplanung unter Berücksichtigung der Liefertermine der Kundenaufträge und der Fertigstellungstermine der Produktionsaufträge zu Transportplänen disaggregiert, die die Nutzung der Transportmittel, die Zusammenstellungen der Ladung und die Routen der erforderlichen Transporte festlegen. Weitere wichtige Inputs stellen dabei die Ladekapazität und die

---

1) Vgl. Beckmann (1999, S. 170); Hurtmanns/Packowski (1999, S. 64 f.); Kortmann/Lessing (2000, S. 23 f.); Pirron u.a. (1998, S. 64); Rohde (2000, S. 186); Seidl (2000, S. 172 f.); Wolff (1999, S. 159); Zäpfel (2000, S. 19).
2) Vgl. Fleischmann (2000, S. 168 f. und S. 172 ff.).
3) Vgl. Fleischmann/Meyr/Wagner (2000, S. 65).

Geschwindigkeit der Transportmittel dar[1]. Fleischmann betont, daß aufgrund der ausschließlich kurzfristigen Transportplanung in den derzeitigen APS Optimierungspotentiale aus einer mittelfristigen Planung der Transportfrequenz nicht genutzt werden[2].

Die durch das Modul „**netzwerkbezogene Kundenauftragsannahme**" vorgeschlagenen Preise und Liefertermine für Kundenaufträge üben einen wesentlichen Einfluß auf den finanziellen Erfolg, die Durchlaufzeit der Produktionsaufträge, die Termineinhaltung und somit auf die Glaubwürdigkeit der Auftragsangebote aus. Aus diesem Grunde bildet eine auf die gesamte Supply Chain bezogene (verteilte) Verfügbarkeitsgewährleistung und -prüfung (Available-to-Promise) das Kernstück dieses Moduls[3], mit dessen Hilfe die Zusicherung eines Liefertermins für einen Kundenauftrag möglich wird[4]. Dabei wird unter Beachtung des verfügbaren Enderzeugnisbestandes und der bereits geplanten Produktionsaufträge festgestellt, ob der gewünschte Liefertermin realisierbar ist oder, falls dies nicht möglich ist, welcher frühestmögliche Liefertermin sich ergibt. Teilweise wird in diesem Zusammenhang auch von einer Echtzeitsimulation gesprochen, die definierte Restriktionen und die aktuelle Bestands- und Auslastungssituation in der gesamten Lieferkette berücksichtigt[5]. Bei diesen Simulationen handelt es sich aber lediglich um statische What-if-Analysen[6]. Dabei wird auf Prinzipien, die aus dem Yield Management bekannt sind, zurückgegriffen[7]:

- Um die Menge der prognostizierten Kundenaufträge in eine Präferenzordnung zu überführen, wird ein (hierarchisches) Klassifikationsschema mit Hilfe von Regeln festgelegt.
- Die in einzelnen Teilperioden verfügbaren Produktmengen werden nach festzulegenden Regeln den einzelnen Auftragsklassen zugeordnet.

---

1) Vgl. Fleischmann/Meyr/Wagner (2000, S. 66); Kortmann/Lessing (2000, S. 25 f.); Pirron u.a. (1998, S. 64); Seidl (2000, S. 173 f.); Zäpfel (2000, S. 20).
2) Vgl. Fleischmann (2000, S. 168 und S. 180).
3) Vgl. Hurtmanns/Packowski (1999, S. 65); Kilger/Schneeweiss (2000, S. 135, S. 137 und S. 144); Kortmann/Lessing (2000, S. 26); Pirron u.a. (1998, S. 64); Seidl (2000, S. 171 f.); Tempelmeier (1999a, S. 71); Zäpfel (2000, S. 19).
4) Eine Erweiterung stellt das „Capable-to-Promise" dar, mit dessen Hilfe „... über eine Umplanung der existierenden Produktions- und Distributionspläne unter Berücksichtigung der vorhandenen Kapazitäten und Materialien überprüft [wird], inwieweit eine Erfüllung des Kundenwunsches möglich ist." Kulow u.a. (1999, S. 30).
5) Vgl. z.B. Philippson u.a. (1999, S. 23).
6) Vgl. Bremicker/Lührs/Wilke (o.J., S. 3).
7) Vgl. Kilger/Schneeweiss (2000, S. 141 ff.).

- Trifft ein Kundenauftrag ein, dann wird zunächst die Verfügbarkeit für die korrespondierende Auftragsklasse geprüft. Ist diese gegeben, dann kann der Auftrag angenommen werden. Andernfalls ist es möglich, in der gleichen Auftragsklasse, aber in einer anderen Teilperiode oder in einer anderen Auftragsklasse nach entsprechend verfügbaren Produktmengen zu suchen und ein entsprechendes Auftragsangebot zu erstellen bzw. den Auftrag abzulehnen.

Input dieses Planungsprozesses sind prognostizierte Nachfragedaten (Nachfrageplanung), Produktionsmengen und Produktionsauslastung (netzwerkbezogene Hauptproduktionsprogrammplanung, Produktionsplanung), Materialbestände und -beschaffungstermine (netzwerkbezogene Hauptproduktionsprogrammplanung, Materialbedarfsplanung) sowie Lagerbestände und Transportdaten (Distributionsplanung). Wurde ein Kundenauftrag angenommen, dann löst die Kundenauftragsannahme entsprechende Planaktualisierungen in den kurzfristigen Planungsmodulen aus.

2.5.2.3 Planungsmethodische Betrachtung

Aus planungslogischer Sicht liegt den APS das Konzept der **hierarchischen Produktionsplanung**[1] zugrunde[2], das auf einer Strukturierung des Gesamtproblems in Teilprobleme, zwischen denen Über-/Unterordnungsbeziehungen bestehen, und einer Segmentierung in gleichgeordnete Teilprobleme aufbaut. Dabei bilden übergeordnete Teilpläne den Rahmen der untergeordneten Teilpläne, d.h., sie werden durch die untergeordneten Teilpläne konkretisiert. Die hierarchische Produktionsplanung stellt somit eine **Synthese von Total- und Partialplanung** dar[3].

Die Bildung von Teilproblemen erfolgt mit dem Ziel, die Komplexität der auf den einzelnen Planungsebenen zu lösenden Probleme zu reduzieren und somit den Einsatz formaler Problemlösungstechniken zu ermöglichen[4]. Neben diesen positiven Effekten der Problemzerlegung werden jedoch Aggregations- und Koordinationsprobleme relevant:

---

1) Vgl. Hax/Meal (1975, S. 53 ff.).
2) Vgl. Fleischmann (1998, S. 53); Fleischmann/Meyr/Wagner (2000, S. 60); Stadtler (2000a, S. 16 und S. 25 f.); Tempelmeier (1999b, S. 72); Zijm (2000, S. 323).
3) Vgl. Kistner/Switalski (1989, S. 478).
4) Vgl. Fleischmann (1988, S. 354 f.); Kistner/Steven-Switalski (1989, S. 4 und S. 12 f.); Kistner/Switalski (1989, S. 478); Rieper (1981, S. 1186).

2.5 Ausgewählte Instrumente

- Um eine Arbeitsteilung zwischen den entstehenden Planungsebenen zu gewährleisten, unterscheiden sich Problemumfang und **Aggregationsgrad**[1] der verwendeten Informationen auf den einzelnen Ebenen. Die Probleme einer untergeordneten Ebene sind im Vergleich zur übergeordneten Planungsebene enger begrenzt und werden auf der Grundlage detaillierterer Informationen gelöst[2]. Zur Wahrung der Planungskonsistenz sind die aggregierten Problemkomponenten so zu bestimmen, daß eine möglichst hohe Ähnlichkeit zwischen aggregierter und detaillierter Problemstruktur besteht[3]. Dabei ist in der Regel festzustellen, daß der Aggregationsfehler mit zunehmender Aggregation steigt und damit zu suboptimalen und unzulässigen Lösungen des Planungsproblems führen kann[4].

- Der Koordinationsbedarf ergibt sich aus den Interdependenzen zwischen den abgeleiteten Teilproblemen. Die **horizontale Abstimmung** zwischen den Teilproblemen erfolgt im Konzept der hierarchischen Produktionsplanung durch die Integration der Teilprobleme in das Planungsproblem einer höheren Planungsebene, so daß die Interdependenzen zunächst im Planungsprozeß auf einem höheren Aggregationsniveau und dann durch entsprechende Vorgaben auch auf der Planungsebene der betrachteten interdependenten Teilprobleme berücksichtigt werden. Zur **vertikalen Abstimmung** gelangen entweder das Top-down-Prinzip oder das Gegenstromprinzip[5] sowie das Konzept der rollierenden Planung[6] zur Anwendung.

Als weitere Aspekte der Planungslogik von APS, die jedoch aufgrund ihres Koordinationsfokus einen notwendigen Bestandteil des hierarchischen Planungskonzeptes darstellen, werden genannt[7]:

- **Concurrent Planning**: Dabei werden die Pläne für einen Bereich auf Wechselwirkungen bzw. Restriktionsverletzungen in anderen Bereichen überprüft und bei Konflikten Ausgleichsmaßnahmen durchgeführt.

- **Bidirectional Change Propagation**: Änderungen in Plänen und Vorgaben werden über definierte Ursache/Wirkungs-Beziehungen von der planenden Unter-

---

1) Während inhaltliche Aggregationen an den gegebenen Parametern (z.B. Produkten, Produktfamilien, Produkttypen) und Restriktionen (z.B. Maschinen-, Werks-, Unternehmungskapazität) eines Entscheidungsproblems ansetzen, baut die zeitliche Aggregation (z.B. kurz-, mittel- und langfristige Planung) auf einer in der Regel künstlichen Bildung von unterschiedlich großen Zeiträumen (Perioden) auf, in denen problemrelevante Zustandsveränderungen herbeigeführt oder beobachtet werden sollen. Zu den einzelnen Aggregationsmöglichkeiten vgl. z.B. Stadtler (1988, S. 56 ff.).
2) Vgl. Leisten (1995, S. 26 ff.); Töpfer (1976, S. 102 und S. 107).
3) Vgl. Liesegang (1989, S. 208).
4) Vgl. Liesegang (1989, S. 205 und S. 208); Stadtler (2000d, S. 4).
5) Vgl. Wild (1974, S. 196 ff.).
6) Vgl. Kistner/Switalski (1989, S. 478).
7) Vgl. Kansky/Weingarten (1999, S. 92 ff.); Kilger (1998, S. 55); Prockl (1998, S. 444); Stadtler (2000b, S. 158 ff.); Wolff (1999, S. 157). Teilweise wird auch betont, daß in solchen Systemen eine gleichzeitige Anwendung von hierarchischer, simultaner und Engpaßplanung möglich sei. Vgl. Bothe (1998, S. 35).

nehmung aus gesehen entlang der Supply Chain in beide Richtungen, d.h. in Richtung Zulieferer und in Richtung Endkunden korrigiert.

- **Constraint Based Planning**: Einerseits werden in der Planung alle als relevant erachteten Restriktionen[1] berücksichtigt, und es erfolgt eine engpaßorientierte Planung.

- **Truly Integrated Planning**: In diesem Zusammenhang werden zwei Aspekte betont: (1) Berücksichtigung von Interdependenzen zwischen den Teilplänen; (2) Integration von manueller und automatischer Planung.

- **Incremental Planning**: Die Planung erfolgt fortlaufend und mit unterschiedlichen Detaillierungsgraden und Zeithorizonten. Wird ein bestehender Plan durch eine Datenänderung ungültig, dann wird versucht, diese Änderung so im Plan zu berücksichtigen, daß möglichst wenige Modifikationen am ursprünglichen Plan notwendig sind[2]. Ziel des Incremental Planning ist es dabei, im Gegensatz zur initialen Neuplanung bei MRP-II-Systemen, ein Fortschreiben der Pläne zu ermöglichen, um kürzere Planungsdauern zu erreichen und die in vorangegangenen Planungsläufen getroffenen Entscheidungen aufrechtzuerhalten[3]. Zur Verbesserung der Planqualität wird dann in bestimmten Zeitintervallen eine „nachträgliche Optimierung" vorgenommen[4].

Um die Vorteilhaftigkeit der „neuen" Planungslogik von APS zu verdeutlichen, werden in der Literatur häufig kontrastierend zu PPS-Systemen, die auf der MRP-II-Logik basieren, folgende Eigenschaften hervorgehoben[5], die im folgenden zu hinterfragen sind:

- automatische Planung,
- simultane Planung und
- optimale Planung.

Auch wenn teilweise der Eindruck vermittelt wird, daß mit APS eine **automatische Planung** erfolge[6], oder der Anspruch formuliert wird, daß ein Großteil der Planung

---

1) Es wird auch von einer restriktionsorientierten Planungskonzeption gesprochen. Vgl. Zäpfel (2001, S. 16).
2) Diese Vorgehensweise wird auch als Umplanung oder Planreparatur bezeichnet. Vgl. z.B. Stute u.a. (1982, S. 45). Zum grundsätzlichen Verständnis des inkrementellen Planungsansatzes vgl. Abschnitt 1.5.
3) Vgl. Kilger (1998, S. 55).
4) Tempelmeier (1999a, S. 72) weist in diesem Zusammenhang auf die Gefahren der Erzeugung von suboptimalen Plänen und der Planungsnervosität hin. Zur Problematik dieser Vorgehensweise im Rahmen der Störungsbehandlung vgl. Corsten/Gössinger (1997b, S. 9 ff.).
5) Vgl. z.B. Dinges (1998, S. 23); Kansky/Weingarten (1999, S. 94); Kulow u.a. (1999, S. 15 f. und S. 22 f.); Landolt (2000, S. 52 ff.); Pillep/Wrede (1999b, S. 22); Pirron u.a. (1999, S. 71); Prockl (1998, S. 444); Schinzer (1999, S. 881); Seidl (2000, S. 164); Wolff (1999, S. 157).
6) Vgl. z.B. Kansky/Weingarten (1999, S. 94).

2.5 Ausgewählte Instrumente 167

automatisiert ablaufen könne[1], besitzen APS lediglich einen **planungsunterstützenden Charakter**[2]. Dies wird deutlich, wenn Planung im Sinne einer geistigen Vorwegnahme zukünftiger Handlungen als Abfolge der Planungsphasen

- Zielbildung,
- Problemanalyse,
- Alternativengenerierung,
- Prognose,
- Alternativenbewertung und -auswahl

begriffen wird[3]. Vor diesem Hintergrund zeigt sich, daß sich die Planungsunterstützung der APS schwerpunktmäßig auf die Prognose und die Alternativenbewertung beschränkt und dabei nur quantitative Teilaspekte beider Phasen abzudecken vermag. Für APS stellen sowohl Ziele, Problembeschreibung und Handlungsalternativen als auch größtenteils Informationen über die anzuwendenden Lösungsalgorithmen (Prognose- und Bewertungsverfahren) einen Input dar, während der Output von APS in einer Vorauswahl bewerteter Handlungsalternativen besteht.

Darüber hinaus wird für APS der Anspruch einer **simultanen Planungsweise** formuliert, und es läßt sich diesbezüglich ein Spektrum unterschiedlicher Aussagen, wie etwa

- simultane Gesamtplanung der Supply Chain[4],
- simultane Planung im Rahmen von Teilproblemen[5] und
- Abkehr vom sukzessiven Planungsansatz des MRP-II-Konzeptes[6]

feststellen. Hieraus ergibt sich die Notwendigkeit, die Simultanplanung begrifflich abzugrenzen. Um Planungsmodelle zu systematisieren, kann

---

1) Vgl. z.B. Pirron u.a. (1998, S. 64).
2) Vgl. z.B. Felser/Kilger/Ould-Hamady (1999, S. 13 und S. 16); Fleischmann/Meyr/Wagner (2000, S. 61 f.); Schönsleben/Hieber (2000, S. 22); Zäpfel (2000, S. 14).
3) Vgl. z.B. Adam (1996, S. 35 ff.); Wild (1974, S. 38 ff.). Zur Problematik der zeitlichen Abfolge von Planungsphasen vgl. Witte (1968, S. 625 ff.).
4) Vgl. z.B. Kansky/Weingarten (1999, S. 92); Pillep/Wrede (1999b, S. 22); Pirron u.a. (1999, S. 71); Seidl (2000, S. 164); Servatius (1998, S. 16); Wolff (1999, S. 157).
5) Vgl. z.B. Prockl (1998, S. 444), der von einer unternehmungsinternen Simultanplanung ausgeht, oder Beckmann (1999, S. 169), Kortmann/Lessing (2000, S. 9) sowie Lührs/Rock (2000, S. 13), die auf eine simultane Material- und Kapazitätsplanung hinweisen.
6) Vgl. z.B. Stadtler (1999, S. 36). Dabei wird jedoch keine Aussage darüber getroffen, ob zu einem simultanen Planungsansatz oder zu einem anderen sukzessiven Planungsansatz gewechselt wird.

- einerseits zwischen Simultan- und Sukzessivplanung und
- anderseits zwischen Total- und Partialplanung

unterschieden werden. Durch die Kombination dieser beiden Sichtweisen ergeben sich dann die in Abbildung 52 dargestellten Erscheinungsformen.

	Total	Partial
Simultan	Simultane Totalplanung	Simultane Partialplanung
Sukzessiv	Sukzessive Totalplanung	Sukzessive Partialplanung

Abbildung 52: Erscheinungsformen von Planungsmodellen

Ein konstitutives Merkmal der **Simultanplanung** ist darin zu sehen, daß gleichzeitig über die Werte aller gestaltbaren Einflußgrößen (Variablen) des vorliegenden Planungsproblems entschieden wird[1], d.h., es wird auf eine Dekomposition des Problems verzichtet, weshalb auch von einem monolithischen Planungsansatz gesprochen wird[2]. Ein Simultanplanungsmodell umfaßt dann alle Interdependenzen, die zwischen den Entscheidungsvariablen bestehen, in expliziter Form und setzt die Kenntnis sämtlicher Handlungsalternativen voraus, wodurch das Erreichen eines **Totaloptimums** versprochen wird[3]. Diese Überlegungen gehen von einem sogenannten **simultanen Totalplanungsmodell** (auch als simultanes Modell der Unternehmungsplanung bezeichnet) aus. Ein derartiger Planungsansatz geht aber mit einem hohen Komplexitätsgrad[4] einher, der eine vollständige Simultanplanung als generell unmöglich erscheinen läßt. Die Unmöglichkeit einer simultanen Totalplanung wird dann auch in der Literatur anerkannt, und das Problem eines simultanen Totalplanungsmodells wird als theoretisch unlösbar hervorgehoben[5]. Heinhold stellt pointiert die Forderung auf, daß „... man diese Modelle aus der aktuellen betriebswirtschaftlichen Diskussion herausnehmen und ihnen einen Platz im Kapitel ‚Ge-

---

1) Vgl. Rautenstrauch/Turowski (1998, S. 155 f.).
2) Vgl. Schütte/Siedentopf/Zelewski (1999, S. 152).
3) Vgl. Bretzke (1980, S. 127); Heinhold (1989, S. 695); Ossadnik (1999, S. 198).
4) Vgl. zur Komplexitätstheorie z.B. Jahnke/Biskup (1999, S. 37 ff.).
5) Vgl. z.B. Adam (1996, S. 187 f.); Bäuerle (1989, S. 179 f.); Bretzke (1980, S. 125 ff.).

2.5 Ausgewählte Instrumente

schichte der Betriebswirtschaftslehre' zuweisen ..."[1] solle. Der Nutzen derartiger Simultanmodelle liegt folglich nicht in der Ermittlung einer Lösung des Planungsproblems, sondern vielmehr in der Sichtbarmachung von Interdependenzen[2], d.h., sie erlangen als „regulatives Leitprinzip"[3] Bedeutung, indem sie die möglichst umfassende Berücksichtigung von Interdependenzen fordern.

Daß es sich bei den APS nicht um einen simultanen Planungsansatz handeln kann, wird an den beiden folgenden Aspekten deutlich:

- Die Gesamtplanungsaufgabe wird in mehrere Teilaufgaben zerlegt[4], die zunächst weitgehend unabhängig voneinander ausgeführt werden. Dies widerspricht dem Dekompositionsverzicht in der Simultanplanung.
- Zwischen den erstellten Teilplänen wird eine Abstimmung notwendig[5], so daß es sich nicht um eine Simultanplanung handeln kann, da diese einen derartigen Koordinationsbedarf ausschließt[6].
- Teilweise wird im Rahmen von APS auch von einer sogenannten inkrementalen Planung gesprochen und damit auf einen klassischen Ansatz der Planungstheorie zurückgegriffen. Ein inkrementaler Planungsansatz ist aber gerade dadurch gekennzeichnet, daß kein geordneter Gesamtplan erstellt wird, sondern kleine Schritte im Rahmen der Planung unternommen werden[7].

Bedingt durch die Unmöglichkeit einer simultanen Totalplanung werden in der Literatur **simultane Partialplanungen**, die auch als begrenzte Simultanmodelle zur Ermittlung bereichsspezifischer „Optimallösungen" bezeichnet werden[8], verfolgt[9]. So spricht etwa Scheer von einer Simultanplanung innerhalb einzelner Planungsinseln[10]. Derartige simultane Partialplanungen zeichnen sich dann dadurch aus, daß sie

- entweder nicht sämtliche Funktionsbereiche einer Unternehmung, zwischen denen Interdependenzen bestehen, und/oder
- nicht alle zukünftigen Planungsperioden

---

1) Heinhold (1989, S. 689).
2) Vgl. Jahnke/Biskup (1999, S. 50).
3) Bretzke (1980, S. 136).
4) Vgl. z.B. die Bildung von Aufgaben in der Supply-Chain-Planungsmatrix.
5) Vgl. Prockl (1998, S. 444); Rohde (2000, S. 183 f.).
6) Vgl. Schütte/Siedentopf/Zelewski (1999, S. 152).
7) Vgl. Lindblom (1959, S. 79 ff.).
8) Vgl. Bretzke (1980, S. 137).
9) Vgl. Heinhold (1989, S. 691).
10) Vgl. Scheer (1992, S. 303).

in die Modellierung aufnehmen. Aufgrund dieser Überlegungen kann es sich bei APS somit allenfalls um simultane Partialmodelle handeln, eine Einordnung, die jedoch einer weiteren Überprüfung bedarf. Damit wird das Merkmal „Umfang der Planung" relevant[1].

In der Planungsliteratur wird dann von Totalmodellen gesprochen, wenn alle Funktionsbereiche einer Unternehmung, „... d.h., sie enthalten Merkmale aus allen Funktionsbereichen und verknüpfen alle Funktionsbereiche miteinander"[2], in die Betrachtung aufgenommen werden. APS beschränken sich jedoch auf einzelne Funktionsbereiche und bilden auch diese nur partiell ab.

Aufgrund dieser Überlegungen kann es sich somit „nur" um einen Sukzessivplanungsansatz handeln, der dadurch charakterisiert ist, daß er das zu betrachtende Gesamtproblem in Teilprobleme zerlegt (Dekomposition der Planungsaufgabe) und diese dann aufeinander aufbauend löst[3]. Durch diese Dekomposition werden letztlich Interdependenzen zwischen den einzelnen Entscheidungsgrößen zerschnitten, über die simultan entschieden werden müßte[4]. Damit lassen sich APS wie auch PPS- und ERP-Systeme als sukzessive Partialplanungsansätze charakterisieren.

Diese Einordnung hat unmittelbare Konsequenzen für die Fragestellung, ob in APS eine **Optimierung** erfolgt[5]. Häufig ist in der APS-Literatur ein relativ großzügiger Umgang mit dem Begriff der Optimierung festzustellen. So wird durch die Behauptungen, daß mit APS

- eine Kostenoptimierung und -senkung erfolge[6],
- eine ‚globale' logistikkettenweite Optimierung durch Überwindung lokaler betrieblicher Optima einzelner Unternehmungen möglich sei[7] und

---

1) Vgl. Adam (1996, S. 93 f.); Rautenstrauch/Turowski (1998, S. 156 f.).
2) Adam (1996, S. 93).
3) Vgl. Adam (1996, S. 188); Schütte/Siedentopf/Zelewski (1999, S. 152).
4) Eine sukzessive Vorgehensweise ist allen hierarchischen Planungssystemen inhärent. Dies schließt jedoch nicht aus, daß in den einzelnen Teilplanungen ein simultaner Lösungsansatz zur Anwendung gelangt.
5) Zur empirischen Relevanz eines solchen Optimierungsstrebens vgl. die zusammenfassende Ausführung bei Heinhold (1989, S. 698). Die Behauptung, daß eine simultane Optimierung unternehmungsübergreifend dann relativ problemlos sei, wenn die Partner einem gemeinsamen Konzern angehören, vgl. Pillep/Wrede (1999b, S. 22), ist theoretisch nicht herleitbar und praktisch nicht realisierbar. Philippson/Treutlein/Hillebrand (1999, S. 62) betonen, daß die Optimierung durch den Einsatz der linearen Optimierung oder von genetischen Algorithmen möglich sei. Genetische Algorithmen stellen jedoch keinen Optimierungsansatz dar.
6) Vgl. z.B. Dinges (1998, S. 24).
7) Vgl. z.B. Kortmann/Lessing (2000, S. 9).

2.5 Ausgewählte Instrumente

- im Rahmen der strategischen Planung, Netzwerkplanung, Produktionsplanung, Feinplanung, Bedarfsplanung, Bestandsplanung, Distributionsplanung und Transportplanung optimierte Ergebnisse vorlägen und bei der Bedarfsplanung zusätzlich eine exakte (!) Bedarfsvorhersage erfolge[1],

ein vielversprechendes Anspruchsniveau definiert, dem jedoch folgende Probleme entgegenstehen:

- „Eine Optimierung ist mit der Philosophie von ‚Totalmodellen' real nur möglich, wenn es gelingt, das Entscheidungsfeld künstlich zu beschränken"[2], d.h., eine optimierende Planung ist nur in Partialmodellen möglich.

- Obwohl es die hierarchische Planung im Rahmen der APS erlaubt, zur Lösung der einzelnen (Teil-)Planungsprobleme auch exakte Lösungsverfahren anzuwenden[3], kann nicht von einer optimalen Gesamtlösung ausgegangen werden, weil die Parametrisierung (insbesondere Problemzerlegung, Aggregation und Koordination) auf einer heuristischen Vorgehensweise basiert[4], mit der Konsequenz, daß die Synthese der Teilpläne nicht mit Sicherheit zur besten Lösung führt, sondern lediglich eine Näherungslösung oder auch eine unzulässige Lösung darstellt[5].

- Zur Lösung von (Teil-)Planungsproblemen gelangen teilweise Heuristiken (z.B. genetische Algorithmen[6], Constraint Programming[7], Incremental Planning[8]) zur Anwendung[9], teilweise werden durch die Möglichkeit von Simulationen Trial-and-error-Vorgehensweisen unterstützt[10]. Beide Verfahrensklassen garantieren jedoch keine optimalen Lösungen.

---

1) Vgl. z.B. Kulow u.a. (1999, S. 22 f.).
2) Adam (1996, S. 94).
3) Vgl. z.B. Zäpfel/Wasner (1999, S. 308).
4) Somit sind die von Fleischmann/Meyr/Wagner (2000, S. 60) für APS gewählten Abgrenzungskriterien „integrierte Planung", „echte Optimierung" und „hierarchisches Planungssystem" in sich widersprüchlich.
5) Vgl. Jahnke/Biskup (1999, S. 50); Liesegang (1989, S. 205 und S. 208); Stadtler (2000d, S. 4).
6) Vgl. Klein (2000a, S. 345 ff.).
7) Vgl. Klein (2000b, S. 353 ff.).
8) Vgl. Kilger (1998, S. 55); Stadtler (2000b, S. 158 ff.).
9) Zu Merkmalen und zur begrifflichen Abgrenzung von Heuristiken vgl. Kruschwitz/Fischer (1981, S. 449 f.); Streim (1975, S. 143 ff.). Vgl. Kulow u.a. (1999, S. 22 f.). Blömer/Günther (1997, S. 55) weisen darauf hin, daß oft keine Optimallösung möglich sei und unter Umständen nicht einmal eine zulässige Lösung gefunden werde, so daß dann auf Heuristiken zurückgegriffen werden müsse.
10) Pillep/Wrede (1999b, S. 19) sprechen von einer „simulativen Optimierung", eine Vorgehensweise, die auf eine fragwürdige Verwendung des Begriffs Optimierung hinweist.

Konsequenterweise sollte deshalb nur von durchführbaren Plänen, d.h. zulässigen Plänen ohne Optimalitätsanspruch, gesprochen werden[1].

Da sich das Supply-Chain-Planungsproblem aufgrund seiner Komplexität einer simultanen Lösung entzieht, stellt die Anwendung des Konzeptes der hierarchischen Produktionsplanung, das durch eine sukzessive Vorgehensweise bei der Problemlösung gekennzeichnet ist, im Rahmen der APS einen Kompromiß zwischen Praktikabilität und Planungsgenauigkeit dar[2].

2.5.2.4 Beurteilung

Aus der Beschreibung der Planungsmodule und der Beschreibung angebotener APS in der Literatur[3] lassen sich folgende Aussagen ableiten:

- Aussagen zur **Planungskonzeption**:
  -- Obwohl die vollständig mit entsprechenden Modulen abgedeckten Felder der **Supply-Chain-Planungsmatrix** auf einen umfassenden Ansatz der APS schließen lassen, ist zu beachten, daß
    --- die Supply-Chain-Planungsmatrix nur eine Teilmenge der Planungsaufgaben im Rahmen des Supply Chain Management erfaßt[4],
    --- von den Planungsmodulen schwerpunktmäßig Aspekte der operativen Planung, d.h. einer Planung im Rahmen der gegebenen Kapazität, unterstützt werden[5],
    --- teilweise das Aufgabenspektrum der Module die Felder der Matrix nicht vollständig abdeckt (z.B. wird aus dem Bereich des Absatzes nur die Nachfrageplanung herausgegriffen) und
    --- die derzeit angebotenen Softwaresysteme durch einen unterschiedlichen Funktionsumfang (einzelne Matrixfelder bleiben unberücksichtigt) und

---

1) Vgl. Kansky/Weingarten (1999, S. 92 und S. 94); Stadtler (1999, S. 37). Schönsleben/Bärtschi/Hieber (2000, S. 10) sprechen von einem simultanen Abgleich der Ressourcennutzung mit dem effektiven Kundenbedarf, „... um einen ausführbaren und realistischen Plan zu generieren."
2) Fleischmann/Meyr/Wagner (2000, S. 60) sprechen von einem Kompromiß zwischen Praktikabilität und Berücksichtigung von Interdependenzen zwischen den Planungsaufgaben.
3) Vgl. z.B. Meyr/Rohde/Wagner (2000, S. 241 ff.).
4) Zu einem breiter gefächerten Aufgabenspektrum vgl. z.B. Schönsleben/Hieber (2000, S. 18 ff.).
5) Die Selbsteinschätzung der Softwareanbieter weicht teilweise von dieser Feststellung ab. Vgl. Felser/Kilger/Ould-Hamady (1999, S. 13 und S. 16).

2.5 Ausgewählte Instrumente 173

unterschiedliche Bezeichnungen für die einzelnen Module gekennzeichnet sind[1].

-- Die Planung weist folgende **Charakteristika** auf:

--- Es liegt das Konzept der hierarchischen Produktionsplanung zugrunde, auf dessen Grundlage eine grobe Abstimmung der einzelnen Teilpläne gewährleistet ist.

--- Die Planung erfolgt in der Regel unter der Prämisse deterministischer Daten[2]. Die Unzulänglichkeiten dieser Vorgehensweise werden durch die Möglichkeit von Simulationen, die Anwendung einer rollierenden Planung und ein zusätzliches Warnmodul abgeschwächt.

--- Von einer Simultanplanung kann bei APS nur dann gesprochen werden, wenn als Bezugspunkt ein Teilplanungsproblem herangezogen wird, eine Vorgehensweise, die jedoch der Grundidee des Konzeptes widerspricht. Letztlich ist das Gesamtkonzept eines APS durch eine sukzessive Vorgehensweise geprägt.

--- Nicht alle Planungsmodule sind durch eine hohe Planungsgeschwindigkeit gekennzeichnet, was auf die unterschiedliche Problemkomplexität der einzelnen Planungsaufgaben zurückzuführen ist.

- Aussagen zur **technischen Realisation**:

-- Ein APS ist kein eigenständiges System, sondern es ergänzt die Funktionen eines **ERP-Systems** um zusätzliche Planungsunterstützungsfunktionen und greift dazu auf Daten aus dem ERP-System der Unternehmung zurück[3]. So betonen dann auch Schönsleben/Hieber, daß der volle Nutzen dieser Systeme erst aus dem Zusammenspiel mit den ERP-Systemen resultiere[4]. Da das APS eine vom ERP-System losgelöste Datenbasis verwaltet, werden einerseits Offline-Simulationen ermöglicht; andererseits stellt sich jedoch das Problem, die Konsistenz zwischen der APS- und der ERP-Datenbasis aufrechtzuerhalten[5]. Die Verwendung von ERP-Daten setzt dabei eine APS-adäquate hohe Datenqualität voraus[6].

---

1) Vgl. z.B. Kansky/Weingarten (1999, S. 93); Kortmann/Lessing (2000, S. 21 ff.); Rohde/Meyr/Wagner (2000, S. 14 f.); Schmid-Lutz (1999, S. 119 ff.); Stadtler (2000a, S. 16); Wolff (1999, S. 158 f.); Zäpfel (2000, S. 14).
2) Vgl. Rohde/Wagner (2000, S. 118 und S. 120); Stadtler (2000b, S. 158).
3) Vgl. Alard/Hieber (2000, S. 11); Bothe (1999, S. 70 f.); Dinges (1998, S. 23); Kansky/Weingarten (1999, S. 94 f.); Kortmann/Lessing (2000, S. 87 f.); Rohde (2000, S. 183 und S. 186); Specht/Hellmich (2000, S. 94); Stadtler (2000b, S. 150 ff.).
4) Vgl. Schönsleben/Hieber (2000, S. 21).
5) Vgl. Caridi/Sianesi (1999, S. 109); Rohde (2000, S. 187 ff.).
6) Vgl. Tempelmeier (1999a, S. 69 f.), der beispielhaft auf die Problematik der Ableitung von Nachfragedaten aus realisierten Lagerabgängen hinweist.

-- Die an der Supply Chain beteiligten Unternehmungen greifen im Rahmen des APS auf die gleiche **Datenbasis** zurück, so daß ein Koordinationsverlust aufgrund eines verzögerten Informationsflusses vermieden wird[1].

-- Eine Beschleunigung der planungsunterstützenden Berechnungen wird durch **hauptspeicherresidente** Programmausführung und Datenverwaltung erreicht[2], die einen entsprechend dimensionierten Hauptspeicher voraussetzen und damit an der Hardware ansetzen, die nicht APS-spezifisch ist. In diesem Zusammenhang kann hohe Planungsgeschwindigkeit nicht als Indiz für eine Simultanplanung[3] herangezogen werden[4].

Der wesentliche Unterschied zu den PPS-Systemen ist in der **unternehmungsübergreifenden Sicht** der APS zu sehen[5]. Unterschiede in den Planungskonzeptionen können nur dann festgestellt werden, wenn sich der Vergleich auf PPS-Systeme bezieht, die auf der MRP-II-Logik basieren. Dabei wird jedoch außer acht gelassen, daß auch PPS-Systeme angeboten werden, die auf dem Konzept der hierarchischen Produktionsplanung basieren[6].

Trotz dieser eher ernüchternden Einschätzung verbirgt sich in den APS durchaus ein **Verbesserungspotential**, das sich wie folgt konkretisieren läßt[7]:

- Sie erlauben eine verbesserte unternehmungsübergreifende Zusammenarbeit, indem sie es ermöglichen,
  -- daß die einzelnen Unternehmungen auf einen einheitlichen Datenbestand zurückgreifen können (Datenintegration) und
  -- daß eine grobe Abstimmung der dezentralen Teilpläne erfolgt.
- Sie erhöhen die Transparenz des Logistik- und Produktionsnetzwerkes und ermöglichen hierdurch, z.B. unnötige Sicherheitsbestände im gesamten Netzwerk zu identifizieren und abzubauen.
- Durch die Transparenz und Einsichtnahme in die Bestände und die Arbeit der beteiligten Unternehmungen lassen sich die Datenflüsse und die Steuerung beschleunigen, so daß auch administrative Abläufe obsolet erscheinen.

---

1) Dinges (1998, S. 23) setzt jedoch diesen Vorteil mit einer unternehmungsübergreifenden Optimierung gleich.
2) Vgl. Caridi/Sianesi (1999, S. 108); Kilger (1998, S. 54).
3) Vgl. z.B. Dinges (1998, S. 23); Hake/Wieland (2000, S. 44).
4) Im Gegensatz zu dieser Annahme ist bei komplexen Problemen mit praxisrelevanten Abmessungen davon auszugehen, daß die Aufteilung einer Gesamtplanungsaufgabe in verschiedene Teilplanungsaufgaben mit einer überproportionalen Beschleunigung des Problemlösungsprozesses einhergeht.
5) Dabei erscheint es jedoch verwunderlich, daß APS zumeist noch nicht zur unternehmungsübergreifenden Planung eingesetzt werden. Vgl. Kortmann/Lessing (2000, S. 101).
6) Vgl. Fleischmann (1998, S. 54); Zijm (2000, S. 317 und S. 321 f.).
7) Vgl. Prockl (1998, S. 442); Schönsleben/Hieber (2000, S. 24).

3 Quantitative Modelle zum Supply Chain Management

In der wissenschaftlichen Literatur gibt es eine kaum noch zu überblickende Vielzahl an quantitativen Modellen, mit denen der Versuch unternommen wird, die Probleme, die in einer Supply Chain auftreten, zu erfassen und zu lösen. Dabei zeigt sich eine **Heterogenität**, die es schwierig erscheinen läßt, diese Ansätze in eine stringente Struktur zu bringen[1]. Für die weiteren Überlegungen soll eine **Zweiteilung** vorgenommen werden, wie sie etwa auch im Produktionsmanagement üblich ist. Auf der Grundlage des Kriteriums „Stärke und Dauer der Erfolgswirkungen" soll zwischen

- strategisch/taktischer Ebene und
- operativer Ebene

unterschieden werden. Während die **strategisch/taktische Ebene** sich insbesondere mit Fragen der Konfiguration einer Supply Chain beschäftigt, konzentriert sich die **operative Ebene** auf die konkreten Abläufe innerhalb der konfigurierten Supply Chain.

Ziel der weiteren Ausführungen soll es nicht sein, einen möglichst vollständigen und differenzierten Überblick über die in der Literatur skizzierten quantitativen Ansätze zu geben. Vielmehr sollen die generellen Strukturen einzelner Modelle und deren ökonomischer Hintergrund herausgearbeitet werden.

3.1 Strategisch/taktische Ebene

Als zentrale Problemkomplexe der strategisch/taktischen Ebene sollen im folgenden

- die **Festlegung der Standorte**, d.h. ein klassisches ökonomisches Problem,
- die **Auswahl der Supply-Chain-Partner**, bei der auf die Erkenntnisse der Lieferantenauswahl zurückgegriffen werden kann, und
- die **Festlegung des Kundenauftragsentkoppelungspunktes**, d.h., die Wahl der Stufe in der Supply Chain, ab der die Komplettierung des Endproduktes nach konkret vorliegenden Kundenwünschen vorgenommen werden soll,

behandelt werden.

---

1) Zu Strukturierungsvorschlägen und entsprechenden Kurzvorstellungen quantitativer Ansätze vgl. z.B. Beamon (1998, S. 282 ff.); Bhatnagar/Chandra/Goyal (1993, S. 142 ff.); Cohen/Mallik (1997, S. 200 ff.); Erengüç/Simpson/Vakharia (1999, S. 220 ff.); Ganeshan u.a. (1998, S. 839 ff.); Slats u.a. (1995, S. 11 ff.); Tayur/Ganeshan/Magazine (1998, S. 1 ff.); Thomas/Griffin (1996, S. 2 ff.).

3.1.1 Festlegung von Standorten

Aufgabe der Standortplanung ist die Festlegung der Lage einer Unternehmung im geographischen Raum. Durch die langfristigen Wirkungen von Standortentscheidungen auf den Unternehmungserfolg und das hohe Investitionsvolumen der Realisation einer Alternative wird der Standortplanung eine relativ große Bedeutung beigemessen. Dieser Bedeutung entsprechend kann dann auch die Standorttheorie auf eine lange wissenschaftliche Tradition[1] zurückblicken[2], auf die in diesem Zusammenhang nicht weiter eingegangen werden soll.

Die Frage der **Standortwahl** stellt sich nicht nur im Rahmen der Gründung einer Unternehmung, sondern darüber hinaus immer wieder im Laufe der Unternehmungsentwicklung. Unterhält eine Unternehmung gleichzeitig mehrere Standorte, dann wird von einer **Standortspaltung** gesprochen. Bei der Standortplanung im Rahmen des Supply Chain Management ist zu berücksichtigen, daß das zu analysierende System in der Regel mehrere geographisch verteilte Absatzgebiete bedient und mehrere Supply-Chain-Einheiten mit unterschiedlichen Funktionen (z.B. Produktionsstätte, Distributionszentrum) umfaßt, die an unterschiedlichen Standorten bereits bestehen oder errichtet werden können. Aufgrund der Zulieferer-Abnehmer-Beziehung zwischen den Supply-Chain-Einheiten und deren geographischer Verteilung ergeben sich umfangreiche Transportströme, deren Ausmaß wesentlich durch die Standortentscheidung beeinflußt wird[3].

Für die Ermittlung des **optimalen Standortes** ist es erforderlich, daß der oder die Entscheidungsträger

- Kenntnisse über die relevanten Standortfaktoren[4] haben und
- über Verfahren verfügen, mit deren Hilfe die Wirkungen der als relevant erachteten Standortfaktoren erfaßbar sind[5].

Unter einem **Standortfaktor** ist eine situationsspezifische Einflußgröße zu verstehen, die auf das Zielsystem einer Unternehmung, d.h. im vorliegenden Kontext einer Supply Chain wirkt. Aufgabe der **Standortanalyse** ist es folglich, relevante Stand-

---

1) Eine erste systematische Betrachtung der Standortproblematik geht auf Weber (1909) zurück.
2) Vgl. z.B. den Überblick bei Bloech (1979, Sp. 1877 ff.); Domschke (1996, Sp. 1912 ff.); Drexl (1993, Sp. 3962 ff.).
3) Vgl. Günther/Tempelmeier (2000, S. 64 ff.).
4) Zu einem Überblick über industrielle Standortfaktoren vgl. z.B. Behrens (1971, S. 47 ff.).
5) Vgl. Hansmann (1997, S. 90).

ortfaktoren zu identifizieren und deren Einfluß auf das Zielsystem der Unternehmung bzw. der Supply Chain zu ermitteln. Auf dieser Grundlage wird es dann möglich, unter Beachtung des Zielsystems, die günstigsten Standorte zu wählen. Schwierigkeiten resultieren in diesem Zusammenhang insbesondere daraus, daß sich einzelne Standortfaktoren, wie etwa gesetzliche Vorschriften, demographische Struktur und Infrastruktur, einer hinreichenden Quantifizierung entziehen. Aus diesem Grunde wird zwischen Standortfaktoren quantitativer und qualitativer Art unterschieden. Während bei quantitativen Standortfaktoren der Beitrag zur Zielerfüllung direkt gemessen werden kann, ist diese Möglichkeit bei qualitativen Standortfaktoren nicht gegeben[1].

Um sowohl quantitative als auch qualitative Standortfaktoren in das Kalkül einer Standortentscheidung einbeziehen zu können, ist es erforderlich, die einzelnen Ausprägungen einer Standortalternative in intersubjektiv nachvollziehbarer Form zu einer Wertgröße zu aggregieren. Entsprechende Ansätze werden im Rahmen der multiattributiven Entscheidungstheorie diskutiert[2]. Eine Variante, die aufgrund ihrer einfachen Handhabbarkeit trotz methodischer Defekte in der betrieblichen Praxis weite Verbreitung gefunden hat, stellt dabei die sogenannte **Nutzwertanalyse**[3] dar[4], der die folgenden Schritte zugrunde liegen:

Schritt 1: Für jeden potentiellen Standort n werden die Ausprägungen $u_{f.n}$ der einzelnen Standortfaktoren f ermittelt und subjektiv auf einer normierten Skala bewertet:

$$w_{f.n} = w(u_{f.n}) \qquad \forall f,n$$

mit:

$$w^{\check{*}} \leq w_{f.n} \leq w^{\hat{*}} \qquad \forall f,n$$

$$w(u^{\check{*}}_{f.n}) = w^{\check{*}} \qquad \forall f,n$$

$$w(u^{\hat{*}}_{f.n}) = w^{\hat{*}} \qquad \forall f,n$$

Schritt 2: Die relative Bedeutung der Standortfaktoren f im zugrundeliegenden Zielsystem wird mit Hilfe von Gewichten g_f subjektiv spezifiziert. Dabei gilt:

---

1) Vgl. Hansmann (1997, S. 91 f.).
2) Zu einem Überblick vgl. Eisenführ/Weber (1999, S. 115 ff. und S. 257 ff.).
3) Vgl. Zangemeister (1970).
4) Vgl. Eisenführ/Weber (1999, S. 117 ff.).

$$\sum_{f=1}^{F} g_f = 1 \text{ und } g_f > 0 \qquad \forall f$$

Schritt 3: Die Nutzwerte W_n der einzelnen Standorte n ergeben sich dann aus:

$$W_n = \sum_{f=1}^{F} g_f \cdot w_{f.n} \qquad \forall n$$

In Abhängigkeit von der Zielfunktion sind dann **entweder** die Standorte mit dem höchsten Nutzwert zu wählen

$$n^* = \{n \mid W_n = \max_{n'}(W_{n'}) \wedge n' = 1,\ldots,N\},$$

oder es ist eine Vorauswahl von Standorten zu treffen, deren Nutzwert ein Mindestniveau erfüllt

$$N^V = \{n \mid W_n \geq W_n^{NIV} \wedge n = 1,\ldots,N\},$$

um diese einer detaillierten quantitativen Analyse zu unterziehen.

Wurde eine Vorauswahl potentieller Standorte getroffen, dann kann auf der Grundlage eines **diskreten quantitativen Standortplanungsmodells**[1] eine Auswahl der zu nutzenden Standorte so erfolgen, daß die relevanten Kosten minimiert werden. Als relevant sind dabei alle Kosten anzusehen, deren Höhe von der Wahl einer Standortalternative abhängig ist. Aufgrund unterschiedlicher regionaler Gegebenheiten können jeweils

- die mengenunabhängigen Kosten K_n^F der allgemeinen Standorterschließung (z.B. unterschiedliche Grundstückspreise),
- die mengenunabhängigen Kosten $K_n^{F.PR}$ und $K_n^{F.DI}$ der Errichtung und Nutzung einer Supply-Chain-Einheit als Werk und/oder als Distributionszentrum (z.B. durch klimatische Unterschiede) und
- die mengenabhängigen Kosten $k_{i.n}^{PR}$ und $k_{i.n}^{DI}$ der Produktion bzw. des Handling von Gütermengen (z.B. durch demographische Unterschiede)

an den potentiellen Standorten n differieren. Unterschiede in den Transportkosten $k_{i.n.n'}^{TR}$ und $k_{i.n.\ell}^{TR}$ ergeben sich aus den unterschiedlichen Entfernungen zwischen den potentiellen Standorten n und n' bzw. zwischen den Standorten n und den Absatz-

---

[1] Standortplanungsmodelle können diskret oder kontinuierlich formuliert werden. Während diskrete Ansätze von einer endlichen gegebenen Anzahl potentieller Standorte ausgehen, stellt bei kontinuierlichen Ansätzen jeder Punkt in einer Ebene einen potentiellen Standort dar. Vgl. z.B. Domschke/Krispin (1997, S. 182 ff.).

gebieten ℓ sowie aus entfernungsunabhängigen Kosteneinflüssen, wie etwa zu überwindenden Höhenunterschieden oder Einfuhrsteuern und Zöllen im Rahmen internationaler Supply Chains.

Sind ℓ Absatzregionen zu bedienen und kann an den n potentiellen Standorten jeweils ein Werk und/oder ein Distributionszentrum errichtet werden, dann läßt sich in Anlehnung an Geoffrion/Graves[1] für das Standortplanungsmodell folgende **Zielfunktion** formulieren:

$$K = \sum_{n=1}^{N} \left(K_n^F \cdot y_n + K_n^{F.PR} \cdot y_n^{PR} + K_n^{F.DI} \cdot y_n^{DI} \right)$$

$$+ \sum_{i=1}^{I} \sum_{n=1}^{N} \left(k_{i.n}^{PR} \cdot x_{i.n}^{PR} + k_{i.n}^{DI} \cdot \sum_{\ell=1}^{L} x_{i.n.\ell}^{TR} \right)$$

$$+ \sum_{i=1}^{I} \sum_{n=1}^{N} \left(\sum_{n'=1}^{N} x_{i.n.n'}^{TR} \cdot k_{i.n.n'}^{TR} + \sum_{\ell=1}^{L} x_{i.n.\ell}^{TR} \cdot k_{i.n.\ell}^{TR} \right) \to \text{Min}$$

Die Kostenminimierung erfolgt dabei unter Berücksichtigung folgender **Nebenbedingungen**:

- **Absatzrestriktionen**: Jede Nachfrage $D_{i.\ell}$ nach einem Produkt i in der Absatzregion ℓ ist zu erfüllen:

$$\sum_{n=1}^{N} y_{n.\ell}^{TR} \cdot x_{i.n.\ell}^{TR} = D_{i.\ell} \qquad \forall i, \ell$$

- **Kapazitätsrestriktionen**: Die an einem Standort zu produzierende bzw. von einem Standort aus zu distribuierende Gütermenge darf die an einem Standort maximal installierbare Kapazität nicht übersteigen:

$$\sum_{i=1}^{I} x_{i.n}^{PR} \cdot \kappa_{i.n}^{PR} \le y_n^{PR} \cdot C_n^{PR.Max} \qquad \forall n$$

$$\sum_{i=1}^{I} \sum_{\ell=1}^{L} x_{i.n.\ell}^{TR} \cdot \kappa_{i.n.\ell}^{PI} \le y_n^{DI} \cdot C_n^{DI.Max} \qquad \forall n$$

- **Kontinuitätsbedingungen**: Der von einem Standort ausgehende Güterstrom entspricht dem in den Standort eingehenden Güterstrom zuzüglich der am Standort produzierten Gütermenge:

---

[1] Vgl. Geoffrion/Graves (1974, S. 822 ff.).

$$\sum_{n'=1}^{N} x_{i.n'.n}^{TR} = \sum_{n'=1}^{N} x_{i.n.n'}^{TR} + \sum_{\ell=1}^{L} x_{i.n.\ell}^{TR} \qquad \forall i,n$$

- **Zuordnungsbedingungen**: Während ein Distributionszentrum mehrere Absatzregionen beliefern kann, muß eine Absatzregion von genau einem Distributionszentrum beliefert werden:

$$\sum_{n=1}^{N} y_{n.\ell}^{TR} = 1 \qquad \forall \ell$$

- Die allgemeinen mengenunabhängigen Kosten K_n^F entstehen unabhängig von der Art der Standortnutzung, sobald der potentielle Standort n genutzt wird:

$$y_n = y_n^{DI} + y_n^{PR} - y_n^{DI} \cdot y_n^{PR} \qquad \forall n$$

- **Nichtnegativitätsbedingungen**:

$$x_{i.n}^{PR} \geq 0 \qquad \forall i,n$$

$$x_{i.n}^{DI} \geq 0 \qquad \forall i,n$$

$$x_{i.n.n'}^{TR} \geq 0 \qquad \forall i,n,n'$$

$$x_{i.n.\ell}^{TR} \geq 0 \qquad \forall i,n,\ell$$

$$y_n \in \{0;1\} \qquad \forall n$$

$$y_n^{PR} \in \{0;1\} \qquad \forall n$$

$$y_n^{DI} \in \{0;1\} \qquad \forall n$$

$$y_{n.\ell}^{TR} \in \{0;1\} \qquad \forall n,\ell$$

Neben diesem Grundmodell werden in der Literatur[1] unterschiedliche Möglichkeiten der **Modellerweiterung** aufgezeigt:

- In Modellen, denen ein **mehrstufiger Produktionsprozeß** zugrunde liegt[2], werden die in die Endprodukte eingehenden Rohstoffe und Zwischenprodukte mit Hilfe einer aggregierten Stückliste erfaßt. Darauf aufbauend ist festzulegen, an welchen Standorten sich welche Produktionsstufen befinden.

---

1) Vgl. z.B. Aikens (1985, S. 270 ff.); Geoffrion/Powers (1995, S. 117 ff.); Labbé (1998, S. 271 ff.); Verter/Dincer (1992, S. 4 ff.); Vidal/Goetschalckx (1997, S. 5 ff.).
2) Vgl. z.B. Arntzen u.a. (1995, S. 77 ff.); Cohen/Lee (1989, S. 89 ff.); Cohen/Moon (1990, S. 273 ff.); Dogan/Goetschalckx (1999, S. 1028 ff.); Sabri/Beamon (2000, S. 584 ff.); Vidal (1998, S. 81 ff.).

- Zur Berücksichtigung von Schwankungen einzelner Modellparameter im Zeitablauf (z.B. Nachfrage, Preise) werden **mehrperiodische Modelle** formuliert, indem der Planungszeitraum in mehrere Teilperioden unterteilt wird[1].
- Die **entscheidungsrelevanten Kosten** können in **differenzierterer Form** berücksichtigt werden, so daß z.b. eine explizite Abbildung der in den aggregierten Produktions- und Handlingkosten enthaltenen Anteile an Lagerhaltungskosten[2], Steuern und Zöllen[3] oder der in den Fixkosten enthaltenen Finanzierungskosten[4] und Kosten des Aufbaus unterschiedlicher Kapazität[5] erfolgt.
- Im Rahmen der Standortplanung sind in Abhängigkeit von der zugrundeliegenden Problemstellung **unterschiedliche Zielfunktionen** relevant:
  -- Geht die Auswahl von Standortalternativen mit Wirkungen auf den Umsatz einher, dann stellt die **Gewinnmaximierung** eine relevante Optimierungsvorschrift dar[6].
  -- Um dem Investitionscharakter einer Standortentscheidung Rechnung zu tragen und zeitlich auseinanderfallende relevante Zahlungsströme adäquat beurteilen zu können, ist es erforderlich, auf Kalküle der Investitionsrechnung, wie etwa die **Kapitalwertmethode**[7], zurückzugreifen.
  -- Sind neben den im beschriebenen Modell erfaßten Kosten weitere Aspekte relevant, deren monetäre Erfassung mit Schwierigkeiten verbunden ist und die in Konkurrenz zum Ziel der Kostenminimierung stehen, können **mehrere Ziele** in die Modellformulierung einbezogen werden[8].
- Insbesondere bei längerfristigen Planungen können stochastische Schwankungen der Werte einzelner Modellparameter (z.B. Beschaffungs- und Absatzpreise oder -mengen, Wechselkurse, Produktionsdauer) ein entscheidungsrelevantes Ausmaß annehmen. Zur Berücksichtigung derartiger Phänomene wird im Rahmen von **stochastischen Modellen** z.B. die Verwendung von Erwartungswerten[9] oder die Anwendung der μ-σ-Regel vorgeschlagen[10].

---

1) Vgl. z.B. Arntzen u.a. (1995, S. 77 ff.); Dogan/Goetschalckx (1999, S. 1028 ff.); Pomper (1976, S. 133 ff.).
2) Vgl. z.B. Arntzen u.a. (1995, S. 77 ff.); Dogan/Goetschalckx (1999, S. 1028 ff.); Vidal (1998, S. 81 ff.).
3) Vgl. z.B. Arntzen u.a. (1995, S. 77 ff.); Cohen/Lee (1989, S. 89 ff.); Hodder/Dincer (1986, S. 603 ff.).
4) Vgl. z.B. Hodder/Dincer (1986, S. 603 ff.).
5) Vgl. z.B. Cohen/Moon (1990, S. 273 ff.); Lee (1991, S. 169 ff.); Lee (1993, S. 529 ff.).
6) Vgl. z.B. Cohen/Lee (1989, S. 89 ff.); Hodder/Dincer (1986, S. 603 ff.); Hodder/Jucker (1985, S. 40 ff.); Vidal (1998, S. 81 ff.).
7) Vgl. z.B. Pomper (1976, S. 133 ff.).
8) Vgl. z.B. Arntzen u.a (1995, S. 77 ff.) oder Jayaraman (1999, S. 67 ff.), die eine Minimierung der Kosten und der Durchlaufzeit bzw. Reaktionszeit anstreben sowie Sabri/Beamon (2000, S. 584 ff.), die die Kosten bei Einhaltung einer Mindestflexibilität minimieren.
9) Vgl. z.B. Pomper (1976, S. 133 ff.).
10) Vgl. z.B. Hodder/Dincer (1986, S. 603 ff.); Hodder/Jucker (1985, S. 40 ff.).

- Teilweise wird die Formulierung von Standortplanungsmodellen so detailliert vorgenommen, daß simultan mit der Standortplanung **zusätzliche Planungsprobleme**, wie etwa Lieferantenauswahl[1], Finanzplanung[2], Kapazitätsplanung[3] und operative Hauptproduktionsprogrammplanung[4], auf aggregiertem Niveau gelöst werden können. Des weiteren kann das Standortplanungsmodell die Top-Ebene eines hierarchischen Planungsmodells darstellen, auf desssen Basis-Ebene Detailplanungen, wie z.b. Beschaffungs-, Produktions- und Distributionsplanung[5], durchgeführt werden.

Aufgrund des binären Charakters der Entscheidungen über die Nutzung der potentiellen Standorte ergibt sich ein gemischt-ganzzahliges Optimierungsproblem, dessen exakte Lösung (z.b. mit Hilfe eines Branch-and-Bound-Ansatzes) nur bei Problemstellungen mit einer überschaubaren Anzahl potentieller Standorte mit akzeptablem Rechenaufwand ermittelt werden kann. Als heuristische Lösungsansätze werden in diesem Zusammenhang unterschiedliche Dekompositionsverfahren (z.b. Lagrange Dekomposition; Benders Dekomposition; Cross Dekomposition), das Greedy-, das Stingy- und das Interchange-Verfahren genannt[6].

3.1.2 Auswahl der Supply-Chain-Partner

Bei Auswahl der Supply-Chain-Partner kann auf die Erkenntnisse der Lieferantenauswahl im Rahmen der Bezugsquellenplanung sowie auf die Literatur zur Suche geeigneter Kooperationspartner zurückgegriffen werden[7]. Ziel ist es somit, geeignete Partner zu identifizieren und die Zusammenarbeit in ökonomischer und technischer Art zu planen, sowie die juristischen Grundlagen für eine längerfristige gemeinsame Arbeit zu legen. In einer Supply Chain wird dabei jedem Partner ein entsprechendes Glied in der Kette zugeordnet. Grundsätzlich können die hierbei heranzuziehenden Beurteilungskriterien qualitativer, quantitativer, zeitlicher und örtlicher Natur sein. Der Auswahlprozeß der geeigneten Partner kann, wie in Abschnitt 3.1.1 dargestellt, auf der Grundlage einer Nutzwertanalyse erfolgen.

---

1) Vgl. z.B. Cohen/Lee (1989, S. 89 ff.); Vidal (1998, S. 81 ff.).
2) Vgl. z.B. Hodder/Dincer (1986, S. 603 ff.).
3) Vgl. z.B. Cohen/Moon (1990, S. 273 ff.); Dogan/Goetschalckx (1999, S. 1028 ff.); Lee (1991, S. 169 ff.); Lee (1993, S. 529 ff.).
4) Vgl. z.B. Brown/Graves/Honczarenko (1987, S. 1470 ff.); Cohen/Lee (1989, S. 89 ff.); Pomper (1976, S. 133 ff.); Roy (1989, S. 1446 ff.).
5) Vgl. z.B. Sabri/Beamon (2000, S. 584 ff.).
6) Zu einem Überblick vgl. z.B. Aikens (1985, S. 270 ff.); Geoffrion/Powers (1995, S. 111 ff.); Labbé (1998, S. 268 ff. und S. 274 ff.); Verter/Dincer (1992, S. 2 ff.); Vidal/Goetschalckx (1997, S. 5 ff.).
7) Vgl. z.B. Linné (1993, S. 176 ff.).

Neben dieser Vorgehensweise werden in der Literatur bei der Suche nach geeigneten Partnern strategische, strukturelle und kulturelle Merkmale genannt[1], oder es werden personale und strukturelle Merkmale zwischen den Partnern hervorgehoben, und zwar insbesondere unter dem Aspekt der durch sie hervorgerufenen stabilisierenden Wirkung[2]. Während auf der personalen Ebene die herausragende Bedeutung des Vertrauens betont wird, erlangt auf struktureller Ebene die Kooperationskultur eine besondere Relevanz. Diese beiden Aspekte entziehen sich jedoch weitgehend einer Operationalisierung, wodurch gleichzeitig die mangelnde Eignung einseitig an quantifizierbaren Größen orientierter Vorgehensweisen deutlich wird.

Ferner erlangen im Rahmen der Konfiguration einer Supply Chain Fragen der **Qualitätssicherung** im Rahmen der Partnerauswahl eine besondere Bedeutung. Einem Qualitätssicherungssystem obliegt die Aufgabe, sämtliche Grundsätze und Vorgehensweisen, die zur Qualitätssicherung gehören, systematisch festzulegen und so sicherzustellen, daß nur Güter produziert werden, die den gestellten Anforderungen genügen. Unabhängig von dieser „operationalisierten" Vorgehensweise muß jedoch zwischen den Supply-Chain-Partnern ein Vertrauensverhältnis existieren oder aufgebaut werden, da hierin letztlich ein Fundament für eine partnerschaftliche Beziehung zwischen den Supply-Chain-Partnern zu sehen ist. Es sind dann entsprechende Zielvereinbarungen und ein Partnerschaftskonzept, das unter anderem die Regeln der Zusammenarbeit enthält, zu formulieren.

Der Suchprozeß, für den letztlich alle Unternehmungen weltweit den Ausgangspunkt bilden, setzt zweckmäßigerweise an der Teilmenge der Unternehmungen an, mit denen bereits in der Vergangenheit Geschäftsbeziehungen existierten, d.h., die Unternehmung geht von dem Beziehungsnetz der laufenden Geschäfte aus. Stellt sich im Rahmen dieser Suche heraus, daß keine Unternehmung geeignet ist, dann bietet sich als Alternative der gezielte Aufbau von geeigneten Partnern an, die über ein entsprechendes Entwicklungspotential verfügen.

Neben diesen generellen Überlegungen existiert in der Literatur[3] eine Vielzahl an mathematischen Modellen zur Lieferantenauswahl. Eine allgemeine Formulierung

---

1) Vgl. Riggers (1998, S. 161 ff.).
2) Vgl. Linné (1993, S. 196 ff.).
3) Vgl. z.B. Degraeve/Roodhooft (1999, S. 5 ff.); Petroni/Braglia (2000, S. 63); Weber/Current/Desai (2000, S. 90 ff.).

als Optimierungsmodell geht auf Jayaraman/Srivastava/Benton[1] zurück, das im folgenden in modifizierter Form skizziert werden soll:

Ausgangspunkt bildet die Annahme, daß ein Abnehmer von einer Menge potentieller Lieferanten ein oder mehrere Produkt(e) beschaffen kann, wobei die Anzahl der potentiellen Lieferanten durch die folgenden Restriktionen determiniert wird:

- die Produktqualität, die von den Lieferanten produziert und geliefert werden kann;
- die Beschaffungszeit für die zu liefernden Produkte;
- die Lagerkapazitätsrestriktionen, die durch den Lieferanten festgelegt werden.

Ziel ist es, die Kosten, die mit dem Erwerb der Produkte bei den Lieferanten verbunden sind, zu minimieren. Es gilt dann die folgende **Zielfunktion**:

$$\sum_{i=1}^{I}\sum_{n=1}^{N}\sum_{\ell=1}^{L} k_{i.n.\ell} \cdot D_{i.n} \cdot an_{i.n.\ell} + \sum_{\ell=1}^{L} K^{F} \cdot y_{\ell} \to \text{Min!}$$

Dabei sind die folgenden **Restriktionen** einzuhalten:

- Die nachgefragte Menge an Produkteinheiten wird auf die potentiellen Lieferanten aufgeteilt:

$$\sum_{\ell=1}^{L} an_{i.n.\ell} \cdot y_{i.n.\ell} = 1 \qquad \forall i,n$$

$$\sum_{\ell=1}^{L} an_{i.n.\ell} = \sum_{\ell=1}^{L} an_{i.n.\ell} \cdot y_{i.n.\ell} \qquad \forall i,n$$

- Der Anteil eines nicht berücksichtigten Lieferanten entspricht Null. Wird ein Lieferant berücksichtigt, dann kann sein Anteil theoretisch die gesamte nachgefragte Menge abdecken. Es gilt:

$$an_{i.n.\ell} \le y_{\ell} \qquad \forall i,n,\ell$$

- Die Lagerkapazität eines Lieferanten wird mit C_{ℓ}^{LA} erfaßt. Da die Nachfrager ihre bestellten Mengen zu den vereinbarten Zeiten erhalten möchten, müssen die Lieferanten eine bestimmte Produktmenge im Lager vorrätig halten. Es gilt dann die folgende Beschränkung:

$$\sum_{i=1}^{I}\sum_{n=1}^{N} \kappa_{i}^{LA} \cdot D_{i.n} \cdot an_{i.n.\ell} \le y_{\ell} \cdot C_{\ell}^{LA} \qquad \forall \ell$$

---

1) Vgl. Jayaraman/Srivastava/Benton (1999, S. 52 f.).

- Alle Produkte, die von den Abnehmern bestellt werden, werden innerhalb der fixierten Lieferzeit (Zeitfenster) realisiert. Damit gilt für eine stückbezogene Betrachtung:

$$\sum_{n=1}^{N} d_{i.n.\ell} \cdot an_{i.n.\ell} \leq ZF_\ell \qquad \forall i, \ell$$

- Der Abnehmer fixiert ein Mindestqualitätsniveau, das die Lieferanten einzuhalten haben. Es werden nur diejenigen Lieferanten berücksichtigt, die diesen Standard erfüllen. Das Qualitätsniveau für jedes Teil wird mit $q_{i.\ell}$ erfaßt. $q_{i.n}$ gibt das Qualitätsniveau an, das der Abnehmer fordert (z.B. gemessen an der Anzahl der fehlerhaften Teile). Es gilt:

$$q_{i.\ell} \cdot y_{i.n.\ell} \leq q_{i.n} \qquad \forall i, n, \ell$$

- Die Nachfrage darf nicht größer sein als die Kapazität der ausgewählten Lieferanten:

$$\sum_{i=1}^{I} \sum_{n=1}^{N} \kappa_i^{PR} \cdot D_{i.n} \cdot an_{i.n.\ell} \leq y_\ell \cdot C_\ell^{PR} \qquad \forall \ell$$

- Nichtnegativitätsbedingungen:

$$0 \leq an_{i.n.\ell} \leq 1 \qquad \forall i, n, \ell$$

$$y_\ell \in \{0;1\} \qquad \forall \ell$$

$$y_{i.n.\ell} \in \{0;1\} \qquad \forall i, n, \ell$$

3.1.3 Festlegung des Kundenauftragsentkoppelungspunktes

Wie bereits in Abschnitt 2.2 beschrieben, markiert der Kundenauftragsentkoppelungspunkt (KAEP) den Übergang zwischen einer „kundenauftragsgetriebenen" und einer „prognosegetriebenen" Produktion in der Supply Chain. Dies bedeutet, daß Varianten eines Grundproduktes erst dann zu einem Endprodukt weiterbearbeitet werden, wenn ein konkreter Kundenwunsch vorliegt. Im Rahmen des Supply Chain Management wird das Ziel verfolgt, den Produktionspunkt, an dem die kundenindividuelle Ausprägung vorgenommen wird, möglichst spät in der Supply Chain zu lokalisieren. Als Maßnahmen, die eine Verlagerung des KAEP in Richtung Kunde ermöglichen, werden

- Maßnahmen der Produktgestaltung, wie etwa
  -- die Standardisierung von Komponenten und
  -- die Modularisierung von Produkten, und

- Maßnahmen der Prozeßgestaltung, wie etwa

  -- die Verlagerung von Teilprozessen auf spätere Wertschöpfungsstufen, ohne Veränderung der Reihenfolge der Teilprozesse, und

  -- das Vertauschen der Reihenfolge von Teilprozessen auf unterschiedlichen Wertschöpfungsstufen

genannt[1].

Dabei kann jedoch nicht von einer generellen Vorteilhaftigkeit der Verlagerung des KAEP auf höhere Wertschöpfungsstufen ausgegangen werden, sondern es sind gegenläufige Wirkungen der Verlagerung auf den Erfolg der Supply Chain abzuwägen[2], deren Ausmaß von den gewählten Maßnahmen, die ein Verschieben des KAEP ermöglichen, und den Rahmenbedingungen der Supply Chain, wie etwa Produktarten, Variantenanzahl, Nachfrageverhalten etc., abhängig ist. Die Wahl des KAEP läßt sich somit als Optimierungsproblem darstellen[3].

Um entsprechende Effekte aufzuzeigen, sei im folgenden in Anlehnung an Lee/Tang[4] auf ein einperiodisches mehrstufiges Einproduktmodell einer Supply Chain mit S Stufen und zwei Varianten $i \in \{1,2\}$ zurückgegriffen, wobei folgende Annahmen gelten:

- Die Nachfrage $D_i(t)$ nach einer Variante i folgt einer Normalverteilung mit den Parametern Erwartungswert μ_i und Varianz σ_i^2.
- Die Nachfragen der Varianten sind miteinander korreliert.
- Die Absatzpreise sind konstant.
- Die Produktionskoeffizienten $h_{i,s,s'}$ zwischen den einzelnen Stufen betragen 1.
- Die Kapazität einer Stufe reicht jeweils zur Erfüllung der Nachfrage aus.
- Jede Stufe umfaßt einen Produktions- und einen Lagerungsprozeß.
- Der KAEP P liegt auf einer Stufe s der Supply Chain:

  $s = 1, ..., S$ und $1 \leq P \leq S$

- Der KAEP kennzeichnet die letzte Produktionsstufe vor der Variantenbildung. Alle Stufen bis zum KAEP sind somit variantenunabhängig.

---

1) Vgl. Aviv/Federgruen (1998, S. 556 ff.); Brown/Lee/Petrakian (2000, S. 70 ff.); Ernst/Kamrad (2000, S. 496 ff.); Garg/Lee (1998, S. 470 ff.); Lee (1993, S. 52 ff.); Lee/Tang (1997, S. 44 ff.);.

2) Vgl. z.B. Doremalen/Fleuren (1991, S. 662 f.); Lee/Billington (1994, S. 112 ff.); Zinn/Bowersox (1988, S. 123 ff.); Zinn/Levy (1988, S. 35 ff.).

3) Zu einem Überblick über entsprechende Modelle vgl. Aviv/Federgruen (1998, S. 559 ff.); Garg/Lee (1998, S. 471 ff.).

4) Vgl. Lee/Tang (1997, S. 44 ff.).

- Die Verlagerung des KAEP wird durch die Maßnahmen Standardisierung ($m = 1$), Modularisierung ($m = 2$), Prozeßverlagerung ($m = 3$) und Prozeßvertauschung ($m = 4$) ermöglicht. Die dabei auf einer Stufe entstehenden Kosten seien unabhängig von der Reihenfolge und der Anzahl der dort durchgeführten Maßnahmen[1].
- Die Lagerhaltung erfolgt auf allen Stufen nach einer (r, S)-Politik[2].
- Auf allen Stufen wird der gleiche Servicegrad zugrunde gelegt.

Für die vorliegende Problemstellung werden folgende Kosten als relevant erachtet:

- mengenunabhängige Kosten der Investition sowie
- mengenabhängige Kosten der Produktion und der Lagerung.

Mit den **mengenunabhängigen Kosten** K_s^F werden zusätzliche **Investitionskosten** erfaßt, die bei der Konfiguration einer Supply Chain entstehen, wenn die Stufe s von beiden Varianten gemeinsam in gleicher Weise durchlaufen werden soll. Mit einer Verlagerung des KAEP in Kundenrichtung steigt die Summe dieser Kosten tendenziell an. Zu berücksichtigen ist dabei, daß die unterschiedlichen Maßnahmen, die eine Verschiebung des KAEP ermöglichen, mit unterschiedlichen Investitionskosten einhergehen:

$$K_s^F = \sum_{m=1}^{M} K_{m.s}^F \cdot y_{m.s}$$

mit:

$$y_{m.s} = \begin{cases} 1 & \text{, wenn Maßnahme m ergriffen wird} \\ 0 & \text{, sonst} \end{cases}$$

Die **mengenabhängigen Kosten** werden indirekt über die Kostensätze von der Lage des KAEP beeinflußt. Die Kostensätze der **Produktion** weisen durch höhere Anforderungen an die zu verrichtende Arbeit und die zu verwendenden Vorprodukte eine Abhängigkeit von der Lage des KAEP auf:

$$k_s^{PR}(P) = k_s^{PR\breve{*}} + \sum_{m=1}^{M} \Delta k_{m.s}^{PR}(P) \cdot y_{m.s}$$

---

1) Zu einer differenzierteren Analyse der Auswirkungen unterschiedlicher Reihenfolgen von Produkt- und Prozeßgestaltung vgl. Swaminathan/Tayur (1998, S. 606 ff.).
2) Der Lagerbestand wird in regelmäßigen zeitlichen Abständen r auf den Sollbestand S aufgefüllt. Vgl. Abschnitt 3.2.2.2.2.

- Wird davon ausgegangen, daß **standardisierte Komponenten** mit höheren Beschaffungs- oder Produktionskosten einhergehen, dann ist die Kostendifferenz auf allen variantenunabhängigen Stufen zu berücksichtigen[1]:

$$\Delta k_{1.s}^{PR}(P) = \Delta k_{1.s}^{PR} \cdot y_{1.s}^{PR}(P)$$

$$y_{1.s}^{PR}(P) = \begin{cases} 1 & \text{, wenn } s \leq P \\ 0 & \text{, sonst} \end{cases}$$

- Wird die **Modularisierung** genutzt, um den KAEP zu verschieben, indem z.B. eine ursprüngliche Komponente in ein variantenunabhängiges und ein variantenabhängiges Modul zerlegt und das variantenabhängige Modul auf der nachfolgenden Stufe montiert wird, dann erhöhen sich auf dieser späteren Stufe die Produktionskosten durch das zusätzlich eingesetzte Material und den zusätzlich auszuführenden Teilprozeß:

$$\Delta k_{2.s}^{PR}(P) = \Delta k_{2.s}^{PR} \cdot y_{2.s}^{PR}(P)$$

$$y_{2.s}^{PR}(P) = \begin{cases} 1 & \text{, wenn } s = P+1 \\ 0 & \text{, sonst} \end{cases}$$

- Bei **Verlagerung eines Teilprozesses** π auf die nachfolgende Produktionsstufe werden die mit dem Teilprozeß verbundenen Produktionskosten von der ursprünglichen auf die nachgelagerte Stufe verlagert:

$$\Delta k_{3.s}^{PR}(P) = k_{3.s.\pi}^{PR} \cdot y_{3.s}^{PR}(P)$$

$$y_{3.s}^{PR}(P) = \begin{cases} -1 & \text{, wenn } s = P \\ +1 & \text{, wenn } s = P+1 \\ 0 & \text{, sonst} \end{cases}$$

- Werden **Teilprozesse** (π, π') zweier aufeinanderfolgender Stufen **vertauscht**, dann sind auch die Produktionskosten in umgekehrter Reihenfolge zu berücksichtigen[2]:

$$\Delta k_{4.s}^{PR}(P) = k_{s+y_{4.s}^{PR}(P).\pi}^{PR} - k_{s.\pi'}^{PR}$$

$$y_{4.s}^{PR}(P) = \begin{cases} +1 & \text{, wenn } s = P \\ -1 & \text{, wenn } s = P+1 \\ 0 & \text{, sonst} \end{cases}$$

Für die **Produktionskosten** gilt dann:

---

1) Zu einer detaillierten Analyse vgl. Lee/Sasser (1995, S. 272 ff.).
2) Zu einer differenzierten Betrachtung vgl. Lee/Tang (1998, S. 165 ff.).

$$K^{PR} = (\mu_1 + \mu_2) \cdot \sum_{s=1}^{S} k_s^{PR}(P)$$

Eine Verschiebung des KAEP geht für die Kostensätze der **Lagerhaltung** mit teilweise gegenläufigen Effekten einher. Einerseits können auf den variantenunabhängigen Stufen bestandssenkende sogenannte **Commonality-Effekte**[1] realisiert werden, und anderseits unterscheiden sich das in den Produkten einer Stufe gebundene Kapital und die Produktionsdauern je nach Position des KAEP:

$$k_s^{LA}(P) = k_s^{LA*} + \sum_{m=1}^{M} \Delta k_{m.s}^{LA}(P) \cdot y_{m.s}$$

- Bei der **Standardisierung** von Komponenten kann aufgrund der höheren Beschaffungs- oder Produktionskosten von einer höheren Kapitalbindung als bei nicht-standardisierten Komponenten ausgegangen werden:

$$\Delta k_{1.s}^{LA}(P) = \sum_{s'=1}^{P} \Delta k_{1.s'}^{LA} \cdot y_{1.s.s'}^{LA}(P)$$

$$y_{1.s.s'}^{LA}(P) = \begin{cases} 1 & \text{, wenn } s' \le s \\ 0 & \text{, sonst} \end{cases}$$

- Eine **Modularisierung** durch Zerlegung einer ursprünglichen Komponente in ein variantenunabhängiges und ein variantenabhängiges Modul und die Montage des variantenabhängigen Moduls auf der nachfolgenden Stufe geht mit einer Erhöhung der Kapitalbindung auf der variantenabhängigen Stufe einher, während der Einfluß auf die Kapitalbindung der unabhängigen Stufe vernachlässigbar gering ist:

$$\Delta k_{2.s}^{LA}(P) = \Delta k_{2.s}^{LA} \cdot y_{2.s}^{LA}(P)$$

$$y_{2.s}^{LA}(P) = \begin{cases} 1 & \text{, wenn } s = P+1 \\ 0 & \text{, sonst} \end{cases}$$

- Die Kapitalbindung eines auf die nachfolgende Produktionsstufe **verlagerten Teilprozesses** π ist auf der ursprünglichen Stufe nicht mehr zu berücksichtigen:

$$\Delta k_{3.s}^{LA}(P) = k_{s.\pi}^{LA} \cdot y_{3.s}^{LA}(P)$$

$$y_{3.s}^{LA}(P) = \begin{cases} -1 & \text{, wenn } s = P \\ 0 & \text{, sonst} \end{cases}$$

---

[1] Vgl. Baker/Magazine/Nuttle (1986, S. 984 ff.); Collier (1982, S. 1297 ff.); Ernst/Kamrad (2000, S. 503); Gerchak/Magazine/Gamble (1988, S. 754 ff.).

- Ein **Vertauschen von Teilprozessen** (π, π') zweier aufeinanderfolgender Stufen geht mit einer Änderung der Kapitalbindung auf der Stufe P einher:

$$\Delta k_{4.s}^{LA}(P) = k_{s+y_{4.s}^{PR}\cdot\pi}^{LA} - k_{s.\pi'}^{LA}$$

$$y_{4.s}^{PR}(P) = \begin{cases} 1 & \text{, wenn } s = P \\ 0 & \text{, sonst} \end{cases}$$

Zur Ermittlung der **Lagerhaltungskosten** sind die Lagerhaltungskostensätze mit den sich durchschnittlich in Bearbeitung und in Pufferlagern befindenden Produktbeständen ($\hat{x}_s^{LA.PR}$, $\hat{x}_s^{LA.PU}$) zu multiplizieren. Für die Lagerhaltungskosten der Produktbestände in Bearbeitung ist neben dem Kostensatz und dem durchschnittlichen Bestand auch die Produktionsdauer auf den einzelnen Stufen relevant:

$$K^{LA.PR} = \sum_{s=1}^{S} k_s^{LA}(P) \cdot d_s^{PR}(P) \cdot \hat{x}_s^{LA.PR}$$

Dabei ist zu berücksichtigen, daß sich die Maßnahmen der Modularisierung, Prozeßverschiebung und -vertauschung auch auf die **Produktionsdauer** auf den einzelnen Stufen auswirken:

$$d_s^{PR}(P) = d_s^{PR*} + \sum_{m=1}^{M} \Delta d_{m.s}^{PR}(P) \cdot y_{m.s}$$

- Der Einfluß der **Standardisierung** auf die Produktionsdauer einer Stufe ist zu vernachlässigen:

$$\Delta d_{1.s}^{PR} = 0$$

- Die Montage des im Rahmen einer **Modularisierung** auf einer Stufe ausgegliederten variantenabhängigen Moduls verringert deren Produktionsdauer nicht, erfordert jedoch zusätzliche Produktionsdauer auf der nachfolgenden Stufe:

$$\Delta d_{2.s}^{PP}(P) = \Delta d_{2.s}^{PR} \cdot y_{2.s}^{PR}(P)$$

$$y_{2.s}^{PR}(P) = \begin{cases} 1 & \text{, wenn } s = P+1 \\ 0 & \text{, sonst} \end{cases}$$

- Wird ein **Teilprozeß** π auf eine nachfolgende Stufe **verlagert**, dann ist dessen Produktionsdauer nicht mehr auf der ursprünglichen Stufe, sondern auf der nachfolgenden Stufe zu berücksichtigen:

$$\Delta d_{3.s}^{PR}(P) = d_{3.s.\pi}^{PR} \cdot y_{3.s}^{PR}(P)$$

3.1 Strategisch/taktische Ebene

$$y_{3.s}^{PR}(P) = \begin{cases} -1 & \text{, wenn } s = P \\ +1 & \text{, wenn } s = P+1 \\ 0 & \text{, sonst} \end{cases}$$

- Ein **Vertauschen von Teilprozessen** (π, π') zweier aufeinanderfolgender Stufen geht mit einer entsprechenden Vertauschung der Produktionsdauern einher:

$$\Delta d_{4.s}^{PR}(P) = d_{s+y_{4.s}^{PR}(P).\pi}^{PR} - d_{s.\pi'}^{PR}$$

$$y_{4.s}^{PR}(P) = \begin{cases} +1 & \text{, wenn } s = P \\ -1 & \text{, wenn } s = P+1 \\ 0 & \text{, sonst} \end{cases}$$

Der **durchschnittliche Bestand** der sich in Bearbeitung befindenden Produkte entspricht der Summe der erwarteten Nachfragemengen:

$$\hat{x}_s^{LA.PR} = \mu_1 + \mu_2$$

Bei der Ermittlung der Lagerhaltungskosten der **Pufferbestände** ist zu unterscheiden, ob sich die Bestände auf einer variantenunabhängigen ($s \leq P$) oder auf einer variantenabhängigen ($s > P$) Stufe befinden:

$$K^{LA.PU} = \sum_{s=1}^{P} k_s^{LA}(P) \cdot \hat{x}_{s \leq P}^{LA} + \sum_{s=P+1}^{S} k_s^{LA}(P) \cdot \hat{x}_{s > P}^{LA}$$

Bei normalverteilter Nachfrage zweier Varianten gilt unter den getroffenen Annahmen[1] für den durchschnittlichen Pufferbestand

- auf variantenunabhängigen Stufen:

$$\hat{x}_{s \leq P}^{LA} = \frac{\mu_1 + \mu_2}{2} + \nu \cdot \sigma_{1.2} \cdot \sqrt{d_s^{PR}(P) + 1}$$

- auf variantenabhängigen Stufen:

$$\hat{x}_{s > P}^{LA} = \frac{\mu_1 + \mu_2}{2} + \nu \cdot (\sigma_1 + \sigma_2) \cdot \sqrt{d_s^{PR}(P) + 1}$$

---

1) Zu Auswirkungen veränderter Annahmen vgl. z.B. Lee (1996, S. 153 ff.).

Der **Commonality-Effekt** auf variantenunabhängigen Stufen beruht unter den getroffenen Annahmen auf der nachweisbaren Relation[1]:

$$\sigma_{1.2} \leq \sigma_1 + \sigma_2$$

Aufbauend auf dieser Kostenbetrachtung läßt sich ein gemischt-ganzzahliges Optimierungsmodell formulieren, in dem die Lage P des KAEP und die Auswahl der alternativen Maßnahmen über die Variablen $y_{m.s}$ die Entscheidungsparameter darstellen:

- **Ziel** ist die Minimierung der relevanten Kosten:

$$K = \sum_{s=1}^{P} K_s^F + (\mu_1 + \mu_2) \cdot \sum_{s=1}^{S} (k_s^{PR}(P) + k_s^{LA}(P) \cdot d_s^{PR}(P))$$

$$+ \sum_{s=1}^{P} k_s^{LA}(P) \cdot \left(\frac{\mu_1 + \mu_2}{2} + v \cdot \sigma_{1.2} \cdot \sqrt{d_s^{PR}(P) + 1} \right)$$

$$+ \sum_{s=P+1}^{S} k_s^{LA}(P) \cdot \left(\frac{\mu_1 + \mu_2}{2} + v \cdot (\sigma_1 + \sigma_2) \cdot \sqrt{d_s^{PR}(P) + 1} \right)$$

$$\to \text{Min!}$$

- **Nebenbedingungen**:

-- Der KAEP befindet sich auf genau einer der S Produktionsstufen:

$$1 \leq P \leq S \text{ und } P \in \mathbb{N}$$

-- Eine Verschiebung des KAEP auf die Stufe P kann nur dann erfolgen, wenn auf allen Stufen $s \leq P$ mindestens eine der alternativen ermöglichenden Maßnahmen vorgenommen wurde:

$$\sum_{m=1}^{M} y_{m.s} \geq 1 \qquad \forall s \leq P$$

-- Sollen konkrete Kundennachfragen innerhalb eines vorgegebenen Zeitfensters ZF erfüllt werden, dann darf die Summe der Produktionsdauern auf den einzelnen Stufen nach dem KAEP dieses Zeitfenster nicht überschreiten[2]:

$$\sum_{s=P+1}^{S} d_s^{PR}(P) \leq ZF$$

---

1) Vgl. Eppen (1979, S. 500); Ernst/Kamrad (2000, S. 503); Garg/Lee (1998, S. 472); Lee/Tang (1997, S. 42). Zu einer differenzierteren Analyse vgl. Anupindi/Bassok (1999, S. 181 ff.) und Schwarz (1989, S. 832 ff.), die Rahmenbedingungen herausarbeiten, unter denen Commonality-Vorteile realisiert werden können; Gerchak/Mossmann (1992, S. 806), die für eine Exponentialverteilung aufzeigen, daß gegenteilige Effekte eintreten können.
2) Vgl. Lee/Feitzinger (1995, S. 45).

-- Die Variablen $y_{m.s}$ der Maßnahmen Standardisierung, Modularisierung, Prozeßverschiebung und Prozeßvertauschung sind binär:

$y_{m.s} \in \{0;1\} \qquad \forall m,s$

Das von Lee/Tang[1] formulierte Modell stellt somit ein stochastisches ganzzahliges Programm dar, zu dessen Lösung auf heuristische Verfahren[2] zurückgegriffen wird. Aufgrund der relativ groben Erfassung der Kostenkomponenten, die mit den Maßnahmen Standardisierung, Modularisierung, Prozeßverlagerung und Prozeßvertauschung einhergehen, und der nicht weiter spezifizierten Möglichkeiten, diese Maßnahmen auf verschiedene Art mit unterschiedlich hohen Kostenwirkungen durchzuführen, besitzt das vorgestellte Modell eher den Charakter eines Modellrahmens, der in bezug auf eine konkrete Problemstellung weiter zu detaillieren ist. Bei einem hohen Detaillierungsgrad mit einer entsprechend hohen Anzahl an Einflußgrößen bietet es sich an, die Kostenwirkungen modellgestützt auf der Grundlage von Simulationen zu analysieren[3].

Eine Analyse realer Problemstellungen mit Hilfe dieses Modells zeigt[4], daß

- eine Verschiebung des KAEP nicht in jedem Fall eine ökonomische Alternative darstellt und daß
- für die Vorteilhaftigkeit der einzelnen Maßnahmen folgende Tendenzaussagen gelten:

  -- Eine Standardisierung ist dann effektiv, wenn sie mit niedrigen Investitionskosten und einem geringen Anstieg der Produktionskosten einhergeht.

  -- Die Anwendung der Modularisierung ist vorteilhaft, wenn die zusätzlichen Produktionsdauern sowie die zusätzlichen Produktions- und Lagerhaltungskosten gering sind.

  -- Ist die Produktionsdauer auf einer variantenunabhängigen Stufe signifikant länger als der auf die nächste Stufe verschobene Teilprozeß und/oder geht dieser Teilprozeß mit einer relativ hohen Wertschöpfung einher, dann ist das Verschieben des Teilprozesses vorteilhaft.

  -- Eine Vertauschung von Teilprozessen zweier aufeinanderfolgender Stufen ist dann effektiv, wenn dadurch der Teilprozeß mit der größeren Wertschöpfung auf die höhere Stufe verschoben wird.

---

1) Vgl. Lee/Tang (1997, S. 44 ff.).
2) Vgl. Swaminathan/Tayur (1998, S. 591 ff., S. 600 ff. und S. 611 ff.).
3) Vgl. Zinn/Bowersox (1988, S. 126 ff.)
4) Vgl. Lee/Tang (1997, S. 49).

In weiteren Modellen zur Bestimmung des Kundenauftragsentkoppelungspunktes wird versucht, unterschiedliche Problemaspekte mit größerer Annäherung an reale Problemstellungen zu erfassen, um zu allgemeingültigeren Aussagen zu gelangen:

- Eine stärkere **Detaillierung** bereits **erfaßter Problemdeterminanten** erfolgt mit Hilfe von Modellen, in denen mehrere Produkte[1] oder mehrere Perioden[2] betrachtet oder Kapazitätsrestriktionen[3] berücksichtigt werden.
- Mit der Berücksichtigung zusätzlicher Prozesse (z.b. Transport)[4] und zusätzlicher Effekte der Verlagerung des KAEP (z.B. Lerneffekte, Effekte des Kapazitäts-Pooling, Effekte der Reihenfolge von Maßnahmen, Produktlebenszyklus)[5] werden **weitere Problemdeterminanten** in die Betrachtung einbezogen.
- Durch Abbildung zusätzlicher Optionen, wie etwa der optimalen Konfiguration variantenunabhängiger Module[6], Transfer von Gütern zwischen Absatzmärkten[7] oder die Festlegung mehrerer KAEP[8], erfolgt eine **Erweiterung des Modellrahmens**.

3.2 Operative Ebene

Operative Planungsprobleme ergeben sich aus der Notwendigkeit der Abstimmung von Teilprozessen des Wertschöpfungsprozesses innerhalb einer konfigurierten Supply Chain, d.h., es wird über die Nutzung der durch Konfigurationsentscheidungen geschaffenen Potentiale entschieden. Die in der Literatur in diesem Zusammenhang vorgestellten quantitativen Modelle weisen unterschiedliche Aggregationsniveaus auf, wobei grob zwischen höher aggregierten Modellen für eine übergeordnete Betrachtung der wesentlichen Supply-Chain-Prozesse und detaillierten Modellen, die Aspekte der Abstimmung bestimmter Einzelprobleme in den Vordergrund stellen, unterschieden werden kann.

---

1) Vgl. z.B. Aviv/Federgruen (1998, S. 565 ff.); Doremalen/Fleuren (1991, S. 663 ff.); Garg/Tang (1997, S. 642 ff.); Swaminathan/Tayur (1998, S. 595 ff.).
2) Vgl. z.B. Aviv/Federgruen (1998, S. 565 ff.); Swaminathan/Tayur (1998, S. 595 ff.).
3) Vgl. z.B. Aviv/Federgruen (1998, S. 565 ff.); Swaminathan/Tayur (1998, S. 595 ff.).
4) Vgl. z.B. Doremalen/Fleuren (1991, S. 663 ff.); Lee/Feitzinger (1995, S. 44 ff.).
5) Vgl. z.B. Aviv/Federgruen (1998, S. 569 ff. und S. 575 ff.); Lee/Sasser (1995, S. 272 ff.); Swaminathan/Tayur (1998, S. 595 ff.); Zinn/Bowersox (1988, S. 123 ff.).
6) Vgl. z.B. Swaminathan/Tayur (1998, S. 595 ff.), deren Überlegungen in Analogie zu den Überlegungen zur Bevorratungsebene, vgl. Zimmermann (1988, S. 391 ff.), zu sehen sind.
7) Vgl. Lee/Sasser (1995, S. 272 ff.).
8) Vgl. z.B. Garg/Tang (1997, S. 642 ff.), die zwischen einem Produktfamilien- und einem Produktdifferenzierungspunkt unterscheiden.

3.2.1 Übergeordnete Betrachtung

Übergeordnete Modelle zur Koordination der Güterflüsse in einer gegebenen Supply Chain dienen der Abstimmung von Kapazitätsangebot und -nachfrage. Dabei werden auf der Grundlage aggregierter Daten über die einzelnen Supply-Chain-Einheiten (z.B. Kapazität, Kosten), die innerhalb der Supply Chain produzierbaren Produkte (z.B. Art, Struktur) und die Nachfrage nach Endprodukten ein gewinnmaximales **Produktionsprogramm**[1], d.h. die innerhalb des Planungszeitraumes zu produzierenden Produktarten und -mengen, und eine **Zuordnung von Produktionsmengen** zu den einzelnen Supply-Chain-Einheiten ermittelt.

Die Lösung des modellierten Planungsproblems kann im Rahmen eines hierarchischen Planungsansatzes als Vorgabe für untergeordnete Teilprobleme (z.B. Losgrößenplanung) herangezogen werden. Damit erfolgt eine grobe Abstimmung der Lösungen der Teilprobleme[2].

Die **Grundstruktur** eines übergeordneten Planungsmodells sei im folgenden am Beispiel einer Supply Chain mit mehreren Produkten und konvergierenden Produktstrukturen aufgezeigt[3]. Dem Modell liegen folgende **Annahmen** zugrunde:

- Die Nachfrage nach den einzelnen Produktarten ist für jede Supply-Chain-Einheit bekannt und im Planungszeitraum konstant.
- Von jeder Supply-Chain-Einheit können sowohl Zwischen- als auch Endprodukte abgesetzt werden.
- Eine Supply-Chain-Einheit kann mehrere Produktarten produzieren.
- Die Materialversorgung der Supply-Chain-Einheiten ist für Produkte auf der untersten Wertschöpfungsstufe sichergestellt. Produkte jeder anderen Wertschöpfungsstufe werden nur Supply-Chain-intern bezogen.
- Die Preise der Produktarten sind bekannt und im Planungszeitraum konstant. Sie können sich aufgrund regionaler Besonderheiten an den Standorten der einzelnen Supply-Chain-Einheiten unterscheiden.
- Die Transporte erfolgen einstufig bei linearer Belieferung.

---

1) Zu Grundlagen der Programmplanung und zu einem umfangreichen systematischen Überblick unterschiedlicher Facetten und Lösungsverfahren vgl. Hilke (1988, S. 2 ff. und S. 15 ff.).
2) Vgl. Rohde/Wagner (2000, S. 117).
3) Zur Formulierung dieses Problems für eine Unternehmung vgl. z.B. Adam (1965, S. 34 ff., insbesondere S. 55 ff.); Hilke (1988, S. 90 ff.); Jacob (1962, S. 243 ff.). Zur Kombination der Produktionsprogrammplanung mit der Transportplanung für eine Unternehmung mit mehreren Zweigwerken vgl. z.B. Kilger (1973, S. 499 ff.).

- Die Dauern der Transport- und Produktionsprozesse werden nur implizit über die Kapazität und den Kapazitätsbedarf berücksichtigt.
- Die zeitliche Abfolge von Teilprozessen wird vernachlässigt.
- Es wird von einem kontinuierlichen Güterfluß ausgegangen, so daß keine Lagerbestände zu berücksichtigen sind.

Der zu maximierende Gewinn der Supply Chain ergibt sich aus den mit den jeweils gültigen Preisen bewerteten abgesetzten Produktmengen der einzelnen Supply-Chain-Einheiten vermindert um die Produktions- und Transportkosten. Die Produktions- und Transportkostensätze stellen dabei aggregierte Größen dar, die neben den primären Operationskosten auch sekundäre Kosten, wie etwa Rüst- und Lagerhaltungskosten, berücksichtigen. Für die **Zielfunktion** gilt:

$$G = \sum_{i=1}^{I} \sum_{n=1}^{N} (a_{i.n}^{PR} + a_{i.n}^{TR}) \cdot p_{i.n}$$

$$-\left(\sum_{i=1}^{I} \sum_{n=1}^{N} k_{i.n}^{PR} \cdot x_{i.n}^{PR} + \sum_{i=1}^{I} \sum_{n=1}^{N} \sum_{n'=1}^{N} k_{i.n.n'}^{TR} \cdot x_{i.n.n'}^{TR} \right) \to \text{Max!}$$

Bei der Optimierung dieser Funktion sind unterschiedliche **Nebenbedingungen** zu berücksichtigen:

- **Absatzrestriktionen**: Mit den Absatzrestriktionen wird berücksichtigt, daß die von einer Supply-Chain-Einheit abgesetzte Menge einer Produktart deren Nachfrage nicht übersteigen kann und die Nachfrage nicht in vollem Umfang erfüllt werden muß. Die abgesetzte Menge einer Produktart setzt sich dabei aus der von der Supply-Chain-Einheit selbst produzierten Menge und der Produktmenge, die von anderen Einheiten bezogen wird, zusammen:

$$a_{i.n}^{PR} + a_{i.n}^{TR} \leq D_{i.n} \qquad \forall i, n$$

- **Kapazitätsrestriktionen**: Der Kapazitätsbedarf der von einer Supply-Chain-Einheit zu produzierenden Mengen kann deren Produktionskapazität nicht übersteigen. Ebenso kann sich der transportbedingte Kapazitätsbedarf nur im Rahmen der Transportkapazität der Supply Chain bewegen. Im Rahmen dieses Modells werden sowohl die Kapazitätsbedarfe als auch die Kapazitäten als aggregierte Größen berücksichtigt, die die Daten unterschiedlicher zusammengehöriger Teilprozesse (z.B. Rüsten + Bearbeiten; Beladen + Transportieren + Entladen) zusammenfassen. Es gilt:

$$\sum_{i=1}^{I} x_{i.n}^{PR} \cdot \kappa_{i.n}^{PR} \leq C_n^{PR} \qquad \forall n$$

$$\sum_{i=1}^{I} \sum_{n=1}^{N} \sum_{n'=1}^{N} x_{i.n.n'}^{TR} \cdot \kappa_{i.n.n'}^{TR} \leq C^{TR}$$

- **Outputbilanzen**: Die von einer Supply-Chain-Einheit produzierte Menge einer Produktart kann einerseits zur Erfüllung einer entsprechenden Nachfrage verwendet und anderseits transferiert werden. Der Transfer kann dabei innerhalb der betrachteten (n = n') oder zu anderen Supply-Chain-Einheiten (n ≠ n') erfolgen:

$$x_{i.n}^{PR} = a_{i.n}^{PR} + \sum_{n'=1}^{N} x_{i.n.n'}^{TR} \qquad \forall i, n$$

- **Inputbilanzen**: Die zu einer Supply-Chain-Einheit transferierten Produktmengen können als Vorprodukt zur Produktion eines anderen Produktes eingesetzt oder zur Erfüllung einer entsprechenden Nachfrage verwendet werden:

$$\sum_{n=1}^{N} x_{i.n.n'}^{TR} = a_{i.n'}^{TR} + \sum_{i'=1}^{I} x_{i'.n'}^{PR} \cdot h_{i.i'} \qquad \forall i, n' \text{ mit } i \neq i'$$

- Mit den **Nichtnegativitätsbedingungen** wird sichergestellt, daß die Produktions-, Transport- und Absatzmengen keine negativen Werte annehmen:

$$a_{i.n}^{PR} \geq 0 \qquad \forall i, n$$

$$a_{i.n}^{TR} \geq 0 \qquad \forall i, n$$

$$x_{i.n}^{PR} \geq 0 \qquad \forall i, n$$

$$x_{i.n.n'}^{TR} \geq 0 \qquad \forall i, n, n'$$

Die optimalen Werte der Entscheidungsparameter in diesem Modell (Produktions-, Transport- und Absatzmengen) können mit Hilfe eines linearen Programmierungsansatzes (z.B. Simplex-Algorithmus) bestimmt werden.

Erweiterungen zu diesem Modell können auf einer Disaggregation der Betrachtung einzelner Modellparameter basieren:

- Wird der betrachtete Planungszeitraum in einzelne Perioden unterteilt, um Schwankungen der Werte von Modellparametern im Zeitablauf zu berücksichtigen, dann ergibt sich ein **dynamisches Modell**[1]. Um der Dynamik Rechnung zu tragen, ist es erforderlich,
  -- die Dauer von Teilprozessen, die sich über mehrere Teilperioden erstrecken (z.B. Transport), explizit zu modellieren und
  -- die Kostenwirkungen des Auf- und Abbaus von Lagerbeständen aufgrund des diskontinuierlichen Güterflusses bei zeitlich schwankenden Werten der Mo-

---

1) Vgl. z.B. Cohen/Fisher/Jaikumar (1989, S. 73 ff.); Martin/Dent/Eckhart (1993, S. 74 ff.); Miller (2001, S. 81 ff.); Voudouris (1996, S. S1270 ff.); Zäpfel/Wasner (2000, S. 272 ff.).

dellparameter zu berücksichtigen. Hierzu sind Kontinuitätsbedingungen der Lagerbestände zu formulieren.

- Die Produktions- und Transportkosten können in differenzierterer Form als mengenabhängige und losgrößenabhängige Komponenten modelliert werden. Hierfür ist eine separate Erfassung von Rüstvorgängen mit Hilfe von Binärvariablen erforderlich, so daß sich ein **gemischt-ganzzahliges lineares Modell** ergibt[1], mit dem gleichzeitig eine grobe Losgrößenplanung erfolgt.

- Eine weitere Detaillierung der Kosten erfolgt durch die Abbildung nichtlinearer Kostenabhängigkeiten. Werden diese stückweise linear approximiert, ergibt sich ein **gemischt-ganzzahliges nichtlineares Modell**[2].

- Eine größere Detaillierung der Betrachtung einzelner Supply-Chain-Einheiten kann erfolgen, indem einzelne Produktionslinien sowie unterschiedliche Produktions- (z.B. Überstunden) und Transportmodi (z.B. unterschiedliche Transportgeschwindigkeiten) berücksichtigt werden[3]. Die Modellierung dieser Alternativen basiert auf Binärvariablen, und es ergibt sich ein **gemischt-ganzzahliges lineares Modell**.

Darüber hinaus besteht die Möglichkeit, **alternative Zielfunktionen** zugrunde zu legen. Wird davon ausgegangen, daß eine bekannte Nachfrage zu erfüllen ist, dann wird der Term des Umsatzes in der Zielfunktion irrelevant. Anstelle der **Gewinnmaximierung** kann dann das Ziel der **Kostenminimierung** verfolgt werden[4]. Eine Maximierung der **Flexibilität** einer Supply Chain, wie dies Voudouris[5] formuliert, widerspricht hingegen dem ökonomischen Prinzip in mehrfacher Hinsicht:

- Aus ökonomischer Sicht kann es nicht das Ziel sein, die Flexibilität zu maximieren, da der Aufbau von Flexibilität mit Kosten einhergeht. Vielmehr sind der aus einer Unsicherheit resultierende Flexibilitätsbedarf und das Flexibilitätsangebot aufeinander abzustimmen, d.h. Flexibilitätskosten und -nutzen miteinander in Einklang zu bringen.

- Die dem Ansatz von Voudouris[6] zugrundeliegende Flexibilitätsdefinition (ungenutzte Zeiten der Ressourcenverfügbarkeit) erscheint zu einseitig und erfaßt nicht die ökonomisch relevanten Aspekte der Flexibilität.

---

1) Vgl. z.B. Cohen/Fisher/Jaikumar (1989, S. 73 ff.); Miller (2001, S. 81 ff.); Zäpfel/Wasner (2000, S. 272 ff.). In Modellen für internationale Supply Chains sind in den Produktions- und Transportkosten zusätzlich Steuern und Zölle zu berücksichtigen. Vgl. z.B. Cohen/Fisher/Jaikumar (1989, S. 73 ff.).
2) Vgl. z.B. Cohen/Moon (1991, S. 267 ff.).
3) Vgl. z.B. Miller (2001, S. 81 ff.); Zäpfel/Wasner (2000, S. 272 ff.).
4) Vgl. z.B. Cohen/Moon (1991, S. 267 ff.); Miller (2001, S. 81 ff.).
5) Vgl. Voudouris (1996, S. S1272).
6) Vgl. Voudouris (1996, S. S1270 ff.).

- Es liegt ein deterministisches Modell vor, so daß keine Unsicherheit und somit kein Flexibilitätsbedarf besteht. Innerhalb des Modellrahmens ergeben sich keine Chancen der Flexibilitätsnutzung.

3.2.2 Einzelprobleme

3.2.2.1 Prognose

In wissenschaftstheoretischer Sicht existiert zwischen Prognose und Erklärung eine strukturelle Identität. Diese Identität ergibt sich aus dem Sachverhalt, daß die Prognose letztlich die Umkehrung der Erklärung bildet. In dieser Sichtweise kann eine Prognose immer dann erstellt werden, wenn eine wissenschaftliche Erklärung möglich ist, d.h., wissenschaftliche Voraussagen (objektiv begründet) lassen sich auf der Grundlage theoretischer Zusammenhänge treffen. In diesem Kontext wird auch von einer **Prognose i.e.S.** gesprochen. In einer weiteren Fassung liegt eine Prognose aber auch dann vor, wenn eine Voraussage ohne Rückgriff auf theoretische Aussagen formuliert wird und auf Erfahrungen und Überzeugungen basiert (subjektiv begründet)[1]. In diesem Fall wird auch von Projektionen gesprochen, wobei in der Literatur[2] zwischen Prognoseverfahren unterschieden wird

- **ohne** explizite Angabe der unabhängigen Variablen (z.B. intuitive Schätzungen von Experten) und
- **mit** expliziter Information über die unabhängigen Variablen (z.B. parametrische Schätzverfahren).

Im vorliegenden Zusammenhang werden unter dem Prognosebegriff nur die zuletzt genannten Erscheinungsformen subsumiert, d.h., es werden ausschließlich mathematisch-statistische Verfahren berücksichtigt. Abbildung 53 gibt eine Auswahl von Verfahren aus dieser Gruppe wieder, die häufig genannt werden[3].

---

1) Vgl. Chmielewicz (1979, S. 154 ff.). Demgegenüber werden sogenannte Prophezeiungen, die spekulativer Natur sind, nicht zu den Prognosen gezählt.
2) Vgl. Brockhoff (1977, S. 63 ff.).
3) Zu diesen und weiteren Verfahren vgl. Tempelmeier (1999b, S. 35 ff.).

Gleitender Durchschnitt	$\hat{x}_t = \dfrac{1}{y} \cdot \sum\limits_{\tau=t-y+1}^{t} x_\tau$
Exponentielles Glätten 1. Ordnung	$\hat{x}_{t+1} = \gamma \cdot x_t + (1-\gamma) \cdot \hat{x}_t$
Lineare Regression	$\hat{x}_t = rk + \beta \cdot t$
Zeitreihenanalyse[1]	1. Ordnung: $\hat{x}_t = g \cdot x_{t-1} + U_t$ verallgemeinert (p-ter Ordnung): $\hat{x}_t = g_1 \cdot x_{t-1} + g_2 \cdot x_{t-2} + \ldots + g_p \cdot x_{t-p} + U_t$

Mit:
- g = Gewicht
- rk = Regressionskonstante
- t = Zeitpunkt
- U_t = Störvariable
- x_t = Verbrauchswert
- $\hat{x}_t$ = prognostizierter Wert
- β = Regressionskoeffizient
- γ = Glättungsparameter

Abbildung 53: Prognoseverfahren (Auswahl)

Auf der Grundlage derartiger Prognosemodelle werden Vergangenheitswerte in die Zukunft extrapoliert. Ziel ist es dabei, eine möglichst hohe Vorhersagegenauigkeit zu erreichen, d.h., das zum Einsatz gelangende Prognosemodell muß an den tatsächlichen Verlauf der Werte angepaßt sein. Von zentraler Bedeutung ist dabei die sogenannte **Prognosequalität**, wobei auf eine ex-post-Beurteilung abgestellt wird, die auf einer Gegenüberstellung der prognostizierten mit den tatsächlich eingetretenen Werten basiert. Als **Qualitäts-** oder **Gütekriterien** zur Beurteilung der Prognosequalität werden in der Literatur umfangreiche Vorschläge unterbreitet[2]. Abbildung 54 gibt diejenigen Gütekriterien wieder, die in der Literatur zum Supply Chain Management[3] häufig genannt werden.

---

1) Es liegt somit ein AR-Modell (autoregressives) vor. Weitere Modelle sind MA-Modelle (moving average) und ARIMA-Modelle (autoregressive integrated moving average). Vgl. Hansmann (1983, S. 63 ff.); Hüttner (1986, S. 131 ff.).
2) Vgl. Corsten/Peckedrath (1986, S. 14 ff.).
3) Vgl. Wagner (2000, S. 110 f.).

Mittlerer absoluter Fehler	$\frac{1}{T}\sum_{t=1}^{T}(x_t - \hat{x}_t)^2$
Mittlere absolute Abweichung	$\frac{1}{T}\sum_{t=1}^{T}\mid x_t - \hat{x}_t \mid$
Mittlerer relativer Fehler	$\left(\frac{1}{T}\sum_{t=1}^{T}\left\lvert\frac{x_t - \hat{x}_t}{x_t}\right\rvert\right)\cdot 100$
Mit: $x_t - \hat{x}_t$ = Prognosefehler	

Abbildung 54: Gütekriterien (Auswahl)

Die Methoden werden ergänzt um die Möglichkeit zur Auswahl eines adäquaten Prognoseverfahrens für ein konkret vorliegendes Prognoseproblem. Da diese Vorgehensweise einer **automatischen Auswahl eines Prognoseverfahrens** in der wissenschaftlichen Literatur[1] als nicht unproblematisch eingestuft wird und die Empfehlung ausgesprochen wird, auf diese Vorgehensweise zu verzichten, ist hierin eher ein Ansatz zu sehen, der einen Experten, der bereits im Rahmen einer Vorauswahl eine Auswahl geeigneter Verfahren getroffen hat, in der Endauswahl des einzusetzenden Verfahrens zu unterstützen.

Neben diesen genannten Ansätzen werden im Rahmen des Supply Chain Management auch Prognosemöglichkeiten auf der Grundlage des **Lebenszykluskonzeptes** vorgeschlagen. Dieser auf der Diffusionsforschung basierende Ansatz wurde im Rahmen der Absatzpolitik untersucht, um Aussagen über den erwarteten Verlauf des Absatzes eines Produktes zu formulieren. Der Gedanke, das Lebenszyklusmodell als Grundlage für eine Prognose einzusetzen, ist in der wirtschaftswissenschaftlichen Literatur nicht neu. Anwendungen finden sich insbesondere im Controlling im Rahmen von Kostenprognosen[2]. Voraussetzung für diese Vorgehensweise bildet dabei insbesondere die Annahme, daß **typische Verlaufsmuster** ermittelbar sind und zwischen verwandten Produkten Analogiebeziehungen möglich sind. In einer differenzierenden Betrachtung teilt Wübbenhorst[3], wie in der Literatur[4] üblich, den Lebenszyklus in einzelne Phasen ein, denen er dann unterschiedliche Prognoseverfahren schwerpunktmäßig zuordnet. Der Lebenszyklus und die in diesem Zusammenhang

---

1) Vgl. z.B. Wagner (2000, S. 101 ff.).
2) Vgl. z.B. Back-Hock (1988); Hahn/Laßmann (1993, S. 185 ff.).
3) Vgl. Wübbenhorst (1984, S. 232 ff.).
4) Vgl. z.B. Benkenstein (1997, S. 53 f.); Höft (1992, S. 16 ff.); Kreikebaum (1997, S. 110).

vorgenommenen Phaseneinteilungen lassen sich letztlich nur ex post identifizieren. Das Lebenszykluskonzept bildet damit bei dieser Vorgehensweise einen **heuristischen Rahmen** für die Einordnung einzelner Prognoseverfahren. Bereits an diesen Überlegungen wird deutlich, daß die Prognoseergebnisse, die sich hieraus ableiten lassen, eher als grobe Orientierungen zu interpretieren sind.

In einer differenzierenden Betrachtung stellt Wagner die beiden folgenden Vorgehensweisen vor[1]:

- **Life cycle management**: Die Gesamtmenge ergibt sich hierbei aus der multiplikativen Verknüpfung der durchschnittlichen Nachfragemenge pro Periode und einem Lebenszyklusfaktor. Grundlage für die Bestimmung des Lebenszyklusfaktors und der erwarteten durchschnittlichen Nachfrage bildet dabei der Lebenszyklus des sogenannten „Vorfahren" des betrachteten Produktes. Damit wird implizit von einer Ähnlichkeit ausgegangen, die einen solchen Analogieschluß zuläßt.

- **Phasing method**: Hierbei wird der Lebenszyklus in drei Phasen eingeteilt, und zwar in eine Einführungsphase, die durch ein lineares Wachstum der nachgefragten Produktmengen gekennzeichnet ist, eine Phase mit konstanter Nachfrage und eine Auslaufphase, in der die Nachfragemenge kontinuierlich abnimmt. Der Anstieg bzw. der Rückgang der nachgefragten Menge wird dabei mit Hilfe eines Prozentsatzes spezifiziert. Die Festlegungen der Phasenlänge und die Prozentsätze in den Einzelphasen basieren letztlich auf den Erfahrungen der Planer, d.h., quantitative Methoden gelangen nicht zum Einsatz.

Trotz dieser differenzierenden Betrachtungen, die auf Ähnlichkeitsüberlegungen und Erfahrungen der Planung beruhen, lassen diese Vorgehensweisen nur äußerst grobe Schätzungen zu, die eher zu der Gruppe der intuitiven Schätzungen von Experten zu zählen sind.

Die dargestellten Überlegungen zur Prognose stellen jedoch keine spezifischen Entwicklungen im Rahmen des Supply Chain Management dar, sondern werden in der produktionswirtschaftlichen und logistischen Literatur seit Jahrzehnten intensiv behandelt und analysiert. Es ist damit festzustellen, daß die Autoren zum Supply Chain Management auf die bekannten Ansätze zurückgreifen, eine Vorgehensweise, die nicht nur nachvollziehbar, sondern auch ökonomisch erscheint.

---

1) Vgl. Wagner (2000, S. 112 f.).

3.2.2.2 Abstimmung von Teilprozessen

Den Ausgangspunkt der quantitativen Modelle zur Abstimmung von Teilprozessen der Supply Chain bildet die Überlegung, daß in den Entscheidungen über den Güterfluß zwischen aufeinanderfolgenden Stufen (mehrstufige Produktion) einer Supply Chain die ökonomischen Auswirkungen der Entscheidung auf allen betrachteten Stufen zu berücksichtigen sind. Um die grundsätzlichen Zusammenhänge herauszuarbeiten, kann auf zweistufige Modelle zurückgegriffen werden. Die dabei gewonnenen Erkenntnisse lassen sich dann auf umfassendere Modelle übertragen und nutzen.

Die im Rahmen des Supply Chain Management vorgeschlagenen Modelle bilden eine Produktion ab, bei der **Inputgüter** eine **Sequenz von Teilprozessen** (Stufen) durchlaufen und in **Outputgüter** transformiert werden. Während der Output der letzten Stufe der Supply Chain das **Endprodukt** darstellt und der Befriedigung der Nachfrager dient, bildet der Output der vorgelagerten Stufen **Zwischenprodukte**, die dann den Input ihrer jeweils unmittelbar nachfolgenden Stufe darstellen. Die Outputgütermenge einer Stufe wird dabei entweder bei der liefernden oder bei der empfangenden Stufe solange zwischengelagert, bis diese von der darauffolgenden Stufe benötigt wird.

Neben dem Umfang der einbezogenen Supply-Chain-Stufen lassen sich die Modelle vor allem hinsichtlich

- der zur Abstimmung des Güterflusses herangezogenen Parameter (z.B. Losgröße, Lagerbestand) und
- der Einbeziehung von Unsicherheit (deterministische und stochastische Modelle)

unterscheiden. Während sich die Ausführungen zur Losgrößenbestimmung auf deterministische Modelle[1] konzentrieren, werden im Rahmen der Lagerhaltungspolitik stochastische Modelle relevant.

3.2.2.2.1 Losgrößenbestimmung

Mit einer Losgrößenentscheidung wird die Gütermenge (Losgröße) determiniert, die gleichzeitig zwischen zwei Supply-Chain-Stufen transferiert wird. Um dieses Problem in anschaulicher Form zu verdeutlichen, sei auf ein zweistufiges Einprodukt-

---

1) Zu stochastischen Ansätzen in der Losgrößenplanung vgl. z.B. Clark/Scarf (1960, S. 476 ff.); Federgruen (1993, S. 135 ff.); Houtum/Inderfurth/Zijm (1996, S. 5 ff.); Pyke/Cohen (1993, S. 27 ff.) und (1994, S. 20 ff.); Weng (1997, S. 683 ff.).

modell zurückgegriffen (vgl. Abbildung 55), mit dessen Hilfe, trotz der vorgenommenen Vereinfachungen, die grundsätzlichen Probleme aufgezeigt werden können[1].

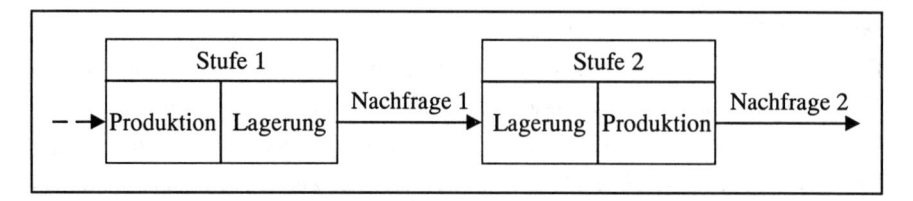

```
┌─────────────────────────┐         ┌─────────────────────────┐
│        Stufe 1          │         │        Stufe 2          │
│ ┌──────────┬──────────┐ │Nachfrage 1│ ┌──────────┬──────────┐ │Nachfrage 2
─→│Produktion│ Lagerung │─┼─────────→│ │ Lagerung │Produktion│─┼──────────→
│ └──────────┴──────────┘ │         │ └──────────┴──────────┘ │
└─────────────────────────┘         └─────────────────────────┘
```

Abbildung 55: Zweistufiges Modell einer Supply Chain (Ausschnitt)

Durch das Zusammenwirken der beiden Stufen soll eine bekannte Nachfrage D_2 nach Endprodukten erfüllt werden. Hierzu findet auf jeder der beiden Stufen ein Produktionsprozeß und ein Lagerhaltungsprozeß statt, wobei vorausgesetzt wird, daß der Bedarf des Produktionsprozesses auf der zweiten Stufe (Nachfrage D_1) vollständig von der ersten Stufe erfüllt wird. Der Bedarf des Produktionsprosses der ersten Stufe sei im folgenden aus den Überlegungen ausgeklammert. Es erfolgt jeweils eine losweise Produktion und zwischen den Stufen ein losweiser Gütertransfer. Die Lager erfüllen die Aufgabe, Diskontinuitäten im Güterfluß auszugleichen, die durch unterschiedliche Produktionsgeschwindigkeiten und unterschiedliche Losgrößen entstehen. Dabei reicht die Lagerkapazität aus, um die entstehenden Lagerbestände aufzunehmen. Darüber hinaus sollen die folgenden **Annahmen** gelten:

- Der Produktionskoeffizient h_n beträgt für alle Zwischenprodukte 1, d.h. es gilt: $D_1 = D_2 = D$

- Die Produktionsgeschwindigkeit v_n^{PR} ist auf jeder Stufe konstant. Dabei gilt: $v_1^{PR} \geq v_2^{PR}$

- Zwischen den einzelnen Losgrößen besteht eine ganzzahlige Relation[2]:

$$re_1^{Los} = \frac{x_1^{PR.Los}}{x^{TR.Los}} = \frac{y^{TR}}{y_1^{PR}} \geq 1 \qquad re_2^{Los} = \frac{x^{TR.Los}}{x_2^{PR.Los}} = \frac{y_2^{PR}}{y^{TR}} \geq 1$$

---

1) Zu dieser Vorgehensweise vgl. z.B. Banerjee (1986, S. 293 f.); Bogaschewsky/Müller/Rollberg (1997, S. 3 f.); Goyal (1988, S. 236 f.); Heskett/Ballou (1966, S. 125 ff.); Hofmann (1994, S. 9 f.); Panichi (1996, S. 58 ff.).

2) Vgl. Goyal (1988, S. 237). Zu einem Nachweis der ökonomischen Vorteilhaftigkeit dieser Annahme bei unendlicher Produktionsgeschwindigkeit vgl. Crowston/Wagner/Williams (1973, S. 520 und S. 524 ff.).

- Die Dauer des Transfers zwischen beiden Stufen wird vernachlässigt[1].
- Die auf der zweiten Stufe produzierten Mengen werden verzögerungsfrei zur Erfüllung der Nachfrage genutzt, d.h., es entstehen keine Endproduktlagerbestände[2].
- Nach der Produktion und nach dem Transfer eines Loses erfolgt jeweils ein Rüstvorgang, dessen Dauer vernachlässigt wird.

Da der Optimierung der Losgrößen das Ziel der **Kostenminimierung** zugrunde liegt, sind nur die Kostenbestandteile der Teilprozesse Produktion, Lagerung und Transfer relevant, die von der Variation der Losgrößen abhängig sind[3]. Für den **Produktionsprozeß** ergeben sich die **Rüstkosten** durch die multiplikative Verknüpfung der Kosten pro einzelnem Rüstvorgang k_n^R und der innerhalb des Planungszeitraumes aufgelegten Lose y_n^{PR}:

$$K_n^{PR} = k_n^R \cdot y_n^{PR}$$

Relevante Kosten des **Lagerungsprozesses** sind die **Lagerhaltungskosten**. Diese sind von der Höhe des durchschnittlichen Lagerbestandes $\hat{x}_n^{LA}$ im Planungszeitraum und dem Lagerhaltungskostensatz k^{LA} abhängig, der sowohl die Kapitalbindung als auch mengenabhängige Lagerungskosten berücksichtigt[4]:

$$K_n^{LA} = k^{LA} \cdot \hat{x}_n^{LA}$$

Zur Ermittlung des **durchschnittlichen Lagerbestandes** sind die Lagerzugänge und -abgänge in den einzelnen Lagern zu analysieren. Dabei sind unterschiedliche Verläufe denkbar. In Abbildung 56 sind beispielhaft die Verläufe des Lagerzuganges, -abganges und -bestandes auf der ersten Stufe dargestellt.

---

1) Vgl. Hofmann (1994, S. 10). Besteht nur eine Transfermöglichkeit, dann hat diese Annahme keinen Einfluß auf die Lage des Optimums. Vgl. Crowston/Wagner/Williams (1973, S. 522). Zur Modellierung dieses Sachverhalts bei mehreren Transportmöglichkeiten vgl. Bogaschewsky/Müller/Rollberg (1997, S. 9 ff.).
2) Zur Berücksichtigung von Endproduktlagerbeständen vgl. Hofmann (1994, S. 11).
3) Zu einer detaillierten Analyse der Kosten vgl. Bogaschewsky/Müller/Rollberg (1997, S. 6 ff.); Heskett/Ballou (1966, S. 125 ff.); Hofmann (1994, S. 11 ff.).
4) Zu einer differenzierteren Betrachtung der Lagerhaltungskosten vgl. Bogaschewsky/ Müller/Rollberg (1997, S. 6 f. und S. 19 f.).

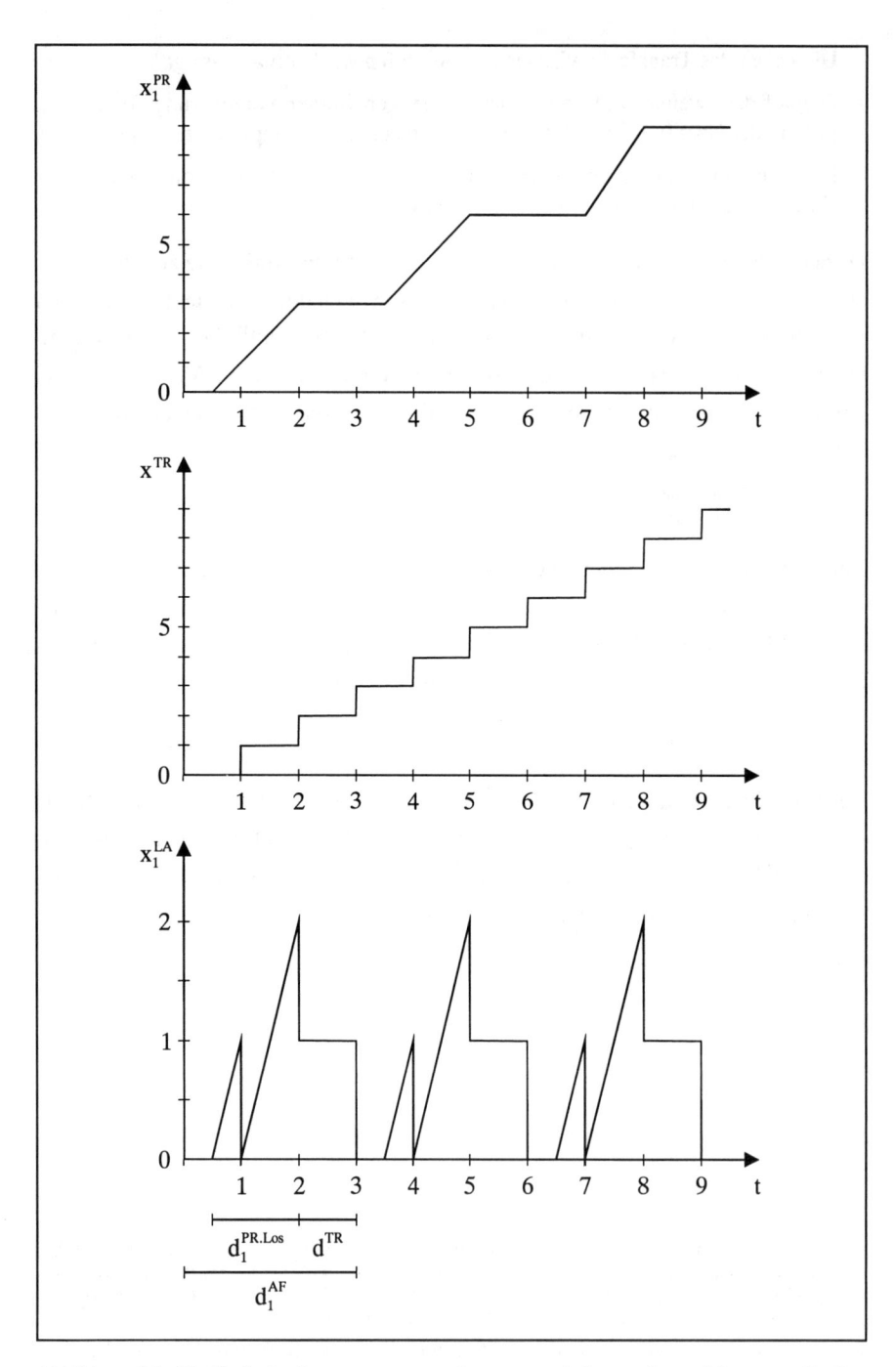

Abbildung 56: Verläufe des Lagerzuganges, -abganges und -bestandes auf der ersten Stufe

Bedingt durch den dargestellten zyklischen Lagerbestandsverlauf auf der **ersten Stufe** reicht es aus, anstelle des gesamten Planungshorizontes den Verlauf der Lagerzugänge und -abgänge innerhalb eines Abrufzeitraumes d_1^{AF} zu betrachten[1]. Der Abrufzeitraum ist dabei der Zeitraum, innerhalb dessen ein Produktionslos abgerufen wird (vgl. Abbildung 56):

$$d_1^{AF} = d^{TR} \cdot re_1^{Los}$$

mit:

$$d^{TR} = \frac{T}{y^{TR}}$$

Der **durchschnittliche Lagerbestand** der ersten Stufe entspricht dann dem Quotienten aus der Differenz der Funktionen der kumulierten Lagerzugangs- und Lagerabgangsmenge innerhalb des Abrufzeitraums und dem Abrufzeitraum:

$$\widehat{x}_1^{LA} = \frac{x_1^{LA.ZU} - x_1^{LA.AB}}{d_1^{AF}}$$

Für die Funktion der **kumulierten Lagerzugangsmenge** sind im Abrufzeitraum zwei Phasen relevant. In der Produktionsphase ($d_1^{PR.Los}$) werden dem Lager kontinuierlich solange Güter zugeführt, bis das Produktionslos vollständig fertiggestellt ist. In der sich anschließenden Phase ($d_1^{AF} - d_1^{PR.Los} - (d^{TR} - x^{TR.Los}/v_1^{PR})$) erfolgt keine Güterzufuhr, d.h., die kumulierte Lagerzugangsmenge bleibt konstant:

$$x_1^{LA.ZU} = \frac{x_1^{PR.Los} \cdot d_1^{PR.Los}}{2} + x_1^{PR.Los} \cdot \left(d_1^{AF} - d_1^{PR.Los} - \left(d^{TR} - \frac{x^{TR.Los}}{v_1^{PR}}\right)\right)$$

Nach einigen Umformungen ergibt sich dann[2]:

$$x_1^{LA.ZU} = (x_1^{PR.Los})^2 \cdot \frac{T}{D} \cdot \left(1 + \frac{1}{re_1^{Los}} \cdot (\alpha_1 - 1) - \frac{\alpha_1}{2}\right)$$

mit:

$$\alpha_n = \frac{D}{T \cdot v_n^{PR}}$$

---

1) Vgl. zu dieser Vorgehensweise Bogaschewsky/Müller/Rollberg (1997, S. 8 und S. 41 f.); Panichi (1996, S. 64 ff.).
2) Zu den einzelnen Umformungsschritten vgl. Anhang 1.

Die Funktion der **kumulierten Lagerabgangsmenge** ergibt sich aus der Anzahl der Abrufe innerhalb des Abrufzeitraumes, die durch die Losgrößenrelation re^{Los} wiedergegeben wird, und der jeweils abgerufenen Menge:

$$x_1^{LA.AB} = \sum_{\iota=1}^{re_1^{Los}-1} \iota \cdot x^{TR.Los} \cdot d^{TR}$$

Nach einigen Umformungen ergibt sich dann[1]:

$$x_1^{LA.AB} = (x^{TR.Los})^2 \cdot \frac{T}{D} \cdot \frac{re_1^{Los} \cdot (re_1^{Los}-1)}{2}$$

Für den durchschnittlichen Lagerbestand der ersten Stufe gilt somit[2]:

$$\hat{x}_1^{LA} = \frac{(x^{TR.Los})^2 \cdot \frac{T}{D} \cdot \frac{re_1^{Los} \cdot (re_1^{Los}-1)}{2}}{d_1^{AF}}$$

$$- \frac{(x^{PR.Los})^2 \cdot \frac{T}{D} \cdot \left(1 + \frac{1}{re_1^{Los}} \cdot (\alpha_1 - 1) - \frac{\alpha_1}{2}\right)}{d_1^{AF}}$$

Nach einigen Umformungen ergibt sich dann[3]:

$$\hat{x}_1^{LA} = \frac{x^{TR.Los}}{2} \cdot (1 + re_1^{Los} \cdot (\alpha_1 - 1) - 2 \cdot \alpha_1)$$

Die Ermittlung des durchschnittlichen Lagerbestandes auf der **zweiten Stufe** erfolgt in analoger Weise. Abbildung 57 gibt die Verläufe des Lagerzuganges, -abganges und -bestandes beispielhaft wieder.

---

1) Zu den einzelnen Umformungsschritten vgl. Anhang 2.
2) Vgl. Bogaschewsky/Müller/Rollberg (1997, S. 8 und S. 42); Panichi (1996, S. 66).
3) Zu den einzelnen Umformungsschritten vgl. Anhang 3.

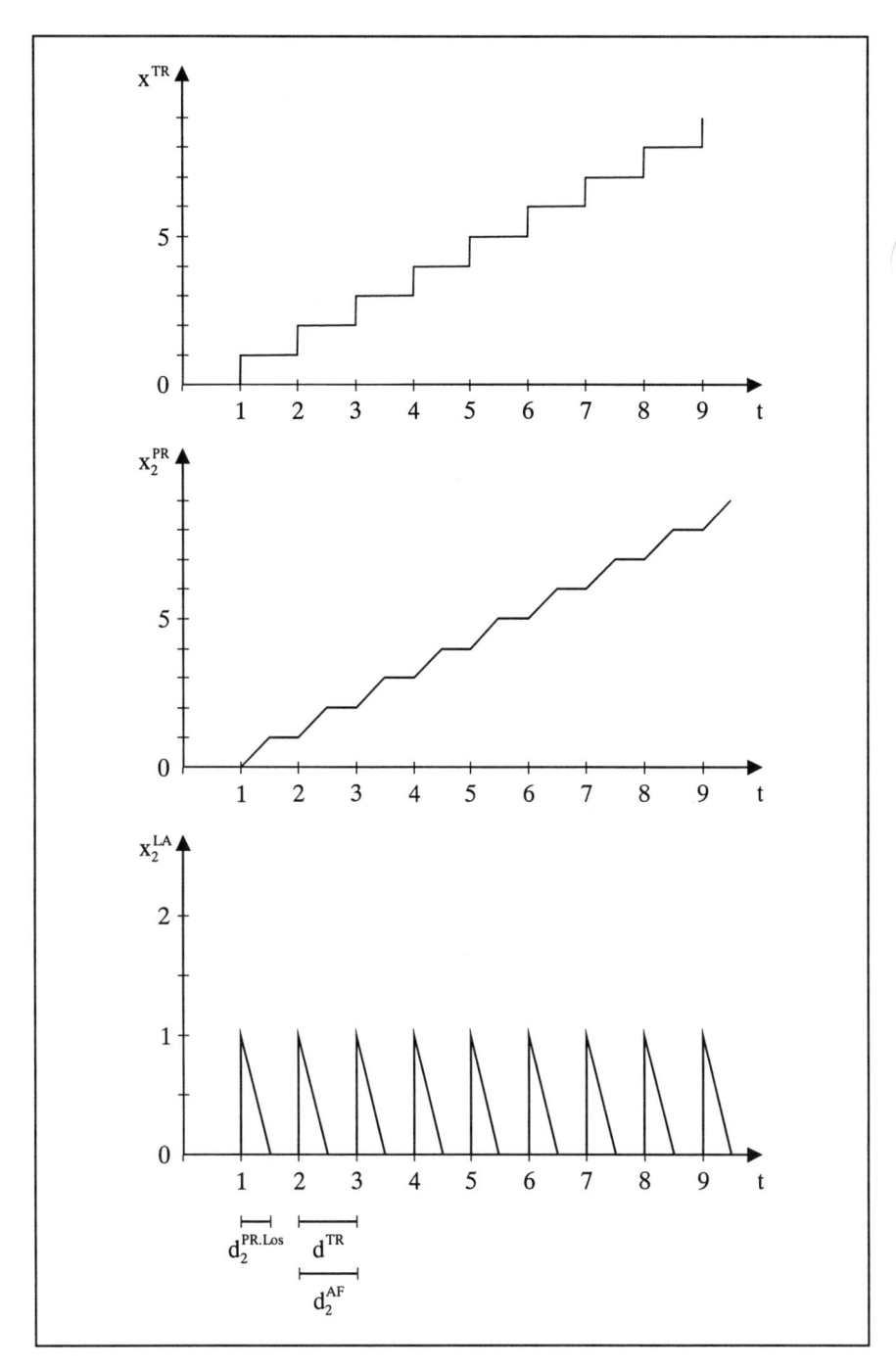

Abbildung 57: Verläufe des Lagerzuganges, -abganges und -bestandes auf der zweiten Stufe

Die Darstellung zeigt, daß sich der Verlauf des Lagerbestandes nach einer Dauer von d^{TR} zyklisch wiederholt. Es gelten somit folgende Funktionen:

$$x_2^{LA.ZU} = x^{TR.Los} \cdot d^{TR}$$

$$= (x^{TR.Los})^2 \cdot \frac{T}{D}$$

$$x_2^{LA.AB} = \frac{re_2^{Los} \cdot x_2^{PR.Los} \cdot re_2^{Los} \cdot d_2^{PR}}{2} + x_2^{PR.Los} \cdot re_2^{Los} \cdot (d^{TR} - re_2^{Los} \cdot d_2^{PR})$$

Nach einigen Umformungen ergibt sich dann[1)]:

$$x_2^{LA.AB} = (x_2^{PR.Los})^2 \cdot (re_2^{Los})^2 \cdot \frac{T}{D} \cdot \left(1 - \frac{\alpha_2}{2}\right)$$

$$\hat{x}_2^{LA} = \frac{(x^{TR.Los})^2 \cdot \frac{T}{D} - (x_2^{PR.Los})^2 \cdot (re_2^{Los})^2 \cdot \frac{T}{D} \cdot \left(1 - \frac{\alpha_2}{2}\right)}{d^{TR}}$$

Durch Umformen ergibt sich dann[2)]:

$$\hat{x}_2^{LA} = \frac{x^{TR.Los} \cdot \alpha_2}{2}$$

Der Lagerbestand auf der zweiten Stufe ist folglich von der Losgrößenrelation re_2^{Los} unabhängig. Damit kann deren Optimierung unabhängig von den Optimierungen der ersten Losgrößenrelation und der Transferhäufigkeit erfolgen, d.h. ausschließlich durch die Minimierung der relevanten Produktionskosten der zweiten Stufe. Da die minimalen Produktionskosten bei einer minimalen Anzahl aufgelegter Produktionslose entstehen, gilt folglich für die optimale Losgrößenrelation auf der zweiten Stufe[3)]:

$$re_2^{Los*} = 1$$

Die Bildung von Losen für den **Gütertransfer** geht mit **Rüstkosten** einher, die sich proportional zur Transferhäufigkeit verhalten:

$$K^{TR} = k^{TR.R} \cdot y^{TR}$$

---

1) Zu den einzelnen Umformungen vgl. Anhang 4.
2) Zu den einzelnen Umformungen vgl. Anhang 5.
3) Dieses Ergebnis beruht auf der Annahme, daß keine Endproduktlagerbestände entstehen.

3.2 Operative Ebene

Durch die Zusammenfassung der einzelnen Kostenkomponenten läßt sich dann die folgende Kostenfunktion aufstellen:

$$K = K_1^{PR} + K_2^{PR} + K_1^{LA} + K_2^{LA} + K^{TR}$$

Aufgrund der gegebenen Losgrößenrelationen und den damit einhergehenden Häufigkeitsrelationen kann die **Transferhäufigkeit** y^{TR} zur Koppelung der einzelnen Kostenbestandteile und als zu optimierende Größe herangezogen werden. Bei gegebener Nachfrage kann die Losgröße dann über die Relation $x^{TR,Los} = D/y^{TR}$ aus der Transferhäufigkeit ermittelt werden. Unter Berücksichtigung der optimierten Losgrößenrelation der zweiten Stufe gilt dann[1]:

$$K(y^{TR}, re_1^{Los}) = k_1^R \cdot \frac{y^{TR}}{re_1^{Los}} + k_2^R \cdot y^{TR} + k^{TR} \cdot y^{TR}$$

$$+ k^{LA} \cdot \frac{D}{2 \cdot y^{TR}} \cdot (1 + re_1^{Los} \cdot (\alpha_1 - 1) - 2 \cdot \alpha_1)$$

$$+ k^{LA} \cdot \frac{D}{2 \cdot y^{TR}} \cdot \alpha_2$$

Die **Kostenminima** liegen jeweils in der Nullstelle der ersten partiellen Ableitungen beider Kosteneinflußgrößen:

$$\frac{\partial K}{\partial y^{TR}} = \frac{k_1^R}{re_1^{Los}} + k_2^R + k^{TR} - k^{LA} \cdot \frac{D}{2 \cdot (y^{TR})^2} \cdot (1 + re_1^{Los} \cdot (\alpha_1 - 1) - 2 \cdot \alpha_1 + \alpha_2)$$

$$(y^{TR})^2 = \frac{k^{LA} \cdot \frac{D}{2} \cdot (1 + re_1^{Los} \cdot (\alpha_1 - 1) - 2 \cdot \alpha_1 + \alpha_2)}{\frac{k_1^R}{re_1^{Los}} + k_2^R + k^{TR,R}}$$

$$\frac{\partial K}{\partial re_1^{Los}} = -k_1^R \cdot \frac{y^{TR}}{(re_1^{Los})^2} + k^{LA} \cdot \frac{D}{2 \cdot y^{TR}} \cdot (\alpha_1 - 1)$$

$$(y^{TR})^2 = \frac{k^{LA} \cdot \frac{D}{2} \cdot (\alpha_1 - 1) \cdot (re_1^{Los})^2}{k_1^R}$$

Durch Gleichsetzen der beiden unterschiedlichen $(y^{TR})^2$-Terme ergibt sich dann[2]:

---

1) Zu den einzelnen Umformungen vgl. Anhang 6.
2) Zu den einzelnen Umformungen vgl. die Anhänge 7 und 8.

$$re_1^{Los*} = \sqrt{\frac{k_1^R}{k_2^R + k^{TR.R}} \cdot \frac{1 - 2 \cdot \alpha_1 + \alpha_2}{\alpha_1 - 1}}$$

und

$$y^{TR*} = \sqrt{\frac{k^{LA}}{k_2^R + k^{TR.R}} \cdot \frac{D}{2} \cdot (1 - 2 \cdot \alpha_1 + \alpha_2)}$$

Mit dieser **kostenminimalen Lösung** ist jedoch die Erfüllung der Ganzzahligkeitsprämisse nicht gewährleistet[1], so daß von einer **Näherungslösung** auszugehen ist. Zur Ermittlung des ganzzahligen Optimums schlagen Bogaschewsky/Müller/Rollberg folgende Vorgehensweise vor[2]:

- analytische Ermittlung der optimalen Losgrößenrelation ohne Berücksichtigung der Ganzzahligkeitsprämisse;
- Ermittlung der Kosten der nächstgrößeren und -kleineren ganzzahligen Losgrößenrelation;
- Auswahl der kostenminimalen ganzzahligen Losgrößenrelation.

Die aus der **Gesamtkostenbetrachtung** beider Stufen ermittelte Lösung stellt einen Kompromiß zwischen den beiden isoliert für jede Stufe ermittelbaren Lösungen dar, der insgesamt mit geringeren Gesamtkosten einhergeht (vgl. Abbildung 58). Die übergreifende Losgrößenplanung geht im Vergleich zu den beiden isolierten Vorgehensweisen mit

- höheren Kosten ($+ \Delta K_1$) für die Stufe, deren isolierte Lösung zum Vergleich herangezogen wird, und mit
- geringeren Kosten ($- \Delta K_2$) für die andere Stufe

einher, wobei die zusätzlichen Kosten durch die Kostenersparnisse überkompensiert werden. Es ergibt sich somit das Problem, die Gesamtkostenersparnis gerecht aufzuteilen.[3]

---

1) Vgl. Bogaschewsky/Müller/Rollberg (1997, S. 14); Hofmann (1994, S. 13).
2) Vgl. Bogaschewsky/Müller/Rollberg (1997, S. 14 ff.).
3) Vgl. Banerjee (1986, S. 299 ff.); ferner Ballou/Gilbert/Mukherjee (2000, S. 12 ff.).

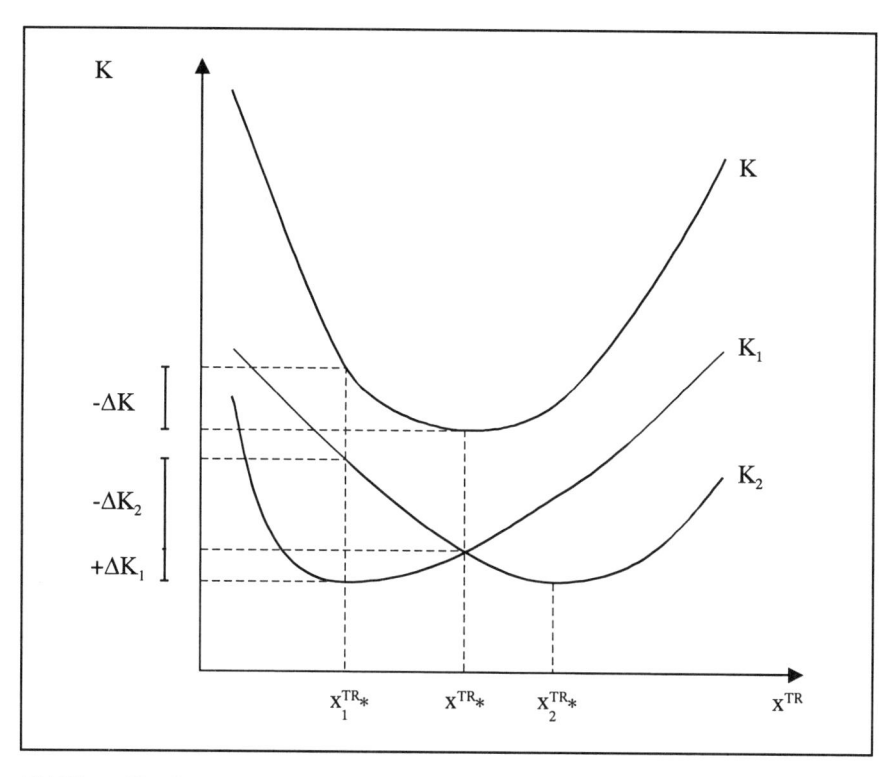

Abbildung 58: Gegenüberstellung der Kostenverläufe bei isolierter und übergreifender Losgrößenplanung

Der Anwendungsbereich des vorgestellten Grundmodells ist nicht ausschließlich auf Losgrößenentscheidungen beschränkt, die sich auf zwei aufeinanderfolgende Produktionsstufen beziehen, sondern läßt sich analog auf Supply-Chain-Stufen mit anderen Funktionen, wie z.B. Produktion-Transport[1] oder Distribution-Transport[2], anwenden, in denen ebenfalls ein trade-off zwischen Lagerhaltungskosten und Rüstkosten besteht. Aufgrund der vorangestellten Prämissen ist das Anwendungsgebiet dieses Grundmodells dennoch stark eingeschränkt. So sind dann auch in der Literatur Modellformulierungen zu finden, in denen einzelne Prämissen dieses Grundmodells aufgehoben werden, um eine Verallgemeinerung zu erreichen. Mit zunehmender Verallgemeinerung des Entscheidungsmodells steigt jedoch der Komplexitätsgrad

---

1) Vgl. z.B. Blumenfeld/Burns/Daganzo (1991, S. 23 ff.); Chandra/Fisher (1994, S. 505 ff.); Chien (1993, S. 85 ff.); Hall (1996, S. 390 ff.).
2) Vgl. z.B. Burns u.a. (1985, S. 472 ff.); Dyckhoff (1999, S. 51 ff.); Moinzadeh/Klastorin/Berk (1997, S. 672 ff.); Viswanathan/Mathur (1997, S. 296 ff.); Zäpfel/Wasner (2000, S. 279 ff.).

teilweise soweit an, daß eine exakte Lösung nicht mehr mit vertretbarem Aufwand ermittelt werden kann und auf Heuristiken zurückgegriffen werden muß.

Eine einfache **Modellerweiterung** besteht in der Ausdehnung des Modellumfanges auf mehr als zwei Stufen, die sequentiell durchlaufen werden (vertikale Ausdehnung). Dies geht mit einer Erhöhung der Anzahl gleichartiger Terme in der Kostenfunktion einher. Mit einer horizontalen Ausdehnung des Modellumfanges, z.B. durch Berücksichtigung konvergierender bzw. divergierender Strukturen[1] oder allgemeiner Strukturen[2] des Materialflusses, wird die Modellformulierung grundsätzlich verändert, da zusätzlich die Aufteilung bzw. Zusammenführung von Güterströmen abzubilden ist.

Die Erweiterung des Einproduktmodells auf ein Mehrproduktmodell erfolgt mit Hilfe von Produktionskoeffizienten, die angeben, welche Menge eines Produktes für die Produktion eines anderen benötigt wird. Die Lagerabgangsmenge eines Produktes wird dann durch dessen nachgefragte Menge und die Nachfragemenge anderer Produkte, in die das betrachtete Produkt einfließt (positiver Produktionskoeffizient ungleich Null), bestimmt[3].

Im Grundmodell wird die begrenzte Produktionskapazität der einzelnen Stufen über die Produktionsgeschwindigkeit abgebildet. Diese einfache Vorgehensweise läßt sich jedoch nur dann anwenden, wenn es sich um ein Einproduktmodell handelt oder sich die Produktionsgeschwindigkeiten in einem Mehrproduktmodell nicht unterscheiden. Sind diese Bedingungen nicht gegeben, dann ist es erforderlich, die vorhandene Kapazität und deren Nutzung mit Hilfe zusätzlicher Nebenbedingungen zu erfassen. Diese stellen im Modell sicher, daß der Kapazitätsbedarf der zu produzierenden Mengen das Kapazitätsangebot nicht übersteigt[4].

Werden durch die Aufhebung von Prämissen weitere Kosten relevant, dann ist die Kostenfunktion um zusätzliche Elemente zu erweitern. So sind etwa bei Aufhebung der Prämisse, daß die gegebene Nachfrage vollständig zu erfüllen ist, Fehlmengen-

---

1) Vgl. z.B. Chandra/Fisher (1994, S. 505 ff.); Clark/Scarf (1960, S. 485 ff.); Iyogun/Atkins (1993, S. 205 ff.); Kalymon (1972, S. 862 ff.); Roundy (1985, S. 1418 ff.); Veinott (1969, S. 272 ff.); Williams (1983, S. 80 ff.); Zangwill (1966, S. 488 ff.).
2) Vgl. z.B. Heinrich/Schneeweiss (1986, S. 152 ff.); Maxwell/Muckstadt (1985, S. 1319 ff.).
3) Vgl. z.B. Maes/McClain/Wassenhove (1991, S. 132 ff.); Muckstadt/Roundy (1987, S. 1614 ff.); Tzafestas/Kapsiotis (1994, S. 207); Zangwill (1966, S. 488 ff.).
4) Vgl. z.B. Chandra/Fisher (1994, S. 505 ff.); Maes/McClain/Wassenhove (1991, S. 132 ff.).

kosten[1] oder bei Wegfall der Prämisse gegebener Kapazität der einzelnen Stufen kapazitätsbedingte Kosten[2] (z.B. Kapitaldienst, Betriebsbereitschaftskosten) zu berücksichtigen.

Existieren zwischen der Losgrößenentscheidung und Entscheidungen zur Beeinflussung der Nachfrage nach Endprodukten Interdependenzen, die nicht zu vernachlässigen sind, dann sind im Entscheidungsmodell nicht nur die Kosten-, sondern auch die Umsatzwirkungen der Entscheidung abzubilden, und anstelle der Kostenminimierung ist die **Gewinnmaximierung** als Zielfunktion zu wählen[3].

Um Schwankungen der Werte von Modellparametern im Zeitablauf (z.B. Nachfrageschwankungen) erfassen zu können, werden **mehrperiodische Modelle** mit periodenbezogenen Parameterwerten herangezogen[4]. Die Kostenstruktur des Grundmodells wird durch diese Erweiterung zwar nicht verändert, jedoch werden die Kostenbestimmungsfaktoren (z.B. Lagerbestand) weniger differenziert berücksichtigt (z.B. der Lagerbestand am Ende einer Periode anstelle des durchschnittlichen Lagerbestandes). Weiterhin werden durch die Abgrenzung von Perioden innerhalb des Planungszeitraumes zusätzliche Nebenbedingungen erforderlich, die die Kontinuität der Lagerbestände über den Planungszeitraum sicherstellen[5].

3.2.2.2.2 Festlegung der Lagerhaltungspolitik

Wird die Annahme einer deterministischen Nachfrage aufgehoben und von zufälligen Schwankungen der Nachfrage ausgegangen, dann bietet sich zur operativen Koordination der Materialflüsse in einer Supply Chain der Einsatz von **Lagerhaltungspolitiken** an. Eine Lagerhaltungspolitik ist durch eine Menge von Entscheidungsregeln gekennzeichnet, mit denen festlegt wird, wie auf bestimmte Lagerereignisse zu reagieren ist, um die Verfügbarkeit des zu lagernden Gutes sicherzustellen. Parameter der Entscheidungsregeln sind dabei das Ereignis, auf das zu reagieren ist, und die Handlung, mit der auf das Ereignis reagiert werden soll. In den klassischen Lagerhaltungspolitiken stellt das **Ereignis** entweder

---

1) Vgl. z.B. Bhattacharjee/Ramesh (2000, S. 587 ff.); Heskett/Ballou (1966, S. 126 ff.).
2) Vgl. z.B. Bogaschewsky/Müller/Rollberg (1997, S. 27 ff.).
3) Vgl. z.B. Bhattacharjee/Ramesh (2000, S. 587 ff.); Heskett/Ballou (1966, S. 125 ff.); Weng (1997, S. 682 ff.); Weng (1999, S. 7 ff.).
4) Vgl. z.B. Chandra/Fisher (1994, S. 505 ff.); Heinrich/Schneeweiss (1986, S. 152 ff.); Kalymon (1972, S. 862 ff.); Maes/McClain/Wassenhove (1991, S. 132 ff.); Rosling (1986, S. 121 ff.); Veinott (1969, S. 266 ff.).
5) Zu einem Überblick über dynamische mehrstufige Losgrößenmodelle vgl. Tempelmeier (1999b, S. 187 ff.).

- den Ablauf einer konstant vorgegebenen Dauer (Bestellintervall $r = d^{BE}$) oder
- das Unterschreiten eines definierten Bestandsniveaus (Bestellpunkt $s = x^{LA.BE}$)

dar, während die **Handlung** entweder in

- der Bestellung einer konstanten Menge (Bestellmenge $q = x^{BE}$) oder in
- der Bestellung der Menge, die sich aus der Differenz zwischen dem Lagerbestand und dem festgelegten Maximalbestand (Bestellniveau $S = x^{LA.NIV}$) ergibt,

besteht. Für einen stochastischen Nachfrageverlauf sind dann die Lagerhaltungspolitiken (s, q), (r, S) und (s, S) relevant.[1]

Eine **Gegenüberstellung** der mit diesen Lagerhaltungspolitiken in einer einstufigen Betrachtung minimal erreichbaren **Bestell- und Lagerkosten** zeigt, daß der (s, S)-Politik der Vorzug zu geben ist, während die (r, s)-Politik mit den höchsten Kosten einhergeht. Im Hinblick auf die **Lieferzeit** bietet die (s, q)-Politik Vorteile, die auf der kontinuierlichen Überwachung des Lagerbestandes und damit auf einem im Vergleich zur (r, s)- und (s, S)-Politik kürzeren Risikozeitraum[2] beruhen. Wird die Betrachtung auf **mehrstufige Systeme** erweitert, dann ergeben sich bei der (s, q)-Politik durch die konstante Bestellmenge **Koordinationsvorteile**, da bei den beiden anderen Politiken die Schwankungen der Bestellmenge eine systemweite Abstimmung erschweren.[3] Für das Supply Chain Management erlangt folglich die (s, q)-Politik eine besondere Bedeutung[4].

Wird eine extern vorgegebene Bestellmenge vorausgesetzt[5], dann ist im Rahmen der (s, q)-Politik der Bestellpunkt so festzulegen, daß einerseits ein möglichst geringer durchschnittlicher Lagerbestand vorliegt und anderseits nur geringe Fehlmengen auftreten. Da diese Forderungen mit gegenläufigen Kostenwirkungen einhergehen, ergibt sich ein Optimierungsproblem. Bevor ein für das Supply Chain Management relevanter Ansatz vorgestellt wird, soll die grundsätzliche Vorgehensweise zunächst auf der Grundlage eines einstufigen Modells aufgezeigt werden.

Bei der (s, q)-Politik wird die Bestellung einer konstanten Menge x^{BE} dann ausgelöst, wenn der Lagerbestand den Bestellpunkt $x^{LA.BE}$ erreicht. Sobald die Bestellung

---

1) Vgl. Günther/Tempelmeier (2000, S. 260 ff.); Silver/Pyke/Peterson (1998, S. 237 ff.).
2) Während der Risikozeitraum der (s, q)-Politik der Wiederbeschaffungsdauer entspricht, ist bei den Lagerhaltungspolitiken mit periodischer Bestandsüberwachung zusätzlich das Bestellintervall zu berücksichtigen.
3) Vgl. Tempelmeier (1999b, S. 385 und S. 406 ff.).
4) Vgl. Tempelmeier (2000, S. 379 f.).
5) Diese könnte z.B. im Rahmen der mehrstufigen Losgrößenplanung festgelegt worden sein (vgl. Abschnitt 3.2.2.2.1).

veranlaßt wurde, steigt der disponible Lagerbestand auf den Wert $x^{LA.BE} + x^{BE}$. Die Lieferung der bestellten Menge erfolgt nach Ablauf einer konstanten Wiederbeschaffungsdauer d^{WB}. Innerhalb dieses Zeitraumes sinken der physische und der disponible Lagerbestand entsprechend der Nachfrage, und es kann ein Fehlbestand x^{FE} auftreten, wenn aufgrund der Unsicherheit der Nachfrage die nachgefragte Menge den physischen Lagerbestand übersteigt. Die dem Fehlbestand entsprechende Nachfrage wird erst nach dem Eintreffen der Lieferung erfüllt. Die Wiederbeschaffungsdauer entspricht somit dem Risikozeitraum, innerhalb dessen die Unsicherheit der Nachfrage mit Hilfe des durch den Bestellpunkt vorgegebenen Puffers abzudecken ist. Abbildung 59 gibt den Lagerbestandsverlauf einer (s, q)-Politik wieder[1].

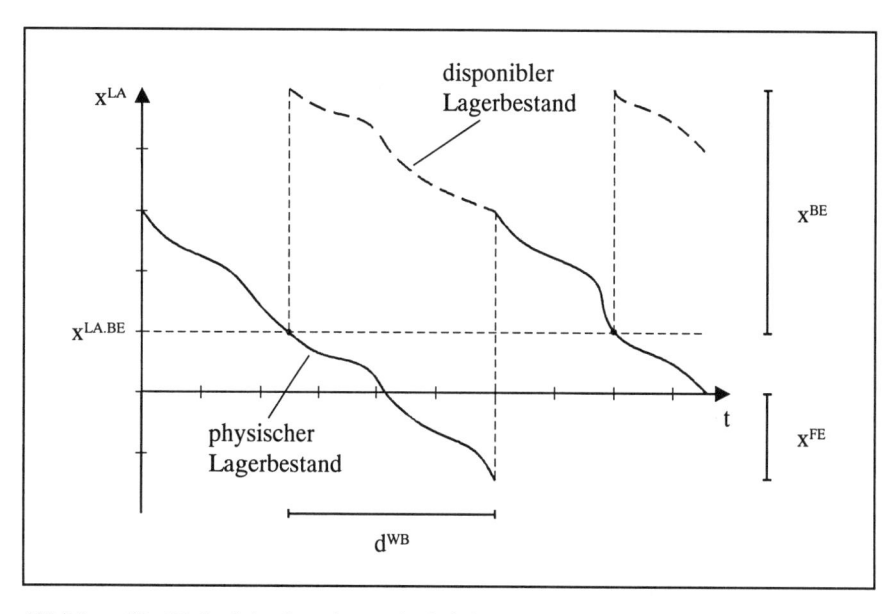

Abbildung 59: Verlauf des Lagerbestandes bei einer (s, q)-Lagerhaltungspolitik

Im einstufigen Modell sind somit die Lagerbestandskosten und die Fehlmengenkosten in Abhängigkeit vom Bestellpunkt abzubilden[2]. Hierzu sei unterstellt, daß sich die stochastische Nachfrage mit Hilfe einer statistischen Verteilung (Dichtefunktion $f(\chi)$) approximieren läßt:

---

1) Vgl. Tempelmeier (1999b, S. 377).
2) Vgl. im folgenden De Bodt/Graves (1985, S. 1288); Silver/Pyke/Peterson (1998, S. 249 ff.).

- Verhalten sich die **Lagerbestandskosten** proportional zum durchschnittlichen Lagerbestand, dann gilt:

$$K^{LA} = k^{LA} \cdot \hat{x}^{LA}$$

Der **durchschnittliche Lagerbestand** ergibt sich aus

$$\hat{x}^{LA} = \frac{x^{BE}}{2} + EW(x^{SI}),$$

wobei der Erwartungswert des Sicherheitsbestandes x^{SI} der erwarteten Differenz aus Bestellpunkt $x^{LA.BE}$ und erwarteter Nachfrage $EW(D\,|\,d^{WB})$ innerhalb der Wiederbeschaffungsdauer entspricht:

$$EW(x^{SI}) = \int_{0}^{\infty}(x^{LA.BE} - \chi) \cdot f(\chi\,|\,d^{WB}) \cdot d\chi$$

- Es sei angenommen, daß ein Fehlbestand mit **Fehlmengenkosten** einhergeht, die sich proportional zum durchschnittlichen Fehlbestand verhalten:

$$K^{FE} = k^{FE} \cdot \hat{x}^{FE}$$

Der **durchschnittliche Fehlbestand** entspricht dabei dem innerhalb der Wiederbeschaffungsdauer erwarteten Fehlbestand multipliziert mit der Anzahl der Bestellungen pro Periode:

$$\hat{x}^{FE} = \frac{D}{x^{BE}} \cdot EW(x^{FE})$$

mit der Approximation[1]:

$$EW(x^{FE}) = \int_{x^{LA.BE}}^{\infty}(\chi - x^{LA.BE}) \cdot f(\chi\,|\,d^{WB}) \cdot d\chi$$

Auf analytischem Wege ergibt sich die Gleichung für das Kostenminimum:

$$\int_{x^{LA.BE}}^{\infty} f(\chi\,|\,d^{WB}) \cdot d\chi = \frac{k^{LA}}{k^{FE}} \cdot \frac{x^{BE}}{D}$$

Wird davon ausgegangen, daß die Nachfragemenge in der Wiederbeschaffungszeit einer **Normalverteilung** mit dem Mittelwert $\mu(D\,|\,d^{WB})$ und der Standardabweichung $\sigma(D\,|\,d^{WB})$ folgt, dann läßt sich der Bestellpunkt wie folgt spezifizieren[1]:

---

[1] Da bei stark schwankender Nachfrage unmittelbar nach dem Eintreffen der Bestellung bereits ein Fehlbestand auftreten kann, ist zur exakten Bestimmung die Differenz aus dem Erwartungswert des Fehlbestandes unmittelbar vor und dem Erwartungswert des Fehlbestandes unmittelbar nach dem Eintreffen der Bestellung zu ermitteln. Vgl. Tempelmeier (1999b, S. 378 f.).

3.2 Operative Ebene

- Es wird die standardisierte Zufallsvariable ν eingeführt, die als **Sicherheitsfaktor** bezeichnet wird. Es gilt[2)]:

$$f(\nu) = \frac{k^{LA}}{k^{FE}} \cdot \frac{x^{BE}}{D} \cdot \sigma(D \mid d^{WB})$$

- Zur Ermittlung des optimalen Wertes ν* kann auf statistische Tabellen zur Standardnormalverteilung zurückgegriffen werden[3)]. Für den optimalen Bestellpunkt gilt dann:

$$x^{LA.BE}* = \mu(D \mid d^{WB}) + \nu^* \cdot \sigma(D \mid d^{WB})$$

Für das sich im Supply Chain Management ergebende mehrstufige Problem der Festlegung des Bestellpunktes im Rahmen der (s, q)-Lagerhaltungspolitik sei auf den Ansatz von De Bodt/Graves[4)] zurückgegriffen[5)]. In dem zugrundeliegenden N-stufigen seriellen Lagerhaltungssystem werden auf jeder Stufe die Prozesse Produktion und Lagerung ausgeführt. Zur Produktion auf einer Stufe n werden Komponenten benötigt, die von der Stufe n + 1 produziert und gelagert werden. Die Produktion auf einer Stufe n führt unmittelbar zu einer Entnahme der erforderlichen Komponenten aus dem Lagerbestand der Stufe n + 1, wobei die Produktion nur dann erfolgen kann, wenn ausreichend Lagerbestand verfügbar ist. Obwohl die Nachfrage nach Endprodukten ausschließlich auf die erste Stufe gerichtet ist und von dieser erfüllt wird, ist die Information über die nachgefragte Menge auch auf allen anderen Stufen verfügbar. Für die Anwendung des Ansatzes im Rahmen des Supply Chain Management ist somit eine entsprechende Kommunikationsinfrastruktur eine wesentliche Voraussetzung. Die Struktur des Systems ist in Abbildung 60 dargestellt.

Dem Ansatz liegen die folgenden **Prämissen** zugrunde:

- Die die Lagermenge übersteigende Nachfrage nach Endprodukten wird zurückgestellt, und es sind Fehlmengenkosten zu berücksichtigen.
- Es wird von einer deterministischen Produktionsdauer (= Wiederbeschaffungsdauer) d_n^{WB} ausgegangen.
- Der Produktionskoeffizient $h_{n,n-1}$ zwischen zwei aufeinanderfolgenden Stufen beträgt 1.
- Die Transportdauer zwischen zwei Stufen wird vernachlässigt.

---

1) Vgl. Günther/Tempelmeier (2000, S. 266 f.); Silver/Pyke/Peterson (1998, S. 260 f.).
2) Vgl. Silver/Pyke/Peterson (1998, S. 261).
3) Zur Berechnung des optimalen Wertes von ν* vgl. Silver/Pyke/Peterson (1998, S. 260 f.).
4) Vgl. De Bodt/Graves (1985, S. 1287 ff.).
5) Zu einem umfassenden Überblick über Ansätze zur Lagerhaltungspolitik in mehrstufigen Systemen vgl. Houtum/Inderfurth/Zijm (1996, S. 5 ff.).

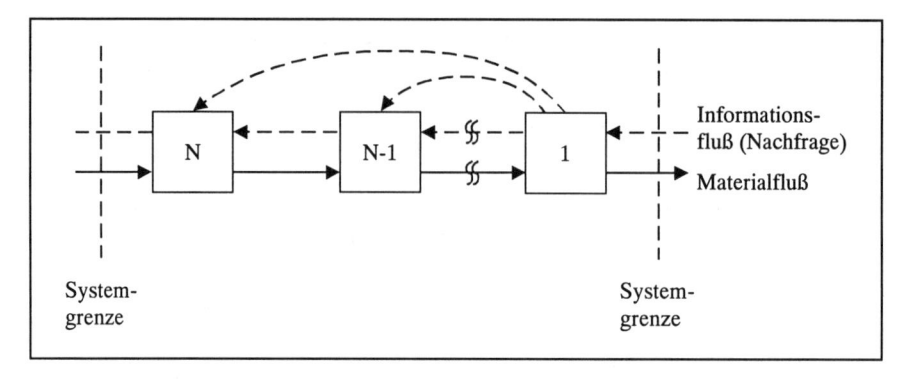

Abbildung 60: N-stufiges serielles Lagerhaltungssystem mit allgemein verfügbarer Nachfrageinformation

Zur Koordination der Abläufe auf der Grundlage einer (s, q)-Lagerhaltungspolitik wird innerhalb dieses Systems auf eine gestaffelte Auflagenpolitik (nested policy)[1] und auf das Konstrukt des gestaffelten Lagerbestandes (echelon)[2] zurückgegriffen:

- Eine **gestaffelte Auflagenpolitik** liegt dann vor, wenn im Zuge der Auflage eines Produktionsloses auf der Stufe n auch eine Auflage auf den Stufen $0 < n' < n$ erfolgt. Die Losgröße (= Bestellmenge) der Stufe n ist dabei ein ganzzahliges Vielfaches re_n der Stufe $n-1$:

$$x_n^{BE} = re_n \cdot x_{n-1}^{BE} \qquad \forall n > 1$$

mit:

$$re_n = \begin{cases} 1 & \text{, wenn } n = 1 \\ \iota \in N_{>0} & \text{, sonst} \end{cases} \qquad \forall n$$

- Der **gestaffelte Lagerbestand** an Komponenten einer Stufe n umfaßt den Bestand auf dieser Stufe und die in den Beständen der Stufen $0 < n' < n$ enthaltene Komponentenmenge:

$$x_n^{LA.e} = x_n^{LA} + \begin{cases} h_{n.n-1} \cdot x_{n-1}^{LA.e} & \text{, wenn } n > 1 \\ 0 & \text{, sonst} \end{cases} \qquad \forall n$$

Die Anwendung dieses Ansatzes im Rahmen des Supply Chain Management setzt somit die Verfügbarkeit von Informationen über die Bestände der Supply-Chain-Partner voraus.

Im Rahmen der (s, q)-Lagerhaltungspolitik veranlaßt die Stufe n immer dann die Auflage eines Produktionsloses, wenn der Bestand $x_n^{LA.e}$ den Bestellpunkt $x_n^{LA.BE}$

---

1) Vgl. De Bodt/Graves (1985, S. 1289).
2) Vgl. Clark/Scarf (1960, S. 478 f.).

erreicht (Zeitpunkt t). Die produzierte Menge steht ihr nach d_n^{WB} Zeiteinheiten zur Verfügung, d.h., der Bestand wird zum Zeitpunkt $t + d_n^{WB}$ um x_n^{BE} erhöht. Unmittelbar vor diesem Zeitpunkt wird die für die Produktion auf Stufe $n-1$ erforderliche Komponentenmenge $h_{n.n-1} \cdot x_{n-1}^{BE}$ von Stufe n zur Stufe $n-1$ transferiert, so daß die produzierte Menge x_{n-1}^{BE} erst zum Zeitpunkt $t + d_n^{WB} + d_{n-1}^{WB}$ verfügbar ist. Dieser Vorgang setzt sich dann auf allen nachgelagerten Stufen fort und wird als „**Joint Replenishment**" (JR) bezeichnet[1], dessen ökonomischer Hintergrund das Just-in-Time-Konzept bildet. Diesem Denken entsprechend, ist es für bestimmte Bedarfsverläufe zweckmäßig, das Auffüllen von Beständen so vorzunehmen, daß ein gerade noch rechtzeitiges Eintreffen der Komponenten für das Endprodukt gewährleistet ist[2].

Durch die Losgrößenrelation re_n ist es erforderlich, daß auf der Stufe $n-1$ neben der Auflage von Produktionslosen durch das JR noch $re_n - 1$ Auflagen immer dann erfolgen, wenn der Bestand $x_{n-1}^{LA.e}$ den Bestellpunkt $x_{n-1}^{LA.BE}$ erreicht. Diese Vorgänge werden als „**Normal Replenishments**" (NR) bezeichnet. Abbildung 61 gibt das Zusammenspiel von JR und NR für ein zweistufiges Modell wieder.

Analog zum einstufigen Modell gilt für den **durchschnittlichen gestaffelten Lagerbestand** in einem zweistufigen Modell auf der Stufe 2:

$$\hat{x}_2^{LA.e} = \frac{re_2 \cdot x_1^{BE}}{2} + EW(x_2^{SI}),$$

mit:

$$EW(x_2^{SI}) = \int_0^\infty (x_2^{LA.BE} - \chi) \cdot f(\chi \mid d_2^{WB}) \cdot d\chi$$

---

1) Diese Vorgehensweise ist nur dann zulässig, wenn gilt (vgl. De Bodt/Graves (1985, S. 1289):
$x_2^{LA.BE} - x_1^{LA.BE} - x_1^{BE} < \chi(t, t + d_2^{WB}) < x_2^{LA.BE} - x_1^{LA.BE} + x_1^{BE}$
Zur Aufhebung dieser Bedingung vgl. Chen/Zheng (1994, S. 1270 ff.).
2) Vgl. De Bodt/Graves (1985, S. 1289).

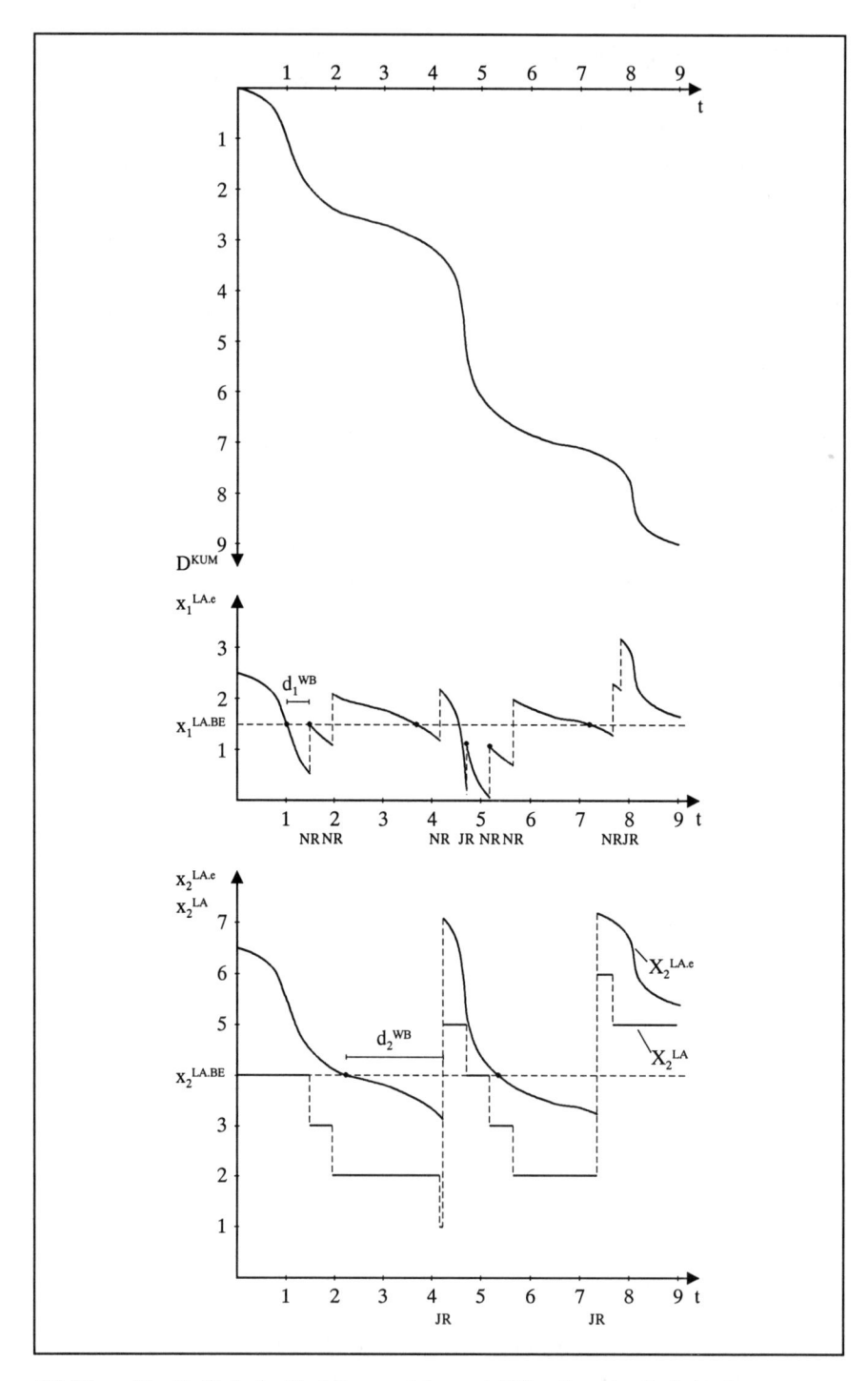

Abbildung 61: Verläufe der Nachfrage und der gestaffelten Lagerbestände in einem zweistufigen Modell

3.2 Operative Ebene

Auf der Stufe 1 ist zu berücksichtigen, daß im Betrachtungszeitraum eine der re_2 Auflagen nicht durch den Bestellpunkt dieser Stufe, sondern aufgrund des JR durch das Erreichen des Bestellpunktes auf der Stufe 2 bestimmt wird. Für Stufe 1 gilt deshalb:

$$\hat{x}_1^{LA.e} = \frac{re_1 \cdot x_1^{BE}}{2} + EW(x_1^{SI}),$$

mit:

$$EW(x_1^{SI}) = re_1 \left(\frac{1}{re_1} - \frac{1}{re_2}\right) \cdot \int_0^\infty (x_1^{LA.BE} - \chi) \cdot f(\chi \mid d_1^{WB}) \cdot d\chi$$

$$+ \frac{re_1}{re_2} \cdot \int_0^\infty (x_2^{LA.BE} - \chi) \cdot f(\chi \mid d_1^{WB} + d_2^{WB}) \cdot d\chi$$

Um diese Terme für die Stufe n eines N-stufigen Modells zu verallgemeinern, sind die JR der Stufen $(n+1)...N$ in die Betrachtung einzubeziehen. Es ergibt sich:

$$\hat{x}_n^{LA.e} = \frac{re_n \cdot x_1^{BE}}{2} + EW(x_n^{SI}),$$

mit:

$$EW(x_n^{SI}) = \sum_{n'=n}^{N-1} \left(re_n \cdot \left(\frac{1}{re_{n'}} - \frac{1}{re_{n'+1}}\right) \cdot \int_0^\infty (x_{n'}^{LA.BE} - \chi) \cdot f(\chi \mid \sum_{n''=n}^{n'} d_{n''}^{WB}) \cdot d\chi \right)$$

$$+ \frac{re_n}{re_N} \cdot \int_0^\infty (x_N^{LA.BE} - \chi) \cdot f(\chi \mid \sum_{n''=n}^{N} d_{n''}^{WB}) \cdot d\chi$$

Für den **durchschnittlichen Fehlbestand** an Endprodukten, der nur auf der ersten Stufe auftreten kann, ergibt sich aus einer analogen Vorgehensweise:

$$\hat{x}^{FE} = \frac{D}{x_1^{BE}} \cdot EW(x^{FE}),$$

mit:

$$EW(x^{FE}) = \sum_{n'=1}^{N-1} \left(\left(\frac{1}{re_{n'}} - \frac{1}{re_{n'+1}}\right) \cdot \int_{x_{n'}^{LA.BE}}^\infty (\chi - x_{n'}^{LA.BE}) \cdot f(\chi \mid \sum_{n''=1}^{n'} d_{n''}^{WB}) \cdot d\chi \right)$$

$$+ \frac{1}{re_N} \cdot \int_{x_N^{LA.BE}}^\infty (\chi - x_N^{LA.BE}) \cdot f(\chi \mid \sum_{n''=1}^{N} d_{n''}^{WB}) \cdot d\chi$$

Auf analytischem Wege ergeben sich dann die Gleichungen für das Kostenminimum:

$$\int_{x_n^{LA.BE}}^{\infty} f(\chi \mid \sum_{n'=1}^{n} d_{n'}^{WB}) \cdot d\chi = \frac{\sum_{n'=1}^{n} re_{n'} \cdot k_{n'}^{LA}}{k^{FE}} \cdot \frac{x^{BE}}{D} \qquad \forall n$$

Wird für die Nachfragemenge eine **Normalverteilung** zugrunde gelegt, dann gilt:

$$f(v_n) = \frac{\sum_{n'=1}^{n} re_{n'} \cdot k_{n'}^{LA}}{k^{FE}} \cdot \frac{x^{BE}}{D} \cdot \sigma(D \mid \sum_{n'=1}^{n} d_{n'}^{WB}) \qquad \forall n$$

und

$$x_n^{LA.BE} * = \mu(D \mid \sum_{n'=1}^{n} d_{n'}^{WB}) + v_n^* \cdot \sigma(D \mid \sum_{n'=1}^{n} d_{n'}^{WB}) \qquad \forall n$$

Für eine breitere Anwendbarkeit dieses Ansatzes im Supply Chain Management ist es erforderlich, **allgemeinere Materialflußstrukturen** als die serielle Struktur berücksichtigen zu können. Unter diesem Aspekt werden in der Literatur Ansätze zur analytischen Betrachtung konvergierender[1] und divergierender[2] Materialflüsse vorgestellt.

Untersuchungen über die Auswirkungen der Verwendung des gestaffelten Lagerbestandes anstelle des „reinen" Lagerbestandes bei seriellen Lagerhaltungssystemen basieren auf einer Verallgemeinerung der (s, q)- zu einer **(s, n·q)-Lagerhaltungspolitik**[3]. Der Vergleich bei jeweils optimaler Parameterwahl zeigt, daß sich die Ergebnisse bei einem gestaffelten Lagerbestand stärker an das Optimum annähern[4]. Dieses Resultat bekräftigt die Forderung nach einer offenen Kommunikation relevanter Daten im Rahmen des Supply Chain Management.

---

1) Vgl. z.B. Chen (2000, S. 383 ff.); Laan u.a. (1998, S. 813 ff.).
2) Vgl. z.B. Axsäter (1995, S. 808 ff.) und (2000, S. 687 ff.); Diks/Kok/Lagodimos (1996, S. 243 ff. und S. 253 ff.).
3) Vgl. Chen/Zheng (1994, S. 1262 ff.); Diks/Kok/Lagodimos (1996, S. 244). Im Rahmen dieser Politik wird bei Erreichen oder Unterschreiten des Bestellpunktes ein ganzzahliges Vielfaches der Basis-Bestellmenge geordert. Der Multiplikator stellt dabei einen zusätzlichen Entscheidungsparameter dar, der erst zum Zeitpunkt der Bestellung spezifiziert wird, und zwar so, daß durch die Bestellung der disponible Bestand den Bestellpunkt übersteigt.
4) Vgl. Cachon/Fisher (2000, S. 1043 ff.); Chen (1998, S. S230 ff.); Chen/Zheng (1994, S. 1270 ff.). Dieser Effekt wird auch bei anderen Lagerhaltungspolitiken festgestellt. Vgl. z.B. Gavirneni/Kapuscinki/Tayur (1999, S. 20 ff.); Hausmann/Erkip (1994, S. 600 ff.).

Anhang

Anhang 1

Ermittlung der Funktion der kumulierten Lagerzugangsmenge auf der ersten Stufe

Den Ausgangspunkt bildet die Gleichung:

$$x_1^{LA.ZU} = \frac{x_1^{PR.Los} \cdot d_1^{PR.Los}}{2} + x_1^{PR.Los} \cdot \left(d_1^{AF} - d_1^{PR.Los} - \left(d^{TR} - \frac{x^{TR.Los}}{v_1^{PR}} \right) \right)$$

Dabei lassen sich folgende Symbole durch folgende Terme substituieren:

$$d_1^{PR.Los} = \frac{x_1^{PR.Los}}{v_1^{PR}}$$

$$x^{TR.Los} = \frac{x_1^{PR.Los}}{re_1^{Los}}$$

$$y^{TR} = \frac{D}{x^{TR.Los}} = \frac{D \cdot re_1^{Los}}{x_1^{PR.Los}}$$

$$d^{TR} = \frac{T}{y^{TR}} = \frac{T \cdot x_1^{PR.Los}}{D \cdot re_1^{Los}}$$

$$d_1^{AF} = re_1^{Los} \cdot d^{TR} = \frac{T \cdot x_1^{PR.Los}}{D}$$

Durch Einsetzen und Ausmultiplizieren ergibt sich:

$$x_1^{LA.ZU} =$$
$$\frac{(x_1^{PR.Los})^2}{2 \cdot v_1^{PR}} + \frac{T \cdot (x_1^{PR.Los})^2}{D} - \frac{(x_1^{Pr.Los})^2}{v_1^{PR}} - \frac{T \cdot (x_1^{PR.Los})^2}{D \cdot re_1^{Los}} + \frac{(x_1^{PR.Los})^2}{re_1^{Los} \cdot v_1^{PR}}$$

Das Ausklammern von $(x_1^{PR.Los})^2$ und die Multiplikation aller Terme in der Klammer mit der Relation D/T führen zu:

$$x_1^{LA.ZU} = (x_1^{PR.Los})^2 \cdot \frac{T}{D} \cdot \left(\frac{D}{2 \cdot T \cdot v_1^{PR}} + 1 - \frac{D}{T \cdot v_1^{PR}} - \frac{1}{re_1^{Los}} + \frac{D}{re_1^{Los} \cdot T \cdot v_1^{PR}} \right)$$

Mit

$$\alpha_1 = \frac{D}{T \cdot v_1^{PR}}$$

werden konstante Werte zusammengefaßt, so daß gilt:

$$x_1^{LA.ZU} = (x_1^{PR.Los})^2 \cdot \frac{T}{D} \cdot \left(1 + \frac{1}{re_1^{Los}} \cdot (\alpha_1 - 1) - \frac{\alpha_1}{2} \right)$$

Anhang 2

Ermittlung der Funktion der kumulierten Lagerabgangsmenge auf der ersten Stufe

Den Ausgangspunkt bildet die Gleichung:

$$x_1^{LA.AB} = \sum_{\iota=1}^{re_1^{Los}-1} \iota \cdot x^{TR.Los} \cdot d^{TR}$$

Durch Ausführung der Summation und anschließendes Ausklammern ergibt sich:

$$x_1^{LA.AB} = x^{TR.Los} \cdot d^{TR} \cdot (1 + 2 + \ldots + (re_1^{Los} - 1))$$

Aus der Substitution der Terme

$$d^{TR} = \frac{T}{D} \cdot x^{TR.Los}$$

und

$$(1 + 2 + \ldots + (re_1^{Los} - 1)) = \frac{re_1^{Los} \cdot (re_1^{Los} - 1)}{2}$$

folgt:

$$x_1^{LA.AB} = (x^{TR.Los})^2 \cdot \frac{T}{D} \cdot \frac{re_1^{Los} \cdot (re_1^{Los} - 1)}{2}$$

Anhang 3

Ermittlung der Funktion des durchschnittlichen Lagerbestandes auf der ersten Stufe

Den Ausgangspunkt bildet die Gleichung:

$$\hat{x}_1^{LA} = \frac{(x^{TR.Los})^2 \cdot \frac{T}{D} \cdot \frac{re_1^{Los} \cdot (re_1^{Los} - 1)}{2}}{d_1^{AF}}$$

$$- \frac{(x_1^{PR.Los})^2 \cdot \frac{T}{D} \cdot \left(1 + \frac{1}{re_1^{Los}} \cdot (\alpha_1 - 1) - \frac{\alpha_1}{2}\right)}{d_1^{AF}}$$

Es bieten sich folgende Substitutionsmöglichkeiten an:

$$x_1^{PR.Los} = x^{TR.Los} \cdot re_1^{Los}$$

$$d_1^{AF} = x^{TR.Los} \cdot re_1^{Los} \cdot \frac{T}{D}$$

so daß gilt:

$$\hat{x}_1^{LA} = \frac{(x^{TR.Los})^2 \cdot \frac{T}{D} \cdot \frac{re_1^{Los} \cdot (re_1^{Los} - 1)}{2}}{x^{TR.Los} \cdot re_1^{Los} \cdot \frac{T}{D}}$$

$$- \frac{(x^{TR.Los})^2 \cdot (re_1^{Los}) \cdot \frac{T}{D} \cdot \left(1 + \frac{1}{re_1^{Los}} \cdot (\alpha_1 - 1) - \frac{\alpha_1}{2}\right)}{x^{TR.Los} \cdot re_1^{Los} \cdot \frac{T}{D}}$$

Durch Kürzen und Ausklammern ergibt sich:

$$\hat{x}_1^{LA} = x^{TR.Los} \cdot \left(\frac{re_1^{Los}}{2} - \frac{1}{2} - re_1^{Los} - \alpha_1 + 1 + re_1^{Los} \cdot \frac{\alpha_1}{2}\right)$$

$$= \frac{x^{TR.Los}}{2} \cdot (1 + re_1^{Los} \cdot (\alpha_1 - 1) - 2 \cdot \alpha_1)$$

Anhang 4

Ermittlung der kumulierten Lagerabgangsfunktion auf der zweiten Stufe

Den Ausgangspunkt bildet die Gleichung:

$$x_2^{LA.AB} = \frac{re_2^{Los} \cdot x_2^{PR.Los} \cdot re_2^{Los} \cdot d_2^{PR}}{2} + x_2^{PR.Los} \cdot re_2^{Los} \cdot (d^{TR} - re_2^{Los} \cdot d_2^{PR})$$

Es bietet sich an, folgende Substitutionen vorzunehmen:

$$d_2^{PR} = \frac{x_2^{PR.Los}}{v_2^{PR}}$$

$$d^{TR} = \frac{T}{D} \cdot x_2^{PR.Los} \cdot re_2^{Los}$$

Daraus ergibt sich:

$$x_2^{LA.AB} = \frac{(re_2^{Los} \cdot x_2^{PR.Los})^2}{2 \cdot v_2^{PR}}$$

$$+ x_2^{PR.Los} \cdot re_2^{Los} \cdot \left(\frac{T}{D} \cdot x_2^{PR.Los} \cdot re_2^{Los} - re_2^{Los} \cdot \frac{x_2^{PR.Los}}{v_2^{PR}} \right)$$

$$= (re_2^{Los} \cdot x_2^{PR.Los})^2 \cdot \frac{T}{D} \cdot \left(\frac{D}{2 \cdot T \cdot v_2^{PR}} + 1 - \frac{D}{T \cdot v_2^{PR}} \right)$$

Das Zusammenfassen konstanter Werte durch

$$\alpha_2 = \frac{D}{T \cdot v_2^{PR}}$$

führt zu:

$$x_2^{LA.AB} = (x_2^{PR.Los})^2 \cdot (re_2^{Los})^2 \cdot \frac{T}{D} \cdot \left(1 - \frac{\alpha_2}{2} \right)$$

Anhang 5

Ermittlung des durchschnittlichen Lagerbestandes auf der zweiten Stufe

Für die Gleichung:

$$\hat{x}_2^{LA} = \frac{(x^{TR.Los})^2 \cdot \frac{T}{D} - (x_2^{PR.Los})^2 \cdot (re_2^{Los})^2 \cdot \frac{T}{D} \cdot \left(1 - \frac{\alpha_2}{2}\right)}{d^{TR}}$$

Bieten sich folgende Substitutionsmöglichkeiten an:

$$x_2^{PR.Los} = \frac{x^{TR.Los}}{re_2^{Los}}$$

$$d^{TR} = \frac{T}{D} \cdot x^{TR.Los}$$

Hieraus ergibt sich:

$$\hat{x}_2^{LA} = x^{TR.Los} - x^{TR.Los} \cdot \left(1 - \frac{\alpha_2}{2}\right)$$

$$= \frac{x^{TR.Los} \cdot \alpha_2}{2}$$

Anhang 6

Ermittlung der Gesamtkostenfunktion

Für die Gesamtkostenfunktion

$$K = k_1^R \cdot y_1^{PR} + k_2^R \cdot y_2^{PR} + k^{TR.R} \cdot y^{TR} +$$

$$k^{LA} \cdot \frac{x^{TR.Los}}{2} \cdot (1 + re_1^{Los} \cdot (\alpha_1 - 1) - 2 \cdot \alpha_1) +$$

$$k^{LA} \cdot \frac{x^{TR.Los}}{2} \cdot \alpha_2$$

bieten sich die folgenden Substitutionen an:

$$y_1^{PR} = \frac{y^{TR}}{re_1^{Los}}$$

$$y_2^{PR} = y^{TR} \cdot re_2^{Los} \qquad \text{mit: } re_2^{Los}* = 1$$

$$x^{TR.Los} = \frac{D}{y^{TR}}$$

Hieraus ergibt sich:

$$K(y^{TR}, re_1^{Los}) = k_1^R \cdot \frac{y^{TR}}{re_1^{Los}} + k_2^R \cdot y^{TR} + k^{TR.R} \cdot y^{TR}$$

$$+ k^{LA} \cdot \frac{D}{2 \cdot y^{TR}} \cdot (1 + re_1^{Los} \cdot (\alpha_1 - 1) - 2 \cdot \alpha_1)$$

$$+ k^{LA} \cdot \frac{D}{2 \cdot y^{TR}} \cdot \alpha_2$$

Anhang 7

Ermittlung der optimalen Losgrößenrelation zwischen Produktionslosgröße auf der Stufe 1 und Transferlosgröße

Durch Gleichsetzung der Gleichungen

$$(y^{TR})^2 = \frac{k^{LA} \cdot \frac{D}{2} \cdot (1 + re_1^{Los} \cdot (\alpha_1 - 1) - 2 \cdot \alpha_1 + \alpha_2)}{\frac{k_1^R}{re_1^{Los}} + k_2^R + k^{TR.R}}$$

und

$$(y^{TR})^2 = \frac{k^{LA} \cdot \frac{D}{2} \cdot (\alpha_1 - 1) \cdot (re_1^{Los})^2}{k_1^R}$$

ergibt sich nach dem Kürzen von $k^{LA} \cdot \frac{D}{2}$ und Ausmultiplizieren:

$$k_1^R + k_1^R \cdot re_1^{Los} \cdot \alpha_1 - k_1^R \cdot re_1^{Los} - k_1^R \cdot 2 \cdot \alpha_1 + k_1^R \cdot \alpha_2 =$$

$$k_1^R \cdot re_1^{Los} \cdot \alpha_1 + k_2^R \cdot (re_1^{Los})^2 \cdot \alpha_1 + k^{TR.R} \cdot (re_1^{Los})^2 \cdot \alpha_1$$

$$- k_1^R \cdot re_1^{Los} - k_2^R \cdot (re_1^{Los})^2 - k^{TR.R} \cdot (re_1^{Los})^2$$

Die Subtraktion der Terme $k_1^R \cdot re_1^{Los} \cdot \alpha_1$ und $-k_1^R \cdot re_1^{Los}$ sowie das Ausklammern und Umstellen nach $(re_1^{Los})^2$ führt zu:

$$(re_1^{Los})^2 = \frac{k_1^R - k_1^R \cdot 2 \cdot \alpha_1 + k_1^R \cdot \alpha_2}{k_2^R \cdot \alpha_1 + k^{TR} \cdot \alpha_1 - k_2^R - k^{TR.R}}$$

Daraus ergibt sich:

$$re_1^{Los} * = \sqrt{\frac{k_1^R}{k_2^R + k^{TR.R}} \cdot \frac{1 - 2 \cdot \alpha_1 + \alpha_2}{\alpha_1 - 1}}$$

Anhang 8

Ermittlung der optimalen Transferhäufigkeit zwischen Stufe 1 und Stufe 2

Durch Einsetzen der optimalen Losgrößenrelation

$$re_1^{Los} * = \sqrt{\frac{k_1^R}{k_2^R + k^{TR.R}} \cdot \frac{1 - 2 \cdot \alpha_1 + \alpha_2}{\alpha_1 - 1}}$$

in die Gleichung

$$(y^{TR})^2 = \frac{k^{LA} \cdot \dfrac{D}{2} \cdot (\alpha_1 - 1) \cdot (re_1^{Los})^2}{k_1^R}$$

ergibt sich:

$$(y^{TR})^2 = \frac{k^{LA} \cdot \dfrac{D}{2} \cdot (\alpha_1 - 1) \cdot k_1^R \cdot (1 - 2 \cdot \alpha_1 + \alpha_2)}{k_1^R \cdot (k_2^R + k^{TR.R}) \cdot (\alpha - 1)}$$

$$y^{TR} * = \sqrt{\frac{k^{LA}}{k_2^R + k^{TR.R}} \cdot \frac{D}{2} \cdot (1 - 2 \cdot \alpha_1 + \alpha_2)}$$

Literaturverzeichnis

Adam, D.: Produktionsplanung bei Sortenfertigung. Ein Beitrag zur Theorie der Mehrproduktunternehmung, Diss. Hamburg 1965

Adam, D.: Koordinationsprobleme bei dezentralen Entscheidungen, in: Zeitschrift für Betriebswirtschaft, 39. Jg. (1969), S. 615-632

Adam, D.: Planung und Entscheidung. Modelle - Ziele - Methoden, 4. Aufl., Wiesbaden 1996

Adam, D.: Produktions-Management, 9. Aufl., Wiesbaden 1999

Aikens, C.H.: Facility location models for distribution planning, in: European Journal of Operational Research, Vol. 22 (1985), S. 263-279

Akkermans, H.A. u.a.: The Impact of ERP on Supply Chain Management: Exploratory Findings from a European Delphi Study, Nr. 99/72/TM der Working Paper des Institut Européen d'Administration des Affaires, Fontainebleau 1999

Alard, R.; Hartel, I.; Hieber, R.: Innovationstreiber im Supply Chain Management: Informations- und Netzwerktechnologie eröffnen neue Chancen für die europäische Industrielandschaft, in: io Management, 68. Jg. (1999), H. 5, S. 64-67

Alard, R.; Hieber, R.: Lösungen für unternehmensübergreifende Kooperationen - Supply Chain Management und Business-to-Business Commerce, in: PPS-Management, 5. Jg. (2000), H. 2, S. 9-14

Albach, H.: Die Koordination der Planung in Großunternehmen, in: Zeitschrift für Betriebswirtschaft, 36. Jg. (1966), S. 790-804

Albach, H.: Strategische Allianzen, strategische Gruppen und strategische Familien, in: Zeitschrift für Betriebswirtschaft, 62. Jg. (1992), S. 663-670

Alderson, W.: Marketing Behavior and Executive Action. A Functionalist Approach to Marketing Theory, Homewood (Ill.) 1957

Anderson, J.C.; Narus, J.A.: A Model of Distributor Firm and Manufacturer Firm Working Partnerships, in: Journal of Marketing, Vol. 54 (1990), S. 42-58

Ansoff, H.I.: Management-Strategie, München 1966

Anupindi, R.; Bassok, Y.: Centralization of Stocks: Retailers vs. Manufacturer, in: Management Science, Vol. 45 (1999), S. 178-191

Arnold, O. u.a.: Virtuelle Unternehmen als Unternehmenstyp der Zukunft?, in: HMD - Theorie und Praxis der Wirtschaftsinformatik, 32. Jg. (1995), H. 185, S. 8-23

Arnold, U.: Global Sourcing. Strategiedimensionen und Strukturanalyse, in: Handbuch Industrielles Beschaffungsmanagement, hrsg. v. D. Hahn und L. Kaufmann, Wiesbaden 1999, S. 211-229

Arnold, U.; Eßig, M.: Von der Beschaffungslogistik zur marktorientierten Netzwerklogistik: Theoretische Fundierung des logistischen Entwicklungspfades bei Industrieunternehmen, in: Logistikforschung. Entwicklungszüge und Gestaltungsansätze, hrsg. v. H.-C. Pfohl, Berlin 1999, S. 87-106

Arntzen, B.C. u.a.: Global Supply Chain Management at Digital Equipment Corporation, in: Interfaces, Vol. 25 (1995), H. 1, S. 69-93

Arrow, K.J.: Social Choice and Individual Values, 5. Nachdruck der 2. Aufl., New Haven/London 1972

A.T. Kearney; ELA European Logistics Association (Hrsg.): Insight to Impact. Results of the Fourth Quinquennial European Logistics Study, Brussels 1999

Aulinger, A.: Wissenskooperation - Eine Frage des Vertrauens, in: Kooperation im Wettbewerb. Neue Formen und Gestaltungskonzepte im Zeichen von Globalisierung und Informationstechnologie, hrsg. v. J. Engelhard und E.J. Sinz, Wiesbaden 1999, S. 90-111

Austin, T.A.; Lee, H.L.; Kopczak, L.: Customer-Driven Demand Networks: Unlocking Hidden Value in the Personal Computer Supply Chain, project report, done with Andersen Consulting, San Francisco 1998

Aviv, Y.; Federgruen, A.: The Benefits of Design for Postponement, in: Quantitative Models for Supply Chain Management, hrsg. v. S. Tayur, R. Ganeshan und M. Magazine, Boston (Mass.)/Dordrecht/London 1998, S. 553-584

Axelsson, B.: Network research - future issues, in: Industrial networks. A new view of reality, hrsg. v. B. Axelsson und G. Easton, London/New York 1992, S. 237-251

Axsäter, S.: Aggregation of Product Data for Hierarchical Production Planning, in: Operations Research, Vol. 29 (1981), S. 744-756

Axsäter, S.: Approximate Evaluation of Batch-Ordering Policies for a One-Warehouse, N Non-Identical Retailer System Under Compound Poisson Demand, in: Naval Research Logistics, Vol. 42 (1995), S. 807-819

Axsäter, S.: Exact Analysis of Continuous Review (R, Q) Policies in Two-Echelon Inventory Systems with Compound Poisson Demand, in: Operations Research, Vol. 48 (2000), S. 686-696

Bachmann, R.: Die Koordination und Steuerung interorganisationaler Netzwerkbeziehungen über Vertrauen und Macht, in: Steuerung von Netzwerken. Konzepte und Praktiken, hrsg. v. J. Sydow und A. Windeler, Opladen/Wiesbaden 2000, S. 107-125

Bachmann, R.; Lane, C.: Vertrauen und Macht in zwischenbetrieblichen Kooperationen - zur Rolle von Wirtschaftsrecht und Wirtschaftsverbänden in Deutschland und Großbritannien, in: Managementforschung 7. Gestaltung von Organisationsgrenzen, hrsg. v. G. Schreyögg und J. Sydow, Berlin/New York 1997, S. 79-110

Backhaus, K.; Meyer, M.: Strategische Allianzen und strategische Netzwerke, in: Wirtschaftswissenschaftliches Studium, 22. Jg. (1993), S. 330-334

Back-Hock, A.: Lebenszyklusorientiertes Produktcontrolling. Ansätze zur computergestützten Realisierung mit einer Rechnungswesen-Daten- und -Methodenbank, Berlin u.a. 1988

Baecker, D.: Die Form des Unternehmens, Frankfurt a.M. 1993

Bäuerle, P.: Zur Problematik der Konstruktion praktikabler Entscheidungsmodelle, in: Zeitschrift für Betriebswirtschaft, 59. Jg. (1989), S. 175-192

Baker, K.R.; Magazine, M.J.; Nuttle, H.L.W.: The Effect of Commonality on Safety Stock in a Simple Inventory Model, in: Management Science, Vol. 32 (1986), S. 982-988

Ballou, R.H.; Gilbert, S.M.; Mukherjee, A.: New Managerial Challenges from Supply Chain Opportunities, in: Industrial Marketing Management, Vol. 29 (2000), S. 7-18

Banerjee, A.: A Joint Economic-Lot-Size Model for Purchaser and Vendor, in: Decision Sciences, Vol. 17 (1986), S. 292-311

Barnard, C.I.: The Functions of the Executive, Cambridge (Mass.) 1938

Bauer, H.H.: Marktliche Einzeltransaktion und Geschäftsbeziehung sowie Sach- und Dienstleistung als jeweils eigenständige Erkenntnisobjekte?, in: Marketing - Zeitschrift für Forschung und Praxis, 17. Jg. (1995), S. 44-47

Bauer, S.; Stickel, E.: Auswirkungen der Informationstechnologie auf die Entstehung kooperativer Netzwerkorganisationen, in: Wirtschaftsinformatik, 40. Jg. (1998), S. 434-442

Baumgarten, H.; Wolff, S.: The Next Wave of Logistics: Global Supply Chain e-fficiency, Berlin/Boston (Mass.) 1999

Baumol, W.J.; Fabian, T.: Decomposition, Pricing For Decentralization and External Economies, in: Management Science, Vol. 11 (1964), S. 1-32

Beamon, B.M.: Supply chain design and analysis: Models and methods, in: International Journal of Production Economics, Vol. 55 (1998), S. 281-294

Bechtel, C.; Jayaram, J.: Supply Chain Management: A Strategic Perspective, in: International Journal of Logistics Management, Vol. 8 (1997), S. 15-34

Beck, T.C.: Coopetition bei der Netzwerkorganisation, in: Zeitschrift Führung + Organisation, 67. Jg. (1998), S. 271-276

Becker, J.; Schütte, R.: Handelsinformationssysteme, Landsberg a.L. 1996

Beckmann, H.: Supply Chain Management - Strategien der Kooperation: Integrale Logistik als Wachstumskonzept, in: Logistik Jahrbuch, 12. Jg. (1998), S. 23-29

Beckmann, H.: Supply Chain Management Systeme - Aufbau und Funktionalität, in: Jahrbuch der Logistik, 13. Jg. (1999), S. 166-171

Beckmann, M.; Kräkel, M.; Schauenberg, B.: Der deutsche Auktionsmarkt: Ergebnisse einer empirischen Studie, in: Zeitschrift für Betriebswirtschaft, 67. Jg. (1997), S. 41-65

Behrens, K.C.: Allgemeine Standortbestimmungslehre, 2. Aufl., Opladen 1971

Behrens, R.: Leitgedanke von ECR und seine Bedeutung für die Wertschöpfungskette in der Old und New Economy, in: Unternehmungsnetzwerke - Formen unternehmungsübergreifender Zusammenarbeit, hrsg. v. H. Corsten, München/Wien 2001, S. 237-252

Behrens, S.: Produktionstheoretische Perspektiven der Virtuellen Unternehmung, in: Virtuelle Unternehmen, hrsg. v. H. Albach, D. Specht und H. Wildemann, ZfB-Ergänzungsheft 2, Wiesbaden 2000, S. 157-176

Bellmann, K.: Produktionsnetzwerke - ein theoretischer Bezugsrahmen, in: Produktions- und Zuliefernetzwerke, hrsg. v. H. Wildemann, München 1996, S. 47-63

Bellmann, K.: Konfiguration von Produktionsnetzwerken, in: Systemdenken und Globalisierung. Folgerungen für die lernende Organisation im internationalen Umfeld, hrsg. v. R. Pfeiffer, Berlin 1997, S. 79-100

Bellmann, K.: Produktion im Netzwerkverbund. Strategischer Faktor im globalen Wettbewerb, in: Produktionswirtschaft 2000. Perspektiven für die Fabrik der Zukunft, hrsg. v. K. Nagel, R.F. Erben und F.T. Piller, Wiesbaden 1999, S. 195-215

Bellmann, K.; Hippe, A.: Kernthesen zur Konfiguration von Produktionsnetzwerken, in: Management von Unternehmensnetzwerken. Interorganisationale Konzepte und praktische Umsetzung, hrsg. v. K. Bellmann und A. Hippe, Wiesbaden 1996, S. 55-85

Bellmann, K.; Mildenberger, U.: Komplexität und Netzwerke, in: Management von Unternehmensnetzwerken. Interorganisationale Konzepte und praktische Umsetzung, hrsg. v. K. Bellmann und A. Hippe, Wiesbaden 1996, S. 121-156

Benjamin, R.; Wigand, R.: Electronic Markets and Virtual Value Chains on the Information Superhighway, in: Sloan Management Review, Vol. 36 (1995), Winter, S. 62-71

Benkenstein, M.: F&E und Marketing. Eine Untersuchung zur Leistungsfähigkeit von Koordinationskonzeptionen bei Innovationsentscheidungen, Wiesbaden 1987

Benkenstein, M.: Strategisches Marketing. Ein wettbewerbsorientierter Ansatz, Stuttgart/Berlin/Köln 1997

Benz, R. u.a.: Entwurf von Prozeßnetzwerken am Beispiel von zwei Business Networking-Projekten der Swatch Group, in: Electronic Business Engineering. 4. Internationale Tagung Wirtschaftsinformatik 1999, hrsg. v. A.-W. Scheer und M. Nüttgens, Heidelberg 1999, S. 309-329

Berentzen, C.: Bündelung der Kräfte. Der Supply Chain Management-Ansatz in der Berentzen-Gruppe AG, in: Supply Chain Management: Logistik plus? Logistikkette - Marketingkette - Finanzkette, hrsg. v. H.-C. Pfohl, Berlin 2000, S. 71-105

Berger, I.: Optimizing the Supply Chain with APS, in: APICS - The Performance Advantage, Vol. 9 (1999), H. 12, S. 24-27

Berkley, J.; Nohria, N.: Bureaucracy, Technology, and the Virtual Organization, Working Paper 92-033, Harvard Business School, Cambridge (Mass.) 1991

Berry, D.; Naim, M.M.: Quantifying the relative improvements of redesign strategies in a P.C. supply chain, in: International Journal of Production Economics, Vol. 46/47 (1996), S. 181-196

Bhatnagar, R.; Chandra, P.; Goyal, S.K.: Models for multi-plant coordination, in: European Journal of Operational Research, Vol. 67 (1993), S. 141-160

Bhattacharjee, S.; Ramesh, R.: A multi-period profit maximizing model for retail supply chain management: An integration of demand and supply-side mechanisms, in: European Journal of Operational Research, Vol. 122 (2000), S. 584-601

Bieber, D.: Systemische Rationalisierung und Produktionsnetzwerke, in: ArBYTE. Modernisierung der Industriesoziologie?, hrsg. v. T. Malsch und U. Mill, Berlin 1992, S. 271-293

Bitz, M.: Die Strukturierung ökonomischer Entscheidungsmodelle, Wiesbaden 1977

Blecker, T.: Unternehmung ohne Grenzen. Konzepte, Strategien und Gestaltungsempfehlungen für das Strategische Management, Wiesbaden 1999

Bleicher, K.: Koordinationsorgane in der Unternehmungsorganisation, in: Zeitschrift für Organisation, 37. Jg. (1968), S. 281-288

Bleicher, K.: Zum Management zwischenbetrieblicher Kooperation: Vom Joint Venture zur strategischen Allianz, in: Führungsorganisation und Technologiemanagement, hrsg. v. R. Bühner, Berlin 1989a, S. 77-89

Bleicher, K.: Chancen für Europas Zukunft: Führung als internationaler Wettbewerbsfaktor, Wiesbaden 1989b

Bleicher, K.: Der Weg zum virtuellen Unternehmen, in: Office Management, 44. Jg. (1996), H. 1/2, S. 10-15

Bloech, J.: Standort, betrieblicher, in: Handwörterbuch der Produktionswirtschaft, hrsg. v. W. Kern, 1. Aufl., Stuttgart 1979, Sp. 1875-1885

Bloech, J.: Totales Logistik Management, in: Branchenübergreifende Erfolgsfaktoren. Controlling, Organisation, Logistik, Wachstum, hrsg. v. B. Sierke und F. Albe, Wiesbaden 1995, S. 37-49

Blömer, F.; Günther, H.-O.: OR-Ansätze für die Produktionsplanung in der Prozeßindustrie, in: Industrie Management, 13. Jg. (1997), H. 4, S. 51-55

Blumenfeld, D.E.; Burns, L.D.; Daganzo, C.F.: Synchronizing Production and Transportation Schedules, in: Transportation Research - B, Vol. 25 (1991), S. 23-37

Bössmann, E.: Unternehmungen, Märkte, Transaktionskosten: Die Koordination ökonomischer Aktivitäten, in: Wirtschaftswissenschaftliches Studium, 12. Jg. (1983), S. 105-111

Boettcher, E.: Kooperation und Demokratie in der Wirtschaft, Tübingen 1974

Bogaschewsky, R.: Supply Chain Management, in: Produktionsmanagement in kleinen und mittleren Unternehmen, hrsg. v. H. Schneider, Stuttgart 2000, S. 287-310

Bogaschewsky, R.; Müller, H.; Rollberg, R.: Kostenorientierte Optimierung logistischer Kunden-Lieferantenbeziehungen, Nr. 8/97 der Dresdner Beiträge zur Betriebswirtschaftslehre. Fakultät Wirtschaftswissenschaften an der TU Dresden, Dresden 1997

Boos, F.; Exner, A.; Heitger, B.: Soziale Netzwerke sind anders, in: Organisationsentwicklung, 11. Jg. (1992), H. 1, S. 54-61

Bothe, M.: Supply Chain Management - Ein innovatives Logistikkonzept für die ganzheitliche Planung der Supply Chain, in: Information Management & Consulting, 13. Jg. (1998), H. 3, S. 33-35

Bothe, M.: Supply Chain Management mit SAP APO - Erste Projekterfahrungen, in: HMD Praxis der Wirtschaftsinformatik, 36. Jg. (1999), H. 207, S. 70-77

Bothe, M.: Die Gunst des „Spätentwickelnden": Praxiserfahrungen bei der Integration des SCM-Moduls „APO" von SAP, in: Industrielle Informationstechnik, 37. Jg. (2000), H. 9, S. 18-21

Boutellier, R.; Kobler, R.A.: Ganzheitliches Management der Wertschöpfungskette durch Total Supply Chain Management. Etablieren einer differenzierten Logistik-Kompetenz, in: Logistik im Unternehmen, 10. Jg. (1996), H. 9, S. 6-11

Bowersox, D.J.: Integrated Supply Chain Management: A Strategic Imperative, in: Annual conference proceedings, Council of Logistics Management fall meeting, Chicago (Ill.), 05.-08.10.1997, hrsg. v. Council of Logistics Management, Chicago (Ill.) 1997, S. 181-189

Bowersox, D.J.; Closs, D.J.: Logistical Management. The Integrated Supply Chain Process, New York u.a. 1996

Bowersox, D.J.; Closs, D.J.; Stank, T.P.: 21st Century Logistics: Making Supply Chain Integration a Reality, Oak Brook (Ill.) 1999

Boynton, A.C.; Victor, B.: Beyond Flexibility: Building and Managing the Dynamically Stable Organization, in: California Management Review, Vol. 34 (1991), H. 1, S. 53-66

Bremicker, H.; Lührs, T.; Wilke, J.: Supply Chain Management (SCM) - Vision und Wirklichkeit, hrsg. v. Diebold Internationale Management- und Technologieberatung, Wien u.a. o.J.

Brenner, W.; Zarnekow, R.: Trends in der internetbasierten Beschaffung, in: Beschaffung aktuell, o.Jg. (2000), H. 2, S. 57-59

Bresser, R.: Kollektive Unternehmensstrategien, in: Zeitschrift für Betriebswirtschaft, 59. Jg. (1989), S. 545-564

Bretzke, W.-R.: Der Problembezug von Entscheidungsmodellen, Tübingen 1980

Bretzke, W.-R.: Praktische Herausforderungen an das Logistikmanagement, in: Handbuch Unternehmungsführung, hrsg. v. H. Corsten und M. Reiß, Wiesbaden 1995, S. 519-527

Bretzke, W.-R.: Logistik, zwischenbetriebliche, in: Handwörterbuch der Produktionswirtschaft, hrsg. v. W. Kern, H.-H. Schröder und W. Weber, 2. Aufl., Stuttgart 1996, Sp. 1109-1118

Bretzke, W.[-R.]: Netzwerkstrategie, in: Vahlens großes Logistiklexikon, hrsg. v. J. Bloech und G.B. Ihde, München 1997, S. 742-744

Brill, A.: Virtualisierung der Wirtschaft - Grundzüge theoretischer Analyse, in: Virtuelle Wirtschaft. Virtuelle Unternehmen, Virtuelle Produkte, Virtuelles Geld und Virtuelle Kommunikation, hrsg. v. A. Brill und M. de Vries, Wiesbaden 1998, S. 27-52

Brockhoff, K.: Prognoseverfahren für die Unternehmensplanung, Wiesbaden 1977

Brosziewski, A.: Virtualität als Modus unternehmerischer Selbstbewertung, in: Virtuelle Wirtschaft. Virtuelle Unternehmen, Virtuelle Produkte, Virtuelles Geld und Virtuelle Kommunikation, hrsg. v. A. Brill und M. de Vries, Wiesbaden 1998, S. 87-100

Brown, A.O.; Lee, H.L.; Petrakian, R.: Xilinx Improves Its Semiconductor Supply Chain Using Product and Process Postponement, in: Interfaces, Vol. 30 (2000), H. 4, S. 65-80

Brown, G.G.; Graves, G.W.; Honczarenko, M.D.: Design and Operation of a Multicommodity Production/Distribution System Using Primal Goal Decomposition, in: Management Science, Vol. 33 (1987), S. 1469-1480

Buchholz, W.: Inhaltliche und formale Gestaltungsaspekte der Prozeßorganisation, Arbeitspapier der Professur für Betriebswirtschaftslehre II: Organisation. Unternehmungsführung. Personalwirtschaft, Justus-Liebig-Universität Gießen, hrsg. v. W. Krüger, Gießen 1994

Bucklin, L.P.: Postponement, Speculation and the Structure of Distribution Channels, in: Journal of Marketing Research, Vol. 2 (1965), H. 2, S. 26-31

Büschken, J.: Virtuelle Unternehmen - die Zukunft?, in: Die Betriebswirtschaft, 59. Jg. (1999), S. 778-791

Burns, L. u.a.: Distribution Strategies that Minimize Transportation and Inventory Costs, in: Operations Research, Vol. 33 (1985), S. 469-490

Burns, T.; Stalker, G.M.: The Management of Innovation, London 1971

Burr, W.: Koordination durch Regeln in selbstorganisierenden Unternehmensnetzwerken, in: Zeitschrift für Betriebswirtschaft, 69. Jg. (1999), S. 1159-1179

Buscher, U.: Supply Chain Management, in: Zeitschrift für Planung, 10. Jg. (1999), S. 449-456

Buse, H.P.: Kooperationen, in: Betriebswirtschaftslehre der Mittel- und Kleinbetriebe. Größenspezifische Probleme und Möglichkeiten zu ihrer Lösung, hrsg. v. H.-C. Pfohl, 3. Aufl., Berlin 1997a, S. 441-477

Buse, H.P.: Wandelbarkeit von Produktionsnetzen. Auswirkungen auf die Gestaltung des interorganisatorischen Logistiksystems, in: Vision Logistik - Logistik wandelbarer Produktionsnetze, hrsg. v. W. Dangelmaier, Paderborn 1997b, S. 69-137

Buse, H.P. u.a.: Organisation der Logistik, in: Vision Logistik - Logistik wandelbarer Produktionsnetze zur Auflösung ökonomisch-ökologischer Zielkonflikte, Wissenschaftlicher Bericht FZKA-PFT 181 des Forschungszentrums Karlsruhe, Technik und Umwelt, Karlsruhe 1996, S. 13-35

Busse von Colbe, W.: Budgetierung und Planung, in: Handwörterbuch der Planung, hrsg. v. N. Szyperski, Stuttgart 1989, Sp. 176-182

Cachon, G.P.; Fisher, M.: Supply Chain Inventory Management and the Value of Shared Information, in: Management Science, Vol. 46 (2000), S. 1032-1048

Caridi, M.; Sianesi, A.: Trends in planning and control systems: APS-ERP integration, in: Global Production Management, IFIP WG5.7 International Conference on Advances in Production Management Systems, Berlin, 06.-10.09.1999, hrsg. v. K. Mertins, O. Krause und B. Schallock, Boston (Mass.)/Dordrecht/London 1999, S. 105-111

Cavinato, J.L.: Identifying Interfirm Total Cost Advantages, in: International Journal of Purchasing and Materials Management, Vol. 27 (1991), S. 10-15

Chandra, P.; Fisher, M.L.: Coordination of production and distribution planning, in: European Journal of Operational Research, Vol. 72 (1994), S. 503-517

Charnes, A.; Cooper, W.W.: Chance-Constrained Programming, in: Management Science, Vol. 6 (1960), S. 73-79

Chen, F.: Echelon Reorder Points, Installation Reorder Points, and the Value of Centralized Demand Information, in: Management Science, Vol. 44 (1998), S. S221-S234

Chen, F.: Optimal Policies for Multi-Echelon Inventory Problems with Batch Ordering, in: Operations Research, Vol. 48 (2000), S. 376-389

Chen, F.; Zheng, Y.-S.: Evaluating Echelon Stock (R, nQ) Policies in Serial Production/Inventory Systems with Stochastic Demand, in: Management Science, Vol. 40 (1994), S. 1262-1275

Chien, W.T.: Determining profit-maximizing production/shipping policies in a one-to-one direct shipping, stochastic demand environment, in: European Journal of Operational Research, Vol. 64 (1993), S. 83-102

Chmielewicz, K.: Forschungskonzeptionen der Wirtschaftswissenschaft, 2. Aufl., Stuttgart 1979

Christopher, M.: Logistics and Supply Chain Management. Strategies for Reducing Costs and Improving Services, London 1992

Christopher, M.: The Agile Supply Chain. Competing in Volatile Markets, in: Industrial Marketing Management, Vol. 29 (2000), S. 37-44

Clark, A.J.; Scarf, H.: Optimal Policies for a Multi-Echelon Inventory Problem, in: Management Science, Vol. 6 (1960), S. 475-490

Clements, P.E.; Papaioannou, T.; Edwards, J.M.: AGLETS: enabling the virtual enterprise, in: Proceedings of the first International Conference on Managing Enterprises - Stakeholders, Engineering, Logistics, and Achievement (ME-SELA'97), Loughborough University, 22.-24.07.1997, hrsg. v. D.T. Wright, London u.a. 1997, S. 425-431

Cohen, M.A.; Fisher, M.; Jaikumar, R.: International Manufacturing and Distribution Networks: A Normative Model Framework, in: Managing International Manufacturing, hrsg. v. K. Ferdows, Amsterdam u.a. 1989, S. 67-93

Cohen, M.A.; Lee, H.L.: Resource Deployment Analysis of Global Manufacturing and Distribution Networks, in: Journal of Manufacturing and Operations Management, Vol. 2 (1989), S. 81-104

Cohen, M.A.; Mallik, S.: Global Supply Chains: Research and Applications, in: Production and Operations Management, Vol. 6 (1997), S. 193-210

Cohen, M.A.; Moon, S.: Impact of Production Scale Economies, Manufacturing Complexity, and Transportation Costs on Supply Chain Facility Networks, in: Journal of Manufacturing and Operations Management, Vol. 3 (1990), S. 269-292

Cohen, M.A.; Moon, S.: An integrated plant loading model with economies of scale and scope, in: European Journal of Operational Research, Vol. 50 (1991), S. 266-279

Collier, D.A.: Aggregate Safety Stock Levels and Component Part Commonality, in: Management Science, Vol. 28 (1982), S. 1296-1303

Cook, K.S.: Exchange and Power in Networks of Interorganizational Relations, in: The Sociological Quarterly, Vol. 18 (1977), S. 62-82

Cook, K.S.; Emerson, R.M.: Exchange Networks and the Analysis of Complex Organizations, in: Research in the Sociology of Organizations, Vol. 3, hrsg. v. S.B. Bacharach und E.J. Lawler, Greenwich u.a. 1984, S. 1-30

Cooper, J.; Ellram, L.M.: Characteristics of Supply Chain Management and the Implications for Purchasing and Logistics Strategy, in: The International Journal of Logistics Management, Vol. 4 (1993), H. 2, S. 13-24

Cooper, M.C.; Lambert, D.M.; Pagh, J.D.: Supply Chain Management: More Than a New Name for Logistics, in: The International Journal of Logistics Management, Vol. 8 (1997), H. 1, S. 1-14

Corsten, H.: Überlegungen zu einem Innovationsmanagement - Organisationale und personale Aspekte, in: Die Gestaltung von Innovationsprozessen. Hindernisse und Erfolgsfaktoren im Organisations-, Finanz- und Informationsbereich, hrsg. v. H. Corsten, Berlin 1989, S. 1-56

Corsten, H.: Global Sourcing - ein Konzept zur Stärkung der Wettbewerbsfähigkeit von Unternehmungen, in: Die Unternehmung im internationalen Wettbewerb, hrsg. v. L. Schuster, Berlin 1994, S. 187-210

Corsten, H.: Wettbewerbsstrategien - Möglichkeiten einer simultanen Strategieverfolgung, in: Handbuch Unternehmungsführung, hrsg. v. H. Corsten und M. Reiß, Wiesbaden 1995, S. 341-354

Corsten, H.: Produktionsstrukturen. Aktuelle Trends und künftige Entwicklungen, in: Zukunftsorientiertes Management, hrsg. v. H. Bruch, M. Eickhoff und H. Thieme, Frankfurt a.M. 1996, S. 218-233

Corsten, H.: Geschäftsprozeßmanagement - Grundlagen, Elemente und Konzepte, in: Management von Geschäftsprozessen. Theoretische Ansätze - Praktische Beispiele, hrsg. v. H. Corsten, Stuttgart/Berlin/Köln 1997, S. 9-57

Corsten, H.: Grundlagen der Wettbewerbsstrategie, Stuttgart/Leipzig 1998

Corsten, H.: Produktionswirtschaft. Einführung in das industrielle Produktionsmanagement, 9. Aufl., München/Wien 2000

Corsten, H.; Corsten, H.: Projektmanagement. Einführung, München/Wien 2000

Corsten, H.; Friedl, B.: Konzeption und Ausgestaltung des Produktionscontrolling, in: Einführung in das Produktionscontrolling, hrsg. v. H. Corsten und B. Friedl, München 1999, S. 1-64

Corsten, H.; Gössinger, R.: Entwurf eines konzeptionellen Rahmens für ein Multiagentensystem zur integrativen Unterstützung der Produktionsplanung und -steuerung, Nr. 13 der Schriften zum Produktionsmanagement, hrsg. v. H. Corsten, Kaiserslautern 1997a

Corsten, H.; Gössinger, R.: Multiagentensystemgestützte Störungsbehandlung auf der Grundlage der opportunistischen Koordinierung, Nr. 14 der Schriften zum Produktionsmanagement, hrsg. v. H. Corsten, Kaiserslautern 1997b

Corsten, H.; Gössinger, R.: Entwurf eines Konzeptes zur EDV-gestützten Organisation von Variantenstücklisten, Nr. 25 der Schriften zum Produktionsmanagement, hrsg. v. H. Corsten, Kaiserslautern 1998

Corsten, H.; Gössinger, R.: Dezentrale Koordination der Produktionsplanung und -steuerung als unternehmungsinterne Dienstleistung, in: Wettbewerbsfaktor Dienstleistung. Produktion von Dienstleistungen - Produktion als Dienstleistung, hrsg. v. H. Corsten und H. Schneider, München 1999a, S. 255-282

Corsten, H.; Gössinger, R.: Ansatzpunkte zur Gestaltung der Produktionsplanung und -steuerung in virtuellen Produktionsnetzwerken unter der Voraussetzung dauerhafter Netzwerkstrukturen als Plattform, Nr. 31 der Schriften zum Produktionsmanagement, hrsg. v. H. Corsten, Kaiserslautern 1999b

Corsten, H.; Gössinger, R.: Produktionsplanung und -steuerung in virtuellen Produktionsnetzwerken, in: Produktions- und Logistikmanagement in virtuellen Unternehmen und Unternehmensnetzwerken, hrsg. v. B. Kaluza und T. Blecker, Berlin u.a. 2000, S. 249-294

Corsten, H.; Gössinger, R.: Allokation von Produktionsaufträgen in virtuellen Produktionsnetzwerken, in: Zukünftige Erfolgsfaktoren der Unternehmensführung, hrsg. v. A. Kammel und D. von der Oelsnitz, Bern 2001a, S. 265-307

Corsten, H.; Gössinger, R.: Auftragsdekomposition und -allokation in Unternehmungsnetzwerken, in: PPS-Management, 6. Jg. (2001b), H. 1, S. 35-41

Corsten, H.; Gössinger, R.: Auktionen zur marktlichen Koordination in Unternehmungsnetzwerken, in: Unternehmungsnetzwerke. Formen unternehmungsübergreifender Zusammenarbeit, hrsg. v. H. Corsten, München/Wien 2001c, S. 59-81

Corsten, H.; Peckedrath, P.: Konzeption und empirische Überprüfung eines numerischen Prognoseverfahrens auf heuristischer Basis mit mittelfristigem Planungshorizont, DBW-Depot 86-2-6, Stuttgart 1986

Corsten, H.; Reiß, M.: Recycling in PPS-Systemen, in: Die Betriebswirtschaft, 51. Jg. (1991), S. 615-627

Croom, S.; Romano, P.; Giannakis, M.: Supply chain management: an analytical framework for critical literature review, in: European Journal of Purchasing & Supply Management, Vol. 6 (2000), S. 67-83

Crowston, W.B.; Wagner, M.; Williams, J.F.: Economic Lot Size Determination in Multi-Stage Assembly Systems, in: Management Science, Vol. 19 (1973), S. 517-527

D'Amours, S. u.a.: Networked manufacturing: The impact of information sharing, in: International Journal of Production Economics, Vol. 58 (1999), S. 63-79

Dangelmaier, W.: Wie wird die virtuelle Fabrik geplant und gesteuert?, in: Dezentrale Organisationsformen und ihre informationstechnische Unterstützung in der Fertigungssteuerung, 1. Stuttgarter PPS-Seminar F 18, 2. Mai 1996, hrsg. v. Fraunhofer Institut für Produktionstechnik und Automatisierung, Stuttgart 1996, S. 93-112

Dantzig, G.B.; Wolfe, P.: Decomposition Principle For Linear Programs, in: Operations Research, Vol. 8 (1960), S. 101-111

David, S.; Günther, H.-O.; Lochmann, M.: Vermittlung von Produktionsaufträgen im Internet, in: Industrie Management, 14. Jg. (1998), H. 1, S. 42-45

Davidow, W.H.; Malone, M.S.: Das virtuelle Unternehmen. Der Kunde als Co-Produzent, Frankfurt a.M./New York 1993

Davis, R.; Smith, R.G.: Negotiation as a Metaphor for Distributed Problem Solving, in: Artificial Intelligence, Vol. 20 (1983), S. 63-109

Day, G.S.; Wensley, R.: Assessing Advantage: A Framework for Diagnosting Competitive Superiority, in: Journal of Marketing, Vol. 52 (1988), H. 2, S. 1-20

De Bodt, M.A.; Graves, S.C.: Continuous-Review Policies for a Multi-Echelon Inventory Problem with Stochastic Demand, in: Management Science, Vol. 31 (1985), S. 1286-1299

Degraeve, Z.; Roodhooft, F.: Effectively Selecting Suppliers Using Total Cost of Ownership, in: The Journal of Supply Chain Management, Vol. 35 (1999), H. 1, S. 5-10

Delfmann, W.: Das Netzwerkprinzip als Grundlage integrierter Unternehmensführung, in: Der Integrationsgedanke in der Betriebswirtschaftslehre, Helmut Koch zum 70. Geburtstag, hrsg. v. W. Delfmann u.a., Wiesbaden 1989, S. 87-114

Delfmann, W.: Organisation globaler Versorgungsketten, in: Organisation im Wandel der Märkte, hrsg. v. H. Glaser, E.F. Schröder und A.v. Werder, Wiesbaden 1998, S. 61-89

Delfmann, W.: Kernelemente der Logistik-Konzeption, in: Logistikforschung. Entwicklungszüge und Gestaltungsansätze, hrsg. v. H.-C. Pfohl, Berlin 1999, S. 37-59

Dempster, M.A.H. u.a.: Analytical Evaluation of Hierarchical Planning Systems, in: Operations Research, Vol. 29 (1981), S. 707-716

Deutsch, M.: A Theory of Co-Operation and Competition, in: Human Relations, (1949), Bd. 2/3, S. 129-152

Dichtl, E.: Die Idee der Partnerschaft zwischen Herstellern und Handel, in: Unternehmerische Zusammenarbeit. Beiträge zu Grundsatzfragen bei Kooperation und Zusammenschluß, hrsg. v. K. Küting und K.J. Zink, Berlin 1983, S. 111-135

Dichtl, E.: Wege zur Kostenführerschaft, in: Wirtschaftswissenschaftliches Studium, 23. Jg. (1994), S. 423-426

Dietl, H.; Royer, S.: Management virtueller Netzwerkeffekte in der Informationsökonomie, in: Zeitschrift Führung + Organisation, 69. Jg. (2000), S. 324-331

Diks, E.B.; Kok, A.G. de; Lagodimos, A.G.: Multi-echelon systems: A service measure perspective, in: European Journal of Operational Research, Vol. 95 (1996), S. 241-263

Diller, H.: Beziehungs-Marketing, in: Wirtschaftswissenschaftliches Studium, 24. Jg. (1995), S. 442-447

Dinges, M.: Supply Chain Management - Logistikrevolution oder alter Wein in neuen Schläuchen?, in: Information Management & Consulting, 13. Jg. (1998), H. 3, S. 22-27

Dogan, D.I.: Strategisches Management der Logistik. Der logistische Kreis als Antwort auf die neuen logistischen Herausforderungen ‚Umweltschutz' und ‚Zeit', Frankfurt a.M. u.a. 1994

Dogan, K.; Goetschalckx, M.: A primal decomposition method for the integrated design of multi-period production-distribution systems, in: IIE Transactions, Vol. 31 (1999), S. 1027-1036

Domschke, W.: Standortplanung, in: Handwörterbuch der Produktionswirtschaft, hrsg. v. W. Kern, H.-H. Schröder und J. Weber, 2. Aufl., Stuttgart 1996, Sp. 1912-1922

Domschke, W.; Krispin, G.: Location and layout planning. A survey, in: OR Spektrum, 19. Jg. (1997), S. 181-194

Doremalen, J.v.; Fleuren, H.: A Quantitative Model for the Analysis of Distribution Network Scenario's, in: Modern Production Concepts. Theory and Applications, Proceedings of an International Conference, Hagen, 20.-24.08.1990, hrsg. v. G. Fandel und G. Zäpfel, Berlin u.a. 1991, S. 660-673

Dornier, P.-P. u.a.: Global Operations and Logistics. Text and Cases, New York u.a. 1998

Dowling, M.; Lechner, C.: Kooperative Wettbewerbsbeziehungen: Theoretische Ansätze und Managementstrategien, in: Die Betriebswirtschaft, 58. Jg. (1998), S. 86-102

Drexl, A.: Standorttheorien, in: Handwörterbuch der Betriebswirtschaft, hrsg. v. W. Wittmann u.a., 5. Aufl., Stuttgart 1993, Sp. 3962-3972

Drexl, A. u.a.: Konzeptionelle Grundlagen kapazitätsorientierter PPS-Systeme, in: Zeitschrift für betriebswirtschaftliche Forschung, 46. Jg. (1994), S. 1022-1045

Drumm, H.J.: Theorie und Praxis der Lenkung durch Preise, in: Zeitschrift für betriebswirtschaftliche Forschung, 24. Jg. (1972), S. 253-267

Dudenhausen, H.-M.; Halmosi, H.; Lickefett, M.: Auftragsmanagement in Virtuellen Unternehmen, in: Industrie Management, 12. Jg. (1996), H. 6, S. 18-22

Duschek, S.: Kooperative Kernkompetenzen - Zum Management einzigartiger Netzwerkressourcen, in: Zeitschrift Führung + Organisation, 67. Jg. (1998), S. 230-236

Dyckhoff, H.: Quantitative Nutzeffekte integrierter Bestands- und Tourenplanung. Ergebnisbericht neuerer Studien, in: Logistik Management, 1. Jg. (1999), S. 49-62

Dyer, J.H.: Specialized Supplier Networks as a Source of Competitive Advantage: Evidence from the Auto Industry, in: Strategic Management Journal, Vol. 17 (1996), S. 271-291

Eggs, H.; Englert, J.: Potentiale und Risiken von Vernetzungsstrategien - Untersuchungsdesign zum Projekt „Vernetzte kleine und mittlere Unternehmen", Arbeitspapier des Instituts für Informatik und Gesellschaft der Albert-Ludwigs-Universität Freiburg, Freiburg 1998 (zugl.: Beitrag für den Workshop „Kooperationsnetze und Elektronische Koordination an der Johann-Wolfgang-Goethe-Universität Frankfurt a.M., 14.-15.09.1998)

Eggs, H.; Englert, J.; Schoder, D.: Wettbewerbsfähigkeit vernetzter kleiner und mittlerer Unternehmen - Eine Strukturierung der Einflussfaktoren, in: Wirtschaftsinformatik, 41. Jg. (1999), S. 307-315

Eigler, J.: „Grenzenlose" Unternehmung - „Grenzenlose" Personalwirtschaft?, in: Managementforschung 7. Gestaltung von Organisationsgrenzen, hrsg. v. G. Schreyögg und J. Sydow, Berlin/New York 1997, S. 159-197

Eisenführ, F.; Weber, M.: Rationales Entscheiden, 3. Aufl., Berlin u.a. 1999

Ellram, L.M.: Supply Chain Management. The Industrial Organisation Perspective, in: International Journal of Physical Distribution & Logistics Management, Vol. 21 (1991), H. 1, S. 13-22

Ellram, L.M.: Partnering Pitfalls and Success Factors, in: International Journal of Purchasing and Materials Management, Vol. 31 (1995), H. 2, S. 36-44

Ellram, L.M.; Cooper, M.C.: Supply Chain Management, Partnerships, and the Shipper - Third Party Relationship, in: The International Journal of Logistics Management, Vol. 1 (1990), H. 2, S. 1-10

Elster, J.: Subversion der Rationalität, Frankfurt a.M./New York 1987

Endres, E.; Wehner, T.: Störungen zwischenbetrieblicher Kooperation - Eine Fallstudie zum Grenzstellenmanagement in der Automobilindustrie, in: Managementforschung 5. Empirische Studien, hrsg. v. G. Schreyögg und J. Sydow, Berlin/New York 1995, S. 1-45

Engelhardt, W.H.; Freiling, J.: Integrativität als Brücke zwischen Einzeltransaktion und Geschäftsbeziehung, in: Marketing - Zeitschrift für Forschung und Praxis, 17. Jg. (1995), S. 37-43

Eppen, G.D.: Effects of Centralization on Expected Costs in a Multi-Location Newsboy Problem, in: Management Science, Vol. 25 (1979), S. 498-501

Erengüç, Ş.S.; Simpson, N.C.; Vakharia, A.J.: Integrated production/distribution planning in supply chains: An invited review, in: European Journal of Operational Research, Vol. 115 (1999), S. 219-236

Ernst, R.; Kamrad, B.: Evaluation of supply chain structures through modularization and postponement, in: European Journal of Operational Research, Vol. 124 (2000), S. 495-510

Ester, B.; Baumgart, G.: Cash-Flow Aspekte bei der Supply-Chain-Gestaltung, in: Supply Chain Management: Logistik plus? Logistikkette - Marketingkette - Finanzkette, hrsg. v. H.-C. Pfohl, Berlin 2000, S. 141-159

Ewert, R.; Wagenhofer, A.: Interne Unternehmensrechnung, 4. Aufl., Berlin u.a. 2000

Eymann, T.; Padovan, B.: Eine Multi-Agenten-Simulation zur ökonomischen Analyse der dezentralen Koordination von Wertschöpfungsketten, in: Electronic Business Engineering, 4. Internationale Tagung Wirtschaftsinformatik 1999, hrsg. v. A.-W. Scheer und M. Nüttgens, Heidelberg 1999, S. 625-641

Faisst, W.: Die Unterstützung Virtueller Unternehmen durch Informations- und Kommunikationssysteme - eine lebenszyklusorientierte Analyse, Diss. Erlangen-Nürnberg 1998a

Faisst, W.: Operative Phase, in: Virtuelle Unternehmen und Informationsverarbeitung, hrsg. v. P. Mertens, J. Griese und D. Ehrenberg, Berlin u.a. 1998b, S. 107-115

Faisst, W.; Birg, O.: Die Rolle des Brokers in Virtuellen Unternehmen und seine Unterstützung durch die Informationsverarbeitung, Nr. 17/1997 der Arbeitspapiere der Reihe „Informations- und Kommunikationssysteme als Gestaltungselement Virtueller Unternehmen", hrsg. v. D. Ehrenberg, J. Griese und P. Mertens, Bern/Leipzig/Nürnberg 1997

Fastabend, H. u.a.: Gestaltung und Steuerung wandelbarer Produktionsnetze, in: Vision Logistik - Logistik wandelbarer Produktionsnetze, hrsg. v. W. Dangelmaier, Paderborn 1997, S. 139-203

Federgruen, A.: Centralized Planning Models for Multi-Echelon Inventory Systems under Uncertainty, in: Handbooks in Operations Research and Management Science, Vol. 4: Logistics of Production and Inventory, hrsg. v. S.C. Graves, A.H.G.R. Kan und P.H. Zipkin, Amsterdam 1993, S. 133-173

Felser, W.; Kilger, C.; Ould-Hamady, M.: Strategische Auswahl von SCM-Systemen, in: PPS-Management, 4. Jg. (1999), H. 4, S. 10-16

Ferrer, J.; Vidal, O.: Supply Chain Perspectives. Collaborating for Competitive Advantage, in: Logistics Europe, Vol. 8 (2000), H. 2, S. 12-15

Ferstl, O.K.; Mannmeusel, T.: Dezentrale Produktionslenkung, in: CIM Management, 11. Jg. (1995), H. 3, S. 26-32

Fieten, R.: Die Gestaltung der Koordination betrieblicher Entscheidungssysteme, Frankfurt a.M./Bern/Las Vegas 1977

Fieten, R.: Erfolgsstrategien für Zulieferer. Von der Abhängigkeit zur Partnerschaft, Automobil- und Kommunikationsindustrie, Wiesbaden 1991

Finsinger, J.: Die Ausschreibung, Discussion Paper IIM/IP 84-3 des Internationalen Instituts für Management und Verwaltung, IIMV/Strukturpolitik, Wissenschaftszentrum Berlin, Berlin 1984

Fischäder, H.: Anwendungsmöglichkeiten von Multiagentensystemen für die Koordinationsfunktion hybrider Produktionsplanung und -steuerung, Diplomarbeit an der Fakultät für Wirtschaftswissenschaften der Technischen Universität Ilmenau, Ilmenau 2000

Fischer, H.: Produktionsbezogene Kooperationen zwischen dem Hersteller und dem Verwender individuell gefertigter Maschinen, Frankfurt a.M./Bern/New York 1983

Fischer, J.; Städler, M.: Efficient Consumer Response und zwischenbetriebliche Integration, in: Computer Based Marketing. Das Handbuch zur Marketinginformatik, hrsg. v. H. Hippner, M. Meyer und K.D. Wilde, 2. Aufl., Braunschweig/Wiesbaden 1999, S. 349-356

Fischer, M.: Typologien von Unternehmensverbindungen und Theorie der strategischen Führung, München 1995

Fischer, P.: Virtuelle Unternehmen brauchen einen Fixpunkt, in: Gablers Magazin, 11. Jg. (1997), H. 3, S. 16-19

Fisher, M.L.: What Is the Right Supply Chain for Your Product? A simple framework can help you figure out the answer, in: Harvard Business Review, Vol. 75 (1997), H. 2, S. 105-116

Fleisch, E.: Das Netzwerkunternehmen. Strategien und Prozesse zur Steigerung der Wettbewerbsfähigkeit in der „Networked economy", Berlin u.a. 2001

Fleischmann, B.: Operations-Research-Modelle und -Verfahren in der Produktionsplanung, in: Zeitschrift für Betriebswirtschaft, 58. Jg. (1988), S. 347-372

Fleischmann, B.: Der Unterschied zwischen MRP und Planung, in: Industrielle Informationstechnik, 35. Jg. (1998), H. 2, S. 52-55

Fleischmann, B.: Distribution and Transport Planning, in: Supply Chain Management and Advanced Planning. Concepts, Models, Software and Case Studies, hrsg. v. H. Stadtler und C. Kilger, Berlin u.a. 2000, S. 167-181

Fleischmann, B.; Meyr, H.; Wagner, M.: Advanced Planning, in: Supply Chain Management and Advanced Planning. Concepts, Models, Software and Case Studies, hrsg. v. H. Stadtler und C. Kilger, Berlin u.a. 2000, S. 57-71

Föhr, S.; Lenz, H.: Unternehmenskultur und ökonomische Theorie, in: Managementforschung 2, hrsg. v. W.H. Staehle und P. Conrad, Berlin/New York 1992, S. 111-162

Förster, H.: EDI - Eine Voraussetzung zur Gewinnsteigerung durch ECR?, in: Efficient Consumer Response (ECR). Wie realistisch sind die versprochenen Vorteile?, Ergebnisse 1. CPC Trend Forum, hrsg. v. A. Töpfer, Mainz 1996, S. 57-68

Fombrun, C.; Astley, W.G.: Beyond corporate strategy, in: The Journal of Business Strategy, Vol. 3. (1983), H. 1, S. 47-54

Forrester, J.W.: Industrial Dynamics. a major breakthrough for decision makers, in: Harvard Business Review, Vol. 36 (1958), H. 4, S. 37-66

Forrester, J.W.: Industrial Dynamics, 10. Nachdruck der 1. Aufl., Cambridge (Mass.) 1961

Franken, R.; Frese, E.: Kontrolle und Planung, in: Handwörterbuch der Planung, hrsg. v. N. Szyperski, Stuttgart 1989, Sp. 888-898

Freichel, S.L.K.: Organisation von Logistikservicenetzwerken - Theoretische Konzeption und empirische Fallstudien, Berlin 1992

French, J.R.P. jr.; Raven, B.: The Bases of Social Power, in: Group Dynamics. Research and Theory, hrsg. v. D. Cartwright und A. Zander, 2. Aufl., Evanston 1960, S. 207-223

Frese, E.: Kontrolle und Unternehmungsführung. Entscheidungs- und organisationstheoretische Grundfragen, Wiesbaden 1968

Frese, E.: Organisation und Koordination, in: Zeitschrift für Organisation, 41. Jg. (1972), S. 404-411

Frese, E.: Koordination von Entscheidungen in Sparten-Organisationen, in: Betriebswirtschaftliche Forschung und Praxis, 27. Jg. (1975), S. 217-234

Frese, E.: Koordinationskonzepte, in: Handwörterbuch der Planung, hrsg. v. N. Szyperski, Stuttgart 1989, Sp. 913-923

Frese, E.: Organisationsstrukturen, mehrdimensionale, in: Handwörterbuch der Organisation, hrsg. v. E. Frese, 3. Aufl., Stuttgart 1992a, Sp. 1670-1688

Frese, E.: Organisationstheorie. Historische Entwicklung - Ansätze - Perspektiven, 2. Aufl., Wiesbaden 1992b

Frese, E.: Grundlagen der Organisation. Konzept - Prinzipien - Strukturen, 7. Aufl., Wiesbaden 1998a

Frese, E.: Von der Planwirtschaft zur Marktwirtschaft - auch in der Unternehmung?, in: Neue Märkte, neue Medien, neue Methoden - Roadmap zur agilen Organisation, hrsg. v. A.-W. Scheer, Heidelberg 1998b, S. 77-92

Frese, E.: Grundlagen der Organisation. Konzept - Prinzipien - Strukturen, 8. Aufl., Wiesbaden 2000

Frese, E.; Hüsch, H.-J.: Kundenorientierte Angebotsabwicklung in der Investitionsgüter-Industrie aus strategischer und organisatorischer Sicht, in: Innovations- und Technologiemanagement, hrsg. v. D. Müller-Böling, D. Seibt und U. Winand, Stuttgart 1991, S. 177-198

Fricke, M.; Oymann, B.: Informationsleistungen als Wettbewerbsfaktor logistischer Dienstleistungsunternehmen im Supply Chain Management, in: Industrie Management, 15. Jg. (1999), H. 5, S. 23-27

Friedrich, S.A.: Ressourcen und Kompetenzen als Bezugspunkte strategischen Denkens und Handelns - zur Renaissance einer stärker potentialorientierten Führung, in: Die Herausforderung der Zukunft meistern: Globalisierung, Potentialorientierung und Fokussierung, hrsg. v. H.H. Hinterhuber, Frankfurt a.M. u.a. 1995, S. 319-354

Friedrich, S.A.; Hinterhuber, H.H.: Wettbewerbsvorteile durch Wertschöpfungspartnerschaft. Paradigmenwechsel in der Hersteller/Handels-Beziehung, in: Wirtschaftswissenschaftliches Studium, 28. Jg. (1999), S. 2-8

Friese, M.: Kooperation als Wettbewerbsstrategie für Dienstleistungsunternehmen, Wiesbaden 1998

Frigo-Mosca, F.: Referenzmodelle für Supply Chain Management nach den Prinzipien der zwischenbetrieblichen Kooperation. Eine Herleitung und Darstellung des Modells Advanced Logistic Partnership, Zürich 1998

Fritz, W.: Marketing - ein Schlüsselfaktor des Unternehmenserfolges? Eine kritische Analyse vor dem Hintergrund der empirischen Erfolgsfaktorenforschung, in: Marketing - Zeitschrift für Forschung und Praxis, 12. Jg. (1990), S. 91-110

Gahl, A.: Die Konzeption strategischer Allianzen, Berlin 1991

Gaitanides, M.: Prozeßorganisation. Entwicklung, Ansätze und Programme prozeßorientierter Organisationsgestaltung, München 1983

Gaitanides, M.: Integrierte Belieferung - Eine ressourcenorientierte Erklärung der Entstehung von Systemlieferanten in der Automobilzulieferindustrie, in: Zeitschrift für Betriebswirtschaft, 67. Jg. (1997), S. 737-757

Gaitanides, M.: Schöne heile Netzwerkwelt? Zur transaktionskostentheoretischen Rekonstruktion der Integration von Zuliefersystemen, in: Organisation im Wandel der Märkte, hrsg. v. H. Glaser, E.F. Schröder und A.v. Werder, Wiesbaden 1998, S. 91-113

Gaitanides, M.; Scholz, R.; Vrohlings, A.: Prozeßmanagement - Grundlagen und Zielsetzungen, in: Prozeßmanagement. Konzepte, Umsetzungen und Erfahrungen des Reengineering, hrsg. v. M. Gaitanides u.a., München/Wien 1994, S. 1-19

Galbraith, J.R.: Organization Design, Reading 1977

Ganeshan, R. u.a.: A Taxonomic Review of Supply Chain Management, in: Quantitative Models for Supply Chain Management, hrsg. v. S. Tayur, R. Ganeshan und M. Magazine, Boston (Mass.)/Dordrecht/London 1998, S. 839-879

Garbe, M.: Der Einfluß neuer Informations- und Kommunikationstechnik auf die Effizienz der Koordination, in: Virtuelle Wirtschaft. Virtuelle Unternehmen, Virtuelle Produkte, Virtuelles Geld und Virtuelle Kommunikation, hrsg. v. A. Brill und M. de Vries, Wiesbaden 1998, S. 101-119

Garg, A.; Lee, H.L.: Managing Product Variety: An Operations Perspective, in: Quantitative Models for Supply Chain Management, hrsg. v. S. Tayur, R. Ganeshan und M. Magazine, Boston (Mass.)/Dordrecht/London 1998, S. 467-490

Garg, A.; Tang, C.S.: On postponement strategies for product families with multiple points of differentiation, in: IIE Transactions, Vol. 29 (1997), S. 641-650

Gaul, W.; Klein, T.: Elektronische Marktplätze und Entscheidungsunterstützung, in: Computer Based Marketing. Das Handbuch zur Marketinginformatik, hrsg. v. H. Hippner, M. Meyer und K.D. Wilde, 2. Aufl., Braunschweig/Wiesbaden 1999, S. 35-42

Gavirneni, S.; Kapuscinski, R.; Tayur, S.: Value of Information in Capacitated Supply Chains, in: Management Science, Vol. 45 (1999), S. 16-24

Gemünden, H.G.: Innovationen in Geschäftsbeziehungen und Netzwerken. Arbeitspapier des Institutes für Angewandte Betriebswirtschaftslehre und Unternehmensführung der Universität Karlsruhe (TH), Karlsruhe 1990

Gemünden, H.G.; Heydebreck, P.: Geschäftsbeziehungen in Netzwerken. Instrumente der Stabilitätssicherung und Innovation, in: Netzwerkansätze im Business-to-Business-Marketing. Beschaffung, Absatz und Implementierung Neuer Technologien, hrsg. v. M. Kleinaltenkamp und K. Schubert, Wiesbaden 1994, S. 251-283

Geoffrion, A.M.; Graves, G.W.: Multicommodity Distribution System Design by Benders Decomposition, in: Management Science, Vol. 20 (1974), S. 822-844

Geoffrion, A.M.; Powers, R.F.: Twenty Years of Strategic Distribution System Design: An Evolutionary Perspective, in: Interfaces, Vol. 25 (1995), H. 5, S. 105-127

Gerchak, Y.; Magazine, M.; Gamble, B.: Component Commonality with Service Level Requirements, in: Management Science, Vol. 34 (1988), S. 753-760

Gerchak, Y.; Mossman, D.: On the Effect of Demand Randomness on Inventories and Costs, in: Operations Research, Vol. 40 (1992), S. 804-807

Gerlach, H.-H.: Entwicklung des Strukturierungskonzeptes „Virtuelle Fertigungsinseln" für Produktionsbereiche der Schmiedeindustrie, Schlußbericht des AiF-Vorhabens Nr. 10410/VII/6AG für den Zeitraum 01.10.1995 bis 31.01.1998, Dortmund 1998

Gerlach, H.-H.; Bissel, D.; Kühling, M.: Virtuelle Fertigungsinseln, in: Industrie Management, 12. Jg. (1996), H. 3, S. 21-24

Gerpott, T.J.; Böhm, S.: Modulare Unternehmen. Einsatz von Informations- und Kommunikationssystemen zur Unterstützung intraorganisationaler Prozesse, in: Produktionswirtschaft 2000. Perspektiven für die Fabrik der Zukunft, hrsg. v. K. Nagel, R.F. Erben und F.T. Piller, Wiesbaden 1999, S. 151-174

Gerth, E.: Zwischenbetriebliche Kooperation, Stuttgart 1971

Gerum, E.; Achenbach, W.; Opelt, F.: Zur Regulierung der Binnenbeziehungen von Unternehmensnetzwerken. Ein Problemaufriß, in: Zeitschrift Führung + Organisation, 67. Jg. (1998), S. 266-270

Geselle, M.: Hierarchische Produktionsplanung bei Werkstattproduktion, Glienicke/ Berlin 1997

Gibbard, A.: Manipulation of Voting Schemes: A General Result, in: Econometrica, Vol. 41 (1973), S. 587-601

Gilbert, D.: Unternehmensführung - Vertrauen in virtuellen Unternehmen, in: io Management, 68. Jg. (1999), H. 12, S. 30-34

Gilbert, X.; Strebel, P.: Strategies to Outpace the Competition, in: Journal of Business Strategy, Vol. 8 (1987), H. 1, S. 28-36

Glaser, H.; Geiger, W.; Rohde, V.: PPS: Produktionsplanung und -steuerung. Grundlagen - Konzepte - Anwendungen, 2. Aufl., Wiesbaden 1992

Gleißner, H.: Logistikkooperationen zwischen Industrie und Handel. Theoretische Konzepte und Stand der Realisierung, Göttingen 2000

Goetschalckx, M.: Strategic Network Planning, in: Supply Chain Management and Advanced Planning. Concepts, Models, Software and Case Studies, hrsg. v. H. Stadtler und C. Kilger, Berlin u.a. 2000, S. 79-95

Göpfert, I.: Logistik. Führungskonzeption: Gegenstand, Aufgaben und Instrumente des Logistikmanagements und -controllings, München 2000

Göransson, Å.; Schuh, G.: Das Netzwerkmanagement in der virtuellen Fabrik, in: Virtualisierung von Organisationen, hrsg. v. G. Müller-Stewens, Stuttgart/Zürich 1997, S. 61-81

Görgen, W.; Kerkom, K.v.: Der Wechsel der Wettbewerbsstrategie - Eine kritische Analyse der Bestimmungsfaktoren und Maßnahmen. Arbeitspapier des Instituts für Markt- und Distributionsforschung der Universität zu Köln, Köln 1991

Götz, P.: Key-Account-Management im Zuliefergeschäft. Eine theoretische und empirische Untersuchung, Berlin 1995

Goldman, S.L. u.a.: Agil im Wettbewerb, Berlin/Heidelberg/New York 1996

Gomber, P.; Schmidt, C.; Weinhardt, C.: Efficiency and Incentives in MAS-Coordination, Discussion Paper Nr. 8/1996 des Lehrstuhls BWL/Wirtschaftsinformatik an der Justus-Liebig-Universität Gießen, Gießen 1996a (ohne Seitenangaben)

Gomber, P.; Schmidt, C.; Weinhardt, C.: Synergie und Koordination in dezentral planenden Organisationen, in: Wirtschaftsinformatik, 38. Jg. (1996b), S. 299-307

Gomber, P.; Schmidt, C.; Weinhardt, C.: Elektronische Märkte für die dezentrale Transportplanung, in: Wirtschaftsinformatik, 39. Jg. (1997), S. 137-145

Gomber, P.; Schmidt, C.; Weinhardt, C.: Efficiency, Incentives, and Computational Tractability in MAS-Coordination, Discussion Paper Nr. 14/1998 des Lehrstuhls BWL/Wirtschaftsinformatik an der Justus-Liebig-Universität Gießen, Gießen 1998

Gora, W.: Die Informationsarchitektur der EU-Kommission als Vorbild, in: Auf dem Weg zum virtuellen Unternehmen - Konsequenzen der Dezentralisierung, hrsg. v. W. Gora, Köln 1996, S. 137-150

Goyal, S.K.: „A Joint Economic-Lot-Size Model for Purchaser and Vendor": A Comment, in: Decision Sciences, Vol. 19 (1988), S. 236-241

Granovetter, M.: Economic Action and Social Structure: The Problem of Embeddedness, in: American Journal of Sociology, Vol. 91 (1985), S. 481-510

Graves, S.C.: Using Lagrangean Techniques To Solve Hierarchical Production Planning Problems, in: Management Science, Vol. 28 (1982), S. 260-275

Griese, J.: Auswirkungen globaler Informations- und Kommunikationssysteme auf die Organisation weltweit tätiger Unternehmen, in: Managementforschung 2, hrsg. v. W.H. Staehle und P. Conrad, Berlin/New York 1992, S. 163-175

Griese, J.; Sieber, P.: Virtualität bei Beratungs- und Softwarehäusern, in: Unternehmungsnetzwerke und virtuelle Organisationen, hrsg. v. U. Winand und K. Nathusius, Stuttgart 1998, S. 157-254

Griese, J.; Sieber, P.: Virtualisierung von Industriebetrieben, in: Produktionswirtschaft 2000. Perspektiven für die Fabrik der Zukunft, hrsg. v. K. Nagel, R.F. Erben und F.T. Piller, Wiesbaden 1999, S. 117-128

Grochla, E.: Betriebsverbindungen, Berlin 1969

Grochla, E.: Grundlagen der Materialwirtschaft, 3. Aufl., Wiesbaden 1978

Gronau, N.: E-Commerce-Funktionen in PPS- bzw. ERP-Systemen. Vortrag auf der Sitzung der Wissenschaftlichen Kommission „Produktionswirtschaft" im Verband der Hochschullehrer für Betriebswirtschaft e.V., München, 15.-16.09.2000 (unveröffentlichtes Manuskript)

Gronau, N.: Einsatz moderner I+K-Technologien zur Unterstützung des E-Business, in: PPS Management, 6. Jg. (2001), H. 1, S. 30-34

Grossman, S.J.; Hart, O.D.: The Costs and Benefits of Ownership: A Theory of Vertical and Lateral Integration, in: Journal of Political Economy, Vol. 94 (1986), S. 691-719

Grünauer, K.M.; Fleisch, E.; Österle, H.: Information Systems for Supply Chain Management: An Overview, in: Business Networking. Shaping Enterprise Relationships on the Internet, hrsg. v. H. Österle, E. Fleisch und R. Alt, Berlin/Heidelberg 2000, S. 185-200

Gudehus, T.: Logistik. Grundlagen · Strategien · Anwendungen, Berlin u.a. 1999

Günther, H.-O.: Werksübergreifende Produktionsplanung in Logistiknetzwerken der chemischen Industrie, in: 5. Magdeburger Logistik-Tagung. Logistiknetzwerke - Planen, Realisieren, Bewerten, Magdeburg, 18.-19.11.1999, hrsg. v. M. Schenk, D. Ziems und K. Inderfurth, Magdeburg 1999, S. 100-114 (überlappende Seitenzählung zwischen Beiträgen)

Günther, H.-O.; Blömer, F.; Grunow, M.: Moderne Softwaretools für das Supply Chain Management, in: Zeitschrift für wirtschaftlichen Fabrikbetrieb, 93. Jg. (1998), S. 330-333

Günther, H.-O.; Tempelmeier, H.: Produktion und Logistik, 4. Aufl., Berlin u.a. 2000

Güth, W.: Markt- und Preistheorie, Berlin u.a. 1994

Gussmann, B.: Innovationsfördernde Unternehmenskultur. Die Steigerung der Innovationsbereitschaft als Aufgabe der Organisationsentwicklung, Berlin 1988

Gutenberg, E.: Grundlagen der Betriebswirtschaftslehre, Band 1: Die Produktion, 24. Aufl., Berlin/Heidelberg/New York 1983

Haehling von Lanzenauer, C.; Pilz-Glombik, K.: A Supply Chain Optimization Model for MIT's Beer Distribution Game, in: Zeitschrift für Betriebswirtschaft, 70. Jg. (2000), S. 101-116

Hahn, D.: Thesen für die Zukunft des Beschaffungsmanagements in einem integrierten Supply Chain Management, in: Handbuch Industrielles Beschaffungsmanagement, hrsg. v. D. Hahn und L. Kaufmann, Wiesbaden 1999, S. 849-855

Hahn, D.: Problemfelder des Supply Chain Management, in: Supply Chain Management, hrsg. v. H. Wildemann, München 2000, S. 9-19

Hahn, D.; Laßmann, G.: Produktionswirtschaft - Controlling industrieller Produktion. Bd. 3; zweiter Teilband: Informationssystem, Heidelberg 1993

Hakansson, H.; Snehota, I.: No Business on an Island: The Network Concept of Business Strategy, in: Scandinavian Journal of Management, Vol. 5 (1989), S. 187-200

Hake, U.; Wieland, J.: Konzernweite Produktionsplanung mit Supply Chain Management. Ein Praxisbeispiel aus der Papierindustrie, in: PPS-Management, 5. Jg. (2000), H. 2, S. 43-44

Hall, R.W.: On the Integration of Production and Distribution: Economic Order and Production Quantity Implications, in: Transportation Research - B, Vol. 30 (1996), S. 387-403

Hallier, B.: ECR - Keine Revolution, sondern Evolution, in: Efficient Consumer Response (ECR). Wie realistisch sind die versprochenen Vorteile?, Ergebnisse 1. CPC Trend Forum, hrsg. v. A. Töpfer, Mainz 1996, S. 47-55

Handfield, R.B.; Nichols, E.L. Jr.: Introduction to Supply Chain Management, New Jersey 1999

Handy, C.: Vertrauen: Die Grundlage der virtuellen Organisation, in: Erfolg im E-Business, hrsg. v. D. Tapscott, München/Wien 2000, S. 130-143

Hanke, J.: Hybride Koordinationsstrukturen. Liefer- und Leistungsbeziehungen kleiner und mittlerer Unternehmen der Automobilzulieferindustrie aus transaktionskostentheoretischer Sicht, Bergisch Gladbach/Köln 1993

Hansmann, K.-W.: Entscheidungsmodelle zur Standortplanung der Industrieunternehmen, Wiesbaden 1974

Hansmann, K.-W.: Kurzlehrbuch Prognoseverfahren, Wiesbaden 1983

Hansmann, K.-W.: Industrielles Management, 5. Aufl., München/Wien 1997

Harary, F.; Norman, R.Z.; Cartwright, D.: Structural Models: An Introduction to the Theory of Directed Graphs, New York/London/Sydney 1965

Hars, A.: Referenzdatenmodelle. Grundlagen effizienter Datenmodellierung, Wiesbaden 1994

Hart, O.: An Economist's Perspective on the Theory of the Firm, in: Columbia Law Review, Vol. 89 (1989), S. 1757-1774

Hart, O.; Moore, J.: Property Rights and the Nature of the Firm, in: Journal of Political Economy, Vol. 98 (1990), S. 1119-1158

Hausmann, W.H.; Erkip, N.K.: Multi-echelon vs. Single-echelon Inventory Control Policies for Low-demand Items, in: Management Science, Vol. 40 (1994), S. 597-602

Hax, A.C.; Meal, D.: Hierarchical Integration of Production Planning and Scheduling, in: Logistics, TIMS Studies in the Management Sciences, hrsg. v. M.A. Geisler, Amsterdam/Oxford/New York 1975, S. 53-69

Hax, H.: Die Koordination von Entscheidungen. Ein Beitrag zur betriebswirtschaftlichen Organisationslehre, Köln u.a. 1965

Hax, H.: Die Koordination von Entscheidungen in der Unternehmung, in: Unternehmerische Planung und Entscheidung, hrsg. v. W. Busse von Colbe und P. Meyer-Dohm, Bielefeld 1969, S. 39-54

Hayek, F.A.v.: Der Sinn des Wettbewerbs, in: Individualismus und wirtschaftliche Ordnung, hrsg. v. F.A. v. Hayek, Erlenbach/Zürich 1952, S. 122-140

Heimig, I.; Hirschmann, P.; Scheer, A.-W.: PRINCESS. Ein Multi-Agenten-System zur Optimierung betriebsübergreifender Geschäftsprozesse, in: Künstliche Intelligenz & Verteilte PPS-Systeme, Beiträge des 1. Bremer KI-Pfingstworkshops, Bericht Nr. 5/95 des Fachbereichs Mathematik und Informatik der Universität Bremen, hrsg. v. C. Klauck und J. Müller, Bremen 1995, o.S. (4 Seiten)

Heinemann, G.: Kooperative Effizienzstrategien im Absatzkanal - was der Handel bei ECR bedenken sollte, in: Thexis, 14. Jg. (1997), H. 4, S. 38-40

Heinen, E.: Unternehmenskultur als Gegenstand der Betriebswirtschaftslehre, in: Unternehmenskultur. Perspektiven für Wissenschaft und Praxis, hrsg. v. E. Heinen und M. Frank, 2. Aufl., München/Wien 1997, S. 1-48

Heinhold, M.: Simultane Unternehmensplanungsmodelle - ein Irrweg?, in: Die Betriebswirtschaft, 49. Jg. (1989), S. 689-708

Heinrich, C.E.; Schneeweiss [ß], C.: Multi-Stage Lot-Sizing for General Production Systems, in: Multi-Stage Production Planning and Inventory Control, hrsg. v. S. Axsäter, C. Schneeweiss [ß] und E. Silver, Berlin u.a. 1986, S. 150-181

Heisig, U.: Vertrauensbeziehungen in der Arbeitsorganisation, in: Interpersonales Vertrauen. Theorien und empirische Befunde, hrsg. v. M. Schweer, Opladen/Wiesbaden 1997, S. 121-153

Hellingrath, B.: Standards für die Supply Chain, in: Logistik Heute, 21. Jg. (1999), H. 7/8, S. 77-85

Hermann, E.: Nordrheinwestfälisches Verbundprojekt (VIA) als Beispiel unternehmerischer Partnerschaften in der Automobilzulieferindustrie, in: Unternehmungsnetzwerke und virtuelle Organisationen, hrsg. v. U. Winand und K. Nathusius, Stuttgart 1998, S. 53-58

Heskett, J.L.; Ballou, R.H.: Logistical Planning in Inter-Organization Systems, in: Research Toward the Development of Management Thought: Papers and Proceedings of the 26th Annual Meeting of the Academy of Management, San Francisco, 27.-29.12.1966, hrsg. v. M.P. Hottenstein und R.W. Millman, San Francisco 1966, S. 124-136

Hess, T.: Unternehmensnetzwerke, in: Zeitschrift für Planung, 10. Jg. (1999), S. 225-230

Hess, T.: Anwendungsmöglichkeiten des Konzerncontrolling in Unternehmensnetzwerken, in: Steuerung von Netzwerken. Konzepte und Praktiken, hrsg. v. J. Sydow und A. Windeler, Opladen/Wiesbaden 2000, S. 156-177

Hess, T.; Schumann, M.: Erste Überlegungen zum Controlling in Unternehmensnetzwerken, in: Kooperation im Wettbewerb. Neue Formen und Gestaltungskonzepte im Zeichen von Globalisierung und Informationstechnologie, 61. Wissenschaftliche Jahrestagung des Verbandes der Hochschullehrer für Betriebswirtschaft e.V. 1999, Bamberg, 25.-29.05.1999, hrsg. v. J. Engelhard und E.J. Sinz, Wiesbaden 1999, S. 347-370

Hess, T.; Schumann, M.: Auftragscontrolling in Unternehmensnetzwerken, in: Zeitschrift für Planung, 11. Jg. (2000), S. 411-432

Hicks, D.A.: The Manager's Guide to Supply Chain and Logistics Problem-Solving Tools and Techniques, Part I: Understanding the techniques, in: IIE Solutions, Vol. 29 (1997a), Sept., S. 43-47

Hicks, D.A.: The Manager's Guide to Supply Chain and Logistics Problem-Solving Tools and Techniques, Part II: Tools, companies, and industries, in: IIE Solutions, Vol. 29 (1997b), Oct., S. 24-29

Hieber, R.; Alard, R.: New generation of information system for the extended enterprise, in: Global Production Management, IFIP WG5.7 International Conference on Advances in Production Management Systems, Berlin, 06.-10.09.1999, hrsg. v. K. Mertins, O. Krause und B. Schallock, Boston (Mass.)/Dordrecht/London 1999, S. 212-218

Hieber, R.; Alard, R.; Boxler, O.: Einsatz neuer Software-Generationen im Supply Chain Management. Gestaltung unternehmensübergreifender IT-Logistiknetzwerke, in: io Management, 70. Jg. (2001), H. 1, S. 72-80

Hiemenz, C.: Potentiale nutzen. Durchgängiges Supply Chain Management erhöht die Wertschöpfung, in: Information Management & Consulting, 13. Jg. (1998), H. 3, S. 56-59

Hilb, M.: Management der Human-Ressourcen in virtuellen Organisationen, in: Virtualisierung von Organisationen, hrsg. v. G. Müller-Stewens, Stuttgart/Zürich 1997, S. 83-95

Hilke, W.: Zielorientierte Produktions- und Programmplanung, 3. Aufl., Neuwied 1988

Hinterhuber, H.H.: Wettbewerbsstrategie, Berlin/New York 1982

Hippe, A.: Betrachtungsebenen und Erkenntnisziele in strategischen Unternehmensnetzwerken, in: Management von Unternehmensnetzwerken: Interorganisationale Konzepte und praktische Umsetzung, hrsg. v. K. Bellmann und A. Hippe, Wiesbaden 1996, S. 21-53

Hodder, J.E.; Dincer, M.C.: A Multifactor Model for International Plant Location and Financing under Uncertainty, in: Computers & Operations Research, Vol. 13 (1986), S. 601-609

Hodder, J.E.; Jucker, J.V.: A simple plant-location model for quantity-setting firms subject to price uncertainty, in: European Journal of Operational Research, Vol. 21 (1985), S. 39-46

Hoek, R.I.v.: The Rediscovery of Postponement. Preparing for the Next Millenium Mass Customized Supply Chain, Nr. 9936 der Rotterdam Institute for Business Economic Studies, Erasmus Universität Rotterdam, Rotterdam 1999

Höft, U.: Lebenszykluskonzepte. Grundlage für das strategische Marketing- und Technologiemanagement, Berlin 1992

Hofacker, I.: Unternehmensnetzwerke zur Durchsetzung eines Standards, in: Zeitschrift für betriebswirtschaftliche Forschung, 52. Jg. (2000), S. 643-660

Hoffmann, F.: Führungsorganisation, Bd. I: Stand der Forschung und Konzeption, Tübingen 1980

Hoffmann, W.; Hirschmann, P.; Scheer, A.-W.: Die Initiierung Virtueller Unternehmen - leisten Kooperationsbörsen Unterstützung?, in: Industrie Management, 12. Jg. (1996), H. 6, S. 10-14

Hoffmann, W.; Scheer, A.-W.; Hanebeck, C.: Geschäftsprozeßmanagement in virtuellen Unternehmen, Arbeitspapier Nr. 119 des Instituts für Wirtschaftsinformatik der Universität Saarbrücken, Saarbrücken 1995

Hofmann, C.: Abstimmung von Produktions- und Transportlosgrößen zwischen Zulieferer und Produzent. Eine Analyse auf der Grundlage stationärer Losgrößenmodelle, in: OR Spektrum, 16. Jg. (1994), S. 9-20

Homburg, C.; Schneeweiß, C.: Hierarchisch-partizipative Koordinationsprozesse in dezentralen Organisationen, in: Zeitschrift für Betriebswirtschaft, 67. Jg. (1997), S. 759-779

Hoppe, W.D.: Supply Chain Management - Hausaufgaben für die Automobilindustrie, in: PPS-Management, 5. Jg. (2000), H. 3, S. 35-37

Horstmann, S.: Vertikale Vertriebskooperationen in der Bekleidungswirtschaft. Eine Analyse innovativer Distributionskonzepte US-amerikanischer und deutscher Bekleidungshersteller, Frankfurt a.M. 1997

Houlihan, J.B.: International Supply Chain Management, in: International Journal of Physical Distribution and Materials Management, Vol. 15 (1985), H. 1, S. 22-38

Houtum, G.J. van; Inderfurth, K.; Zijm, W.H.M.: Materials coordination in stochastic multi-echelon systems, in: European Journal of Operational Research, Vol. 95 (1996), S. 1-23

Huchzermeier, A.: Logistik und Globale Produktion (Global Supply Chain Management), in: Handbuch Logistik. Management von Material- und Warenflußprozessen, hrsg. v. J. Weber und H. Baumgarten, Stuttgart 1999, S. 886-899

Hüttner, M.: Prognoseverfahren und ihre Anwendung, Berlin/New York 1986

Human, S.E.; Provan, K.G.: An emergent theory of structure and outcomes in small-firm strategic manufacturing networks, in: Academy of Management Journal, Vol. 40 (1997), S. 368-403

Hurtmanns, F.; Packowski, J.: Supply-Chain-Optimierung mit SAP APO in der Chemieindustrie: Einsatzuntersuchung und Geschäftsprozeßszenarien, in: HMD Praxis der Wirtschaftsinformatik, 36. Jg. (1999), H. 207, S. 58-69

Ihde, G.B.: Mikro- und Makrologistik, in: Handbuch Logistik. Management von Material- und Warenflußprozessen, hrsg. v. J. Weber und H. Baumgarten, Stuttgart 1999, S. 115-128

Iyer, A.V.; Bergen, M.E.: Quick Response in Manufacturer - Retailer Channels, in: Management Science, Vol. 43 (1997), S. 559-570

Iyogun, P.; Atkins, D.: A Lower Bound and an Efficient Heuristic for Multistage Multiproduct Distribution Systems, in: Management Science, Vol. 39 (1993), S. 204-217

Jacob, H.: Produktionsplanung und Kostentheorie, in: Zur Theorie der Unternehmung. Festschrift zum 65. Geburtstag von Erich Gutenberg, hrsg. v. H. Koch, Wiesbaden 1962, S. 205-268

Jahnke, H.; Biskup, D.: Planung und Steuerung der Produktion, Landsberg a.L. 1999

Jaikumar, R.; Upton, D.M.: The Coordination of Global Manufacturing, in: Globalization, Technology, and Competition. The Fusion of Computers and Telecommunications in the 1990s, hrsg. v. S.P. Bradley, J.A. Hausman und R.L. Nolan, Boston (Mass.) 1993, S. 169-183

Jarillo, J.C.: On strategic networks, in: Strategic Management Journal, Vol. 9 (1988), S. 31-41

Jayaraman, V.: A multi-objective logistics model for a capacitated service facility problem, in: International Journal of Physical Distribution & Logistics Management, Vol. 29 (1999), S. 65-81

Jayaraman, V.; Srivastava, R.; Benton, W.C.: Supplier Selection and Order Quantity Allocation: A Comprehensive Model, in: The Journal of Supply Chain Management, Vol. 35 (1999), H. 2, S. 50-58

Jehle, E.: Steuerung von großen Netzen in der Logistik unter besonderer Berücksichtigung von Supply Chains, in: Supply Chain Management, hrsg. v. H. Wildemann, München 2000, S. 205-226

Jenner, T.: Hybride Wettbewerbsstrategien in der deutschen Industrie - Bedeutung, Determinanten und Konsequenzen für die Marktbearbeitung, in: Die Betriebswirtschaft, 60. Jg. (2000), S. 7-22

Jörges, K.; Süss, S.: Scheitert die Realisierung virtueller Unternehmen am realen Menschen, in: io Management, 68. Jg. (2000), H. 7/8, S. 78-84

Johanson, J.; Mattsson, L.-G.: Marketing investments and market Investments in Industrial Networks, in: International Journal of Research in Marketing, Vol. 2 (1985), S. 185-195

Johanson, J.; Mattsson, L.-G.: Internationalisation in Industrial Systems - A Network Approach, in: Strategies in Global Competition, hrsg. v. N. Hood und J.-E. Vahlne, London/New York/Sydney 1988, S. 287-314

Johnson, J.C. u.a.: Contemporary Logistics, 7. Aufl., London 1999

Johnston, R.; Lawrence, P.R.: Vertikale Integration II: Wertschöpfungs-Partnerschaften leisten mehr, in: Harvard Manager, 11. Jg. (1989), H. 1, S. 81-88

Jonas, N.: The Hollow Corporation. The decline of manufacturing threatens the entire U.S. economy, in: Business Week vom 03.03.1986, S. 53-55

Kahle, E.: Ansätze zu einer vernetzten Unternehmensplanung, in: Unternehmensplanung und Controlling, hrsg. v. R. Bogaschewsky und U. Götze, Heidelberg 1998, S. 3-22

Kainz, G.A.; Walpoth, G.: Die Wertschöpfungskette als Instrument der IS-Planung, in: Information Management, 7. Jg. (1992), H. 4, S. 48-57

Kaluza, B.; Blecker, T.: Stabilität und Funktionsmechanismen von Umweltmanagement-Netzwerken, in: Kostenvorteile durch Umweltmanagement-Netzwerke, hrsg. v. D.G. Liesegang, Heidelberg 1998, S. 27-50

Kaluza, B.; Blecker, T.: Integration von Unternehmung ohne Grenzen und Supply Chain Management, Nr. 9904 der Diskussionsbeiträge des Instituts für Wirtschaftswissenschaften der Universität Klagenfurt, Klagenfurt 1999

Kaluza, B.; Blecker, T.: Supply Chain Management und Unternehmung ohne Grenzen - Zur Verknüpfung zweier interorganisationaler Konzepte, in: Supply Chain Management, hrsg. v. H. Wildemann, München 2000a, S. 117-152

Kaluza, B.; Blecker, T.: Technologiemanagement in Produktionsnetzwerken und Virtuellen Unternehmen, in: Virtuelle Unternehmen, hrsg. v. H. Albach, D. Specht und H. Wildemann, ZfB-Ergänzungsheft 2, Wiesbaden 2000b, S. 137-156

Kalymon, B.A.: A Decomposition Algorithm for Arborescence Inventory Systems, in: Operations Research, Vol. 20 (1972), S. 860-874

Kansky, D.: Supply Chain Management. Der direkte Weg zur Steigerung von Ertrag und Wettbewerbsfähigkeit, in: Industrie Management, 15. Jg. (1999), H. 5, S. 14-17

Kansky, D.; Weingarten, U.: Supply Chain: Fertigen, was der Kunde verlangt, in: Havard Business Manager, 21. Jg. (1999), H. 4, S. 87-95

Kappelhoff, P.: Der Netzwerkansatz als konzeptueller Rahmen für eine Theorie interorganisationaler Netzwerke, in: Steuerung von Netzwerken. Konzepte und Praktiken, hrsg. v. J. Sydow und A. Windeler, Opladen/Wiesbaden 2000, S. 25-57

Keller, A.M.: Smart Catalogs and Virtual Catalogs, in: Proceedings of the First USENIX Workshop on Electronic Commerce, New York, 11.-12.07.1995, hrsg v. USENIX Association, Berkeley (Ca.) 1995, S. 125-131

Kemmner, G.-A.; Gillessen, A.: Virtuelle Unternehmen, Heidelberg 2000

Kemppainen, K.; Vepsäläinen, A.P.J.: Coordinated Priorities within the Supply Chain, in: Building New Bridges in Logistics, Proceedings of the 11th Annual Conference for Nordic Researchers in Logistics, hrsg. v. E. Larsson und U. Paulsson, Lund 1999, S. 197-211

Keppel, M.F.: Organisation von Wirtschaftsprüfungsgesellschaften. Ein aufbauorganisatorisches Gestaltungskonzept unter besonderer Berücksichtigung der Netzwerkorganisation, Diss. Köln 1996

Kern, S.: Koordination dezentraler Produktionseinheiten, in: Handbuch Produktionsmanagement, hrsg. v. H. Corsten, Wiesbaden 1994, S. 381-401

Kern, W.: Industrielle Produktionswirtschaft, 5. Aufl., Stuttgart 1992

Khandwalla, P.N.: Unsicherheit und die „optimale" Gestaltung von Organisationen, in: Organisationstheorie, 1. Teilband, hrsg. v. E. Grochla, Stuttgart 1975, S. 140-156

Kieser, A.: Zur Evolution von Organisationsformen I: Zunft, Verlag, Manufaktur, Mannheim 1983

Kieser, A.: Fremdorganisation, Selbstorganisation und evolutionäres Management, in: Zeitschrift für betriebswirtschaftliche Forschung, 46. Jg. (1994), S. 199-228

Kieser, A.: Moden & Mythen des Organisierens, in: Die Betriebswirtschaft, 56. Jg. (1996), S. 21-39

Kieser, A.; Kubicek, H.: Organisation, 3. Aufl., Berlin/New York 1992

Kilger, C.: Optimierung der Supply Chain durch Advanced Planning Systems, in: Information Management & Consulting, 13. Jg. (1998), H. 3, S. 49-55

Kilger, C.; Schneeweiss, L.: Demand Fulfilment and ATP, in: Supply Chain Management and Advanced Planning. Concepts, Models, Software and Case Studies, hrsg. v. H. Stadtler und C. Kilger, Berlin u.a. 2000, S. 135-148

Kilger, W.: Optimale Produktions- und Absatzplanung. Entscheidungsmodelle für den Produktions- und Absatzbereich industrieller Betriebe, Opladen 1973

Kirn, S.: Kooperierende intelligente Agenten in Virtuellen Organisationen, in: HMD - Theorie und Praxis der Wirtschaftsinformatik, 32. Jg. (1995), H. 185, S. 24-36

Kirn, S.: Unternehmensnetzwerke, kooperative Software-Agenten und die Koordination dezentraler Aktivitäten, in: Produktion als Dienstleistung, 10. Ilmenauer Wirtschaftsforum, Ilmenau, 06.11.1997, hrsg. v. Fakultät für Wirtschaftswissenschaften der Technischen Universität Ilmenau (Red. H. Schneider), Ilmenau 1997, S. 210-222

Kirsch, W.: Die Koordination von Entscheidungen in Organisationen, in: Zeitschrift für betriebswirtschaftliche Forschung, 23. Jg. (1971), S. 61-82

Kirsch, W.: Kommunikatives Handeln, Autopoiese, Rationalität. Sondierungen zu einer evolutionären Führungslehre, München 1992

Kirsch, W.; Meffert, H.: Organisationstheorien und Betriebswirtschaftslehre, Wiesbaden 1970

Kirsch, W. u.a.: Betriebswirtschaftliche Logistik: Systeme, Entscheidungen, Methoden, Wiesbaden 1973

Kistner, K.-P.: Koordinationsmechanismen in der hierarchischen Planung, in: Zeitschrift für Betriebswirtschaft, 62. Jg. (1992), S. 1125-1146

Kistner, K.-P.; Steven, M.: Produktionsplanung, 2. Aufl., Heidelberg 1993

Kistner, K.-P.; Steven-Switalski, M.: Zur Entwicklung einer Theorie der hierarchischen Produktionsplanung, in: Neuere Konzepte der Produktionsplanung und -steuerung, hrsg. v. G. Zäpfel, Linz 1989, S. 1-28

Kistner, K.-P.; Switalski, M.: Hierarchische Produktionsplanung, in: Zeitschrift für Betriebswirtschaft, 59. Jg. (1989), S. 477-503

Klages, H.: Planungspolitik. Probleme und Perspektiven der umfassenden Zukunftsgestaltung, Stuttgart u.a. 1971

Klaus, P.: Supply Chain Management, in: Gabler-Lexikon Logistik: Management logistischer Netzwerke und Flüsse, hrsg. v. P. Klaus und W. Krieger, Wiesbaden 1998, S. 434-441

Klein, K.K. u.a.: An evaluation of supply chain performance in the Canadian pork sector, in: Supply Chain Management, Vol. 1 (1996), S. 12-24

Klein, R.: Genetic Algorithms, in: Supply Chain Management and Advanced Planning. Concepts, Models, Software and Case Studies, hrsg. v. H. Stadtler und C. Kilger, Berlin u.a. 2000a, S. 345-352

Klein, R.: Constraint Programming, in: Supply Chain Management and Advanced Planning. Concepts, Models, Software and Case Studies, hrsg. v. H. Stadtler und C. Kilger, Berlin u.a. 2000b, S. 353-359

Klein, S.: Virtuelle Organisation, in: Wirtschaftswissenschaftliches Studium, 23. Jg. (1994), S. 309-311

Klein, S.: Die Konfiguration von Unternehmungsnetzwerken - ein Parson'scher Bezugsrahmen, in: Die Dimensionierung des Unternehmens, hrsg. v. R. Bühner, K.D. Haase und J. Wilhelm, Stuttgart 1995, S. 323-357

Klein, S.: Zur Rolle moderner Informations- und Kommunikationstechnologien, in: Virtualisierung von Organisationen, hrsg. v. G. Müller-Stewens, Stuttgart/Zürich 1997, S. 43-59

Kleinaltenkamp, M.: Die Dynamisierung strategischer Marketing-Konzepte - Eine kritische Würdigung des „Outpacing strategies"-Ansatzes von Gilbert und Strebel, in: Zeitschrift für betriebswirtschaftliche Forschung, 39. Jg. (1987), S. 31-52

Kleinaltenkamp, M.; Wolters, H.: Die Gestaltung von Systempartnerschaften zwischen Automobilherstellern und ihren Zulieferern - eine spieltheoretische Analyse, in: Managementforschung 7. Gestaltung von Organisationsgrenzen, hrsg. v. G. Schreyögg und J. Sydow, Berlin/New York 1997, S. 45-78

Knirsch, P.; Timm, I.J.: Multi-Agentensysteme zur Unterstützung temporärer Logistiknetzwerke, in: Logistik Management. Intelligente I+K Technologien, hrsg. v. H. Kopfer und C. Bierwirth, Berlin u.a. 1999, S. 185-195

Knolmayer, G.: Materialflußorientierung statt Materialbestandsoptimierung: Ein Paradigmenwechsel in der Theorie des Produktions-Managements?, in: Logistik - eine Aufgabe der Unternehmenspolitik. Ein Round Table-Gespräch, hrsg. v. J. Baetge, H. Rühle von Lilienstern und H. Schäfer, Berlin 1987, S. 53-69

Knolmayer, G.; Mertens, P.; Zeier, A.: Supply Chain Management auf Basis von SAP-Systemen. Perspektiven der Auftragsabwicklung für Industriebetriebe, Berlin u.a. 2000

Knyphausen, D. zu: „Why are Firms different?" Der „Ressourcenorientierte Ansatz" im Mittelpunkt einer aktuellen Kontroverse im Strategischen Management, in: Die Betriebswirtschaft, 53. Jg. (1993), S. 771-792

Knyphausen-Aufseß, D. zu: Theoretische Perspektiven der Entwicklung von Regionalnetzwerken, in: Zeitschrift für Betriebswirtschaft, 69. Jg. (1999), S. 593-616

Knyphausen, D. zu; Ringlstetter, M.: Wettbewerbsumfeld, Hybride Strategien und Economies of Scope, in: Beiträge zum Management strategischer Programme, hrsg. v. W. Kirsch, München 1991, S. 540-557

Koch, H.: Die zentrale Grobplanung als Kernstück der integrierten Unternehmensplanung, in: Zeitschrift für betriebswirtschaftliche Forschung, 24. Jg. (1972), S. 222-252

Koch, H.: Integrierte Unternehmensplanung, Wiesbaden 1982

Kocian, C.; Corrêa, G.N.; Scheer, A.-W.: Das Virtuelle Zentrum: Rahmenkonzept für Entstehung und Management von Virtuellen Unternehmen, in: Information Management, 12. Jg. (1997), H. 3, S. 59-64

Köhler, H.-D.: Netzwerksteuerung und/oder Konzernkontrolle? Die Automobilkonzerne im Internationalisierungsprozeß, in: Steuerung von Netzwerken. Konzepte und Praktiken, hrsg. v. J. Sydow und A. Windeler, Opladen/Wiesbaden 2000, S. 280-300

Köhler, R.: Grundprobleme der strategischen Marketingplanung, in: Die Führung des Betriebes, hrsg. v. M.N. Geist und R. Köhler, Stuttgart 1981, S. 261-291

Köhler, R.: Produktionsplanung für Flexible Fertigungszellen, Münster 1988

Kolisch, R.; Brandenburg, M.; Krüger, C.: Numetrix/3 Production Scheduling, in: OR Spektrum, 22. Jg. (2000), S. 307-312

Konradt, U.: Partner im virtuellen Unternehmen, in: Harvard Business Manager, 21. Jg. (1999), S. 103-107

Kortmann, J.; Lessing, H.: Marktstudie: Standardsoftware für Supply Chain Management, Paderborn 2000

Kortzfleisch, H.F.O.v.: Virtuelle Unternehmen, in: Die Betriebswirtschaft, 59. Jg. (1999), S. 664-685

Kosiol, E.: Einführung in die Betriebswirtschaftslehre, Wiesbaden 1968

Kosiol, E.: Die Unternehmung als wirtschaftliches Aktionszentrum, Reinbek bei Hamburg 1972

Kotzab, H.: Neue Konzepte der Distributionslogistik von Handelsunternehmen, Wiesbaden 1997

Kotzab, H.: Zum Wesen von Supply Chain Management vor dem Hintergrund der betriebswirtschaftlichen Logistikkonzeption - erweiterte Überlegungen, in: Supply Chain Management, hrsg. v. H. Wildemann, München 2000, S. 21-47

Kotzab, H.; Schnedlitz, P.: Just-In-Time-orientierte Logistikstrategien im Handel, in: Computer Based Marketing. Das Handbuch zur Marketinginformatik, hrsg. v. H. Hippner, M. Meyer und K.D. Wilde, Braunschweig/Wiesbaden 1998, S. 357-369

Kräkel, M.: Organisation und Management, Tübingen 1999

Kreikebaum, H.: Strategische Unternehmensplanung, 6. Aufl., Stuttgart/Berlin/Köln 1997

Kreps, D.M.; Wilson, R.: Reputation and Imperfect Information, in: Journal of Economic Theory, Vol. 27 (1982), S. 253-279

Krickl, O.C.: Business Redesign: Neugestaltung von Organisationsstrukturen unter besonderer Berücksichtigung der Gestaltungspotentiale von Workflowmanagementsystemen, Wiesbaden 1995

Krüger, R.; Steven, M.: Supply Chain Management im Spannungsfeld von Logistik und Management, in: Wirtschaftswissenschaftliches Studium, 29. Jg. (2000), S. 501-507

Kruschwitz, L.; Fischer, J.: Heuristische Lösungsverfahren, in: Wirtschaftswissenschaftliches Studium, 10. Jg. (1981), S. 449-458

Kubicek, H.; Klein, S.: Optionen und Realisierungschancen der Kooperation bei branchenübergreifenden Wertkartensystemen, in: Management interorganisationaler Beziehungen. Vertrauen, Kontrolle und Informationstechnik, hrsg. v. J. Sydow und A. Windeler, Opladen 1997 (unveränderter Nachdruck der 1. Aufl. 1994), S. 93-114

Küchler, D.; Dommel, J.: Supply Chain Management auf Basis des LS Production Network, in: PPS-Management, 5. Jg. (2000), H. 2, S. 39-42

Küpper, H.-U.: Betriebswirtschaftliche Steuerungs- und Lenkungsmechanismen organisationsinterner Kooperation, in: Kooperation. Gestaltungsprinzipien und Steuerung der Zusammenarbeit zwischen Organisationseinheiten, hrsg. v. R. Wunderer, Stuttgart 1991, S. 175-202

Küpper, H.-U.: Controlling. Konzeption, Aufgaben und Instrumente, 2. Aufl., Stuttgart 1997

Küpper, H.-U.; Helber, S.: Ablauforganisation in Produktion und Logistik, 2. Aufl., Stuttgart 1995

Küting, K.: Der Entscheidungsrahmen einer unternehmerischen Zusammenarbeit, in: Unternehmerische Zusammenarbeit. Beiträge zu Grundsatzfragen bei Kooperation und Zusammenschluß, hrsg. v. K. Küting und K.J. Zink, Berlin 1983, S. 1-35

Kuglin, F.A.: Customer-Centered Supply Chain Management. A Link-by-Link Guide, New York u.a. 1998

Kuhn, A.: Unternehmensführung, 2. Aufl., München 1990

Kuhn, A.; Hellingrath, B.; Kloth, M.: Anforderungen an das Supply Chain Management der Zukunft, in: Information Management & Consulting, 13. Jg. (1998), H. 3, S. 7-13

Kuhn, A.; Kloth, M.: Zukunftsstrategien und Veränderungstreiber der Logistik, in: Logistik Jahrbuch, 13. Jg. (1999), S. 160-165

Kulow, B. u.a.: Marktstudie Supply Chain Management Software. Planungssysteme im Überblick. Ergebnisse einer Gemeinschaftsaktivität der Fraunhofer Institute Produktionstechnik und Automatisierung (IPA) und Materialfluß und Logistik (IML), Stuttgart/Dortmund 1999

Kurbel, K.: Produktionsplanung und -steuerung. Methodische Grundlagen von PPS-Systemen und Erweiterungen, 4. Aufl., München/Wien 1999

Kutschker, M.: Strategische Kooperationen als Mittel der Internationalisierung, in: Die Unternehmung im internationalen Wettbewerb, hrsg. v. L. Schuster, Berlin 1994, S. 121-157

Kutschker, M.; Schmid, S.: Netzwerke internationaler Unternehmungen, Nr. 64 der Diskussionsbeiträge der Wirtschaftswissenschaftlichen Fakultät Ingolstadt, Ingolstadt 1995

Laan, E.A. van der u.a.: Inventory Control for Joint Manufacturing and Remanufacturing, in: Quantitative Models for Supply Chain Management, hrsg. v. S. Tayur, R. Ganeshan und M. Magazine, Boston (Mass.)/Dordrecht/London 1998, S. 807-837

Labbé, M.: Facility Location: Models, Methods and Applications, in: Operations Research and Decision Aid Methodologies in Traffic and Transportation Management, hrsg. v. M. Labbé u.a., Berlin u.a. 1998, S. 264-285

Landolt, P.: Nicht alles ist Gold was glänzt. Die Auswahl und Einführung von SCM-Systemen stellt nicht selten eine echte Herausforderung dar, in: Industrielle Informationstechnik, 37. Jg. (2000), H. 10/11, S. 52-54

Lange, C.; Schaefer, S.; Daldrup, H.: Integriertes Controlling in Strategischen Unternehmensnetzwerken, Nr. 18 der Beiträge zur Umweltwirtschaft und zum Controlling des Fachbereichs Wirtschaftswissenschaften der Universität-GH-Essen, Essen 2000

Laßmann, A.: Organisatorische Koordination. Konzepte und Prinzipien zur Einordnung von Teilaufgaben, Wiesbaden 1992

Laux, H.: Der Einsatz von Entscheidungsgremien. Grundprobleme der Organisationslehre in entscheidungstheoretischer Sicht, Berlin/Heidelberg/New York 1979

Laux, H.; Liermann, F.: Grundformen der Koordination in der Unternehmung: Die Tendenz zur Hierarchie, in: Zeitschrift für betriebswirtschaftliche Forschung, 39. Jg. (1987), S. 807-828

Laux, H.; Liermann, F.: Grundlagen der Organisation. Die Steuerung von Entscheidungen als Grundproblem der Betriebswirtschaftslehre, 4. Aufl., Berlin u.a. 1997

Lawrence, P.R.; Lorsch, J.W.: Organization and Environment. Managing Differentiation and Integration, Boston (Mass.) 1967

Lee, C.Y.: An Optimal Algorithm for the Multiproduct Capacitated Facility Location Problem With a Choice of Facility Type, in: Computers and Operations Research, Vol. 18 (1991), S. 167-182

Lee, C.Y.: A Cross Decomposition Algorithm for a Multiproduct-Multitype Facility Location Problem, in: Computers & Operations Research, Vol. 20 (1993), S. 527-540

Lee, H.L.: Design for Supply Chain Management: Concepts and Examples, in: Perspectives in Operations Management. Essays in Honor of Elwood S. Buffa, hrsg. v. R.K. Sarin, Boston (Mass.)/Dordrecht/London (1993), S. 45-65

Lee, H.L.: Effective Inventory and Service Management Through Product and Process Redesign, in: Operations Research, Vol. 44 (1996), S. 151-159

Lee, H.L.; Billington, C.: Designing Products and Processes for Postponement, in: Management of Design: Engineering and Management Perspectives, Papers presented at a Conference held at the University of California, Los Angeles, 1992, hrsg. v. S. Dasu und C. Eastman, Boston (Mass.) 1994, S. 105-122

Lee, H.L.; Feitzinger, E.: Product Configuration and Postponement for Supply Chain Efficiency, in: Proceedings of the 4th Industrial Engineering Research Conference, Nashville, 24.-25.05.1995, hrsg. v. B.W. Schmeiser, Norcross 1995, S. 43-48

Lee, H.L.; Sasser, M.M.: Product universality and design for supply chain management, in: Production Planning & Control, Vol. 6 (1995), S. 270-277

Lee, H.L.; Tang, C.S.: Modelling the Costs and Benefits of Delayed Product Differentiation, in: Management Science, Vol. 43 (1997), S. 40-53

Lee, H.L.; Tang, C.S.: Variability Reduction Through Operations Reversal, in: Management Science, Vol. 44 (1998), S. 162-172

Lee, H.L.; Padmanabhan, V.; Whang, S.: The Bullwhip Effect in Supply Chains, in: Sloan Management Review, Vol. 38 (1997a), H. 3, S. 93-102

Lee, H.L.; Padmanabhan, V.; Whang, S.: Der Peitscheneffekt in der Absatzkette, in: Harvard Business Manager, 19. Jg. (1997b), H. 4, S. 78-87

Leipold, H.: Eigentum und wirtschaftlich-technischer Fortschritt. Eine dogmenhistorische und systemvergleichende Studie, Köln 1983

Leisten, R.: Iterative Aggregation und mehrstufige Entscheidungsmodelle. Einordnung in den planerischen Kontext, Analyse anhand der Modelle der Linearen Programmierung und Darstellung am Anwendungsbeispiel der Hierarchischen Produktionsplanung, Heidelberg 1995

Leitzinger, H.: Submission und Preisbildung. Mechanik und ökonomische Effekte der Preisbildung bei Bietverfahren, Köln u.a. 1988

Liesegang, D.G.: Aggregierte Kostenfunktion der Lagerhaltung bei hierarchischen Produktionsplanungssystemen, in: Zeitaspekte in betriebswirtschaftlicher Theorie und Praxis, 50. Wissenschaftliche Jahrestagung des Verbandes der Hochschullehrer für Betriebswirtschaft e.V., Köln, 24.-28.05.1988, hrsg. v. H. Hax, W. Kern und H.-H. Schröder, Stuttgart 1989, S. 203-214

Lindblom, C.E.: The Science of „Muddling Through", in: Public Administration Review, Vol. 19 (1959), S. 79-88

Lindblom, C.E.: The Intelligence of Democracy, New York/London 1965

Linde, F.: Virtuell kann nicht völlig „grenzenlos" bedeuten, in: Gablers Magazin, 11. Jg. (1997), H. 3, S. 20-23

Lindemann, M.A.: Struktur und Effizienz elektronischer Märkte. Ein Ansatz zur Referenzmodellierung und Bewertung elektronischer Marktgemeinschaften und Marktdienste, Diss. St. Gallen 2000

Linné, H.: Wahl geeigneter Kooperationspartner. Ein Beitrag zur strategischen Planung von F&E-Kooperationen, Frankfurt a.M. u.a. 1993

Litterer, J.A.: The Analysis of Organizations, New York/London/Sydney 1965

Lorange, P.: Co-operative Strategies: Planning and Control Considerations, in: Strategies in Global Competition, hrsg. v. N. Hood und J.-E. Vahlne, London/New York/Sydney 1988, S. 370-389

Luczak, H.; Heiderich, T.: Leistungsstand aktueller Standard-PPS-Systeme bei der Unterstützung wandelbarer Produktionsnetze, in: Industrie Management, 13. Jg. (1997), H. 4, S. 9-12

Lührs, T.; Rock, B.: Supply Chain Management: Software-Auswahl, in: Diebold Management Report, o.Jg. (2000), H. 4/5, S. 13-18

Luhmann, N.: Vertrauen. Ein Mechanismus der Reduktion sozialer Komplexität, 3. Aufl., Stuttgart 1989

Macaulay, S.: Non-Contractual Relations in Business: A Preliminary Study, in: American Sociological Review, Vol. 28 (1963), S. 55-69

MacKie-Mason, J.K.; Varian, H.R.: Generalized Vickrey Auctions, Working Paper des Department of Economics der University of Michigan, Ann Arbor 1994

Macneil, I.R.: The Many Futures Of Contracts, in: Southern California Law Review, Vol. 47 (1974), S. 691-816

Maes, J.; McClain, J.O.; Wassenhove, L.N. van: Multilevel capacitated lotsizing complexity and LP-based heuristics, in: European Journal of Operational Research, Vol. 53 (1991), S. 131-148

Männel, B.: Netzwerke in der Zulieferindustrie. Konzepte - Gestaltungsmerkmale - Betriebswirtschaftliche Wirkungen, Wiesbaden 1996

Mag, W.: Ausschüsse, in: Handwörterbuch der Organisation, hrsg. v. E. Frese, 3. Aufl., Stuttgart 1992, Sp. 252-262

Malone, T.W.; Crowston, K.: The Interdisciplinary Study of Coordination, in: ACM Computing Surveys, Vol. 26 (1994), S. 87-119

Malone, T.W.; Laubacher, R.J.: Vernetzt, klein und flexibel - die Firma des 21. Jahrhunderts, in: Harvard Business Manager, 21. Jg. (1999a), H. 2, S. 28-36

Malone, T.W.; Laubacher, R.J.: The Dawn of the E-Lance Economy, in: Electronic Business Engineering, hrsg. v. A.-W. Scheer und M. Nüttgens, Heidelberg 1999b, S. 13-24

Malone, T.W.; Yates, J.; Benjamin, R.I.: Electronic Markets and Electronic Hierarchies, in: Communications of the ACM, 30. Jg. (1987), S. 484-497

Mannmeusel, T.: Dezentrale Produktionslenkung unter Nutzung verhandlungsbasierter Koordinationsformen, Wiesbaden 1997

Martin, C.H.; Dent, D.C.; Eckhart, J.C.: Integrated Production, Distribution, and Inventory Planning at Libbey-Owens-Ford, in: Interfaces, Vol. 23 (1993), H. 3, S. 68-78

Maxwell, W.L.; Muckstadt, J.A.: Establishing Consistent and Realistic Reorder Intervals in Production-Distribution Systems, in: Operations Research, Vol. 33 (1985), S. 1316-1341

Mayntz, R.: Modernisierung und die Logik von interorganisatorischen Netzwerken, in: Journal für Sozialforschung, 32. Jg. (1992), S. 19-32

McGovern, T.; Hicks, C.; Earl, C.F.: Modelling Supply Chain Management Processes in Engineer-to-Order Companies, in: International Journal of Logistics, Vol. 2 (1999), H. 2, S. 147-159

Meckl, R.: Unternehmenskooperation im EG-Binnenmarkt, Wiesbaden 1993

Meckl, R.; Kubitschek, C.: Organisation von Unternehmensnetzwerken - Eine verfügungsrechtstheoretische Analyse, in: Zeitschrift für Betriebswirtschaft, 70. Jg. (2000), S. 289-307

Meffert, H.: Marketing im Spannungsfeld von weltweitem Wettbewerb und nationalen Bedürfnissen, in: Zeitschrift für Betriebswirtschaft, 56. Jg. (1986), S. 689-712

Meffert, H.: Die virtuelle Unternehmung. Perspektiven aus Sicht des Marketing, in: Marktleistung und Wettbewerb, hrsg. v. K. Backhaus, Wiesbaden 1997, S. 115-141

Mertens, P.; Faisst, W.: Virtuelle Unternehmen. Eine Organisationsstruktur für die Zukunft?, in: Wirtschaftswissenschaftliches Studium, 25. Jg. (1996), S. 280-285

Mesarovic, M.D.; Macko, D.: Foundations for a Scientific Theory of Hierarchical Systems, in: Hierarchical Structures, hrsg. v. L.L. Whyte, A.G. Wilson und D. Wilson, New York 1969, S. 29-50

Mesarovic, M.D.; Macko, D.; Takahara, Y.: Theory of Hierarchical, Multilevel Systems, New York/London 1970

Messner, D.: Die Netzwerkgesellschaft. Wirtschaftliche Entwicklung und internationale Wettbewerbsfähigkeit als Probleme gesellschaftlicher Steuerung, Köln 1995

Metz, P.J.: Demystifying Supply Chain Management: Accomplishments and Challenges, in: Annual Conference Proceedings, Council of Logistics Management fall meeting, Chicago (Ill.), 05.-08.10.1997, hrsg. v. Council of Logistics Management, Chicago (Ill.) 1997, S. 237-255

Meyer, H.; Steven, M.: Produktionsplanung und -steuerung in virtuellen Fabriken, in: PPS-Management, 5. Jg. (2000), H. 3, S. 16-22

Meyer, M.: Ökonomische Organisation der Industrie. Netzwerkarrangements zwischen Markt und Unternehmung, Wiesbaden 1995

Meyer, M.: Effektivität und Effizienz von industriellen Netzwerken, in: Marktforschung & Management, 40. Jg. (1996), S. 90-95

Meyer, R.: Die Vorgabe einer Abstimmungsregel für Gremien als Entscheidungsproblem, Diss. Frankfurt a.M. 1983

Meyer, R.: Hierarchische Produktionsplanung für die marktorientierte Serienfertigung. Anwendung auf ein Unternehmen der elektrotechnischen Industrie, Heidelberg 1997

Meyr, H.; Rohde, J.; Wagner, M.: Architecture of Selected APS, in: Supply Chain Management and Advanced Planning. Concepts, Models, Software and Case Studies, hrsg. v. H. Stadtler und C. Kilger, Berlin u.a. 2000, S. 241-249

Mildenberger, U.: Selbstorganisation von Produktionsnetzwerken. Erklärungsansatz auf Basis der neueren Systemtheorie, Wiesbaden 1998

Miles, R.E.; Snow, C.C.: Organizational Strategy, Structure and Process, New York 1978

Miles, R.E.; Snow, C.C.: Network Organizations. New Concept for New Forms, in: California Management Review, Vol. 28 (1986), H. 3, S. 62-73

Miles, R.E.; Snow, C.C.: Causes of Failure in Network Organizations, in: California Management Review, Vol. 34 (1992), H. 4, S. 53-72

Miles, R.E.; Snow, C.C.: Fit, Failure, and the Hall of Fame. How Companies Succeed or Fail, New York u.a. 1994

Miles, R.E.; Snow, C.C.: The New Network Firm: A Spherical Structure Built on a Human Investment Philosophy, in: Organizational Dynamics, Vol. 23 (1995), H. 4, S. 5-18

Mill, U.; Weißbach, H.-J.: Vernetzungswirtschaft. Ursachen, Funktionsprinzipien, Funktionsprobleme, in: ArBYTE. Modernisierung der Industriesoziologie?, hrsg. v. T. Malsch und U. Mill, Berlin 1992, S. 315-342

Millarg, K.: Virtuelle Fabrik. Gestaltungsansätze für eine neue Organisationsform in der produzierenden Industrie, Regensburg 1998

Miller, T.: Hierarchical Operations and Supply Chain Planning, London/Berlin/Heidelberg 2001

Mintzberg, H.: The Structuring of Organizations. A Synthesis of the Research, Englewood Cliffs 1979

Mintzberg, H.: Opening up the Definition of Strategy, in: The Strategy Process. Concepts, Contexts, and Cases, hrsg. v. J.B. Quinn, H. Mintzberg und R.M. James, Englewood Cliffs 1988, S. 13-20

Mises, L.v.: Nationalökonomie. Theorie des Handelns und Wirtschaftens, Genf 1940

Mitchell, J.C.: The Concept and Use of Social Networks, in: Social Networks in Urban Situations, Analyses of Personal Relationship in Central African Towns, hrsg. v. J.C. Mitchell, Manchester/New York 1969, S. 1-50

Mohr, J.; Spekman, R.: Characteristics of Partnership Success. Partnership Attributes, Communication Behaviour, and Conflict Resolution Techniques, in: Strategic Management Journal, Vol. 15 (1994), S. 135-152

Moinzadeh, K.; Klastorin, T.; Berk, E.: The impact of small lot ordering on traffic congestion in a physical distribution system, in: IIE Transactions, Vol. 29 (1997), S. 671-679

Monse, K.: Zwischenbetriebliche Vernetzung in institutioneller Perspektive, in: ArBYTE. Modernisierung der Industriesoziologie?, hrsg. v. T. Malsch und U. Mill, Berlin 1992, S. 295-314

Montreuil, B.; Vallerand, J.; Poulin, D.: Strategic Enterprise Realization and Transforming Processes in the Virtual Organization Era, in: Proceedings of the International Conference on Engineering and Technology Management (IEMC 96), Managing Virtual Enterprises: A Convergence of Communications, Computing, and Energy Technologies, Vancouver, 18.-20.08.1996, o.Hrsg., Vancouver 1996, S. 402-408

Morgan, G.: Images of Organization, Newbury Park/London/New Dehli 1986

Mosekilde, E.; Larsen, E.; Sterman, J.: Coping With Complexity: Deterministic Chaos in Human Decisionmaking Behavior, in: Beyond belief: randomness, prediction, and explanation in science, hrsg. v. J.L. Casti und A. Karlqvist, Boca Raton u.a. 1991, S. 199-229

Mowshowitz, A.: Social Dimensions of Office Automation, in: Advances in Computers, Vol. 25 (1986), S. 335-404

Much, D.: Gestaltung der Auftragsabwicklung und PPS bei Unternehmenszusammenschlüssen, in: Produktionsplanung und -steuerung. Grundlagen, Gestaltung und Konzepte, hrsg. v. H. Luczak, W. Eversheim und M. Schotten, Heidelberg 1998, S. 546-595

Mucksch, H.; Holthuis, J.; Reiser, M.: Das Data Warehouse-Konzept - ein Überblick, in: Wirtschaftsinformatik, 38. Jg. (1996), S. 421-433

Muckstadt, J.A.; Roundy, R.O.: Multi-Item, One-Warehouse, Multi-Retailer Distribution Systems, in: Management Science, Vol. 33 (1987), S. 1613-1621

Müller, A.: Produktionsplanung und Pufferbildung bei Werkstattfertigung, Wiesbaden 1987

Müller-Stewens, G.: Auf dem Weg zur Virtualisierung der Prozessorganisation, in: Virtualisierung von Organisationen, hrsg. v. G. Müller-Stewens, Stuttgart/Zürich 1997a, S. 1-21

Müller-Stewens, G.: Grundzüge einer Virtualisierung, in: Virtualisierung von Organisationen, hrsg. v. G. Müller-Stewens, Stuttgart/Zürich 1997b, S. 23-41

Müller-Wünsch, M.: Der Management-Leitstand für das virtuelle Unternehmen: EXECUdesk, in: DV-Management, 5. Jg. (1995), H. 4, S. 169-175

Muther, A.; Österle, H.: Electronic Customer Care - Neue Wege zum Kunden, in: Wirtschaftsinformatik, 40. Jg. (1998), S. 105-113

Nathusius, K.: Partnerschaften und Wertschöpfung in der Automobilindustrie, in: Unternehmungsnetzwerke und virtuelle Organisationen, hrsg. v. U. Winand und K. Nathusius, Stuttgart 1998, S. 35-46

Nawatzki, J.: Integriertes Informationsmanagement. Die Koordination von Informationsverarbeitung, Organisation und Personalwirtschaft bei der Planung, Durchführung, Kontrolle und Steuerung des Einsatzes neuer Informationstechnologie in der Unternehmung, Bergisch Gladbach/Köln 1994

Neubauer, W.: Interpersonales Vertrauen als Management-Aufgabe in Organisationen, in: Interpersonales Vertrauen. Theorien und empirische Befunde, hrsg. v. M. Schweer, Opladen/Wiesbaden 1997, S. 105-120

Neuberger, O.: Führen und geführt werden, 3. Aufl., Stuttgart 1990

Nieder, P.: Erfolg durch Vertrauen. Abschied vom Management des Mißtrauens, Wiesbaden 1997

Nishiguchi, T.: Strategic Industrial Sourcing. The Japanese Advantage, New York/Oxford 1994

Oberparleiter, K.: Funktionen- und Risikenlehre des Warenhandels, 2. Aufl., Wien 1955

Ochsenbauer, C.: Organisatorische Alternativen zur Hierarchie, München 1989

Odendahl, C.; Bieger, F.; Scheer, A.-W.: Virtuelle Unternehmen versus traditionelle Unternehmensformen - Eine vergleichende Studie, Arbeitspapier des Instituts für Wirtschaftsinformatik an der Universität des Saarlandes, Saarbrücken o.J.

Odendahl, C.; Reimer, S.; Marzen, S.: Fallstudie zum Projekt „Konzeption und Entwicklung einer Kooperationsbörse zur kontinuierlichen Gestaltung Virtueller Unternehmen", Arbeitspapier des Instituts für Wirtschaftsinformatik an der Universität des Saarlandes, Saarbrücken o.J.

Olbrich, T.: Das Modell der „Virtuellen Unternehmungen" als unternehmensinterne Organisations- und unternehmensexterne Kooperationsform, in: Information Management, 9. Jg. (1994), H. 4, S. 28-36

O'Leary, D.E.; Kuokka, D.; Plant, R.: Artificial Intelligence and Virtual Organizations, in: Communications of the ACM, 40. Jg. (1997), S. 52-59

Oliver, C.: Determinants of Interorganizational Relationship: Integration and Future Directions, in: Academy of Management Review, 15. Jg. (1990), S. 241-265

Oliver, R.K.; Webber, M.D.: Supply-chain management: logistics catches up with strategy, in: Logistics. The strategic issues, hrsg. v. M. Christopher, London u.a. 1992, S. 63-75

Olson, M.: The Rise and Decline of Nations. Economic Growth, Stagflation, and Social Rigidities, New Haven 1982

Ort, M.; Hemmerling, B.: Internetbasiertes Workflow- und Informationsmanagement, in: Logistik Management. Intelligente I+K Technologien, hrsg. v. H. Kopfer und C. Bierwirth, Berlin u.a. 1999, S. 211-220

Ortmann, G.; Sydow, J.: Grenzmanagement in Unternehmungsnetzwerken: Theoretische Zugänge, in: Die Betriebswirtschaft, 59. Jg. (1999), S. 205-220

Ossadnik, W.: Planung und Entscheidung, in: Betriebswirtschaftslehre, hrsg. v. H. Corsten und M. Reiß, 3. Aufl., München/Wien 1999, S. 127-207

Osterloh, M.; Weibel, A.: Ressourcensteuerung in Netzwerken: Eine Tragödie der Allmende?, in: Steuerung von Netzwerken. Konzepte und Praktiken, hrsg. v. J. Sydow und A. Windeler, Opladen/Wiesbaden 2000, S. 88-106

Otto, A.; Kotzab, H.: How Supply Chain Management Contributes to the Management of Supply Chain - preliminary thoughts on an unpopular question, in: Building New Bridges in Logistics, Proceedings of the 11th Annual Conference for Nordic Researchers in Logistics, hrsg. v. E. Larsson und U. Paulsson, Lund 1999, S. 213-236

Otto, A.; Kotzab, H.: Der Beitrag des Supply Chain Management zum Management von Supply Chains - Überlegungen zu einer unpopulären Frage, in: Zeitschrift für betriebswirtschaftliche Forschung, 53. Jg. (2001), S. 157-176

Ouchi, W.G.: Markets, Bureaucracies and Clans, in: Administrative Science Quarterly, Vol. 25 (1980), S. 129-141

Ouchi, W.G.: Theory Z. How American business can meet the Japanese challenge, London 1981

Panichi, M.: Wirtschaftlichkeitsanalyse produktionssynchroner Beschaffungen mit Hilfe eines prozeßorientierten Logistikmodells, Bergisch Gladbach/Köln 1996

Papaioannou, T.; Edwards, J.: Mobile Agent Technology in Support of Sales Order Processing in the Virtual Enterprise, in: Intelligent Systems for Manufacturing: Multi-Agent Systems and Virtual Organizations, hrsg. v. L.M. Camarinha-Matos, H. Afsarmanesh und V. Marik, Boston (Mass.)/Dordrecht/London 1998, S. 23-32

Papazoglou, M.P.; Heuvel, W.-J. v.d.: From Business Processes to Cooperative Information Systems: An Information Agents Perspective, in: Intelligent Information Agents. Agent-Based Information Discovery and Management on the Internet, hrsg. v. M. Klusch, Berlin u.a. 1999, S. 10-36

Parkhe, A.: Strategic alliance structuring. A game theoretic and transaction cost examination of interfirm cooperation, in: Academy of Management Journal, Vol. 36 (1993), S. 794-829

Petroni, A.; Braglia, M.: Vendor Selection Using Principal Component Analysis, in: The Journal of Supply Chain Management, Vol. 36 (2000), H. 2, S. 63-69

Pfaffmann, E.: Ein Modell der vertikalen Keiretsu, in: Die Betriebswirtschaft, 58. Jg. (1998), S. 451-466

Pfeffer, J.; Salancik, G.R.: The External Control of Organizations: A Resource Dependence Perspective, New York 1978

Pfohl, H.-C.: Interorganisatorische Probleme in der Logistikkette, in: Management der Logistikkette. Kostensenkung - Leistungssteigerung - Erfolgspotential, hrsg. v. H.-C. Pfohl, Berlin 1994a, S. 201-251

Pfohl, H.-C.: Logistikmanagement. Bd. I: Funktionen und Instrumente, Berlin u.a. 1994b

Pfohl, H.-C.: Informationsfluß in der Logistikkette, in: Informationsfluß in der Logistikkette. EDI - Prozeßgestaltung - Vernetzung, hrsg. v. H.-C. Pfohl, Berlin 1997, S. 1-45

Pfohl, H.-C.: Supply Chain Management: Konzept, Trends, Strategien, in: Supply Chain Management: Logistik plus? Logistikkette - Marketingkette - Finanzkette, hrsg. v. H.-C. Pfohl, Berlin 2000, S. 1-42

Pfohl, H.-C.; Buse, H.P.: Organisationale Beziehungsfähigkeiten in komplexen kooperativen Beziehungen, in: Kooperation im Wettbewerb. Neue Formen und Gestaltungskonzepte im Zeichen von Globalisierung und Informationstechnologie, hrsg. v. J. Engelhard und E.J. Sinz, Wiesbaden 1999, S. 270-300

Pfohl, H.-C.; Häusler, P.: Organisation der Logistik in regionalen Produktionsnetzwerken, in: Jahrbuch der Logistik, 13. Jg. (1999), S. 232-236

Pfohl, H.-C.; Häusler, P.: Vernetzung als Logistikstrategie, in: Logistik-Management. Strategien - Konzepte - Praxisbeispiele, hrsg. v. H. Baumgarten, H.-P. Wiendahl und J. Zentes, Berlin/Heidelberg/New York 2000, 4/04/01, S. 1-21 (getrennte Zählung)

Pfohl, H.-C.; Häusler, P.; Müller, K.: Logistikmanagement kleiner und mittlerer Unternehmen in wandelbaren regionalen Produktionsnetzwerken, in: Industrie Management, 14. Jg. (1998), H. 6, S. 29-33

Pfohl, H.-C.; Mayer, S.: Wettbewerbsvorteile durch exzellentes Logistikmanagement. Ergebnisse der vierten ELA/A.T. Kearney Logistikstudie, in: Logistik Management, 1. Jg. (1999), S. 275-281

Pfohl, H.-C.; Pfohl, P.A.: Trends in der Logistik, in: Informationsfluß in der Logistikkette. EDI - Prozeßgestaltung - Vernetzung, hrsg. v. H.-C. Pfohl, Berlin 1997, S. 175-189

Pfohl, H.-C.; Pfohl, P.A.: Postponement in der Supply Chain, in: Jahrbuch der Logistik, 14. Jg. (2000), S. 40-45

Philippson, C.; Treutlein, P.; Hillebrand, V.: Produktionsplanung und -steuerung 1999 - aktuelles Marktangebot und Entwicklungstendenzen bei Standard-PPS-Systemen, in: FB/IE Zeitschrift für Unternehmensentwicklung und Industrial Engineering, 48. Jg. (1999), H. 2, S. 52-65

Philippson, C. u.a.: Funktionsbeschreibung von SCM-Software, in: Marktspiegel Supply Chain Management Software, hrsg. v. C. Philippson u.a., Aachen 1999, S. 17-25

Picot, A.; Reichwald, R.: Führung in virtuellen Organisationsformen, in: Produktionswirtschaft 2000. Perspektiven für die Fabrik der Zukunft, hrsg. v. K. Nagel, R.F. Erben und F.T. Piller, Wiesbaden 1999, S. 129-149

Picot, A.; Reichwald, R.; Wigand, R.T.: Die grenzenlose Unternehmung. Information, Organisation und Management, 1. Aufl., Wiesbaden 1996

Picot, A.; Reichwald, R.; Wigand, R.T.: Die grenzenlose Unternehmung. Information, Organisation und Management, 4. Aufl., Wiesbaden 2001

Pillep, R.; Wrede, P.v.: Grundlagen des Supply Chain Management, in: Marktspiegel Supply Chain Management Software, hrsg. v. C. Philippson u.a., Aachen 1999a, S. 1-15

Pillep, R.; Wrede, P.v.: Anspruch und Wirklichkeit - Nutzenpotentiale und Marktübersicht von SCM-Systemen, in: Industrie Management, 15. Jg. (1999b), H. 5, S. 18-22

Piller, F.T.: Mass Customization. Ein wettbewerbsstrategisches Konzept im Informationszeitalter, Wiesbaden 2000

Pilling, B.K.; Zhang, L.: Cooperative Exchange. Rewards and Risks, in: International Journal of Purchasing & Materials Management, Vol. 28 (1992), H. 2, S. 2-9

Pine, B.J.II: Mass Customization: The New Frontier In Business Competition, Boston (Mass.) 1993

Piore, M.J.; Sabel, C.F.: Das Ende der Massenproduktion. Studie über die Requalifizierung der Arbeit und die Rückkehr der Ökonomie in die Gesellschaft, Berlin 1985

Pirron, J. u.a.: Werkzeuge der Zukunft, in: Logistik Heute, 20. Jg. (1998), H. 11, S. 60-69

Pirron, J. u.a.: Gut, daß wir verglichen haben, in: Logistik Heute, 21. Jg. (1999), H. 3, S. 69-76

Pohlmann, M. u.a.: Industrielle Netzwerke. Antagonistische Kooperationen an der Schnittstelle Beschaffung-Zulieferung, München/Mering 1995

Poirier, C.C.: Advanced Supply Chain Management. How to Build a Sustained Competitive Advantage, San Francisco 1999

Poirier, C.C.; Reiter, S.E.: Die optimale Wertschöpfungskette. Wie Lieferanten, Produzenten und Handel bestens zusammenarbeiten, Frankfurt a.M./New York 1997

Pokorný, J.; Sokolowsky, P.: A Conceptual Modelling Perspective for Data Warehouses, in: Electronic Business Engineering, 4. Internationale Tagung Wirtschaftsinformatik 1999, hrsg. v. A.-W. Scheer und M. Nüttgens, Heidelberg 1999, S. 665-684

Pomper, C.L.: International Investment Planning. An integrated approach, Amsterdam/New York/Oxford 1976

Popper, K.R.: Das Elend des Historizismus, 5. Aufl., Tübingen 1979

Porter, M.E.: The Structure Within Industries and Companies' Performance, in: Review of Economics and Statistics, Vol. 61 (1979), S. 214-227

Porter, M.E.: Wettbewerbsvorteile. Spitzenleistungen erreichen und behaupten, Frankfurt a.M. 1986

Porter, M.E.: The Competitive Advantage of Nations, New York 1990

Porter, M.E.: Wettbewerbsstrategie, 9. Aufl., Frankfurt a.M./New York 1997a

Porter, M.E.: Nur Strategie sichert auf Dauer hohe Erträge, in: Harvard Business Manager, 19. Jg. (1997b), H. 3, S. 1-18

Porter, M.E.; Millar, V.E.: How information gives you competitive advantage, in: Harvard Business Review, Vol. 63 (1985), H. 4, S. 149-160

Powell, W.W.: Neither Market nor Hierarchy: Network Forms of Organization, in: Research in Organizational Behaviour, Vol. 12 (1990), S. 295-336

Probst, G.J.B.: Organisation, Strukturen, Lenkungsinstrumente und Entwicklungsperspektiven, Landsberg a.L. 1992

Prockl, G.G.: Supply Chain Software, in: Gabler-Lexikon Logistik: Management logistischer Netzwerke und Flüsse, hrsg. v. P. Klaus und W. Krieger, Wiesbaden 1998, S. 441-445

Proff, H.; Proff, H.V.: Möglichkeiten und Grenzen hybrider Strategien - dargestellt am Beispiel der deutschen Automobilindustrie, in: Die Betriebswirtschaft, 57. Jg. (1997), S. 796-809

Pyke, D.F.; Cohen, M.A.: Performance characteristics of stochastic integrated production-distribution systems, in: European Journal of Operational Research, Vol. 68 (1993), S. 23-48

Pyke, D.F.; Cohen, M.A.: Multiproduct integrated production-distribution systems, in: European Journal of Operational Research, Vol. 74 (1994), S. 18-49

Quinn, J.B.: Strategies for change. Logical incrementalism, Homewood 1980

Raffée, H.; Effenberger, J.; Fritz, W.: Strategieprofile als Faktoren des Unternehmenserfolges. Eine empirische Analyse, in: Die Betriebswirtschaft, 54. Jg. (1994), S. 383-396

Rai, A.; Borah, S.; Ramaprasad, A.: Critical Success Factors for Strategic Alliances in the Information Technology Industry. An Empirical Study, in: Decision Sciences, Vol. 27 (1996), S. 141-155

Ramsauer, C.: Dezentrale PPS-Systeme. Neue Strukturen bei hoher Innovationsdynamik, Wiesbaden 1997

Rasche, C.; Wolfrum, B.: Ressourcenorientierte Unternehmungsführung, in: Die Betriebswirtschaft, 54. Jg. (1994), S. 501-517

Rautenstrauch, C.; Turowski, K.: Leitstände zur dezentralen Produktionsplanung und -steuerung, in: Dezentrale Produktionsplanungs- und -steuerungs-Systeme. Eine Einführung in zehn Lektionen, hrsg. v. H. Corsten und R. Gössinger, Stuttgart/ Berlin/Köln 1998, S. 145-171

Rayport, J.F.; Sviokla, J.J.: Die virtuelle Wertschöpfungskette - kein fauler Zauber, in: Harvard Business Manager, 18. Jg. (1996), H. 2, S. 104-113

Reichwald, R.; Riedel, D.: Technische Produktänderungen in verteilten Wertschöpfungsketten, in: Supply Chain Management, hrsg. v. H. Wildemann, München 2000, S. 153-173

Reinhart, G.; Ansorge, D.; Selke, C.: Supply Chain Management, in: Virtuelle Fabrik: Wandlungsfähigkeit durch dynamische Unternehmenskooperationen, hrsg. v. G. Reinhart, München 2000, S. 69-78

Reinhart, G.; Hirschberg, A.; Effert, C.: Wandlungsfähigkeit - Antwort auf Turbulenz, in: Virtuelle Fabrik: Wandlungsfähigkeit durch dynamische Unternehmenskooperationen, hrsg. v. G. Reinhart, München 2000, S. 1-10

Reinhart, G.; Mehler, B.: Aufbau Virtueller Fabriken, in: Virtuelle Fabrik: Wandlungsfähigkeit durch dynamische Unternehmenskooperationen, hrsg. v. G. Reinhart, München 2000, S. 41-50

Reiß, M.: Grenzen der grenzenlosen Unternehmung. Perspektiven der Implementierung von Netzwerkorganisationen, in: Die Unternehmung, 50. Jg. (1996), S. 195-206

Reiß, M.: Die „Erosion" konventioneller Unternehmensstrukturen als Herausforderung an die Personal- und Organisationsarbeit, in: Der Neue Mittelstand. Start up-Unternehmer in agilen Netzwerken, hrsg. v. M. Reiß, Frankfurt a.M., 1998a, S. 145-184

Reiß, M.: Organisatorische Entwicklungen, in: Dezentrale Produktionsplanungs- und -steuerungs-Systeme. Eine Einführung in zehn Lektionen, hrsg. v. H. Corsten und R. Gössinger, Stuttgart/Berlin/Köln 1998b, S. 109-141

Reiß, M.: Mythos Netzwerkorganisation, in: Zeitschrift Führung + Organisation, 67. Jg. (1998c), S. 224-229

Reiß, M.: Unternehmertum in Netzwerken, in: Netzwerk-Unternehmer. Fallstudien netzwerkintegrierter Spin-offs, Ventures, Start-ups und KMU, hrsg. v. M. Reiß, München 2000a, S. 1-37

Reiß, M.: Koordinatoren in Unternehmensnetzwerken, in: Produktions- und Logistikmanagement in Virtuellen Unternehmen und Unternehmensnetzwerken, hrsg. v. B. Kaluza und T. Blecker, Berlin u.a. 2000b, S. 217-248

Reiß, M.; Beck, T.C.: Mass Customization - ein Weg zur wettbewerbsfähigen Fabrik, in: Zeitschrift für wirtschaftliche Fertigung und Automatisierung, 89. Jg. (1994), S. 570-573

Reiß, M.; Beck, T.C.: Mass Customization-Geschäfte: Kostengünstige Kundennähe durch zweigleisige Geschäftssegmentierung, in: Thexis, 12. Jg. (1995a), H. 3, S. 30-34

Reiß, M.; Beck, T.C.: Kernkompetenzen in virtuellen Netzwerken: Der ideale Strategie-Struktur-Fit für wettbewerbsfähige Wertschöpfungssysteme?, in: Unternehmungsführung im Wandel. Strategien zur Sicherung des Erfolgspotentials, hrsg. v. H. Corsten, Stuttgart/Berlin/Köln 1995b, S. 33-60

Reiß, M.; Koser, M.: Netzwerkstrukturen für das E-Business, in: Netzwerkorganisation in der Unternehmenspraxis, hrsg. v. M. Reiß, Bonn 2000, S. 113-142

Renz, T.: Management in internationalen Unternehmensnetzwerken, Wiesbaden 1998

Reuter, B.: Koordination vernetzter Produktionsprozesse, in: Operations Research Proceedings 1996. Selected Papers of the Symposium on Operations Research (SOR 96), hrsg. v. U. Zimmermann u.a., Berlin u.a. 1997, S. 260-264

Reuter, B.: Controlling virtueller Unternehmungen, in: Bestehen im Wandel und Wettbewerb durch Fortschritte der Büroautomation, hrsg. v. S. Sorg, Velbert 1998, S. C 543.01-C 543.15

Richardson, G.B.: The Organisation of Industry, in: Economic Journal, Vol. 82 (1972), S. 883-896

Richter, R.: Institutionen ökonomisch analysiert. Zur jüngeren Entwicklung auf einem Gebiet der Wirtschaftstheorie, Tübingen 1994

Rieper, B.: Hierarchische betriebliche Systeme. Entwicklung einer Konzeption zur Analyse und Gestaltung des Verhaltens betrieblicher Systeme, Wiesbaden 1979

Rieper, B.: Die Planung von Produktionsvorgaben - ein hierarchischer Planungsansatz, in: Zeitschrift für Betriebswirtschaft, 51. Jg. (1981), S. 1183-1203

Rieper, B.: Hierarchische Entscheidungsmodelle in der Produktionswirtschaft, in: Zeitschrift für Betriebswirtschaft, 55. Jg. (1985), S. 770-789

Riggers, B.: Value System Design - Unternehmenswertsteigerung durch strategische Unternehmensnetzwerke, Diss. St. Gallen 1998

Rilling, G.: Koordination im Produktionsverbund. Eine empirische Untersuchung, Wiesbaden 1997

Ringlstetter, M.: Auf dem Weg zu einem evolutionären Management. Konvergierende Tendenzen in der deutschsprachigen Führungs- und Managementlehre, München 1988

Ripperger, T.: Ökonomik des Vertrauens - Analyse eines Organisationsprinzips, Tübingen 1998

Rittenbruch, M.; Kahler, H.; Cremers, A.B.: Unterstützung von Kooperation in einer Virtuellen Organisation, in: Electronic Business Engineering. 4. Internationale Tagung Wirtschaftsinformatik 1999, hrsg. v. A.-W. Scheer und M. Nüttgens, Heidelberg 1999, S. 585-605

Ritter, T.: Innovationserfolg durch Netzwerk-Kompetenz. Effektives Management von Unternehmensnetzwerken, Wiesbaden 1998

Ritter, T.; Gemünden, H.G.: Die netzwerkende Unternehmung: Organisationale Voraussetzungen netzwerk-kompetenter Unternehmen, in: Zeitschrift Führung + Organisation, 67. Jg. (1998), S. 260-265

Römhild, W.: Preisstrategien bei Ausschreibungen, Berlin 1997

Rößl, D.: Gestaltung komplexer Austauschbeziehungen. Analyse zwischenbetrieblicher Kooperation, Wiesbaden 1994

Rößl, D.: Selbstverpflichtung als alternative Koordinationsform von komplexen Austauschbeziehungen, in: Zeitschrift für betriebswirtschaftliche Forschung, 48. Jg. (1996), S. 311-334

Rogers, D.F. u.a.: Aggregation and Disaggregation Techniques and Methodology in Optimization, in: Operations Research, Vol. 39 (1991), S. 553-582

Rohde, A.; Scherm, E.: Strategieentwicklung in flexiblen Organisationen, Nr. 276 der Diskussionsbeiträge des Fachbereichs Wirtschaftswissenschaft der Fernuniversität-GHS-Hagen, Hagen 1999

Rohde, J.: Coordination and Integration, in: Supply Chain Management and Advanced Planning. Concepts, Models, Software and Case Studies, hrsg. v. H. Stadtler und C. Kilger, Berlin u.a. 2000, S. 183-194

Rohde, J.; Meyr, H.; Wagner, M.: Die Supply Chain Planning Matrix, in: PPS Management, 5. Jg. (2000), H. 1, S. 10-15

Rohde, J.; Wagner, M.: Master Planning, in: Supply Chain Management and Advanced Planning. Concepts, Models, Software and Case Studies, hrsg. v. H. Stadtler und C. Kilger, Berlin u.a. 2000, S. 117-134

Rollberg, R.: Wertschöpfungspartnerschaften und Electronic Data Interchange (EDI), in: Industrie Management, 12. Jg. (1996), H. 6, S. 51-55

Rojek, D.: Treffsichere Prognosen - Logistikpotentiale ausschöpfen durch Bündelung der verfügbaren Informationen, in: Supply Chain Management: Logistik plus? Logistikkette - Marketingkette - Finanzkette, hrsg. v. H.-C. Pfohl, Berlin 2000, S. 185-204

Rosemann, M.; Becker, J.: Informationsmanagement, in: Produktionsmanagement in kleinen und mittleren Unternehmen, hrsg. v. H. Schneider, Stuttgart 2000, S. 459-485

Rosewitz, M.; Timm, U.J.: Editor für Elektronische Produktberatung, in: Wirtschaftsinformatik, 40. Jg. (1998), S. 21-28

Rosling, K.: Optimal Lot-Sizing for Dynamic Assembly Systems, in: Multi-Stage Production Planning and Inventory Control, hrsg. v. S. Axsäter, C. Schneeweiß und E. Silver, Berlin u.a. 1986, S. 119-131

Ross, D.F.: Competing Through Supply Chain Management - Creating Market-Winning Strategies Through Supply Chain Partnerships, New York u.a. 1997

Roundy, R.: 98%-Effective Integer-Ratio Lot-Sizing for One-Warehouse Multi-Retailer Systems, in: Management Science, Vol. 31 (1985), S. 1416-1430

Roy, T.J. van: Multi-Level Production and Distribution Planning with Transportation Fleet Optimization, in: Management Science, Vol. 35 (1989), S. 1443-1453

Rüdiger, M.: Theoretische Grundmodelle zur Erklärung von FuE-Kooperationen, in: Zeitschrift für Betriebswirtschaft, 68. Jg. (1998), S. 25-48

Rühli, E.: Koordination, in: Handwörterbuch der Organisation, hrsg. v. E. Frese, 3. Aufl., Stuttgart 1992, Sp. 1164-1175

Rupprecht-Däullary, M.: Zwischenbetriebliche Kooperation. Möglichkeiten und Grenzen durch neue Informations- und Kommunikationstechnologien, Wiesbaden 1994

Ruß, C.; Vierke, G.: The Matrix Auction: A Mechanism for the Market-Based Coordination of Enterprise Networks, Research Report RR-99-04 des Deutschen Forschungszentrums für Künstliche Intelligenz GmbH, Kaiserslautern/Saarbrücken 1999

Sabel, C.F.; Kern, H.; Herrigel, G.: Kooperative Produktion. Neue Formen der Zusammenarbeit zwischen Endfertigern und Zulieferern in der Automobilindustrie und die Neuordnung der Firma, in: Zulieferer im Netz - Zwischen Abhängigkeit und Partnerschaft, hrsg. v. H.G. Mendius und H.G. Wendeling-Schröder, Köln 1991, S. 203-227

Sabel, H.: Ausgleichsgesetz der Planung, in: Handwörterbuch der Planung, hrsg. v. N. Szyperski, Stuttgart 1989, Sp. 61-68

Sabri, E.H.; Beamon, B.M.: A multi-objective approach to simultaneous strategic and operational planning in supply chain design, in: Omega, Vol. 28 (2000), S. 581-598

Sako, M.: Does Trust Improve Business Performance?, in: Trust within and between Organizations. Conceptual Issues and Empirical Applications, hrsg. v. C. Lane und R. Bachman, Oxford u.a. 1998, S. 88-117

Satterthwaite, M.A.: Strategy-proofness and Arrow's conditions: Existence and correspondence theorems for voting procedures and social welfare functions, in: Journal of Economic Theory, Vol. 10 (1975), S. 187-217

Schäfer, E.: Die Aufgabe der Absatzwirtschaft, 2. Aufl., Köln/Opladen 1950

Schäfer, H.: Logistik - Eine Aufgabe der Unternehmungspolitik, in: Logistik - eine Aufgabe der Unternehmenspolitik. Ein Round Table-Gespräch, hrsg. v. J. Baetge, H. Rühle von Lilienstern und H. Schäfer, Berlin 1987, S. 11-21

Schanz, G.: Partizipation, in: Handwörterbuch der Organisation, hrsg. v. E. Frese, 3. Aufl., Stuttgart 1992, Sp. 1901-1914

Scharl, A.: Referenzmodellierung kommerzieller Masseninformationssysteme. Idealtypische Gestaltung von Informationsangeboten im World Wide Web am Beispiel der Branche Informationstechnik, Frankfurt a.M. u.a. 1997

Schary, P.B.; Skjøtt-Larsen, T.: Managing the Global Supply Chain, Copenhagen 1995

Schauenberg, B.: Entscheidungsregeln, kollektive, in: Handwörterbuch der Organisation, hrsg. v. E. Frese, 3. Aufl., Stuttgart 1992, Sp. 566-575

Schauenberg, B.; Schmidt, R.H.: Vorarbeiten zu einer Theorie der Unternehmung als Institution, in: Rekonstruktion der Betriebswirtschaftslehre als ökonomische Theorie, hrsg. v. E. Kappler, Spardorf 1983, S. 247-276

Scheer, A.-W.: Koordinierte Planungsinseln: Ein neuer Lösungsansatz für die Produktionsplanung, in: Praxis und Theorie der Unternehmung. Produktion - Information - Planung, hrsg. v. K.-W. Hansmann und A.-W. Scheer, Wiesbaden 1992, S. 291-304

Scheer, A.-W.; Borowsky, R.: Supply Chain Management: Die Antwort auf neue Logistikanforderungen, in: Logistik Management. Intelligente I+K Technologien, hrsg. v. H. Kopfer und C. Bierwirth, Berlin u.a. 1999, S. 3-14

Scheer, A.-W.; Odendahl, C.: DEVICE - Elektronische Kooperationsbörse zur kontinuierlichen Gestaltung Virtueller Unternehmen, in: Industrie Management, 15. Jg. (1999), H. 5, S. 79-82

Scheer, A.-W.; Odendahl, C.: Virtualisierung als strategische Option der Logistik, in: Logistik-Management. Strategien - Konzepte - Praxisbeispiele, hrsg. v. H. Baumgarten, H.-P. Wiendahl und J. Zentes, Berlin/Heidelberg/New York 2000, 4/04/02, S. 1-21 (getrennte Zählung)

Schein, E.H.: Organizational Culture and Leadership, San Francisco/Washington/London 1985

Scherm, E.; Süß, S.: Brauchen virtuelle Unternehmen Planung?, in: Zeitschrift für Planung, 11. Jg. (2000a), S. 457-462

Scherm, E.; Süß, S.: Die Virtualisierung von Unternehmen - ein konfliktärer Prozess, Nr. 284 der Diskussionsbeiträge des Fachbereichs Wirtschaftswissenschaft der Fernuniversität-GHS-Hagen, Hagen 2000b

Scherm, E.; Süß, S.: Personalführung in virtuellen Unternehmen: Eine Analyse diskutierter Instrumente und Substitute der Führung, in: Zeitschrift für Personalforschung, 14. Jg. (2000c), S. 79-103

Schinzer, H.: Elektronische Marktplätze, in: Das Wirtschaftsstudium, 27. Jg. (1998), S. 1160-1174

Schinzer, H.: Supply Chain Management, in: Das Wirtschaftsstudium, 28. Jg. (1999), S. 857-863

Schlüchtermann, J.: Planung in zeitlich offenen Entscheidungsfeldern, Wiesbaden 1996

Schlüter, F.; Schneider, H.: Produktionsplanung und -steuerung, in: Produktionsmanagement in kleinen und mittleren Unternehmen, hrsg. v. H. Schneider, Stuttgart 2000, S. 225-286

Schmalenbach, E.: Über Verrechnungspreise, in: Zeitschrift für handelswissenschaftliche Forschung, 3. Jg. (1908/09), S. 165-185

Schmalenbach, E.: Selbstkostenrechnung und Preispolitik, 6. Aufl., Leipzig 1934

Schmalenbach, E.: Pretiale Wirtschaftslenkung. Bd. 2: Pretiale Lenkung des Betriebes, Bremen-Horn 1948

Schmid, B.: Elektronische Märkte, in: Wirtschaftsinformatik, 35. Jg. (1993), S. 465-480

Schmid, B.; Zimmermann, H.-D.: Eine Architektur Elektronischer Märkte auf der Basis eines generischen Konzeptes für elektronische Produktkataloge, in: Information Management & Consulting, 12. Jg. (1997), H. 4, S. 38-43

Schmid-Lutz, V.: Supply Chain Initiative, in: Logistik 2000plus. Visionen - Märkte - Ressourcen, hrsg. v. H.-C. Pfohl, Berlin 1999, S. 109-138

Schmidt, C.: Marktliche Koordination in der dezentralen Produktionsplanung. Effizienz - Komplexität - Performance, Wiesbaden 1999

Schmidt, C.; Weinhardt, C.; Horstmann, R.: Internet-Auktionen - Eine Übersicht für Online-Versteigerungen im Hard- und Softwarebereich, in: Wirtschaftsinformatik, 40. Jg. (1998), S. 450-457

Schmidt, T.; Dudenhausen, H.-M.: Grobplanung in Produktionsnetzen mit genetischen Algorithmen und neuronalen Netzen, in: Zeitschrift für wirtschaftlichen Fabrikbetrieb, 92. Jg. (1997), S. 526-529

Schmitz, P.; Siegle, J.: Start-ups in Netzwerken: Telegance Consult GmbH im The Vision Web-Verbund, in: Netzwerkorganisation in der Unternehmenspraxis, hrsg. v. M. Reiß, Bonn 2000, S. 87-110

Schneeweiß, C.: Planung 2: Konzepte der Prozeß- und Modellgestaltung, Berlin u.a. 1992

Schneeweiß, C.: Stufen hierarchischer Abhängigkeit innerhalb und zwischen Organisationen, in: Die Dimensionierung des Unternehmens, hrsg. v. R. Bühner, K.D. Haase und J. Wilhelm, Stuttgart 1995, S. 97-118

Schneeweiss [ß], C.: Hierarchies in Distributed Decision Making, Berlin u.a. 1999

Schneider, D.: Allgemeine Betriebswirtschaftslehre, 2. Nachdruck der 3. Aufl., München/Wien 1994

Schneider, D.: Informations- und Entscheidungstheorie, München/Wien 1995

Schneider, D.J.G.: Unternehmungsziele und Unternehmungskooperation. Ein Beitrag zur Erklärung kooperativ bedingter Zielvariationen, Wiesbaden 1973

Schneider, H.: Hybrides Produktionsplanungs- und -steuerungssystem für heterogene Produktionsstrukturen, in: Produktionsplanung und -steuerung. Neue Anforderungen durch Veränderung des Produktionssystems, 1. Arbeitsbericht des Fachgebietes Produktionswirtschaft/Industriebetriebslehre der Technischen Universität Ilmenau, hrsg. v. H. Schneider, Ilmenau 1996, S. 4-25

Schneider, H.; Schlüter, F.: Hybrides Produktionsplanungs- und -steuerungskonzept für heterogene Produktionsstrukturen in kleinen und mittleren Unternehmen, in: Produktionswirtschaft 2000. Perspektiven für die Fabrik der Zukunft, hrsg. v. K. Nagel, R.F. Erben und F.T. Piller, Wiesbaden 1999, S. 349-369

Schober, F.: Kostenallokation für interorganisationale Informationssysteme, in: Electronic Business Engineering. 4. Internationale Tagung Wirtschaftsinformatik 1999, hrsg. v. A.-W. Scheer und M. Nüttgens, Heidelberg 1999, S. 135-146

Schönsleben, P.: Flexibilität in der computergestützten Produktionsplanung und -steuerung, 2. Aufl., Halbergmoos 1988

Schönsleben, P.: Integrales Logistikmanagement. Planung und Steuerung von umfassenden Geschäftsprozessen, 2. Aufl., Berlin u.a. 2000

Schönsleben, P.; Bärtschi, M.; Hieber, R.: Mehr Erfolg im Netzwerk, in: Manager Bilanz, 2. Jg. (2000), H. 1, S. 6-11

Schönsleben, P.; Hieber, R.: Supply-Chain-Management-Software. Welche Erwartungshaltung ist gegenüber der neuen Generation von Planungssoftware angebracht?, in: io Management, 69. Jg. (2000), H. 1/2, S. 18-24

Scholz, C.: Controlling im Virtuellen Unternehmen, in: Rechnungswesen und EDV. 16. Saarbrücker Arbeitstagung 1995. Aus Turbulenzen zum gestärkten Konzept?, hrsg. v. A.-W. Scheer, Heidelberg 1995, S. 171-192

Scholz, C.: Virtuelle Organisation: Konzeption und Realisation, in: Zeitschrift Führung + Organisation, 65. Jg. (1996), S. 204-210

Scholz, C.: Strategische Organisation. Prinzipien zur Vitalisierung und Virtualisierung, Landsberg a.L. 1997

Scholz, R.: Geschäftsprozeßoptimierung. Cross-funktionale Rationalisierung oder strukturelle Reorganisation, 2. Aufl., Bergisch Gladbach/Köln 1995

Scholz, R.; Vrohlings, A.: Prozeß - Struktur - Transparenz, in: Prozeßmanagement. Konzepte, Umsetzungen und Erfahrungen des Reengineering, hrsg. v. M. Gaitanides u.a., München/Wien 1994, S. 37-56

Schräder, A.: Management virtueller Unternehmen. Organisatorische Konzeption und informationstechnische Unterstützung flexibler Allianzen, Frankfurt a.M./ New York 1996

Schrader, S.: Kooperation, in: Ergebnisse empirischer betriebswirtschaftlicher Forschung: Zu einer Realtheorie der Unternehmung, hrsg. v. J. Hauschildt und O. Grün, Stuttgart 1993, S. 221-254

Schraysshuen, T.: Flexibel durch Module - Die Bewältigung neuer Flexibilitätsanforderungen in unternehmensübergreifender Perspektive, in: Vernetzte Produktion. Automobilzulieferer zwischen Kontrolle und Autonomie, hrsg. v. M. Deiß und V. Döhl, Frankfurt a.M./New York 1992, S. 107-140

Schreyögg, G.: Unternehmensstrategie. Grundfragen einer Theorie strategischer Unternehmensführung, Berlin/New York 1984

Schreyögg, G.: Organisation. Grundlagen moderner Organisationsgestaltung, Wiesbaden 1996

Schreyögg, G.; Steinmann, H.: Strategische Kontrolle, in: Zeitschrift für betriebswirtschaftliche Forschung, 37. Jg. (1985), S. 391-410

Schubert, K.: Netzwerke und Netzwerkansätze: Leistungen und Grenzen eines sozialwissenschaftlichen Konzeptes, in: Netzwerkansätze im Business-to-Business-Marketing. Beschaffung, Absatz und Implementierung Neuer Technologien, hrsg. v. M. Kleinaltenkamp und K. Schubert, Wiesbaden 1994, S. 8-49

Schütte, R.; Siedentopf, J.; Zelewski, S.: Koordinationsprobleme in Produktionsplanungs- und -steuerungskonzepten, in: Einführung in das Produktionscontrolling, hrsg. v. H. Corsten und B. Friedl, München 1999, S. 141-187

Schuh, G.: Virtuelle Fabrik - Beschleuniger des Strukturwandels, in: Komplexität und Agilität, hrsg. v. G. Schuh und H.-P. Wiendahl, Berlin u.a. 1997, S. 293-307

Schuh, G.; Dierkes, M.; Bollhalter, S.: Wie kommt die Virtuelle Fabrik zum Kunden?, in: Technische Rundschau, 90. Jg. (1998), H. 11, S. 54-56

Schuh, G.; Dierkes, M.; Friedli, T.: Das EFQM-Modell in virtuellen Strukturen: Ein Ansatz zur kontinuierlichen Verbesserung der unternehmerischen Wandlungsfähigkeit?, in: Qualitätsmanagement an der Schwelle zum 21. Jahrhundert, hrsg. v. R. Boutellier und W. Masing, München/Wien 1998, S. 347-376

Schuh, G.; Friedli, T.: Die Virtuelle Fabrik. Konzepte, Erfahrungen, Grenzen, in: Produktionswirtschaft 2000. Perspektiven für die Fabrik der Zukunft, hrsg. v. K. Nagel, R.F. Erben und F.T. Piller, Wiesbaden 1999, S. 217-242

Schuh, G.; Katzy, B.; Eisen, S.: Wie virtuelle Unternehmen funktionieren. Der Praxistest ist bestanden, in: Gablers Magazin, 11. Jg. (1997), H. 3, S. 8-11

Schulte, C.: Logistik. Wege zur Optimierung des Material- und Informationsflusses, 3. Aufl., München 1999

Schulteis, G.: Informations- und Kommunikationstechnologie für vertikale Unternehmungskooperationen. Gestaltungspotenziale unternehmungsübergreifender Geschäftsprozesse, Wiesbaden 2000

Schupeta, A.: Wissensbasierte Systeme zur verbesserten Produktionsplanung und -steuerung, in: Künstliche Intelligenz & Verteilte PPS-Systeme, Beiträge des 1. Bremer KI-Pfingstworkshops, Bericht Nr. 5/95 des Fachbereichs Mathematik und Informatik der Universität Bremen, hrsg. v. C. Klauck und J. Müller, Bremen 1995, S. 1-9 (getrennte Zählung)

Schwaninger, M.: Die intelligente Organisation als lebensfähige Heterarchie, Nr. 14 der Diskussionsbeiträge des Instituts für Betriebswirtschaft der Hochschule St. Gallen, St. Gallen 1994

Schwarz, L.B.: A Model for Assessing the Value of Warehouse Risk-Pooling: Risk-Pooling Over Outside-Supplier Leadtimes, in: Management Science, Vol. 35 (1989), S. 828-842

Schwarz, P.: Morphologie von Kooperationen und Verbänden, Tübingen 1979

Schwarzer, B.: Prozeßorientierung als Ansatzpunkt für das Informationsmanagement in Multinationalen Unternehmen, Diss. Hohenheim 1993

Schwarzer, B.; Zerbe, S.; Krcmar, H.: Neue Organisationsformen und IT: Herausforderung für die Unternehmensgestalter, in: Wirtschaftsinformatik '97. Internationale Geschäftstätigkeit auf der Basis flexibler Organisationsstrukturen und leistungsfähiger Informationssysteme, hrsg. v. H. Krallmann, Heidelberg 1997, S. 535-556

Schweer, M.K.W.: Interpersonales Vertrauen im Spiegel aktueller Forschung, in: Interpersonales Vertrauen. Theorien und empirische Befunde, hrsg. v. M.K.W. Schweer, Opladen/Wiesbaden 1997, S. 9-12

Seidl, K.: Supply Chain Management Software. Einsatzmöglichkeiten und Nutzenerwartungen, in: Supply Chain Management: Logistik plus? Logistikkette - Marketingkette - Finanzkette, hrsg. v. H.-C. Pfohl, Berlin 2000, S. 161-183

Selz, A.: Die Rolle der Informations- und Kommunikationstechnologie im Virtuellen Unternehmen, in: Wirtschaftswissenschaftliches Studium, 25. Jg. (1996), S. 309-311

Semlinger, K.: Effizienz und Autonomie in Zulieferungsnetzwerken - zum strategischen Gehalt von Kooperationen, in: Managementforschung 3, hrsg. v. W.H. Staehle und J. Sydow, Berlin/New York 1993, S. 309-354

Servatius, H.-G.: Integration der Wertschöpfung von Unternehmen, Kunden und Zulieferern: Ein Überblick, in: Information Management & Consulting, 13. Jg. (1998), H. 3, S. 14-17

Seuring, S.; Schneidewind, U.: Kostenmanagement in der Wertschöpfungskette, in: Supply Chain Management, hrsg. v. H. Wildemann, München 2000, S. 227-250

Seÿffert, R.: Die Handelskette, in: Zeitschrift für Handelswissenschaft und Handelspraxis, 24. Jg. (1931), S. 337-343

Seÿffert, R.: Wirtschaftslehre des Handels, 5. Aufl., Opladen 1972

Shapiro, J.F.: Bottom-Up vs. Top-Down Approaches to Supply Chain Modeling, in: Quantitative Models for Supply Chain Management, hrsg. v. S. Tayur, R. Ganeshan und M. Magazine, Boston (Mass.)/Dordrecht/London 1998, S. 737-759

Sheth, J.N.; Parvatiyar, A.: Towards a Theory of Business Alliance Formation, in: Scandinavian International Business Review, Vol. 1 (1992), H. 3, S. 71-87

Sieber, P.: Die Internet-Unterstützung Virtueller Unternehmen, in: Managementforschung 7. Gestaltung von Organisationsgrenzen, hrsg. v. G. Schreyögg und J. Sydow, Berlin/New York 1997a, S. 199-234

Sieber, P.: Virtuelle Unternehmen in der IT-Branche. Die Wechselwirkung zwischen Internet-Nutzung, Strategie und Organisation, Diss. Universität Bern 1997b

Sieber, P.: Virtuelle Unternehmen in der IT-Branche. Die Wechselwirkung zwischen Internet-Nutzung, Strategie und Organisation, Bern/Stuttgart/Wien 1998

Siebert, H.: Ökonomische Analyse von Unternehmensnetzwerken, in: Managementforschung 1, hrsg. v. W.H. Staehle und J. Sydow, Berlin/New York 1991, S. 291-311

Siemieniuch, C.E.; Waddell, F.N.; Sinclair, M.A.: The Role of ‚Partnership' In Supply Chain Management For Fast-Moving Consumer Goods: a Case Study, in: International Journal of Logistics, Vol. 2 (1999), H. 1, S. 87-101

Silver, E.A.; Pyke, D.F.; Peterson, R.: Inventory Management and Production Planning and Scheduling, New York u.a. 1998

Simacek, K.: Vendor Managed Inventory (VMI) - Oder wer in Zukunft disponieren sollte, in: Handbuch Efficient Consumer Response. Konzepte, Erfahrungen, Herausforderungen, hrsg. v. A.v.d. Heydt, München 1999, S. 129-140

Simmel, G.: Soziologie: Untersuchungen über die Formen der Vergesellschaftung, Leipzig 1908

Sjurts, I.: Kontrolle ist gut, ist Vertrauen besser? Ökonomische Analysen zur Selbstorganisation als Leitidee neuer Organisationskonzepte, in: Die Betriebswirtschaft, 58. Jg. (1998), S. 283-298

Sjurts, I.: Kollektive Unternehmensstrategie. Grundfragen einer Theorie kollektiven strategischen Handelns, Wiesbaden 2000

Skjøtt-Larsen, T.: Interorganisational Relations from a Supply Chain Management Point of View, in: Logistik Management, 1. Jg. (1999), S. 96-108

Slats, P.A. u.a.: Logistic chain modelling, in: European Journal of Operational Research, Vol. 87 (1995), S. 1-20

Slomma, R.-P.: Supply Chain Management - Ein Erfahrungsreport, in: Unternehmungsnetzwerke - Formen unternehmungsübergreifender Zusammenarbeit, hrsg. v. H. Corsten, München/Wien 2001, S. 217-236

Snow, C.C.; Miles, R.E.; Coleman, H.J. jr.: Managing 21st Century Network Organizations, in: Organizational Dynamics, Vol. 20 (1992), H. 3, S. 5-20

Sommerlad, K.W.: Virtuelle Unternehmen - juristisches Niemandsland?, in: Office Management, Vol. 44 (1996), H. 7/8, S. 22-23

Specht, D.; Hellmich, K.: Management der Zulieferbeziehungen in dynamischen Produktionsnetzen, in: Supply Chain Management, hrsg. v. H. Wildemann, München 2000, S. 89-115

Specht, D.; Kahmann, J.: Virtuelle Organisation. Wege zur Anwendung und Gestaltung virtueller Unternehmen, München 2000

Specht, D.; Kahmann, J.; Siegler, O.: Regelungsbedarf kooperativ verbundener Unternehmen im Spannungsfeld zwischen Flexibilität und Stabilität, in: Produktionswirtschaft 2000. Perspektiven für die Fabrik der Zukunft, hrsg. v. K. Nagel, R.F. Erben und F.T. Piller, Wiesbaden 1999, S. 175-191

Spremann, K.: Asymmetrische Information, in: Zeitschrift für Betriebswirtschaft, 60. Jg. (1990), S. 561-586

Staber, U.: Steuerung von Unternehmensnetzwerken: Organisationstheoretische Perspektiven und soziale Mechanismen, in: Steuerung von Netzwerken. Konzepte und Praktiken, hrsg. v. J. Sydow und A. Windeler, Opladen/Wiesbaden 2000, S. 58-87

Stadtler, H.: Hierarchische Produktionsplanung bei losweiser Fertigung, Heidelberg 1988

Stadtler, H.: Hierarchische Produktionsplanung, in: Handwörterbuch der Produktionswirtschaft, hrsg. v. W. Kern, H.-H. Schröder und J. Weber, 2. Aufl., Stuttgart 1996, Sp. 631-641

Stadtler, H.: Hauptproduktionsprogrammplanung in einem kapazitätsorientierten PPS-System, in: Innovationen in der Produktionswirtschaft - Produkte, Prozesse, Planung und Steuerung, hrsg. v. H. Wildemann, München 1998, S. 169-192

Stadtler, H.: Supply Chain Management und Supply Chain Planning, in: OR News, o.Jg. (1999), H. 5, S. 35-37

Stadtler, H.: Supply Chain Management - An Overview, in: Supply Chain Management and Advanced Planning. Concepts, Models, Software and Case Studies, hrsg. v. H. Stadtler und C. Kilger, Berlin u.a. 2000a, S. 7-28

Stadtler, H.: Production Planning and Scheduling, in: Supply Chain Management and Advanced Planning. Concepts, Models, Software and Case Studies, hrsg. v. H. Stadtler und C. Kilger, Berlin u.a. 2000b, S. 149-165

Stadtler, H.: Conclusions and Outlook, in: Supply Chain Management and Advanced Planning. Concepts, Models, Software and Case Studies, hrsg. v. H. Stadtler und C. Kilger, Berlin u.a. 2000c, S. 317-320

Stadtler, H.: Hierarchische Systeme der Produktionsplanung und -steuerung, Nr. 1/00 der Schriften zur Quantitativen Betriebswirtschaftslehre der TU Darmstadt, hrsg. v. W. Domschke u.a., Darmstadt 2000d

Staehle, W.H.: Redundanz, Slack und lose Kopplung in Organisationen: Eine Verschwendung von Ressourcen?, in: Managementforschung 1, hrsg. v. W.H. Staehle und J. Sydow, Berlin/New York 1991, S. 313-345

Stalk, G.; Evans, P.; Shulman, L.E.: Competing on Capabilities: The New Rules of Corporate Strategy, in: Harvard Business Review, Vol. 70 (1992), H. 2, S. 57-69

Staudt, E. u.a.: Kooperation als Erfolgsfaktor ostdeutscher Unternehmen. Ergebnisse einer empirischen Untersuchung zur Kooperationslandschaft in Ostdeutschland, in: Zeitschrift für Betriebswirtschaft, 65. Jg. (1995), S. 1209-1230

Steinmann, H.; Schreyögg, G.: Mitwirkungsmuster an Planung, in: Handwörterbuch der Planung, hrsg. v. N. Szyperski, Stuttgart 1989, Sp. 1151-1161

Stengel, R.v.: Gestaltung von Wertschöpfungsnetzwerken, Wiesbaden 1999

Sterman, J.D.: Modeling Managerial Behaviour: Misperceptions of Feedback in a Dynamic Decision Making Experiment, in: Management Science, Vol. 35 (1989), S. 321-339

Stern, L.W.; El-Ansary, A.I.: Marketing Channels, 3. Aufl., Englewood Cliffs 1988

Steven, M.: Hierarchische Produktionsplanung, 2. Aufl., Heidelberg 1994

Steven, M.: Organisation von virtuellen Produktionsnetzwerken, in: Produktionswirtschaft 2000. Perspektiven für die Fabrik der Zukunft, hrsg. v. K. Nagel, R.F. Erben und F.T. Piller, Wiesbaden 1999, S. 243-260

Steven, M.; Behrens, S.: Kernkompetenzen aus produktionstheoretischer Sicht, in: Die Ressourcen- und Kompetenzperspektive des Strategischen Management, hrsg. v. P. Hammann und J. Freiling, Wiesbaden 2000, S. 439-463

Steven, M.; Krüger, R.: Management von Logistiknetzwerken - Kriterien zur Gestaltung von Informations- und Güterflüssen -, in: 5. Magdeburger Logistik-Tagung. Logistiknetzwerke - Planen, Realisieren, Bewerten, Magdeburg, 18.-19.11.1999, hrsg. v. M. Schenk, D. Ziems und K. Inderfurth, Magdeburg 1999, S. 63-77 (überlappende Seitenzählung zwischen Beiträgen)

Steven, M.; Krüger, R.; Tengler, S.: Informationssysteme für das Supply Chain Management, in: PPS-Management, 5. Jg. (2000), H. 2, S. 15-23

Stevens, G.C.: Integrating the Supply Chain, in: International Journal of Physical Distribution & Logistics Management, Vol. 19 (1989), S. 3-8

Stewart, G.: Supply-chain operations reference model (SCOR): the first cross-industry framework for integrated supply-chain management, in: Logistics Information Management, Vol. 10 (1997), H. 2, S. 62-67

Stölzle, W.: Industrial Relationships, München/Wien 1999

Straube, M.: Zwischenbetriebliche Kooperation, Wiesbaden 1972

Strauß, R.E.; Schoder, D.: Electronic Commerce - Herausforderungen aus Sicht der Unternehmen, in: Management-Handbuch Electronic Commerce. Grundlagen, Strategien, Praxisbeispiele, hrsg. v. A. Hermanns und M. Sauter, München 1999, S. 61-74

Streim, H.: Heuristische Lösungsverfahren - Versuch einer Begriffsklärung, in: Zeitschrift für Operations Research, Bd. 19 (1975), S. 143-162

Stuart, F.I.: Supplier Partnerships: Influencing Factors and Strategic Benefits, in: International Journal of Purchasing & Materials Management, Vol. 29 (1993), H. 4, S. 22-28

Stute, G. u.a.: PEARL-Programmsystem zur Steuerung und Überwachung flexibler Fertigungssysteme, PDV-Bericht KfK-PDV 213 des Kernforschungszentrums Karlsruhe GmbH, Karlsruhe 1982

Supply-Chain Council (Hrsg.): SCOR Primer. Overview of Model Structure Revision 3.0, European Conference, Brussels, 25.-27.10.1998, Brussels 1998

Supply-Chain Council (Hrsg.): Supply-Chain Operations Reference-model. Overview of SCOR Version 3.1, Pittsburgh 2000

Swaminathan, J.M.; Tayur, S.R.: Stochastic Programming Models for Managing Product Variety, in: Quantitative Models for Supply Chain Management, hrsg. v. S. Tayur, R. Ganeshan und M. Magazine, Boston (Mass.)/Dordrecht/London 1998, S. 585-622

Switalski, M.: Hierarchische Produktionsplanung. Konzeption und Einsatzbereich, Heidelberg 1989

Swoboda, B.: Wertschöpfungspartnerschaften in der Konsumgüterwirtschaft. Ökonomische und ökologische Aspekte des ECR-Managements, in: Wirtschaftswissenschaftliches Studium, 26. Jg. (1997), S. 449-454

Sydow, J.: Strategische Netzwerke in Japan - Ein Leitbild interorganisationaler Beziehungen europäischer Unternehmen, in: Zeitschrift für betriebswirtschaftliche Forschung, 43. Jg. (1991), S. 238-254

Sydow, J.: Strategische Netzwerke. Evolution und Organisation, Wiesbaden 1992

Sydow, J.: Netzwerkorganisation. Interne und externe Restrukturierung von Unternehmungen, in: Wirtschaftswissenschaftliches Studium, 24. Jg. (1995a), S. 629-634

Sydow, J.: Konstitutionsbedingungen von Vertrauen in Unternehmensnetzwerken - Theoretische und empirische Einsichten, in: Die Dimensionierung des Unternehmens, hrsg. v. R. Bühner, K.D. Haase und J. Wilhelm, Stuttgart 1995b, S. 177-200

Sydow, J.: Unternehmungsnetzwerke, in: Handbuch Unternehmungsführung, hrsg. v. H. Corsten und M. Reiß, Wiesbaden 1995c, S. 159-169

Sydow, J.: Virtuelle Unternehmung. Erfolg als Vertrauensorganisation? in: Office Management, 44. Jg. (1996), H. 7/8, S. 10-13

Sydow, J.: Steuerung zwischenbetrieblicher Netzwerke - Implikationen für das Management komplexer Systeme, in: Funktionswandel im Management: Wege jenseits der Ordnung, hrsg. v. G. Schreyögg, Berlin 2000, S. 113-123

Sydow, J.; Duschek, S.: Starke Beziehungen, durchlässige Grenzen - Grenzmanagement in einem Dienstleistungsnetzwerk, in: Die Betriebswirtschaft, 60. Jg. (2000), S. 441-458

Sydow, J.; Winand, U.: Unternehmungsvernetzung und -virtualisierung: Die Zukunft unternehmerischer Partnerschaften, in: Unternehmungsnetzwerke und virtuelle Organisationen, hrsg. v. U. Winand und K. Nathusius, Stuttgart 1998, S. 11-31

Sydow, J.; Windeler, A.: Über Netzwerke, virtuelle Integration und Interorganisationsbeziehungen, in: Management interorganisationaler Beziehungen. Vertrauen, Kontrolle und Informationstechnik, hrsg. v. J. Sydow und A. Windeler, Opladen 1997 (unveränderter Nachdruck der 1. Aufl. 1994), S. 1-21

Sydow, J.; Windeler, A.: Steuerung von und in Netzwerken - Perspektiven, Konzepte, vor allem aber offene Fragen, in: Steuerung von Netzwerken. Konzepte und Praktiken, hrsg. v. J. Sydow und A. Windeler, Opladen/Wiesbaden 2000, S. 1-24

Szyperski, N.; Klein, S.: Informationslogistik und virtuelle Organisation. Die Wechselwirkung von Informationslogistik und Netzwerkmodellen der Unternehmung, in: Die Betriebswirtschaft, 53. Jg. (1993), S. 187-208

Tan, K.C.; Kannan, V.R.; Handfield, R.B.: Supply Chain Management: Supplier Performance and Firm Performance, in: International Journal of Purchasing & Materials Management, Vol. 34 (1998), H. 3, S. 2-9

Tayur, S.; Ganeshan, R.; Magazine, M.: Introduction, in: Quantitative Models for Supply Chain Management, hrsg. v. S. Tayur, R. Ganeshan und M. Magazine, Boston (Mass.)/Dordrecht/London 1998, S. 1-6

Teich, T.; Neubert, R.; Görlitz, O.: Hierarchielose Regionale Produktionsnetze - Modell und Lösungsansätze, in: PPS Management, 6. Jg. (2001), H. 1, S. 42-49

Tempelmeier, H.: Advanced Planning Systems, in: Industrie Management, 15. Jg. (1999a), H. 5, S. 69-72

Tempelmeier, H.: Material-Logistik. Modelle und Algorithmen für die Produktionsplanung und -steuerung und das Supply Chain Management, 4. Aufl., Berlin u.a. 1999b

Tempelmeier, H.: Inventory service-levels in the customer supply chain, in: OR Spektrum, 22. Jg. (2000), S. 361-380

Teubner, G.: Die vielköpfige Hydra. Netzwerke als kollektive Akteure höherer Ordnung, in: Emergenz. Die Entstehung von Ordnung, Organisation und Bedeutung, hrsg. v. W. Krohn und G. Küppers, 2. Aufl., Frankfurt a.M. 1992, S. 189-216

Thiel, K.: Neue Produktionssysteme braucht das Land, in: Industrielle Informationstechnik, 37. Jg. (2000), H. 3, S. 20-26

Thomas, D.J.; Griffin, P.M.: Coordinated supply chain management, in: European Journal of Operational Research, Vol. 94 (1996), S. 1-15

Thompson, J.D.: Organizations in Action. Social Science Bases of Administrative Theory, New York u.a. 1967

Thorelli, H.B.: Networks: Between Markets and Hierarchies, in: Strategic Management Journal, Vol. 7 (1986), S. 37-51

Tiemeyer, E.: Supply Chain Management - ein neues Managementinstrument zur Unterstützung von Planungs- und Entscheidungsaufgaben, in: FB-IE. Zeitschrift für Unternehmensentwicklung und industrial engineering, 48. Jg. (1999), H. 3, S. 100-107

Tietz, B.: Effiziente Kundenpolitik als Problem der Informationspolitik, in: Handelsforschung 1995/96. Informationsmanagement im Handel, hrsg. v. V. Trommsdorff, Wiesbaden 1995, S. 175-186

Töpfer, A.: Planungs- und Kontrollsysteme industrieller Unternehmungen. Eine theoretische, technologische und empirische Analyse, Berlin 1976

Töpfer, A.: Executive Summary, in: Efficient Consumer Response (ECR). Wie realistisch sind die versprochenen Vorteile?, Ergebnisse 1. CPC Trend Forum, hrsg. v. A. Töpfer, Mainz 1996a, S. 9-19

Töpfer, A.: Ziele und Anforderungen des ECR: Zur Konzeption des 1. CPC Trend Forum, in: Efficient Consumer Response (ECR). Wie realistisch sind die versprochenen Vorteile?, Ergebnisse 1. CPC Trend Forum, hrsg. v. A. Töpfer, Mainz 1996b, S. 21-23

Tröndle, D.: Kooperationsmanagement - Steuerung interaktioneller Prozesse bei Unternehmenskooperationen, Bergisch Gladbach/Köln 1987

Troßmann, E.: Koordinationsprinzipien im internationalen Controlling, in: Jahrbuch für Controlling und Rechnungswesen 1996, hrsg. v. G. Seicht, Wien 1996, S. 453-494

Türk, K.: Neue Entwicklungen in der Organisationsforschung. Ein Trend-Report, Stuttgart 1989

Tuma, A.: Configuration and coordination of virtual production networks, in: International Journal of Production Economics, Vol. 56/57 (1998), S. 641-648

Tuma, A.: Betriebswirtschaftliche Aspekte der Produktionssteuerung. Ein entscheidungsorientierter Ansatz zur Koordinierung flexibler Produktionsnetzwerke, Habilitationsschrift Bremen 1999

Turowski, K.: Agenten-gestützte Informationslogistik für Mass Customization, in: Logistik Management. Intelligente I+K Technologien, hrsg. v. H. Kopfer und C. Bierwirth, Berlin u.a. 1999, S. 199-209

Tzafestas, S.; Kapsiotis, G.: Coordinated control of manufacturing/supply chains using multi-level techniques, in: Computer Integrated Manufacturing Systems, Vol. 7 (1994), S. 206-212

Upton, D.M.; McAfee, A.: Die wirklich virtuelle Fabrik, in: Erfolg im E-Business, hrsg. v. D. Tapscott, München/Wien 2000, S. 92-113

Vahrenkamp, R.: Supply Chain Management, in: Handbuch Logistik. Management von Material- und Warenflußprozessen, hrsg. v. J. Weber und H. Baumgarten, Stuttgart 1999, S. 308-321

Vahrenkamp, R.: Logistikmanagement, 4. Aufl., München/Wien 2000

Vanberg, V.: Markt und Organisation. Individualistische Sozialtheorie und das Problem korporativen Handelns, Tübingen 1982

Varian, H.R.: Economic Mechanism Design for Computerized Agents, in: Proceedings of the First USENIX Workshop on Electronic Commerce, New York, 11.-12.07.1995, hrsg. v. USENIX Association, Berkeley (Ca.) 1995, S. 13-21

Veinott, A.F.: Minimum Concave-Cost Solution of Leontief Substitution Models of Multi-Facility Inventory Systems, in: Operations Research, Vol. 17 (1969), S. 262-291

Verter, V.; Dincer, C.: An integrated evaluation of facility location, capacity acquisition, and technology selection for designing global manufacturing strategies, in: European Journal of Operational Research, Vol. 60 (1992), S. 1-18

Vickrey, W.: Counterspeculation, Auctions and Competitive Sealed Tenders, in: Journal of Finance, Vol. 16 (1961), S. 8-37

Vidal, C.J.: A Global Supply Chain Model with Transfer Pricing and Transportation Cost Allocation, Ph.D.-Thesis, Georgia Institute of Technology, Atlanta 1998

Vidal, C.J.; Goetschalckx, M.: Strategic production-distribution models: A critical review with emphasis on global supply chain models, in: European Journal of Operational Research, Vol. 98 (1997), S. 1-18

Viswanathan, S.; Mathur, K.: Integrating Routing and Inventory Decisions in One-Warehouse Multiretailer Multiproduct Distribution Systems, in: Management Science, Vol. 43 (1997), S. 294-312

Vollmann, T.E.; Cordon, C.: Building Successful Customer-Supplier Alliances, in: Long Range Planning, Vol. 31 (1998), S. 684-694

Voudouris, V.T.: Mathematical Programming Techniques to Debottleneck the Supply Chain of Fine Chemical Industries, in: Computers and Chemical Engineering, Vol. 20 (1996), S. S1269-S1274

Vries, M. de: Das virtuelle Unternehmen - Formentheoretische Überlegungen zu Grenzen eines grenzenlosen Konzeptes, in: Virtuelle Wirtschaft. Virtuelle Unternehmen, Virtuelle Produkte, Virtuelles Geld und Virtuelle Kommunikation, hrsg. v. A. Brill und M. de Vries, Opladen 1998, S. 54-86

Wagner, M.: Demand Planning, in: Supply Chain Management and Advanced Planning. Concepts, Models, Software and Case Studies, hrsg. v. H. Stadtler und C. Kilger, Berlin u.a. 2000, S. 97-115

Wall, F.: Planung in virtuellen Unternehmen, in: Zeitschrift für Planung, 11. Jg. (2000a), S. 117-139

Wall, F.: Temporalität virtueller Unternehmen und Planung, in: Zeitschrift für Planung, 11. Jg. (2000b), S. 463-467

Walter, A.: Der Beziehungspromotor. Ein personaler Gestaltungsansatz für erfolgreiches Relationship Marketing, Wiesbaden 1998

Wassenaar, A.: Understanding and Designing Virtual Organisation Form, in: Newsletter des Institute of Information Systems, Department of Information Management, University of Berne, 3. Jg. (1999), H. 1, S. 6-17

Weber, A.: Über den Standort der Industrie. Teil 1: Reine Theorie des Standortes, Tübingen 1909

Weber, C.A.; Current, J.; Desai, A.: An optimization approach to determining the number of vendors to employ, in: Supply Chain Management, Vol. 5 (2000), H. 2, S. 90-98

Weber, J.: Logistik als Koordinationsfunktion. Zur theoretischen Fundierung der Logistik, in: Zeitschrift für Betriebswirtschaft, 62. Jg. (1992), S. 877-895

Weber, J.: Modulare Organisationsstrukturen internationaler Unternehmensnetzwerke, Wiesbaden 1995

Weber, J.; Dehler, M.: Entwicklungsstand der Logistik, in: Supply Chain Management: Logistik plus? Logistikkette - Marketingkette - Finanzkette, hrsg. v. H.-C. Pfohl, Berlin 2000, S. 45-68

Weber, J.; Dehler, M.; Wertz, B.: Supply Chain Management und Logistik, in: Wirtschaftswissenschaftliches Studium, 29. Jg. (2000), S. 264-269

Weber, J.; Franken, M.; Göbel, V.: Netzwerkfähigkeit im Management durch Kennzahlen herstellen, in: Industrie Management, 14. Jg. (1998), H. 6, S. 25-28

Weber, W.; Mayrhofer, W.: Organisationskultur - zum Umgang mit einem vieldiskutierten Konzept in Wissenschaft und Praxis, in: Die Betriebswirtschaft, 48. Jg. (1988), S. 555-566

Wehling, M.: Mitbestimmung in virtuellen Unternehmungen?, in: Industrielle Beziehungen, 7. Jg. (2000), S. 131-156

Wehrli, H.P.; Wirtz, B.W.: Mass Customization und Kundenbeziehungsmanagement. Aspekte und Gestaltungsvarianten transaktionsspezifischer Marketingbeziehungen, in: Jahrbuch der Absatz- und Verbrauchsforschung, 43. Jg. (1997), S. 116-138

Weibler, J.; Deeg, J.: Virtuelle Unternehmen - Eine kritische Analyse aus strategischer, struktureller und kultureller Perspektive, in: Zeitschrift für Planung, 9. Jg. (1998), S. 107-124

Weinhardt, C.; Gomber, P.: Domänenunabhängige Koordinationsmechanismen für die dezentrale betriebliche Planung, in: Information Management, 11. Jg. (1996), H. 1, S. 6-16

Weiß, E.: Optimierung von Produktionsnetzwerken auf der Basis des „Wirtschaftsglobus-Modells", in: Produktions- und Zuliefernetzwerke, hrsg. v. H. Wildemann, München 1996, S. 105-144

Weissenberger-Eibl, M.A.: Interaktionsorientiertes Agentensystem. Referenzmodell zur Handhabung von Wissen in Unternehmensnetzwerken, in: Zeitschrift für Betriebswirtschaft, 71. Jg. (2001), S. 203-220

Well, B.v.: Ressourcenmanagement in strategischen Netzwerken, in: Das Neue Strategische Management. Elemente und Perspektiven einer zukunftsorientierten Unternehmensführung, hrsg. v. H.H. Hinterhuber, A. Al-Ani und G. Handlbauer, Wiesbaden 1996, S. 159-185

Welles, E.O.: Virtual Realities, in: IEEE Engineering Management Review, Vol. 24 (1996), H. 2, S. 85-91

Weng, Z.K.: Pricing and ordering strategies in manufacturing and distribution alliances, in: IIE Transactions, Vol. 29 (1997), S. 681-692

Weng, Z.K.: Manufacturing and Distribution Supply Chain Management: Alliances and Competition, Report Nr. 99-117 der Technical Working Paper des Marketing Science Institute, Cambridge (Mass.) 1999

Werani, T.: Die Stabilität kooperativer Geschäftsbeziehungen in industriellen Märkten: Ergebnisse einer empirischen Untersuchung unter besonderer Berücksichtigung des Beziehungswert-Konzeptes, in: Kooperation im Wettbewerb. Neue Formen und Gestaltungskonzepte im Zeichen von Globalisierung und Informationstechnologie, hrsg. v. J. Engelhard und E.J. Sinz, Wiesbaden 1999, S. 326-345

Werkmann, G.: Strategie und Organisationsgestaltung, Frankfurt a.M./New York 1989

Werner, G.: Von der „Scheuklappenmentalität" zu offenen und optimalen Wertschöpfungspartnerschaften, in: Efficient Consumer Response (ECR). Wie realistisch sind die versprochenen Vorteile?, Ergebnisse 1. CPC Trend Forum, hrsg. v. A. Töpfer, Mainz 1996, S. 69-75

Wertz, B.: Management von Lieferanten-Produzenten-Beziehungen. Eine Analyse von Unternehmensnetzwerken in der deutschen Automobilindustrie, Wiesbaden 2000

Wiendahl, H.-P. u.a.: Kooperatives Management in wandelbaren Produktionsnetzen. Vom integrierten Prozeß- und Wirkmodell zum Assistenzsystem, in: Industrie Management, 12. Jg. (1996), H. 6, S. 23-28

Wiese, L.v.: Allgemeine Soziologie als Lehre von Beziehungen und Beziehungsgebilden der Menschen, Teil 1: Beziehungslehre, München u.a. 1924

Wild, J.: Grundlagen der Unternehmungsplanung, Reinbek bei Hamburg 1974

Wildemann, H.: Kostenprognosen bei Großprojekten, Stuttgart 1982

Wildemann, H.: Strategische Investitionsplanung bei diskontinuierlichen Entwicklungen in der Fertigungstechnik, in: Innovation und Wettbewerbsfähigkeit, hrsg. v. E. Dichtl u.a., Wiesbaden 1987, S. 449-487

Wildemann, H.: Fertigungssegmentierung, in: Handwörterbuch der Produktionswirtschaft, hrsg. v. W. Kern, H.-H. Schröder und J. Weber, 2. Aufl., Stuttgart 1996, Sp. 474-489

Wildemann, H.: Koordination von Unternehmensnetzwerken, in: Zeitschrift für Betriebswirtschaft, 67. Jg. (1997), S. 417-439

Wildemann, H.: Von Just-In-Time zu Supply Chain Management, in: Supply Chain Management, hrsg. v. H. Wildemann, München 2000, S. 49-85

Williams, J.F.: A Hybrid Algorithm for Simultaneous Scheduling of Production and Distribution in Multi-Echelon Structures, in: Management Science, Vol. 29 (1983), S. 77-92

Williamson, O.E.: Die ökonomischen Institutionen des Kapitalismus. Unternehmen, Märkte, Kooperationen, Tübingen 1990

Winter, A.; Ebert, J.: Referenzmodelle für Krankenhaus-Informationssysteme und deren Anwendung, in: Management im Gesundheitswesen, hrsg. v. E. Zwierlein, München 1997, S. 548-562

Winter, A.; Zimmerling, R.: Die Bedeutung von Referenzmodellen für das Management von Krankenhausinformationssystemen, in: GISI 95. Herausforderungen eines globalen Informationsverbundes für die Informatik, 25. GI-Jahrestagung und 13. Schweizer Informatikertag, Zürich, 18.-20.09.1995, hrsg. v. F. Huber-Wäschle, H. Schauer und P. Widmayer, Berlin u.a. 1995, S. 703-710

Witte, E.: Phasen-Theorem und Organisation komplexer Entscheidungsverläufe, in: Zeitschrift für betriebswirtschaftliche Forschung, 20. Jg. (1968), S. 625-647

Witte, E.: Vorwort, in: Empirical Research on Organizational Decision-Making, hrsg. v. E. Witte und H.J. Zimmermann, Amsterdam 1986, S. VII-VIII

Wohlgemuth, O.; Hess, T.: Erfolgsbestimmung in Kooperationen: Entwicklungsstand und Perspektiven, Arbeitsbericht 6/1999 der Abteilung Wirtschaftsinformatik II der Universität Göttingen, Göttingen 1999

Wolff, S.: Supply Chain Management in Europa erfolgreich realisiert, in: Logistik Jahrbuch, 13. Jg. (1999), S. 156-159

Wörner, K.: Project-Recorder - Projektmanagementsystem für das virtuelle Unternehmen, in: Office Management, 44. Jg. (1996), H. 7/8, S. 18-20

Wübbenhorst, K.: Konzept der Lebenszykluskosten. Grundlagen, Problemstellungen und technologische Zusammenhänge, Darmstadt 1984

Wührer, G.A.: Internationale Allianz- und Kooperationsfähigkeit österreichischer Unternehmen. Beiträge zum Gestaltansatz als Beschreibungs- und Erklärungskonzept, Linz 1995

Wurche, S.: Strategische Kooperation. Theoretische Grundlagen und praktische Erfahrungen am Beispiel mittelständischer Pharmaunternehmen, Wiesbaden 1994

Wüthrich, H.A.; Philipp, A.[F.]: Virtuelle Unternehmensnetzwerke, in: io Management, 67. Jg. (1998), H. 11, S. 38-42

Wüthrich, H.A.; Philipp, A.F.: Virtuelle Unternehmen - Leitbild digitaler Geschäftsabwicklung?, in: Management-Handbuch Electronic Commerce. Grundlagen, Strategien, Praxisbeispiele, hrsg. v. A. Hermanns und M. Sauter, München 1999, S. 49-60

Zahn, E.: Modellierung von Logistikketten - eine Entscheidungshilfe für die Gestaltung von Logistiksystemen, in: Management der Logistikkette. Kostensenkung - Leistungssteigerung - Erfolgspotential, hrsg. v. H.-C. Pfohl, Berlin 1994, S. 35-72

Zäpfel, G.: Produktionswirtschaft. Operatives Produktions-Management, Berlin/New York 1982

Zäpfel, G.: Strategisches Produktions-Management, Berlin/New York 1989

Zäpfel, G.: Supply Chain Planungs- und Steuerungssystem (SCPS) zur wirtschaftlichen Lenkung von Lieferketten, in: Das Rechnungswesen im Spannungsfeld zwischen strategischem und operativem Management, hrsg. v. H.-U. Küpper und E. Troßmann, Berlin 1997, S. 325-352

Zäpfel, G.: Grundlagen und Möglichkeiten der Gestaltung dezentraler PPS-Systeme, in: Dezentrale Produktionsplanungs- und -steuerungs-Systeme. Eine Einführung in zehn Lektionen, hrsg. v. H. Corsten und R. Gössinger, Stuttgart/Berlin/Köln 1998, S. 11-53

Zäpfel, G.: Supply Chain Management, in: Logistik-Management. Strategien - Konzepte - Praxisbeispiele, hrsg. v. H. Baumgarten, H.-P. Wiendahl und J. Zentes, Berlin/Heidelberg/New York 2000, 7/02/03/01, S. 1-31 (getrennte Zählung)

Zäpfel, G.: Bausteine und Architekturen von Supply Chain Management-Systemen, in: PPS Management, 6. Jg. (2001), H. 1, S. 9-18

Zäpfel, G.; Piekarz, B.: Supply Chain Controlling. Interaktive und dynamische Regelung der Material- und Warenflüsse, Wien 1996

Zäpfel, G.; Wasner, M.: Der Peitschenschlageffekt in der Logistikkette und Möglichkeiten der Überwindung chaotischen Verhaltens, in: Logistik Management, 1. Jg. (1999), S. 297-309

Zäpfel, G.; Wasner, M.: Modellierung von Logistikketten und Möglichkeiten der Optimierung, gezeigt an einem Praxisfall der Stahllogistik, in: Zeitschrift für Betriebswirtschaft, 70. Jg. (2000), S. 267-288

Zangemeister, C.: Nutzwertanalyse in der Systemtechnik: eine Methodik zur multidimensionalen Bewertung und Auswahl von Projektalternativen, München 1970

Zangwill, W.I.: A Deterministic Multiproduct, Multifacility Production and Inventory Model, in: Operations Research, Vol. 14 (1966), S. 486-507

Zelewski, S.: Competitive Bidding aus der Sicht des Ausschreibers - ein spieltheoretischer Ansatz, in: Zeitschrift für betriebswirtschaftliche Forschung, 40. Jg. (1988), S. 407-421

Zelewski, S.: Multi-Agenten-Systeme für die Prozeßkoordinierung in komplexen Produktionssystemen. Ein Verteiltes Problemlösungskonzept auf der Basis von Kontraktnetzen, Arbeitsbericht Nr. 46 des Seminars für Allgemeine Betriebswirtschaftslehre, Industriebetriebslehre und Produktionswirtschaft der Universität zu Köln, Köln 1993

Zelewski, S.: Elektronische Märkte zur Prozeßkoordinierung in Produktionsnetzwerken, in: Wirtschaftsinformatik, 39. Jg. (1997), S. 231-243

Zelewski, S.: Auktionsverfahren zur Koordinierung von Agenten auf elektronischen Märkten, in: Unternehmen im Wandel und Umbruch. Transformation, Evolution und Neugestaltung privater und öffentlicher Institutionen, Tagungsband der 59. Wissenschaftlichen Jahrestagung des Verbandes der Hochschullehrer für Betriebswirtschaft e.V., Halle (Saale), 20.-24.05.1997, hrsg. v. M. Becker u.a., Stuttgart 1998, S. 305-337

Zentes, J.: ECR - eine neue Zauberformel?, in: Efficient Consumer Response (ECR). Wie realistisch sind die versprochenen Vorteile?, Ergebnisse 1. CPC TrendForum, hrsg. v. A. Töpfer, Mainz 1996, S. 24-46

Zijm, W.H.M.: Towards intelligent manufacturing planning and control systems, in: OR Spektrum, 22. Jg. (2000), S. 313-345

Zimmermann, G.: Produktionsplanung variantenreicher Erzeugnisse mit EDV, Berlin u.a. 1988

Zinn, W.; Bowersox, D.J.: Planning Physical Distribution with the Principle of Postponement, in: Journal of Business Logistics, Vol. 9 (1988), S. 117-136

Zinn, W.; Levy, M.: Speculative Inventory Management: A Total Channel Perspective, in: International Journal of Physical Distribution & Materials Management, Vol. 18 (1988), H. 5, S. 34-39

Zuberbühler, M.: Virtualität - der zukünftige Wettbewerbsvorteil, in: io Management, 67. Jg. (1998), H. 4, S. 18-23

Zundel, P.: Management von Produktions-Netzwerken. Eine Konzeption auf Basis des Netzwerk-Prinzips, Wiesbaden 1999

Sachregister

A

Absatzkettenbetrachtung 123
Abstimmungsregel 56 f.
Activity Based Costing 132
Ad-hoc
 - Kooperation 48
 - Struktur 30
Administration-to-Administration 43
Advanced Planning System (APS) 103, 152 ff.
Agilität 106 ff.
Allianznetzwerke 24
Als-ob-Organisation 30
Anreiz-/Beitragstheorie 34
Approval Voting 56
APS 103, 152 ff.
Arbeits
 - gemeinschaft 23
 - teilung 54
Assemble to order 100 f.
Auflagenpolitik, gestaffelte 220
Auftrags
 - allokation 54, 57
 - dekomposition 54, 57
 - konstellation 54
Auktion 58 ff.
 *Matrix- 59
 *Vickrey- 58 f.
 *mehrstufige, erweiterte 59
Austauschtheorie 8 f.
Automatic Replenishment 128
Autonomie 13 ff.
Available-to-Promise 163

B

Baukastenprinzip 80
Bereichsautonomie 44
Beschaffungsmanagement 103
Bestands
 - management 115
 - niveau 216
Bestell
 - intervall 216
 - menge 216, 220
 - punkt 216 ff.
Best-Practice-Analyse 140
Bewertungsverbund 53
Beziehungs
 - management 128
 - portfolio 11
 - promotor 111
Bezugsquellenplanung 182
Bidirectional Change Propagation 165 f.
Bottom-up-Informationsfluß 63
Boundary Spanners 111
Broker 24
Budget 61
Bündelungsvorteil 50
Business
 -to-Administration 43
 -to-Business 43
 -to-Consumer 43
 - Information Warehouse 98
 - Process Reengineering 132
 - Processes 135

C

Cash Flow 127
Category Management 120
Chain of customers 85
Change-Management-Prozeß 148 f.
Collaborative Planning, Forecasting, and Replenishment (CPFR)-Initiative 121
Co-Managed-Inventroy 117
Commonality-Effekt 189, 192
Concurrent Planning 165
Constraint Based Planning 166
Consumer
 -to-Administration 43
 -to-Consumer 43
Continuous Replenishment 115, 128

Cross Docking 112, 118 f.
Culture and Attitude 137
Customer
 - Invoicing 131
 - Relationship Management 135
 - Service 135

D

Data Mining 115
Datenintegration 174
Demand
 - chain 85
 - Management 135
 -Seite 109
Differenzierungs
 - potential 76
 - strategie 78
Distributions
 - management 130
 - planung 162, 164
Dyade 19

E

EANCOM 41
echelon 220
Economies of Scale 50
EDI 41, 147
EDIFACT 41
EDIOFFICE 41
Efficient
 - Assortment 120
 - Consumer Response (ECR) 112 ff.
 - Information Response 115
 - Product Introduction 120
 - Promotion 120
 - Replenishment 120
Effizienzsteigerungs-Strategie 75
Electronic
 - Business 43
 - Commerce 43
 - Data Interchange (EDI) 41, 147
Elektronische Märkte 42
ELFE 41

Enterprise-Resource-Planning-System (ERP-System) 151 ff., 173
Entscheiden, gemeinsames 56
Entscheidungs
 - autonomie 60
 - interdependenz 64
 - theorie, multiattributive 177
Erfahrungskurveneffekt 80
Erfolgs
 - faktorenforschung 104 ff.
 - verbund 53
Ergebniskontrolle 40
ERP-System 151 ff., 173
Ex-ante-Feedback 63
Exponentielles Glätten 1. Ordnung 200
Ex-post-Beurteilung 200

F

Feedback 63
Feedforward 63
Fehl
 - bestand 217 ff.
  *durchschnittlicher 218, 223
 - menge 216 ff.
Flexibilität 50 f., 198
Fluktuierende Hierarchie 31
Fokale Unternehmung 15, 21, 69
Formalziel 12
(Functional) Chain Awareness School 97
Future School 97

G

Gegenstromprinzip 63, 165
Generische Netzwerkstrategie 75
Gesamtnetzwerk 47 f.
Geschäfts
 - feldstrategie 77
 - prozeß 124, 135, 139
  - identifikation 150
  - management 136, 150
Gleitender Durchschnitt 200
Grenzstelleninhaber 111

Sachregister

Grobplanung 63 f.
Gruppen
- abstimmung 57
- entscheidung 56

H

Handelskettenbetrachtung 123
Hauptproduktionsprogrammplanung 159 f., 164
Hersteller
- Handel-Beziehung 114
- Händler-Dyade 112
Heterarchie 16
Hierarchie 3 ff., 30 f.
  *fluktuierende 31
Hollow
- Corporation 24
- Organization 49
hub firm 21
Hybride
- Koordinationsform 4
- Lieferkette 103
- Marktform 4 f.
- Unternehmungsführung 4 f.
- Wettbewerbsstrategie 74 f., 77

I

Incremental Planning 166
Information(s)
- Flow 128, 139
- Facility Structure 136
- processing 130
- School 97
- asymmetrie 53
Inkrementalismus, logischer 72 f.
Inputbilanz 197
Integration/Process School 97
Interdependenz 13, 52 ff.
  *Entscheidungs- 64
  *Sach- 52 f.
  *Verhaltens- 53, 66
  *vertikale sachliche 63
  *vertikale zeitliche 63

Internet 41
Interorganisationstheorie 8
Intranet 41
Investitionskosten 187
IuK-Technologie 41 ff., 132

J

Joint Replenishment 221 f.
Just in Time 15, 117, 123 f., 221

K

Kapazitätsangebot und -nachfrage, Abstimmung von 195 ff.
Kennzahlensystem 128
Kern
- kompetenz 23, 29, 31 f., 45, 50, 77, 129
- prozeß 141 ff.
Key Account Management 123
Kompetenz
- Aufbau-Strategie 75
- Leveraging-Strategie 75
Komplexität 45
Konsortium 23
Kontrolle 39 f.
Kooperation(s) 5, 14 ff., 32, 36, 48, 51
  *vertikale 22, 54, 112
  *zwischenbetriebliche 103
- kultur 183
- netzwerk 16
- strategie 69
Koopkurrenz 5
Koordination(s) 46, 49, 51 ff., 126, 162
  *heterarchische 55, 57
  *hierarchische 7, 60
  *horizontale 54
  *indirekte 66 ff.
  *marktliche 7, 57
- der Güterflüsse 195 ff.
- effizienz 68
- formen, hybride 4
- kosten 17

Kosten
- prognose 201
- senkungspotential 76

Kulturmanagement 35

Kundenauftragsentkoppelungspunkt 99 ff., 102, 185 ff.

Kundenorientiertes Produktprogramm 99

Kundenspezifisches Produkt 99

L

Lager
- bestand(s) 216 ff.
  *disponibler 217
  *durchschnittlicher 218
  *durchschnittlicher gestaffelter 221
  *gestaffelter 220 ff., 224
  *physischer 217
- kosten 217 f.
- verlauf 217
- haltungs
  - politik 215 ff.
  - prozeß 204 ff.
  - system 219 f.

Lean Production 30

Lebenszykluskonzept 158 f., 201 f.

Leistungs
- wettbewerb 46
- verbund, innerbetrieblicher 52
- verflechtung, innerbetriebliche 52

Lieferanten
-Produzentenbeziehung 111
- auswahl 182 f.

Lieferkette(n) 99
*hybride 103
- planung 102

Lieferzeit 216

Life cycle management 202

Lineare Regression 200

Linkage/Logistics School 97

Logischer Inkrementalismus 72 f.

Logistik 81 ff.
- kette 81 f.
- management 95, 103, 130

Losgröße(n) 220
- bestimmung 203 ff.
- planung 161, 195
- relation 208, 210, 212, 221

M

Macht 40 f.
- asymmetrie 15

Make to
- order 100 f.
- stock a generic product 100 f.
- stock an end product 100 f.

Make-or-buy-Entscheidung 141

Makroebene 70 f.

Management
- komponente 135, 137
- Methods 136

Manufacturing Flow Management 135

Market Accommodation Flow 127

Markt 3 ff.
- eintrittsbarriere 50
- form, hybride 4 f.
- getriebene Supply Chain 107
- preis 58

Maschinenbelegungsplan 161

Mass Customization 79 f.

Material
- bedarfsplanung 164
- modul 160 f.
- flußstruktur 224
- Ordering 131
- Processing 130

Matrixauktion 59

Mehrproduktmodell 214

Mesoebene 70 f.

Mikroebene 70 f.

Mißtrauen 34 f.

Mittlere absolute Abweichung 201

Mittlerer absoluter Fehler 201

Modularisierung 185, 187 ff., 193

Modularität 44 f., 78, 80

MRP-II 151, 166 f., 174

N

Nachfrage
 - planung 158 ff.
 - synchrones Belieferungssystem 117
nested policy 220
Netze, stabile horizontale 24
Netzwerk 1 f.
 *dynamisches 24, 31, 36
 *hierarchisch-pyramidenförmiges 21 f., 73
 *hierarchisches 25
 *interorganisationales 19
 *intraorganisationales 19
 *operatives 26 f.
 *organisches 80
 *polyzentrisches 25, 31, 73
 *Produktions- 21
 *regionales 23, 26 f.
 *stabiles 36
 *strategisches 20 ff., 26 f., 69
 *Verbund- 27
 -Coach 35
 - begriff 13 ff.
 - bezogene
   - Distributionsplanung 162
   - Kundenauftragsannahme 163
   - Transportplanung 161 ff.
 - fluß-Planungsmodell 162
 - kompetenz 54
 - konfiguration 155
 - kultur 34 ff., 137
 - management 10 ff.
 - organisation 5, 16 f.
 - planung, strategische 156, 160, 162
 - strategie 69 ff.
   *generische 75
 - typologie 20 ff.
Normal Replenishment 221 f.
Nutzwertanalyse 177 f., 182

O

ODETTE 41
Online
 -Auktionssystem 43
 -Mall 43
 -Shop 43
Operational Context 128
Opportunistisches Verhalten 3, 18, 36, 98
Order
 - Fulfilment 135
 - Management 131
 - penetration point 80
Organization Structure 136
Outputbilanz 197
Outsourcing 29

P

Partnerschaftskonzept 183
Peitschenschlageffekt 86 ff.
Phasing method 202
Planning
 *Concurrent 165
 *Constraint Based 166
 *Incremental 166
 *Truly Integrated 166
 - and Control 131
 - and Control Structure 136
 - and Measurement Context 128
Planung(s) 61, 103
 *automatische 166 f.
 *Distributions- 162, 164
 *engpaßorientierte 166
 *Grob- 63 f.
 *Hauptproduktionsprogramm- 159 f., 164
 *Lieferketten- 102
 *Losgrößen- 161, 195, 203 ff.
 *Materialbedarfs- 164
 *Nachfrage- 158 ff.
 *Netzwerk- 156, 160, 162
 *Partial- 164 ff.
 *rollierende 63 f., 160, 165
 *Simultan- 166 ff.
 *Sukzessiv- 170
 *Supply-Chain- 154 f.
 *Total- 164 ff.
 *Transport- 161 ff.
 - ansatz, inkrementaler 72
 - horizont 160

- nervosität 159
- problem, hierarchisches 61 ff.
- rationalität, synoptische 71 f.

Plattformkonzept 102

Point of Sale 113
-Daten 97, 117

Pool 47 f.

Positionierungswettbewerb 46

Postponement-Strategie 100

Potential
- gestaltung 129
- zustand 46 f.

Power and Leadership Structure 136 f.

PPS-System 103, 151 f., 174

Prämissenkontrolle 40

Prinzip der dauernden Fehlerkorrektur 72

Procurement Process 135

Product
- Developement and Commercialization 135
- Flow 139
- Flow Facility Structure 136
- Structure 136

Produkt
*kundenspezifisches 99
-Markt-Kombination 77
- fluß 127 f.
- gestaltung 185
- komplexität 136
- programm
  *kundenorientiertes 99
  *marktorientiertes 99

Produktion(s)
*kooperative 51 f.
- betrachtung 123
- dauer 219
- feinplanungsmodul 161
- geschwindigkeit 204, 214
- grobplanung 161
- koeffizient 204, 219
- los 207, 220 f.
- mengen, Zuordnung von 195 ff.
- netzwerk 21
- phase 207

- planung(s) 162
  *hierarchische 164
- und -steuerungssystem 103, 151 f., 174
- programm 195
- prozeß, mehrstufiger 180

Produzenten-Händlerbeziehung 111

Prognose 199 ff.
*Gütekriterien für die 200 f.
- fehler 201
- qualität 200
- verfahren 199 f.

Programm 60 f.
- ausführung, hauptspeicherresidente 174
- gestaltung 136

Projektion 199

Projekt
- netz 27
- netzwerk 23

Prozeß
- element 144 f.
- gestaltung 129, 186
- hierarchie 151
- kategorie 143 f.
- management 103
- organisation 150
- verlagerung 187, 193
- vertauschung 187, 193

Pull-Steuerung 120

Purchase and make to order 100 f.

Q

Qualitäts
- niveau 185
- sicherung 183

Quick Response 112, 114 ff., 128

R

(r, s)-Politik 216

Rating 38

Rationalität, begrenzte 3

Reaktionsfähigkeit 106 ff.

Referenzmodell 124 ff., 133

Relational Context 128
Replenishment
 *Automatic 128
 *Continuous 115, 128
 *Efficient 120
 *Joint 221 f.
 *Normal 221 f.
Reputation 38, 48, 66
Resource-Dependence-Ansatz 8 f.
Ressourcen
 - abhängigkeitstheorie 9
 - verbund 52, 58
Restriktionsverbund 52
Risiko
 - verbund 53
 - zeitraum 216 f.
Risk and Reward Structure 137
Rüst
 - kosten 205
 - vorgang 205

S

(s, n·q)-Politik 224
(s, q)-Politik 216 ff.
(s, S)-Politik 216
Sach
 - interdependenz 52 f.
 - ziel 12
Schätzung, intuitive 199
Schätzverfahren, parametrisches 199
Schaltbrett-Unternehmung 24
Schlankheit 106 ff.
Schlüsselkundenmanagement 123
Science of muddling through 72
SCM-Softwaresystem 152
SCOR-Modell 140 ff.
Sealed-bid-Auktion 58 f.
Segmentierung(s) 54, 80
 - konzept 44
Selbst
 - abstimmung 55
 - organisation 51
 - verpflichtung 38

Servicegrad 187
Sicherheits
 - bestand 218
 - faktor 219
Simultaneitätshypothese 77
Simultaneous Engineering 78
Slack 50
Sourcing
 - konzept 103
 - strategie 80
Spezialisierungsvorteil 50
Spezifität 3 f.
Splitting point 80, 99 ff.
Standardisierung 78, 185, 187, 189 f., 193
Standardprodukt 99
Standort
 - erschließung 178
 - faktor 176 f.
 - planung 176 ff.
 - spaltung 176
Strategie
 - formulierung 69 ff., 74
 - generalist 77
 - synchronisierung 73
Strategische(s)
 - Allianz 22
 - Geschäftseinheit 77
 - Netzwerkplanung 156, 160, 162
 - Netzwerk 20 ff., 26 f., 69
Substitution 45
Supply Chain 81 ff., 99, 126 f., 131 ff.
 -Aktivität 109
 -Arrangement 128 ff.
 -Cockpit 102
 -Exzellenz 105 f., 110
 -Integration 125 ff.
 -Konfiguration 156 ff.
 -Netzwerk 107, 109
 -Operations Reference-model (SCOR-Modell) 140 ff.
 -Partner, Auswahl der 182 ff.
 -Planung(s) 154 f.
  - matrix 156 ff., 172 f.
 -Steuerung 154 f.

-Struktur 137
-Umgebung 128
- Best Practice Management Processes 149
- Council 140
- Management
  *Denkschulen des 97
  *Erfolgsfaktoren des 103 ff.
  *Konzept des 94 ff.
  *Ziele des 94 ff.
  -Softwaresysteme 152 ff.
- Operations Reference (SCOR)-model 140
- Structure 135
Supply
 -Seite 109
 - Management 96
SWIFT 41
Synergie 126
- effekt 126
- prozeß 32
System
- denken 95
- führerschaft 31
- lieferant 25
- theorie 2
- vertrauen 37 f., 66

T

Teamarbeit 132
Technology Context 128
Top-down
 -Prinzip 165
 -Vorgabe 62 f.
 -Vorgehensweise 72
Total Quality Management 30, 132
Totalplanung 164 ff.
Transaktion(s) 3, 36
- kosten 3, 39, 51, 66
- theorie 3 ff.
Transferhäufigkeit 210 f.
Transport
- dauer 219
- planung 161
Truly Integrated Planning 166

U

Unsicherheit 3 f.
Unternehmung(s)
 *fokale 15, 21, 69
 *virtuelle 26 ff., 29 ff., 32, 51
- führung, hybride 4 f.
- kultur 67
- netzwerk 2 ff.
- strategie, kollektive 69

V

Value
- Chain 124
- System 23
VDA 41
Vendor Managed Inventory 117, 161
Verfügbarkeitsgewährleistung und -prüfung 163
Verhalten(s)
 *opportunistisches 3, 18, 36, 98
- interdependenz 53, 66
Verkaufsförderung 120
Verrechnungspreis 57 f.
Versorgungskette 81 ff., 113
Vertrauen(s) 34 ff., 51, 66 f., 183
- kontrolle 39 f.
Vickrey-Auktion 58 f.
 *mehrstufige, erweiterte 59
Virtuelle(s)
- Unternehmung 26 ff., 29 ff., 32, 51
- Netzwerk 48

W

Waren
- verteilzentrum 117 f.
- weg 123
Weisung, persönliche 60
Wertkette(n) 20 f.
- verschränkung 94
Wertschöpfungs
- kette 80, 83 f., 91 ff., 96
- partnerschaft 20
- stufe 137, 186, 195

- tiefe 50
Wettbewerb(s) 5
 - strategie 73
  *hybride 74 f., 77
Wide Area Networks 42
Wiederbeschaffungsdauer 217 ff.
Win-win-Situation 15, 33 f.
Work Structure 136

Y

Yield Management 163

Z

Zeitreihenanalyse 200
Zerlegungsvorschrift 57
Ziel
 - konflikt 53
 - verbund 52
 - vorgabe 61
Zustimmungsregel 56 f.